Politologische Aufklärung –
konstruktivistische Perspektiven

Herausgegeben von
Univ.-Prof. Dr. Renate Martinsen,
Universität Duisburg-Essen, Deutschland

Die Entdeckung des Beobachters bezeichnet in der Gegenwart die zentrale intellektuelle Herausforderung in den modernen Wissenschaften. Der dadurch in zahlreichen Disziplinen eingeleitete „constructivistic turn" stellt in Rechnung, dass es keinen Zugang zu einer beobachterunabhängigen Realität gibt. Erkenntnisprozesse bilden demnach die Realität nicht einfach ab, sondern sind vielmehr aktiv an ihrer Erzeugung beteiligt. In den letzten Jahrzehnten hat in den Geistes- und Sozialwissenschaften bereits in weiten Bereichen eine Ausdifferenzierung des konstruktivistischen Diskurses stattgefunden – in der Politikwissenschaft setzte diese Entwicklung jedoch erst mit Verzögerung ein. Die Publikationsreihe „Politologische Aufklärung – konstruktivistische Perspektiven" verfolgt ein Forschungsprogramm, das sich eine konstruktivistische Reformulierung von politikwissenschaftlichen Fragestellungen und Begrifflichkeiten zum Ziel gesetzt hat. Dabei geht es in verschiedenen konstruktivistischen Varianten – wenn auch mit jeweils unterschiedlichen Akzentuierungen – stets um die Frage nach der Produktion von politischer Wirklichkeit und die Frage nach dem Status unseres Wissens.

Wilhelm Hofmann
Renate Martinsen (Hrsg.)

Die andere Seite der Politik

Theorien kultureller Konstruktion des Politischen

Herausgeber
Wilhelm Hofmann
Technische Universität München
München, Deutschland

Renate Martinsen
Universität Duisburg-Essen
Duisburg, Deutschland

Politologische Aufklärung – konstruktivistische Perspektiven
ISBN 978-3-658-09936-7   ISBN 978-3-658-09937-4 (eBook)
DOI 10.1007/978-3-658-09937-4

Die Deutsche Nationalbibliothek verzeichnet diese Publikation in der Deutschen Nationalbibliografie; detaillierte bibliografische Daten sind im Internet über http://dnb.d-nb.de abrufbar.

Springer VS
© Springer Fachmedien Wiesbaden 2016
Das Werk einschließlich aller seiner Teile ist urheberrechtlich geschützt. Jede Verwertung, die nicht ausdrücklich vom Urheberrechtsgesetz zugelassen ist, bedarf der vorherigen Zustimmung des Verlags. Das gilt insbesondere für Vervielfältigungen, Bearbeitungen, Übersetzungen, Mikroverfilmungen und die Einspeicherung und Verarbeitung in elektronischen Systemen.
Die Wiedergabe von Gebrauchsnamen, Handelsnamen, Warenbezeichnungen usw. in diesem Werk berechtigt auch ohne besondere Kennzeichnung nicht zu der Annahme, dass solche Namen im Sinne der Warenzeichen- und Markenschutz-Gesetzgebung als frei zu betrachten wären und daher von jedermann benutzt werden dürften.
Der Verlag, die Autoren und die Herausgeber gehen davon aus, dass die Angaben und Informationen in diesem Werk zum Zeitpunkt der Veröffentlichung vollständig und korrekt sind. Weder der Verlag noch die Autoren oder die Herausgeber übernehmen, ausdrücklich oder implizit, Gewähr für den Inhalt des Werkes, etwaige Fehler oder Äußerungen.

Lektorat: Jan Treibel, Stefanie Loyal

Gedruckt auf säurefreiem und chlorfrei gebleichtem Papier

Springer Fachmedien Wiesbaden ist Teil der Fachverlagsgruppe Springer Science+Business Media
(www.springer.com)

Inhaltsverzeichnis

Einleitung

Neulektüren von Politik und Kultur nach dem Cultural Turn 3
Wilhelm Hofmann und Renate Martinsen

Teil I   Diskurstheorie kultureller Konstruktion der Politik

Kulturelle symbolische Einheit und die Mikrophysik der Macht 15
Cassirer und Foucault
Hans-Martin Schönherr-Mann

Das Politische als Kommunikationspraxis 33
Über Interventionen der „Kommunikationsguerilla"
in die „Kulturelle Grammatik"
Hagen Schölzel

Narrativer Nationalismus 55
Eine wissenssoziologisch-diskursanalytische Untersuchung kultureller
Kontexte der politischen Auseinandersetzung in Europa
Wolf J. Schünemann und Reiner Keller

Die Herrschaft und „das Politische"............................. 85
Machtanalyse zwischen Konsens und Konflikt
Vincent Gengnagel und Alexander Hirschfeld

Teil II Systemtheorie der kulturellen Konstruktion der Politik

Die politische Konstruktion der Kultur 113
Das Politische zwischen Offenheit, Erfahrung und Konstruktion
Jörn Knobloch

Systemtheorie und differenztheoretische Forschung 137
Überlegungen zu einer semantik-analytischen Beobachtungspraxis
Michaela Zöhrer

Die Semantik *der Politik* und die Kontingenz *des Politischen* 167
*Markierungen für die Konzeption Politischer Bildung im Anschluss
an eine systemtheoretische Unterscheidung von Politik und Kultur*
Werner Friedrichs

Teil III Theorieperspektiven auf die Kultur der Politik

Die Gleichheit der Anderen 193
Politische Subjektivierung und kulturelle Macht bei Jacques Rancière
Nina Elena Eggers

Politische Theorien und die Macht der Kultur 215
Holger Zapf

**Der kulturelle Grund politischer Ordnungen
und die juristisch-politische Konstruktion von Kultur**............... 237
Jan Christoph Suntrup

Autorenverzeichnis 261

Einleitung

Neulektüren von Politik und Kultur nach dem Cultural Turn

Wilhelm Hofmann und Renate Martinsen

> „Vor allem liegt schon in der vergleichenden Intention, dass das, was verglichen wird, auch anders möglich ist, also kontingent ist. Kultur entsteht, wenn wir diesem Wink folgen, immer dann, wenn der Blick zu anderen Formen und anderen Möglichkeiten abschweift, und eben das belastet die Kultur mit dem Geburtsfehler der Kontingenz."
> (Luhmann 1995: 48)

1 Politik und Kultur aus konstruktivistischer Sicht

In der deutschsprachigen Politikwissenschaft wurden Problemstellungen zu „Politik und Kultur" traditionell unter das Forschungsfeld „politische Kulturforschung" rubriziert und überwiegend als Frage nach individuellen Einstellungen hinsichtlich politisch relevanter Objekte behandelt. Gegenüber diesem engen Mainstream-Verständnis von Kultur lässt sich Mitte der 80er Jahre ein neuer Trend ausmachen (vgl. Schwelling 2004): Die Forderung nach einer *kulturalistischen Wende* zielt ab auf eine Öffnung der politischen Kulturforschung gegenüber anderen Gegenständen (z. B. Körpern, Architektur, Alltagspraktiken, Medien etc.) und auf eine Verlagerung des analytischen Fokus von der Mikro- auf die Meso- und Makroebene (Betonung von Vorstellungen, Weltsichten, Symbolen, Regierungstechniken etc.). Dabei können zwei Richtungen der kulturalistischen Kritik unterschieden werden: In einer moderaten Variante geht es um eine ideen- und symbolorientierte Ergänzung des einstellungszentrierten Ansatzes, deren (zu diskriminierender) Referenzpunkt das Mainstream-Paradigma bleibt. Das Erkenntnisinteresse gilt weiterhin der Erkundung des Beitrags kultureller Orientierungen im Hinblick auf die Frage der Stabilität politischer Ordnungen. In einer radikaleren Variante führt die kulturalistische Kritik indes zu Erneuerungsversuchen „jenseits" des hegemonialen Paradigmas der herkömmlichen politischen Kulturforschung, die im politikwissenschaftlichen Analyserahmen von Legitimitäts- und Steuerungsfragen angesiedelt ist.

Die unterschiedlichen konstruktivistisch akzentuierten Neulektüren von „Politik und Kultur" weisen einige *Gemeinsamkeiten* auf: a) Im Fokus steht nicht mehr die Frage nach Werten, von denen eine (des)integrative Wirkung für ein politisches Gemeinwesen ausgehen könnte; vielmehr wird ersichtlich, dass der kulturelle Blick zu jedem Wert einen Gegenwert eröffnet. b) Politische Kultur wird nicht mehr über Gegenstandsbereiche definiert, sondern als ein auszudeutender „Horizont" beschrieben, der eine gesellschaftliche Selbstbeschreibung in Abgrenzung von anderen Optionen bereitzustellen vermag. c) Der Kulturbegriff wird historisiert und als spezifische Erfindung der Moderne verstanden: Er offeriert ein Beobachtungsschema, das die Steigerung von Interpretationsspielräumen bewirkt. d) In Kulturkämpfen geht es zentral um die Formulierung von Identitätsproblemen, die per se als politisch betrachtet werden oder aber dann politische Qualität gewinnen, wenn sie Anschlussfähigkeit an die politische Kommunikation aufweisen.

Damit wird dem endemischen *Definitionsproblem*, das die traditionelle politische Kulturforschung begleitete, der Boden entzogen: Die Vielzahl an Bindestrich-Kulturen und die ausufernde Aufzählung politisch-kulturell affizierter Gegenstandsbereiche erwies sich in der Vergangenheit als Fass ohne Boden. Es hatte bisweilen den Anschein, als fungiere politische Kultur als eine Art „Container-Begriff", zu dem immer dann Zuflucht genommen wurde, wenn rationalistische Politiktheorien nicht mehr weiter wussten. Die immer wieder thematisierte Problematik, wie denn der Kulturbegriff zu definieren sei, wenn er doch so Heterogenes umfasse, wird nun auf eine andere Ebene verlagert: Es geht nicht mehr um das „Was" von Kultur, sondern vielmehr um die Frage, „wie" durch eine bestimmte Weise der Beobachtung „Kultur" erst hervorgebracht wird. Zugespitzt könnte man sagen: Es gibt gar keine Kultur als solche. Erst wenn Lebensformen mit anderen Möglichkeiten Bekanntschaft machen, kann Kultur emergieren: „… eine Kultur [entsteht] überhaupt erst aus dem Kulturkontakt. Vor dem Kontakt weiß sie nicht, dass sie eine Kultur ist. Erst der Kontakt zwingt sie, aus der Erfahrung des Fremden (wenn es nicht mehr einfach als ‚barbarisch' abqualifiziert werden darf) auf ein Eigenes zu schließen" (Baecker 2012: 16).

Ungeachtet der Gemeinsamkeiten lassen sich *unterschiedliche Akzentuierungen* differenzorientierter Neuperspektivierungen des (politischen) Kulturbegriffs ausmachen. Die wichtigsten Ansätze sollen hier kurz skizziert werden. Wesentlich inspiriert wurde die beschriebene Entgrenzung des Kulturverständnisses durch die Rezeption der britischen „Cultural Studies"-Arbeiten in den deutschsprachigen Geistes- und Sozialwissenschaften (vgl. Kiefer 2002). Kultur wird dort als eine spezifische Lebensform beschrieben. Ziel der *Cultural Studies* ist es aufzuzeigen, dass kulturell vermittelte Identitäten (z.B. Klasse, Rasse, Geschlecht) als machtbasiert und kontingent zu betrachten sind. Die Welt der Kultur ist hier per se politisch, da aus der Perspektive der Cultural Studies Macht in pulverisierter Form den gesamten sozialen Raum durchdringt. Im Feld der Kultur wird ein Kampf um Bedeutungen ausgetragen, der soziale Ungleichheiten ans Tageslicht befördert: „Unter Kultur müsste [...] dann letztlich jener (Nicht-),Ort' des Sozialen verstanden werden, an dem Machtverhältnisse verhandelt werden, an dem um die Definition und Redefinition von Unterordnung und Unterdrückung gekämpft wird, an dem soziale Ausschlüsse produziert und legitimiert werden, an dem aber auch sozialer Einschluss reklamiert werden kann." (Marchart 2008: 252) Die Cultural Studies sind ihrem Selbstverständnis nach Teil eines politischen Projektes, indem sie durch ihre Wissenspraxis vermittelt in die gesellschaftliche Realität intervenieren.

Die Cultural Studies haben in den letzten Jahren eine immense Ausdifferenzierung erfahren (vgl. etwa Reckwitz 2004; Moebius 2012). Zum einen erfolgt eine zunehmende Verschränkung mit poststrukturalistischen Theoremen: So wird in Anlehnung an Michel Foucault (neben dem kommunikativen) der körperlich-materielle Aspekt fokussiert bzw. auf Kultur als Technik des Regierens abgestellt; oder ins Zentrum gerückt wird – im Zuge der Rezeption neuerer hegemonietheoretischer Ansätze, wie sie von Ernesto Laclau und Chantal Mouffe entwickelt wurden – die Dekonstruktion herrschender Codes. Zum anderen wird in den letzten Jahren die Bedeutung von Medien und hier insbesondere auch der Bilder („Visual Studies") zur Konstruktion politischer Kultur hervorgehoben.

Daneben eröffnen auch *systemtheoretische Beschreibungen* von Kultur als eine Form der Beobachtung zweiter Ordnung alternative Lesarten zu „Politik und Kultur". Ein systemtheoretisch reformulierter Kulturbegriff fragt nach der Funktion von Kultur: Diese stellt demnach eine vergleichende Beobachtungsperspektive bereit, die Kommunikation nach der Unterscheidung passend/unpassend sortiert. In der Sozialdimension wird dadurch gleichzeitig aus- und eingeschlossen. Im Kern ist Kultur also „ein Doppel", denn „sie dupliziert alles, was ist. Daher *formuliert* (Hervorh. im Orig.) sie ein Problem der ‚Identität', was sie für sich nicht lösen kann und eben deshalb problematisiert" (Luhmann 1995: 41-42). Da die Semantik der Kultur sämtliche Kommunikation mit Kontingenz grundiert, bietet sie der modernen Gesellschaft Möglichkeiten der (Selbst-)Reflexion: Wer vergleicht was wann in welchem Interesse? Kultur ist in systemtheoretischer Perspektive nicht ein eigenes gesellschaftliches Subsystem, sondern eine Beobachtungsperspektive, die in jedem gesellschaftlichen Funktionssystem zur Verfügung steht. So kann auch in der Politik Kultur als Vergleichstechnik und damit als irritierendes „Gedächtnis" des politischen Systems fungieren.

Statt zu fragen „Was ist politische Kultur?" wird nun gefragt „Wie wird Politik beobachtet, wenn der Bezug auf einen kulturellen Frame erfolgt?" Die kulturwissenschaftliche Neuorientierung im Politischen richtet sich – so lässt sich bilanzieren – nicht primär auf Facetten von Politik, die uns gegenwärtig selbstverständlich erscheinen und die uns als gemeinsamer Wertefundus bzw. symbolisches Repertoire vertraut sind. Die durch den kulturalistischen Blick angeleitete Perspektive auf politische Phänomene verheißt zwar Orientierung, löst aber zugleich Irritation aus: Denn alles, was beobachtet wird, erscheint im Horizont alternativer Möglichkeiten. Damit zeichnen sich konstruktivistische Theorien politischer Kultur unhintergehbar durch ein anti-essentialistisches Moment aus. Die Semantik der Kultur fungiert als Antipode zum Mantra der Alternativlosigkeit politischer Rhetorik – denn jedes Weltbild ist eingelagert in einen Satz von sinnstiftenden Annahmen, die erst präfigurieren, was gemeinhin als selbstverständlich erscheint. Es geht in kulturalistischen Politiktheorien nicht lediglich um die Berücksichtigung von Ideen und Symbolen im Politischen, sondern um die Sichtbarmachung impliziter symbolischer Ordnungen moderner Politik: „Die kulturtheoretische Perspektive zielt [...] auf eine Umstülpung des Bildes moderner Politik selbst ab, indem sie jene Strukturen des Politischen bewusst machen will, die in der liberalen Selbstbeschreibung als selbstverständlich vorausgesetzt oder marginalisiert werden." (Reckwitz 2004: 34). Die Theorien kultureller Konstruktion des Politischen ermöglichen es, *die andere Seite des Politischen*, die in den hegemonialen Deutungen zur Politik invisibilisiert wird, zu beobachten und zu beschreiben.

Folgende *neuen Leitfragen* für das Forschungsfeld „Politik und Kultur" resultieren aus dem gewandelten kulturwissenschaftlichen Zugang zum Politischen:

- Wie modellieren verschiedene Ansätze das Verhältnis von Politik und Kultur und welche Leistung wird der (politischen) Kultur jeweils zugeschrieben?
- Im Hinblick auf welche theoretischen Vorentscheidungen differieren die unterschiedlichen Vorstellungen kultureller Konstruktion von Politik und wie wirkt sich das aus? Stehen die Positionen im Verhältnis der Komplementarität zueinander oder sind sie inkommensurabel?
- Worin besteht der „Mehrwert" von konstruktivistischen Zugängen zu „Politik und Kultur" gegenüber der (traditionellen) Kulturforschung und wo liegen die Grenzen? Welche Folgen hat die Neubeschreibung für die Chancen und Risiken politischer Entscheidung?
- Wenn Kultur Formel und Praxis einer gesellschaftlichen Selbstverständigung darstellt, wie kann Gesellschaft und Kultur noch unterschieden werden?
- In welcher Weise lässt sich das „Politische" der „Politischen Kultur" in den verschiedenen konstruktivistischen Ansätzen verstehen?
- Kulturwissenschaftlich basierte Zugänge setzen programmatisch auf Inter- und Transdisziplinarität – welche Rolle kommt dann einer Fachdisziplin wie der Politikwissenschaft noch zu?

- Welche methodologischen Konsequenzen zeitigt die konstruktivistische Rahmung politisch-kultureller Phänomene?
- In welcher Weise (Sozial-, Zeit-, Raumdimension) und zu welchem Zweck werden in exemplarischen Kulturkämpfen kulturelle Differenzen thematisiert?
- Welche politischen Ereignisse und Bereiche dienen der kulturell vermittelten Konstruktion insbesondere als Leitmotiv? Welche Rolle spielt der spezifische Kontext, in dem ein Phänomen als kulturell und politisch beobachtet wird?
- Im selbstreflexiven Bezug der kulturalistischen Wende stellt sich schließlich auch an uns die Frage: Wie und mit welcher politischen Relevanz lässt sich (Politik-)Wissenschaft als eine Form der gelebten Kultur beschreiben?

2 Forschungsperspektiven kultureller Konstruktionen des Politischen

Die *Beiträge des vorliegenden Bandes* thematisieren, warum und wie verschiedene Theorien die Konstruktion von Politik in kulturellen Kontexten vornehmen.[1] Gemeinsamer Ausgangspunkt der Texte ist dabei die Erkenntnis, dass Kultur als zentrales Medium politischer Wirklichkeitserfassung und Wirklichkeitskonstruktion fungiert und politische Handlungsspielräume eröffnen bzw. verschließen kann. Der Band enthält sowohl Analysen der verschiedenen „Theorien" kultureller Konstruktion des Politischen als auch Versuche der „empirischen" Fruchtbarmachung konstruktivistischer Zugänge zu „Politik und Kultur".

Die Reformulierung des Begriffs „politische Kultur" aus konstruktivistischer Perspektive und die Diskussion damit einhergehender Forschungsperspektiven gliedert sich in drei Themenblöcke:

Die *Diskurstheorie der kulturellen Konstruktion der Politik* legt ihr besonderes Augenmerk auf die kommunikativ-symbolische Dimension, in der verschiedene Theorien die Konstruktion von Politik identifizieren und auf die Frage, wie sie ihr Verhältnis zu kulturellen Realitäten darstellen.

Hans-Martin Schönherr-Mann untersucht in seinem Beitrag die Theorien von Ernst Cassirer und Michel Foucault und vergleicht ihre jeweilige Rekonstruktion der symbolischen Erzeugung verschiedener Kultursphären in ihrem Verhältnis zur Politik. Er zeigt, dass Cassirer und Foucault die jeweiligen Sphären in ihrer Diffe-

---

[1] Der Band geht zurück auf eine gemeinsame Tagung zweier Untergliederungen der Deutschen Vereinigung für Politikwissenschaft (DVPW) – des Arbeitskreises „Politik und Kultur" sowie der Themengruppe „Konstruktivistische Theorien der Politik" –, die im Jahre 2013 an der Technischen Universität München (TUM) stattfand.

renz erkennbar machen, dass aber Cassirer im Gegensatz zu Foucault sich der Versuchung der Privilegierung rationalistisch-szientistischer Modelle im Vergleich zu anderen Kulturbereichen nicht entziehen kann. Der naheliegende Schluss seiner Argumentation betont die Bedeutung der nicht aufgehobenen Differenzen für eine emanzipatorische und demokratische Theorie kultureller Konstruktion.

Stärker an verschiedenen Fällen einer konkreten kulturellen Intervention in die Konventionen und Rituale politischer Normalität orientiert, beschäftigt sich *Hagen Schölzel* in seinem Beitrag mit der Kommunikationsguerilla als einem theoriegeleiteten Konzept der ästhetischen Transformation kultureller Politikkonstruktionen. Er zeigt, dass die Strategien der ästhetischen Intervention in verschiedenen politischen Kontexten eine mehr oder weniger deutliche Einsicht in die kulturelle Logik der Politik voraussetzen. Sie dokumentieren auch, dass durch die kulturellen Interventionen Politik hin zum Politischen geöffnet und mit ungeplanten Möglichkeitsspielräumen konfrontiert und verflüssigt werden kann.

Wolf J. Schünemann und Reiner Keller demonstrieren nach einer komprimierten methodologischen Diskussion der Bedeutung der wissenssoziologischen Diskursanalyse für die Erforschung politisch-kultureller Phänomene, wie sich entlang idealtypischer Formen des Nationalismus die Strukturen eines narrativen Nationalismus herausarbeiten lassen. Dieser wird in verschiedenen Länderkontexten im Zusammenhang mit Kampagnen zu europapolitischen Abstimmungen untersucht. Die Autoren verdeutlichen, dass sich die verschiedenen Formen des Nationalismus in den Narrativen durchdringen, sich aber auch gleichzeitig bestimmte kulturelle Schwerpunkte in den Narrativen reproduzieren. Der vorliegende Beitrag, der einen Ausschnitt aus einem größeren Forschungsprojekt vorstellt, verbindet Überlegungen zur kulturellen Identitätskonstruktion mit den nationalen Mustern der Verarbeitung europäischer Integrationsschübe.

Vincent Gengnagel und Alexander Hirschfeld verknüpfen in ihrem Beitrag zur Machtanalyse zwischen Konsens und Konflikt im Anschluss an Max Weber und in direktem Bezug zu Pierre Bourdieu und Michel Foucault ein eher ideengeschichtliches mit einem starken systematischen Erkenntnisinteresse. Sie argumentieren, dass bereits Weber sich in seiner Unterscheidung von einer „Herrschaft der" und einer „Herrschaft durch" über die instrumentelle Beanspruchung und eine mehr oder weniger systemische Macht der Kultur Rechenschaft abgelegt hat. Mit Bourdieu gelinge es nun, die instrumentelle und mit Foucault die diskursive und disziplinarische Funktion von Kultur genauer zu buchstabieren und die verschiedenen Formen der kulturellen Macht, die weit in politische und ökonomische Bereiche hinein wirkt, zu beschreiben und zu analysieren.

Systemtheorie als einer der prominentesten konstruktivistischen Theorietypen bildet den Ausgangs- und Referenzpunkt der Beiträge im zweiten Abschnitt des

Bandes zur anderen Seite der Politik, die unter dem Label *Systemtheorie der kulturellen Konstruktion von Politik* firmieren.

Jörn Knobloch diskutiert die Frage, was der *cultural turn* in konstruktivistischer Perspektive für die Politikwissenschaft an analytischem Mehrwert erzeugen kann. Er kritisiert zunächst die eher apolitische Form, die seiner Meinung nach den gängigen Import des Erkenntnisinteresses an Kultur in politikwissenschaftliche Zusammenhänge dominiert. Er argumentiert, dass es sich hierbei um eine Verschleierung der genuin politischen Implikationen der Wiederentdeckung der anderen – eben der kulturellen – Seite der Politik handelt, die er im Wesentlichen in der grundsätzlichen Kontingenz des Politischen erkennt. Kulturalistische Theorien einer Kultur der Politik neigen vor diesem Hintergrund zu einer Negierung des Eigensinns des Politischen, den Knobloch nicht zuletzt deswegen verteidigt, weil er nur so eine normative Dimension der Politik retten zu können meint.

Michaela Zöhrer strebt in ihrem Beitrag eine systematische semantik-analytische Erweiterung der systemtheoretischen Konzepte Niklas Luhmanns an. Dabei geht sie davon aus, dass die von Luhmann vorgelegten Arbeiten zur Semantik ein beachtliches Anregungspotenzial für poststrukturalistische und differenztheoretische Forschungsprogramme enthalten, das über eine Re-Formulierung einiger ihrer Positionen gehoben werden kann. Die Semantikanalyse soll in verschiedene Richtungen erweitert werden, sodass unter anderem alltägliche und nicht nur systemisch-funktionale, differente und synchrone Semantiken oder kulturell gepflegte Sinnkonzepte in den Blick genommen werden können. Letztlich wird darauf abgezielt, auch hyperkonnektive (visuelle und globale) Semantiken in die Untersuchungen mit einzubeziehen. Die Autorin diskutiert dann die Bedeutung einer solchen re-formulierten Semantikanalyse aus der Theorieperspektive einer Beobachtung zweiter Ordnung an Beispielen und gibt einen Ausblick auf die Möglichkeiten einer emanzipatorisch gerichteten systemtheoretischen Analyse verschiedenster politisch relevanter Diskurse.

Werner Friedrichs versucht im Anschluss an Niklas Luhmann und die radikale Demokratietheorie eine komplexe Verbindung zwischen einer Rekonstruktion zentraler systemtheoretischer Konzeptionen im Verhältnis von System und kultureller Semantik bzw. der Leitdifferenz von Politik und dem Politischen. Er argumentiert, dass die Systemtheorie in ihrer Theoriearchitektur mit der Begrifflichkeit des prozessierenden Sinnes ein strukturelles Äquivalent für die Logik der politischen Kontingenz entwickelt hat, das auf der Ebene politisch kultureller Semantiken dann als Politik ausbuchstabiert wird. Für die politische Bildung verspricht eine solche konstruktivistische Position eine Reihe von Vorzügen, da sie die klare Unterscheidung zwischen kultureller und politischer Bildung ermöglicht. Letztere findet aus der skizzierten Perspektive dann nämlich genau an der Schnittstelle der etablierten politischen Semantiken und der offenen Kontingenz des Politischen statt und sie vermag zu verdeutlichen, dass Macht eine entscheidende Rolle beim Wechsel zwischen diesen verschiedenen Bereichen spielt.

Jenseits spezifisch diskurs- oder systemtheoretischer Analysen zum Verhältnis von Politik und Kultur finden sich in den Beiträgen einer dritten Autorengruppe konstruktivistische *Theorieperspektiven auf die Kultur der Politik*, die bei Prozessen der Selbstinterpretation von Gesellschaft (ästhetische Praktiken, politische Theorien, normative Ordnungen) ihren Ausgang nehmen.

Nina Elena Eggers veranschaulicht unter Rekurs auf die politische Theorie von Jacques Rancière, wie kulturelle Praktiken zum zentralen Feld politischer Auseinandersetzungen avancieren. In Anknüpfung an poststrukturalistische Ansätze wird das Andere politischer Ordnungen in den Blick genommen – der Fokus liegt aber nicht mehr auf Prozessen kollektiver Identitätsbildung durch Abgrenzung gegenüber einem konstruierten Außen. Vielmehr soll ein kritischer Blickwechsel vorgenommen werden, welcher aus der Perspektive der Anteillosen, die von der Teilhabe an gemeinschaftlichen Entscheidungen ausgeschlossen sind, politische Subjektivierung als eine Bewegung der De-Identifizierung begreift. Die avisierte grundlegende Neujustierung gesellschaftlicher Ordnung, die sich an einer Logik der Gleichheit orientiere, konzeptualisiere politisches Handeln vor allem auf der performativen Ebene im Sinne einer „Ästhetik der Politik", welcher es um das Sichtbarmachen von neuen politischen Subjekten gehe. Formen der Kunst würden so als poetische Neubeschreibungen gesellschaftlicher Positionierungen zum Einsatz einer Politik, die auf Verschiebungen politischer Machtverhältnisse abziele.

Holger Zapf verfolgt im selbstreflexiven Bezug der kulturalistischen Wende die Fragestellung, wie und mit welcher Relevanz sich politische Theorien als eine Form der gelebten Kultur beschreiben lassen. Die Bedeutung kultureller Kontexte bei der Auseinandersetzung mit politischen Theorien wird zunächst diskutiert im Hinblick auf die beiden Extremhypothesen einer völligen Determiniertheit bzw. einer völligen Unabhängigkeit von Theorien gegenüber Kultur. Aus der argumentativ gezeigten Unhaltbarkeit dieser Radikalpositionen wird geschlussfolgert, dass die Reflexion von Kultur als mögliche Einflussgröße zu spezifizieren sei im Hinblick auf die konkreten gesellschaftlichen Randbedingungen der Produktion von politischen Theorien. Dabei werden zwei Ebenen der Wirksamkeit von Kultur als informellem Kontextwissen unterschieden: Während es auf der Latenzebene um hintergründig wirksame Vorannahmen gehe, werde auf der Perzeptionsebene bewusst auf Kultur zurückgegriffen. Auf diesem Hintergrund versucht der Autor zu plausibilisieren, dass sich unter Berücksichtigung von kulturellen Dynamisierungsprozessen ein gegenläufiges Verhältnis der Bedeutung von latenter und perzipierter Kultur bei Theorieproduzenten oder -rezipienten feststellen lasse.

Jan Suntrup will den analytischen Mehrwert einer reflektierten Erforschung politischer Kultur verdeutlichen, bei der nicht wie im klassisch-funktionalistischen Konzept auf die Einstellungsebene fokussiert wird, sondern vielmehr über eine empirisch-qualitative Analyse von Vorstellungen und Praktiken deren Kulturbedeutung und damit der konstitutive Sinnhaushalt politischer Gemeinschaften ermittelt werden soll. Dabei lasse der neue – kulturwissenschaftlich informierte und komparativ ausgerichtete – Blick auf soziale Praxis die Kontingenz von politischen Praktiken sichtbar werden. Darüber hinaus soll insbesondere gezeigt werden, dass Kultur mehr als bloßes „Anderssein-Können" ist: Die Kultur-Semantik vermag demnach eine sinnbildende Gestaltungskraft zu generieren, indem Kultur als Argument in Identitätsdiskursen verwandt wird. Gerade für liberale Rechtsordnungen stelle die interne Heterogenität von Kulturen eine besondere Herausforderung dar: Denn angesichts einer zunehmenden Berücksichtigung kultureller Rechte in der Rechtspraxis sei darauf hinzuweisen, dass der Rekurs auf Kultur die Gefahr des politisch-strategischen Missbrauchs berge und dazu führen könne, dass kultureller Dissens unterdrückt und die hegemoniale Deutung einer Kultur rechtlich festgeschrieben werde. Deshalb sei es für eine politische Kulturanalyse – so das Fazit – essenziell, die Frage nach der (institutionalisierten) Deutungsmacht aufzuwerfen.

Literatur

Baecker, Dirk, 2012: Wozu Kultur?, 3. Aufl., Berlin: Kulturverlag Kadmos.

Kiefer, Jens, 2002: Das Dilemma mit der Kultur. Cultural Studies und Systemtheorie im Direktvergleich, in: http://www.lehrerwissen.de/textem/texte/essays/jens/Cultural.HTM [30.12.2014].

Luhmann, Niklas, 1995: Kultur als historischer Begriff, in: ders., Gesellschaftsstruktur und Semantik. Studien zur Wissenssoziologie der modernen Gesellschaft, Bd. 4, Frankfurt a. M.: Suhrkamp, 31-54.

Marchart, Oliver, 2008: Cultural Studies, Konstanz: UVK Verlagsgesellschaft.

Moebius, Stephan, 2012: Kulturforschungen der Gegenwart – die Studies. Einleitung, in: ders. (Hrsg.), Kultur. Von den Cultural Studies zu den Visual Studies. Eine Einführung, Bielefeld: transcript, 7-12.

Reckwitz, Andreas, 2004: Die Politik der Moderne aus kulturtheoretischer Perspektive: Vorpolitische Sinnhorizonte des Politischen, symbolische Antagonismen und das Regime der Gouvernementalität, in: Birgit Schwelling (Hrsg.), Politikwissenschaft als Kulturwissenschaft. Theorien – Methoden – Forschungsperspektiven, Wiesbaden: VS, 33-56.

Schwelling, Birgit, 2004: Der kulturelle Blick auf politische Phänomene. Theorien, Methoden, Problemstellungen, in: dies., (Hrsg.), Politikwissenschaft als Kulturwissenschaft. Theorien, Methoden, Problemstellungen, Wiesbaden: VS, 11-33.

Teil I
Diskurstheorie kultureller Konstruktion der Politik

Kulturelle symbolische Einheit und die Mikrophysik der Macht

Cassirer und Foucault

Hans-Martin Schönherr-Mann

Zusammenfassung

Cassirer hat in der ersten Hälfte des 20. Jahrhunderts bereits eine konstruktivistisch strukturierte Kulturtheorie entwickelt, die er auf eine Symboltheorie stützt. Nicht nur, dass er sich damit dem sprachphilosophischen Zug der Zeit annähert. Cassirers Kulturtheorie hat auch erstaunliche Parallelen vor allem zu Foucaults archäologischem Konzept, das dieser in *Die Ordnung der Dinge* entwickelt. In der politisch praktischen Umsetzung hält Cassirer indes seinen kulturtheoretischen Anspruch nicht durch, die verschiedenen kulturellen Bereiche nicht zu hierarchisieren. Foucault dagegen gelingt es eher, keine Überlegenheit des modernen szientifischen Rationalismus gegenüber anderen Weltzugängen zu propagieren. Dadurch, dass es folglich keine primären objektiven Weltzugänge, sondern nur kulturvariante gibt, gelingt es Foucault in seinen späten Schriften, dem sozialen Pluralismus auch politisch praktisch gerecht zu werden, indem er nach individuellen Antworten auf politische Machtansprüche sucht. Demnach sollte sich die politische Philosophie einer simplen Politikberatung eher entziehen und stattdessen die Strukturen politischer Diskurse analysieren, um einerseits die individuellen politischen Handlungsmöglichkeiten zu eruieren und um andererseits die beschränkten institutionellen politischen Handlungsperspektiven aufzuzeigen.

1 Politische Philosophie und Kulturtheorie

Versteht man Politik im Sinn von Carl Schmitt (2005: 485) oder auch von Marx (1971: 361), dann geht es in der Politik primär um den Kampf um die Macht, der sich im 19. und 20. Jahrhundert als Kampf der Weltbilder präsentiert. Heidegger diagnostiziert 1938 in seinem Aufsatz *Zeit des Weltbildes*, dass es sich dabei um einen Kampf um das richtige Weltbild handelt (1963: 82, 87). Doch es gibt kein richtiges Bild von der Welt, sondern immer nur verschiedene Perspektiven auf die Welt. Wenn sich eine Politik aber auf ein vorgeblich richtiges Weltbild stützt, dann wird sie missionarisch um die Macht kämpfen. Frieden und Versöhnung bleiben höchstens taktische oder strategische Schritte in diesem Kampf.

Wenn das richtig verstandene Sein das Bewusstsein, also das richtige Weltbild bestimmt, dann verdankt sich das Weltbild seinen kulturellen Bedingungen. Diese werden als gegeben vorausgesetzt, während das Weltbild als ein System von Zeichen, also als primär sprachliches System sich von diesen Bedingungen ableitet. So fragt Wilhelm von Humboldt als Wegbereiter der Sprachphilosophie nach dem inhaltlichen Zusammenhang zwischen Sprache und Weltbild. Humboldt interessiert sich vor dem Hintergrund des aufstrebenden Nationalstaates 1836 dafür, wie sich in der Sprache das Denken und der Charakter eines Volkes spiegelt, also dessen Kultur. „Die Sprache", so Humboldt, „ist gleichsam die äußerliche Erscheinung des Geistes der Völker; ihre Sprache ist ihr Geist und ihr Geist ihre Sprache, man kann sich beide nicht identisch genug denken" (1949: 41). Die Sprachwissenschaft des 19. Jahrhunderts interessiert sich daher primär für die Etymologie, um auf diese Weise im historischen Geist der Zeit eine kulturelle nationale Einheit auch sprachhistorisch zu bestätigen.

Damit fundamentiert dieses Denken den Kampf der Nationen, der dann im ersten Weltkrieg kulminiert. Im Ersten Weltkrieg fühlt Ernst Cassirer die deutsche politische Philosophie dramatisch herausgefordert. Er entwickelt 1916 noch während seiner neukantianischen Zeit eine politische Philosophie unter dem Titel *Freiheit und Form* und prophezeit wohl recht treffend:

> „Ob der deutsche Gedanke die Kraft behalten wird, die völlig neuen politisch-materiellen Aufgaben, die seiner harren, zu bewältigen, ohne dabei den Grundprinzipien untreu zu werden, auf denen die Einheit und der Gehalt der deutschen Geisteskultur beruht: das ist die Frage, auf die alle geschichtsphilosophische Besinnung uns heute immer von neuem und von Tag zu Tag dringender zurückweist. Wir fühlen es mehr und mehr, dass der Gedanke des deutschen Staates, wie er von den Denkern des achtzehnten und neunzehnten Jahrhunderts erfasst und ausgesprochen wurde, seine eigentliche schwerste und tiefste geschichtliche Probe noch zu bestehen hat" (2001 a: 386).

Die traditionelle politische Philosophie bleibt lange Zeit auf dem linguistischen Auge weitgehend blind. Für sie ist die Sprache kein Thema. Sie kann daher die schöpferische Kraft der Sprache noch nicht hinlänglich erfassen und verharrt damit in einem Kampf der Weltbilder oder Kulturen (vgl. Schönherr-Mann, 2012 a: 138). Das erkennt Ernst Cassirer in Abkehr vom Neukantianismus und mit seiner Hinwendung zur *Philosophie der symbolischen Formen*. 1944 kurz vor seinem Tod schreibt er im US-amerikanischen Exil: „Dass diese Unversöhnlichkeit der Ideen nicht nur ein großes theoretisches Problem ist, sondern auch eine innere Bedrohung für unser ethisches und kulturelles Leben insgesamt darstellt, unterliegt keinem Zweifel" (1996: 45).

2 Kulturelle und epistemologische Ordnungen der Dinge

Das kulturelle, soziale wie individuelle Fundament des menschlichen Lebens beruht nach Cassirer in den vergangenen drei Jahrtausenden zunächst auf dem Mythos, den dabei später die Religion ablöst. Beide scheinen auf den ersten Blick in der Moderne kaum noch eine Rolle zu spielen, werden sie doch weitgehend von den modernen Naturwissenschaften verdrängt. Doch der Schein trügt. Die Religionen spielen gerade heute wieder eine bedeutsame Rolle und verschärfen häufig genug den Krieg der Kulturen. Mit dem Nationalsozialismus kehrt für Cassirer indes auch der Mythos wieder, der die moderne Kultur massiv bedroht (Cassirer 1978: 364).

Indes besteht zwischen Mythos, Religion und modernen Wissenschaften bereits eine strukturelle Gemeinsamkeit. Alle drei geben die Natur nicht wieder, sondern konstruieren sie wenn auch mit unterschiedlichen Mitteln. Cassirer schreibt:

> „Die Natur im empirischen oder wissenschaftlichen Verstande lässt sich beschreiben als 'das Dasein der Dinge, sofern es nach allgemeinen Gesetzen bestimmt ist.' Eine derartige 'Natur' gibt es für die Mythen nicht. Die Welt des Mythos ist dramatisch – eine Welt des Handelns, der Kräfte, der widerstreitenden Mächte" (1996: 123).

Anstatt abstrakter Gesetze herrschen im mythischen Denken personifizierte Kräfte, die in der Welt agieren, in sie eingreifen, sie verändern. Konkrete persönliche Götter und Schicksalsmächte stiften das Drama der Welt. Sie verleihen ihr eine Ordnung und dem menschlichen Leben dadurch einen bestimmten Sinn. Cassirer entwirft folglich sowohl Kultur als auch Politik in einer konstruktivistischen Perspektive, lange bevor der Konstruktivismus begrifflich eine wichtige Rolle auf der Bühne wissenschaftlicher Debatten zu spielen beginnt.

Foucault dagegen parallelisiert in *Die Ordnung der Dinge* drei epistemologische Vorgehensweisen, die er verschiedenen Epochen zuordnet, mit denen die Welt verstanden, die Dinge somit in eine Ordnung gefügt werden. Die Renaissance arbeitet mit der Analogie, die Aufklärung mit der Repräsentation und das 19. Jahrhundert mit dem Prozess (1974: 87). Andererseits existieren diese Verfahren auch nebeneinander in den verschiedenen Epochen, spielt die Vorstellung vom Leben bereits im 17. Jahrhundert durchaus eine leitmotivische Rolle. Diese epistemologische Ordnung der Dinge entfaltet somit bereits in den sechziger Jahren einen konstruktivistischen Grundzug, den Foucaults archäologische Vorgehensweisen bekräftigen. Damit überschreitet Foucault den strukturalistischen Rahmen genauso wie die marxistische Perspektive.

Die drei kulturellen Formationen, die dagegen Cassirer unterscheidet, interpretieren ebenfalls mit jeweils einem eigenen konstruktiven Zugang die Wirklichkeit. Für Cassirer klingen die mythischen Welterklärungen recht lebendig, die mythische Ordnung bleibt jedoch statisch, unwandelbar. Als Teil einer sozialen Ordnung lebt der Einzelne nicht in einer individuell gestaltbaren Welt, sondern in einer vom Mythos substantiell dominierten. Diese mythischen, quasi statischen Formen der Religiosität werden historisch von dynamischen Monotheismen abgelöst.

„Der Bann," schreibt Cassirer, „dem das menschliche Dasein durch das primitive mythische und religiöse Denken unterworfen wurde, wird allmählich gelockert, bis er seine bindende Kraft schließlich verloren zu haben scheint. Es entsteht eine neue dynamische Gestalt von Religion, die eine neue Perspektive auf das sittliche und religiöse Leben eröffnet. In dieser dynamischen Religion haben die Kräfte der Individualität die Oberhand über die Kräfte der Stabilisierung erlangt. Das religiöse Leben hat Reife und Freiheit gewonnen; es hat den Bann des strengen Traditionalismus gebrochen", (1996: 341).

Trotzdem gelingt es auch der Religion nicht, die kulturelle Einheit dauerhaft zu stabilisieren. Nicht erst in der Moderne bricht ein endloser Konflikt konkurrierender Weltanschauungen auf, der die kulturelle Einheit bedroht. Die religiösen Dogmen, die unterschiedlichen Glaubensgrundsätze oder die theologischen Systeme fechten erbitterte Kämpfe miteinander aus, die die kulturell integrierende Kraft der Religion schwächen.

Dagegen versucht die moderne Welt ihre kulturelle Einheit eher im Fortschritt der Naturwissenschaften und der modernen Technologien denn im Rückgriff auf die Religion zu gewinnen. Doch sie meistert das Grundproblem der Erkenntnis keineswegs. Sie verbleibt im selben Dilemma wie Religion und Mythos, kann die Welt auch nur interpretieren. Bereits 1906 bemerkt Cassirer: „Jede Epoche besitzt ein Grundsystem letzter allgemeiner Begriffe und Voraussetzungen, kraft deren sie die Mannigfaltigkeit des Stoffes, den ihr Erfahrung und Beobachtung bieten, meistert und zur Einheit zusammenfügt" (1974: V). Diese jeweils konstruktivistische Perspektive dieser drei Bereiche stellt sie aber in gewisser Hinsicht auf dieselbe Ebene, erklärt, warum der politische Mythos mitten in der Moderne wiederkehren kann, eben weil auch das naturwissenschaftlich technische Weltbild die Ordnung der Dinge gemäß der eigenen Prinzipien herstellt und sich dabei letztlich nicht auf eine absolute Wahrheit zu berufen vermag. Man kann auch aus der wissenschaftlichen Vernunft heraus nicht generell verhindern, dass alte Mythologien oder traditionelle religiöse Vorstellungen Renaissancen feiern. Wie man diesem Problem begegnen könnte, wie man die großen Konflikte zwischen den Weltbildern vermitteln könnte, sagt Cassirer damit indes noch nicht.

Michel Foucault geht es nicht um Versöhnung. Aber zumindest diagnostiziert er in seinem frühen Werk *Wahnsinn und Gesellschaft* eine gewisse Parallele zwischen dem Wahnsinn und der Vernunft. Letztere entbirgt sich aus dem Wahnsinn heraus (1973: 8), wenn Descartes das Cogito durch Ausgrenzung aller Erfahrungszusammenhänge entwickelt, weil sich diese dem Wahn verdanken könnten (Descartes 1960: 53). So konstatiert Foucault später in *Überwachen und Strafen*, dass am Grunde der Vernunft die Unvernunft siedelt, so dass Vernunft nicht mehr schlicht als vernünftig verstanden werden darf:

„Man muss wohl auch einer Denktradition entsagen, die von der Vorstellung geleitet ist, dass es Wissen nur dort geben kann, wo die Machtverhältnisse suspendiert sind, dass das Wissen sich nur außerhalb der Befehle, Anforderungen, Interessen der Macht entfalten kann. Vielleicht muss man dem Glauben entsagen, dass die Macht wahnsinnig macht und dass man nur unter Verzicht auf die Macht ein Wissender werden kann. Eher ist wohl anzunehmen, dass die Macht Wissen hervorbringt (und nicht bloß fördert, anwendet, ausnutzt); dass Macht und Wissen einander unmittelbar einschließen; dass es keine Machtbeziehung gibt, ohne dass sich ein entsprechendes Wissensfeld konstituiert, und kein Wissen, das nicht gleichzeitig Machtbeziehungen voraussetzt und konstituiert." (1977: 39).

3 Symboltheorie, Sprachphilosophie und Archäologie

Sowohl Cassirer als auch Foucault zählen nicht zu den expliziten Sprachphilosophen, aber beide zumindest am Rande. Cassirer entwickelt eine Symboltheorie und spricht vom Menschen als dem *animal symbolicum* (1996: 51). Im Zentrum des Denkens von Foucault steht der Begriff des Diskurses (1991: 17).

Zwar beginnt die Debatte über die Sprache bereits im 19. Jahrhundert, doch erst Ferdinand de Saussure wird es gelingen, die Sprache aus inhaltlichen Bezügen herauszulösen, seien diese kultureller, völkischer oder gar rassischer Natur. In der zweiten Hälfte des 19. Jahrhundert entstanden nicht zuletzt vor dem Hintergrund des Imperialismus der europäischen Staaten zahlreiche rassistische Theorien, die die Überlegenheit der sogenannten weißen Rasse bekräftigen sollten. Sie hielten natürlich Einzug auch in die Sprachwissenschaft (vgl. Schönherr-Mann 2012 d: 26).

Doch Saussure geht es als einem der ersten ausschließlich um die Strukturen der Sprache selbst, um die Sprache als Sprache, um ihre innere Ordnung als ein System von Zeichen, nicht um inhaltliche Verknüpfungen mit Kultur, Volk oder gar Rasse. So findet er in seinem *Cours de linguistique génerale*, der Gründungsakte des Strukturalismus, Vorlesungen, die er vor seinem Tod 1912 hielt, ziemlich deutliche Worte:

> „Man hat gesagt, die Sprachgenossen hätten gewisse rassenmäßige Anlagen, welche von vornherein die Richtung der Lautveränderungen bestimmen. Danach ist es ein Problem der vergleichenden Anatomie: aber die Unterschiede der Sprechwerkzeuge sind zwischen verschiedenen Rassen kaum größer als zwischen verschiedenen Individuen; wenn man einen Neger als kleines Kind nach Frankreich bringt, so spricht er ebenso gut französisch wie die Einheimischen" (1967: 175).

Diese Vorlesungen werden posthum 1916 herausgegeben und begründen den Strukturalismus, der indes erst in den vierziger und fünfziger Jahren populär wird und zu einer wichtigen sozial- und geisteswissenschaftlichen Strömung avanciert, an den Michel Foucault anschließen wird. Bis Richard Rorty 1967 *The linguistic turn* als Geist des Zeitalters markiert, wird es indes noch eine Weile dauern. Bereits in den zwanziger Jahren und jenseits von Saussures struktureller Linguistik entwickelt Cassirer seine *Philosophie der symbolischen Formen*. Dabei fragt er nach einer kulturellen Kraft, die den Zerfall der kulturellen Einheit in verschiedene Weltbilder stoppen und deren Kampf untereinander versöhnen könnte (2001 b: 49).

Denn Cassirer entwickelt vor allem in den zwanziger Jahren seine Fragestellung in der Bemühung um Vermittlung zwischen diesen kulturellen Bereichen. Er erweitert seine anfänglichen neukantianischen Pfade der Orientierung an der reinen Vernunft und an der Erkenntnisweise primär der Naturwissenschaften. Will man die Einheit der Erkenntnis allein auf reine Vernunft und Naturwissenschaften stützen, werden nicht nur die Bereiche des Mythos und der Religion, sondern auch die der Kunst, der Psychologie etc. ausgeblendet. Gibt es etwas, das der Erkenntnis, der Kunst, der Religion und dem Mythos gleichermaßen eignet, auf das sie alle zurückgreifen – auch die unterschiedlichen Religionen oder Mythologien? So schreibt er 1923 im ersten Band der *Philosophie der symbolischen Formen*, seinem Hauptwerk:

„Ein Ausweg aus diesem methodischen Dilemma könnte nur dann gefunden werden, wenn es gelänge, ein Moment aufzuweisen und zu ergreifen, das sich in jeder geistigen Grundform wiederfindet, und das doch andererseits in keiner von ihnen in schlechthin gleicher Gestalt wiederkehrt. Dann ließe sich im Hinblick auf dieses Moment der ideelle *Zusammenhang* der einzelnen Gebiete – der Zusammenhang zwischen der Grundfunktion der Sprache und der Erkenntnis, des Ästhetischen und des Religiösen – behaupten, ohne dass in ihm die unvergleichliche *Eigenheit* einer jeden von ihnen verlorenginge" (2001 b: 14).

Was wäre dem Mythos, den Religionen und den Naturwissenschaften gemeinsam? Der Mythos schafft einen belebten Raum, der den Menschen beherrscht. Die Religion entwirft einen Raum, in dem der Mensch die Freiheit zur Sünde wie zur Buße besitzt. Der geometrische Raum konstituiert sich aus teilbaren Linien und Punkten. Alle drei bilden die Wirklichkeit nicht einfach ab. Sie spiegeln sie nicht bloß wieder. Dass der mythische und der religiöse Raum jeweils eigene Welten *entwerfen* und *konstruieren*, das einzusehen, fällt dem modernen Verstand leicht. Aber auch der geometrische Raum *entwirft* und *konstruiert* einen Raum, bildet nicht *den* realen einfach ab. Alle drei *treten* an die Stelle des äußeren erlebbaren und erforschbaren Raumes. Sie *vertreten* diesen äußeren Raum, sie repräsentieren, genauer sie symbolisieren ihn einmal mythisch, einmal religiös, einmal geometrisch.

Das Symbol durchzieht die Welt der Zeichen, taucht überall in der Wirklichkeit des Menschen auf. Ein Zeichen repräsentiert als Symbol einen Zusammenhang, der über dieses Zeichen selbst hinaus weist. Symbole sind Denkinstrumente, die man frei gebrauchen darf. Mit den Symbolen eröffnen sich Horizonte, die etwas bedeuten, entstehen Welten. Mit der Symbolik der Biologie versteht man die Welt anders als mit der Symbolik der Landschaftsmalerei. Das Symbol avanciert für Cassirer zur Grundfunktion der Kultur. Er überschreitet damit die neukantianische Erkenntniskritik in Richtung einer Kulturphilosophie, die im Symbol ihre grundlegende Effekte nach sich ziehende Einheit findet. Cassirer stellt fest:

„Neben der reinen Erkenntnisfunktion gilt es, die Funktion des sprachlichen Denkens, die Funktion des mythisch-religiösen Denkens und die Funktion der künstlerischen Anschauung derart zu begreifen, dass daraus ersichtlich wird, wie in ihnen allen eine ganz bestimmte Gestaltung nicht sowohl *der* Welt als vielmehr eine Gestaltung *zur* Welt, zu einem objektiven Sinnzusammenhang und einem objektiven Anschauungsganzen sich vollzieht. Die Kritik der Vernunft wird damit zur Kritik der Kultur. Sie sucht zu verstehen und zu erweisen, wie aller Inhalt der Kultur, sofern er mehr als bloßer Einzelinhalt ist, sofern er in einem allgemeinen Formprinzip gegründet ist, eine ursprüngliche Tat des Geistes zur Voraussetzung hat" (2001 b: 9).

Cassirer überschreitet nun die Kantsche Vernunft- und Erkenntniskritik vor allem auch dadurch, dass er diese verschiedenen Welten bzw. Symbolsysteme in einem kulturellen Zusammenhang nebeneinander positioniert und sie keiner hierarchischen Ordnung ausliefert. Dieses Vorgehen lässt sich mit Foucaults Ansatz in *Die Ordnung der Dinge* vergleichen, die drei epistemologische Formen nebeneinander ordnen, obwohl sie in verschiedenen Epochen jeweils dominante Rollen spielen. Foucault weist dergleichen im jeweiligen Verständnis von Ökonomie, Natur und Sprache nach, die ihre Welt jeweils dementsprechend ordnen (1974: 204). Die unterschiedlichen epistemologischen Strukturen scheinen die Epochen zu trennen, während sie diese verschiedenen wissenschaftlichen Bereiche verbinden. Die Parallele zu Cassirer gründet denn auch stärker darin, dass sich diese verschiedenen epistemologischen Strukturen – Ähnlichkeit, Repräsentation, Prozess – als sprachliche Grundstrukturen erweisen, die die Welt genauso schöpfen wie Mythos, Religion oder Naturwissenschaft. Dabei bleibt allerdings darauf hinzuweisen, dass für Foucault der Diskurs mehr als nur Sprache ist. Zu ihm gehören auch nicht nur Praktiken, sondern die nichtsprachlichen Gegenstände, deren er sich bedient, bzw. die sich seiner bedienen, z.B. die Fabrik im ökonomischen Diskurs.

Moderne Ansprüche propagieren die Vernunft als wahrer und richtiger verglichen mit Mythos und Religion, aber natürlich auch gegenüber Kunst und Psychologie. Für den frühen Wittgenstein jedoch als programmatischen Wegbereiter des neopositivistischen Denkens erfasst die Sprache die Welt richtig, konstruiert sie nicht bloß, wenn sie naturwissenschaftliche Sätze formuliert, die die Sachverhalte der Natur adäquat spiegeln (1975: 4.0312). Der Szientismus des 20. Jahrhunderts möchte die Welterfahrung auf die anderen Vorgehensweisen überlegene wissenschaftliche Rationalität gründen, die kulturelle Einheit gegebenenfalls auf den Ausschluss bzw. die hierarchisierende Unterordnung von anderen Diskursen gründen, was den Konflikt der Ideologien und Kulturen eher verlängern dürfte – ein Programm, das Cassirer und Foucault gleichermaßen ablehnen und das um den Tod von Foucault herum mit der Auflösung der Erlanger Schule des Konstruktivismus sein Scheitern eingesteht.

Dagegen geht es Cassirer um die Einheit der Kultur insgesamt. Dieses einheitliche Fundament soll den Konflikt der verschiedenen kulturellen Bereiche dadurch versöhnen, dass es Hierarchien zwischen ihnen aufhebt. Ein solcher Zusammenhang bleibt problematisch. Doch Cassirer verbindet ihn zumindest mit einer gewissen Hoffnung, gerade wenn er die aktive gestalterische, also sich selbst aus sich selbst heraus schöpfende Seite aller Kultur betont. Er schreibt: „Die verschiedenen Erzeugnisse der geistigen Kultur, die Sprache, die wissenschaftliche Erkenntnis, der Mythos, die Kunst, die Religion werden so, bei all ihrer inneren Verschiedenheit, zu Gliedern eines einzigen großen Problemzusammenhangs – zu mannigfachen Ansätzen, die alle auf das eine Ziel bezogen sind, die passive Welt der bloßen Eindrücke, in denen der Geist zunächst befangen scheint, zu einer Welt des reinen geistigen Ausdrucks umzubilden" (2001 b: 10).

Auch Foucault ist wie Cassirer kein Sprachphilosoph im engeren Sinn. Aber er hat begriffen, dass Wissen sprachlich verfasst ist, selbst wenn dazu auch nichtsprachliche Gegenstände gehören. Wenn man sich mit Geschichte befassen will, dann kann man sich nicht an die Geschichtsbücher halten. Dann bleibt gar nichts anderes als ein Quellenstudium, das Foucault zweifellos intensiviert, indem er sich ins Archiv setzt und Dokumente studiert. Doch diese ordnet er nicht den überlieferten Schematismen und großen Begriffen zu. Vielmehr konzentriert er sich auf die Sätze und Aussagen, die er in diesen Dokumenten findet und die er einander zuordnen kann, so dass er zu bestimmten Aussagensystemen gelangt, die sich allerdings aus den Materialien ergeben – zumindest ergeben sollen. Geschichte entsteht somit durch den Archäologen, der sie durch Aussagengruppen konstruiert, ein Historiker aber, der versucht, möglichst ohne herrschende Vorurteile seinen Gegenständen gerecht zu werden (1981: 117) – ein Anspruch, den auf andere Weise auch Jacques Derridas Dekonstruktion verfolgt (1991: 52) – der sich auch im Objektivitätsanspruch moderner Wissenschaften spiegelt, der natürlich immer beschränkt bleibt, in radikal konstruktivistischer aber zumindest auf die Rückkoppelung an eine vorliegende Realität verzichtet. Geschichte und Kultur ergeben sich derart aus Konstruktionen heraus, die sich aber dem Archivmaterial verdanken, also sich dem nähern, wohin sie gehören, nicht in eine Ordnung von Dingen, die längst vergangen sind, sondern in eine Ordnung von Aussagen, die man noch verfolgen kann. Diese Aussagen hängen zwar mit nichtsprachlichen Gegenständen zusammen, mit denen sie sich aber nicht objektiv abgleichen, sondern mit denen zusammen sie einen bestimmten Sinn ergeben, also eine Wirklichkeit konstituieren. Alles andere wären Illusionen.

4 Heterogenität und Pluralität als Produkt von Symbolik und Diskurs

Kultur ist auch für Cassirer nicht das Produkt passiver Reaktionen auf die den Menschen umgebende Natur, auch nicht auf seine eigene innere Natur. Sie stellt vielmehr eine schöpferische Tätigkeit von Symbolisierungen dar. Diese schöpferische Kraft entdeckte historisch als erste die Renaissance-Philosophie. Den Menschen behütet nicht mehr die göttliche Hand. Er nimmt vielmehr den Kampf gegen die Schicksalsmächte auf, die sich ihm am Ende als Schöpfungen des eigenen Geistes präsentieren. In seinem Buch *Individuum und Kosmos in der Philosophie der Renaissance* schreibt Cassirer 1927:

„Das was im eigentlichen und wahrhaftesten Sinne als das Geschick des Menschen zu bezeichnen ist: das fließt ihm nicht von oben, von den Sternen herab, sondern es steigt aus den letzten Tiefen seines Inneren empor. Wir selbst sind es, die die Fortuna zur Göttin machen und sie an den Himmel anheften, während in Wahrheit das Schicksal die 'Tochter der Seele' ist" (1963: 126).

Wenn sich das Schicksal der Seele verdankt, deren Ausdruck nach Aristoteles die Stimme ist, wenn also die Sprache das Schicksal erfindet und sich das Schicksal nicht bloß im gesprochenen Wort ausdrückt, dann rückt also die Sprache ins Zentrum von Cassirers Interesse. Sie avanciert zur besonderen Eigenart des Menschen. Mit der Analyse der Sprache, ihrem Wandlungspotential wie ihrem Beharrungsvermögen, ihren Strukturen, will sich Cassirer nicht zufrieden geben, geht es ihm auch nicht allein um eine Sprachphilosophie, sondern um eine Kulturtheorie. Auf dem Weg zu einer Lehre vom Menschen verfolgt er daher die symbolische Kraft der Sprache, ihre Ordnungen und ihr Ausdrucksvermögen in den verschiedenen kulturell prägenden Bereichen.

„Wenn alle Kultur sich in der Erschaffung bestimmter geistiger Bildwelten, bestimmter symbolischer Formen wirksam erweist, so besteht das Ziel der Philosophie nicht darin, hinter all diese Schöpfungen zurückzugehen, sondern vielmehr darin, sie in ihrem gestaltenden Grundprinzip zu verstehen und bewusst zu machen. In dieser Bewusstheit erst erhebt sich der Gehalt des Lebens zu seiner echten Form. Das Leben tritt aus der Sphäre des bloß naturgegebenen Daseins heraus: Es bleibt ebenso wenig ein Stück dieses Daseins, wie ein bloß biologischer Prozess, sondern es wandelt und vollendet sich zur Form des 'Geistes'" (2001 b: 49).

Ausgehend von der Symboltheorie muss eine Anthropologie dem Menschen nicht mehr ein inhaltlich bestimmtes Wesen attestieren. Der Mensch besitzt keine einfache Substanz, die sich irgendwo fixieren ließe und derart die Einheit der Menschheit bzw. der Kultur garantieren würde. So einfach gelangt man vom Symbol nicht zur Versöhnung.

Im Gegenteil, wenn die funktionale, schöpferische Dimension des Symbols den Menschen kennzeichnet, kann sich diese Eigenart in unterschiedlichen kulturellen Bereichen und auch in gegensätzlichen Weisen äußern. Die Bestimmung des Menschen als symbolisches Wesen lässt nicht nur gezwungenermaßen kulturelle Vielfalt und unterschiedliche Lebensformen zu. Sie fordert sie geradezu heraus. Denn die Einheit der Symbolik präsentiert sich als Einheit von Gegensätzen. Gerade in dieser Hinsicht erweist sich die Symbolik im Sinne der Wesensbestimmung des Menschen als überlegen gegenüber kulturellen Bereichen wie Mythos und Religion, aber auch Naturwissenschaft (vgl. Schönherr-Mann 2011: 361).

Mythos und Religion – heute häufig auch noch eine von Carl Schmitt (2005: 485) oder Marx (1971: 361) inspirierte Politik – interpretieren diese Vielfalt eher negativ – man denke an den Turmbau zu Babylon – z.B. im Sinne einer Strafe für menschliche Hybris. In vielen Bereichen der Kultur weigert man sich, die sprachliche und symbolische Vielfalt als notwendig und unvermeidlich zu akzeptieren. Die Sprache selbst, dieselbe Sprache beherbergt die Pluralität, so dass sich der Mensch in einer spannungsgeladenen Situation befindet, die er nur durch die Kraft der Symbolik bewältigt. Unter dem Dach eines durch die Symbolik bestimmten Kulturbegriffs und einer entsprechenden Wesensbestimmung des Menschen kann man sich keine Homogenität der Kultur ausmalen, sondern nur deren Heterogenität versöhnlich gestalten.

Foucault kommt zu ähnlichen Ergebnissen. Das ergibt sich schon aus seiner Archäologie, die keine vorgeordnete Einheit von Satzregelsystemen mehr zulässt (1981: 126). Eine Einheit stellen nur Aus- und Einschließungsverfahren von Diskursen her, so dass Aussagen nicht Sachverhalte wie ein Bild spiegeln, sondern ein Bild zeichnen, das einen Sachverhalt in die Wirklichkeit überträgt (1991: 17). Diese Diskurse beruhen zudem mikrologisch auf diversen Disziplinierungsdispositiven, wenn sich Macht an Körpern, durch Praktiken und Sprachregelungen entfaltet, dabei aber immer abhängig bleibt von der Reaktion der Adressaten, die ihrerseits Macht formen (1977: 41). Der moderne Staat versucht diese Macht auf Dauer zu stellen durch die gouvernementale Orientierung der Regierung an der Bevölkerung, also durch Biopolitik (2004 b: 435). Dagegen plädiert Foucault selbst engagiert für die Pluralität und das Heterogene (2007: 36), denen er in seiner Spätphilosophie versucht gerecht zu werden.

5 Vom politischen Mythos zur parrhesiastischen Politik

Eine konstruktivistische Kulturtheorie, die Kulturen als Systeme versteht, die nach ihrer inneren Logik funktionieren und nicht umweltorientiert, erfasst Politik im Sinn von Cassirer wie von Foucault linguistisch und mikrologisch und konkurriert dadurch mit ökonomischen Theorien. Während für Foucault die Diskurse kulturelle Ordnungen darstellen, eröffnet für Cassirer die Symbolik Welten, sei es in der Kunst, im Mythos, in der Religion, in der Wissenschaft. Doch darauf beschränkt sie sich nicht. Denn die Symbolik spielt dieselbe Rolle in Politik und Gesellschaft.

So stellt sich Cassirer die Frage, worauf der Erfolg Hitlers und des totalitären Denkens beruht. Er schreibt im *Mythus des Staates*:

„Vielleicht der wichtigste und beunruhigendste Zug in dieser Entwicklung des modernen politischen Denkens ist das Zutagetreten einer neuen Macht: der Macht des mythischen Denkens. Das Übergewicht mythischen Denkens über rationales Denken in einigen unserer modernen politischen Systeme ist augenfällig. Nach einem kurzen und heftigen Kampf schien das mythische Denken einen klaren und endgültigen Sieg zu gewinnen" (1978: 7).

Um die Entstehung des Nationalsozialismus zu begreifen, untersucht Cassirer die Technik der modernen politischen Mythenbildung. Damit überträgt er seine Symboltheorie auf die Politik. Der moderne Rationalismus feiert auf wissenschaftlich technischem Gebiet täglich neue unglaubliche Siege, während man im sozialen und politischen Leben einen eklatanten Mangel an rationalem Denken diagnostizieren muss – man denke an die Mythen der Politik als Entscheidung, wie Carl Schmitt die Politik begreift (1963: 27). Oder als umfassende ökonomische Gestaltung, wie sie Lenin mit Gewalt durchzusetzen versuchte und das theoretisch auch begründete (1973: 559).

Moderne politische Mythen wollen etwas bewirken und bedienen sich dabei natürlich der gestaltenden Kraft der symbolischen Formen, die sich hier gar nicht versöhnend und einend, sondern unterdrückend aufführen, bzw. Konflikte verschärfen: die Medien der Nazis wirkten nachhaltiger als ihre modernsten Waffen, kommt somit die Macht gerade nicht aus den Gewehrläufen. Dabei werten politische Mythen nicht einfach alle Werte um. Sie verändern vielmehr die Sprache selbst, indem sie neue Worte erfinden, die eine magische Kraft entfalten. Insofern ist Totalitarismus für Cassirer nicht schlichte Unterdrückung durch einen Despotismus. Vielmehr reicht seine Macht weit in die Symbolbildung hinein und prägt diese im Sinne politischer Mythen, bzw. generiert sich dadurch als totalitäre Macht.

Dem Kulturpessimismus mancher seiner Zeitgenossen widerspricht Cassirer jedoch und ruft stattdessen die Philosophie auf, am kulturellen Leben aktiv teilzunehmen. Philosophie darf nicht nur im Nachhinein die Welt kontemplativ betrachten und durchdenken, wie es Hegel vorschlägt (1970: 28). Stattdessen sieht Cassirer die Philosophie gehalten, im Sinne von Platons Entwürfen idealer Staatsmodelle in die Politik – und das heißt –, in die Symbolbildung einzugreifen und beide mitzugestalten.

Sich als an der Symbolbildung teilzunehmend zu begreifen, das empfiehlt auch Foucault. In politischer Perspektive beschränkt er aber die Reichweite. In seinen letzten Vorlesungen über die *Parrhesia* weist er daraufhin, dass Platons politische Vorschläge entweder naiv oder banal waren, dass Platon aber einen anderen Vorschlag macht: Der Philosoph soll dem Herrscher beibringen, sich selbst zu regieren, wenn er die anderen regieren will (2009: 291). Dazu muss er an Diskursen, somit an der Symbolbildung teilnehmen: eine Kulturtechnik führt zu politischen Techniken, die beide zusammen die politische Welt generieren (vgl. Schönherr-Mann 2012 c: 456).

Wohin das führt, das bleibt für Foucault genauso offen, wie für Cassirer die Symbolbildung nicht automatisch zur kulturellen Versöhnung führt. Aber man kann sie dazu bewusst und aktiv einsetzen. Denn Philosophie sieht sich durchaus in der Lage, die politischen Mythologien rechtzeitig zu durchschauen und ihnen entgegenzutreten. Andernfalls aber droht gerade durch die Symbolbildung auch wieder ein Rückfall in den Mythos.

Daher empfiehlt Cassirer zunächst Einsicht in die sozialen Zusammenhänge und Abläufe, um daraus zu lernen diese zu lenken. Als Vorbild orientiert er sich an Francis Bacon, der Einsicht in die Naturgesetze empfiehlt, um die Natur dann beherrschen zu können. Vielleicht hallt seine neukantianische Vergangenheit nach, wenn Ernst Cassirer kurz vor dem Ende des zweiten Weltkriegs empfiehlt: „Es gibt schließlich eine Logik der sozialen Welt, wie es eine Logik der physischen Welt gibt. [...] Wir müssen lernen, den Gesetzen der sozialen Welt zu gehorchen, ehe wir es unternehmen diese Welt zu beherrschen" (1978: 386). Daraus ergibt sich der Webersche Vorschlag der Politikberatung (1973: 499), die im Sinne Foucaults entweder naiv oder banal ausfällt (2009: 372) – oder im Sinne Henry Kissinger pragmatisch und das heißt im Kern machiavellistisch immer auf ungewisser Grundlage (1962: 380), wiewohl man damit nicht unbedingt zu Carl Schmitt zurückkehren muss, also zum Einheits- und Entscheidungsdenken. Trotzdem wird Cassirer damit seinem Anspruch nicht mehr gerecht, die verschiedenen kulturellen Bereiche nicht zu hierarchisieren. Die Wissenschaft erweist sich mit ihrer Logik und mit ihrer Sprache dem Mythos zumindest theoretisch überlegen, was nur in der Praxis nicht immer aufgeht.

Foucaults Gouvernementalitätsstudien, die genealogisch und beschreibend operieren, zeigen dagegen die Macht der Diskurse auf, die über Cassirers Macht der Symbolik hinausgeht, dieser aber just dort ähnelt, wo die totalitäre Symbolik ins Bewusstsein der Menschen eingreift, nur dass für Foucault auch die rationale Symbolik auf dieselbe Weise arbeitet und sich Foucault primär für deren Arbeitsweisen interessiert (2004 a: 120). Doch Foucault hierarchisiert diese Bereiche weniger als Cassirer.

Symbolik oder Diskurs verbinden Kultur, institutionelle Politik und die Individuen: Denn wenn die moderne Kultur vom biotechnologischen und medizinischen Symboliken oder Diskursen geprägt wird, dann transformiert sich die Politik in Biopolitik. Dann geht es politisch primär um den Umgang mit der Bevölkerung (2004 b: 435), die in der zweiten Hälfte des 20. Jahrhundert jedoch zunehmend auch individuell widerständige Verhaltensweisen an den Tag legt. Letzteres generiert ebenfalls Politik, außerinstitutionelle, protestierende, partizipatorische (Vgl. Schönherr-Mann 2013 a: 20). Foucaults Parrhesia-Vorlesungen fassen solche Aktivitäten als wesentlichen Teil der politischen Landschaft. Nicht bloß, dass der zeitgenössische Staat Pluralismus und Abweichung nicht mehr schlicht zu unterdrücken vermag. Er muss nicht nur außerinstitutionelle Aktivitäten seiner Bürger tolerieren. Er braucht sie auch, um sich selbst zu regieren, will er die anderen regieren (Foucault 2009: 141). Cassirers und Foucaults linguistische Ansätze entbergen somit bisher wenig beachtete kulturelle Aspekte und Zusammenhänge der Politik und weiten damit den Blick politischer Theorien. Während es Cassirer kulturell und politisch um Versöhnung im Kampf der Ideologien geht, zielt Foucault auf eine Mikropolitik, die auf die große Politik einwirkt.

6 Ausblick

Politik findet in einem kulturellen Raum statt, von dem sie ihre Formen erhält, die ihrerseits den kulturellen Raum prägen. Außerdem ringen auf der politischen Bühne Kulturen genauso miteinander, grenzen sich Kulturen gegeneinander politisch ab, wie sie sich derart auch gegenseitig beeinflussen und verändern. Innerhalb einer Kultur agieren verschiedene Institutionen und soziale Mächte auf den politischen Bühnen, was auf ähnliche Weise auf die kulturellen Ausgangsbedingungen rückwirkt. Selbstredend spielen dabei Individuen aktive Rollen, seien es dienende oder widerständige – Individuen, die ihrerseits eine kulturelle Bildung erfahren. Im Zusammenspiel von Kulturtheorien und politischer Theorie entbirgt sich vor diesem Hintergrund die sich selbst erfindende und selbst steuernde Struktur von Politik.

Im 19. Jahrhundert versuchte man indes zunächst der Politik primär ideologische Orientierungen nachzuweisen, hinter denen sich bestimmte Klasseninteressen verstecken. Der zeitgleich entstehende Kulturbegriff formulierte sich dazu als Alternative, Politik stärker in einem nationalen Rahmen zu verankern. Im Grunde formulierte man einen internationalen Konflikt der Kulturen an der Stelle von Klassenorientierungen. Konstruktivistisch denken beide Ansätze noch nicht.

Von diesem naiven bzw. mit Ressentiment geladenen Kulturbegriff schwelt heute etwas höchstens noch in Kreisen rechter Ideologen und konservativer Akademiker weiter. Nicht dass man sich von dieser Perspektive völlig verabschieden könnte. Die Nationalstaaten haben zwar an internationaler Bedeutung eingebüßt. In geschwächter Form bestehen sie weiter und geraten miteinander auch in Konflikte und Kriege. Nur spricht man eher in seltenen Fällen dabei noch von einem

Konflikt der Kulturen. Und wenn man noch von einer nationalen Kultur ausgeht, dann offenbart sich darin just deren beschränkter Charakter, der umso mehr verdrängt werden muss.

Obwohl sich der Klassenbegriff gleichfalls fragilisiert, so hat er indes ein erheblich ausdifferenzierteres und empirisch fundierteres Niveau erhalten, das einerseits in andere Bereiche hineinreicht und sich andererseits für diverse Fragestellungen fruchtbar machen lässt, die auch den Kulturbegriff des 19. Jahrhunderts erweitern. Während dieser Begriff stärker ästhetisch orientiert war und weniger technisch, stützt sich derjenige des 20. primär auf technologische Leistungen und schließt damit an den Klassenbegriff zumindest indirekt an.

Cassirer und Foucault versuchen nicht nur zwischen dem Politik- und Kulturbegriff zu vermitteln, sondern widerstreiten auch der primär technologischen Verfasstheit des zeitgenössischen Kulturbegriffs, indem sie stattdessen Symbol und Diskurs als Grundlage der Kultur begreifen und sich damit dem sprachphilosophischen Zeitgeist annähern. Mit dem Symbol zielt Cassirer auf die metaphorische als auch metonymische Struktur von Sprache ab. Mit dem Diskurs verbindet Foucault sprachliche Aussagen mit Praktiken und nichtsprachlichen Gegenständen. Bei beiden Ansätzen werden Kultur und Politik von Symbol- oder Aussagensystemen erzeugt und gesteuert, die trotz ihrer technologischen Rückkoppelung nicht als Spiegel der Natur, sondern als Projektion derselben funktionieren.

Die mediale Verfassung von Politik heute bestärkt die Einsichten von Cassirer und Foucault, dass sich Politik indes weniger von Akteuren und Akten her realisiert als vielmehr sprachlich. Denn welche politischen Institutionen auch immer, sie versuchen vornehmlich die Sprache zu kontrollieren und bedienen sich dabei sowohl der Symbolbildung als auch gerade der performativen Dimension von Sprache, die sich im Diskursbegriff anzeigt. Derart erweist sich Politik umso mehr kulturell eingebettet und perspektivisch bestimmt, stellt die Sprache die kulturelle Grundstruktur der Politik dar, findet Politik in den Diskursen statt, wie sie in der Symbolbildung realisiert wird. Gerade der performative als auch der metonymische Charakter von Sprache prägt der Politik ihren selbstbezüglichen Stempel auf, wie dieser der Politik erlaubt, sich in die Welt einzumischen. Doch dabei präsentiert sich politisches Handeln als ein Konstrukt, als Erfindung.

Von Cassirer und Foucault kann man lernen, dass die Kulturphilosophie der Politikwissenschaft sprachliche Zugänge zu ihren Gegenständen eröffnet. Bei Cassirer erklärt sich derart die politische Wiederkehr des Mythos, da Sprache sich nicht an eine Objektivität der Dinge rückkoppeln lässt, vielmehr ihrerseits symbolisierend die Welt entstehen lässt. Der Mythos kehrt ja nicht nur bei den Nazis wieder, sondern überall dort wo Patentrezepte propagiert werden, die die Welt vereinfachen und somit verstehbar und beherrschbar machen. Foucault führt dabei ergänzend vor, dass auch komplexe wissenschaftliche Erklärungen den Mythos nicht zu widerlegen vermögen, so dass eine kulturtheoretische Perspektive auf die Politik jene Einsicht wiederholt, dass Macht und Wissen zusammengehören – ein Zusammenhang, der noch längst nicht weit genug durchdacht ist, so banal er andererseits erscheinen mag.

Literatur

Arendt, Hannah, 2003 [1970]: Macht und Gewalt, 15. Aufl. München, Zürich: Piper.
Cassirer, Ernst, 1963 [1927]: Individuum und Kosmos in der Philosophie der Renaissance, 2. Aufl. Darmstadt: Wissenschaftliche Buchgesellschaft.
Ders., 1974 [1906]: Das Erkenntnisproblem in der Philosophie und Wissenschaft der neueren Zeit, Erster Band, Darmstadt: Wissenschaftliche Buchgesellschaft.
Ders., 1978 [1946]: Der Mythus des Staates – Philosophische Grundlagen politischen Verhaltens, 2. Aufl. Zürich München: Artemis.
Ders., 1996 (1944): , Versuch über den Menschen – Einführung in eine Philosophie der Kultur, Hamburg: Felix Meiner.
Ders., 2001 a [1916]: Freiheit und Form – Studien zur deutschen Geistesgeschichte, Gesammelte Werke Bd. 7, Hamburg: Felix Meiner.
Ders., 2001 b [1923]: Philosophie der Symbolischen Formen – Erster Teil – Die Sprache, Gesammelte Werke Bd. 11, Hamburg: Felix Meiner
Descartes, René, 1960 [1637]: Discours de la Méthode, Hamburg: Felix Meiner.
Derrida, Jacques (1991): Gesetzeskraft – Der „mystische Grund der Autorität", Frankfurt/M.: Suhrkamp.
Foucault, Michel, 1973: Wahnsinn und Gesellschaft, Frankfurt/M.: Suhrkamp.
Ders., 1974: Die Ordnung der Dinge – eine Archäologie der Humanwissenschaften, Frankfurt/M.: Suhrkamp.
Ders., 1977: Überwachen und Strafen – Die Geburt des Gefängnisses, Frankfurt/M.: Suhrkamp.
Ders., 1981: Archäologie des Wissens, Frankfurt/M.: Suhrkamp.
Ders., 1991: Die Ordnung des Diskurses (1970), Frankfurt/M.: S. Fischer.
Ders., 2004a: Geschichte der Gouvernementalität I – Sicherheit, Territorium, Bevölkerung, Vorlesung am Collège de France 1977-1978, Frankfurt/M.: Suhrkamp.
Ders., 2004b: Geschichte der Gouvernementalität II – Die Geburt der Biopolitik Vorlesung am Collège de France 1978-1979, Frankfurt/M.: Suhrkamp.
Ders., 2007 [1977]: Vorwort zu: Deleuze, Gilles, Guattari, Félix: Anti-Ödipus – Kapitalismus und Schizophrenie, New York; in: ders.: Ästhetik der Existenz – Schriften zur Lebenskunst, Frankfurt/M.: Suhrkamp. 33-38
Ders., 2009 [2008]: Die Regierung des Selbst und der anderen, Vorlesung am Collège de France 1983, Frankfurt/M.: Suhrkamp.
Hegel, G.W.F., 1970: Grundlinien der Philosophie des Rechts (1820), Theorie-Werkausgabe Bd. 7, Frankfurt/M.: Suhrkamp.
Heidegger, Martin, 1963: Zeit des Weltbildes, Holzwege, 4. Aufl. Frankfurt/M.: Klostermann.
Humboldt, Wilhelm v., 1949: Über die Kawisprachen auf der Insel Java (1836), Darmstadt: Claassen & Roether.
Kissinger, Henry, 1962: Großmacht Diplomatie – Von der Staatskunst Castlereaghs und Metternichs, Düsseldorf/Wien: Econ.
Leibniz, Gottfried Wilhelm, 1967 [1714]: Monadologie, Die Hauptwerke, Stuttgart: Kröner.
Lenin, Wladimir, 1973 [1918]: Staat und Revolution, Ausgewählte Werke Bd. 3, Berlin: Dietz
Marx, Karl, 1971 [1871]: Der Bürgerkrieg in Frankreich, Marx Engels Werke (MEW) Bd. 17, Berlin: Dietz.

Nietzsche, Friedrich, 1999 [1884-85]: Jenseits von Gut und Böse, Kritische Studienausgabe (KSA) Bd. 5, 2. Aufl. München, Berlin, New York: dtv, de Gruyter.

Ricœur, Paul, 1974: Hermeneutik und Psychoanalyse – Der Konflikt der Interpretationen II, München: Kösel Verlag.

Rorty, Richard (Hrsg.), 1967: The linguistic Turn – Essays in philosophical Method, University of Chicago Press.

Saussure, Ferdinand de, 1967 [1916]: Grundfragen der allgemeinen Sprachwissenschaft, 2. Aufl. Berlin: Walter de Gruyter.

Schmitt Carl, 1963 [1932]: Der Begriff des Politischen, 3. Aufl. Berlin: Duncker & Humblot.

Ders., 1984 (1923) : Römischer Katholizismus und politische Form, Stuttgart: Klett-Cotta.

Ders., 2005 [1937]: Totaler Feind, totaler Krieg, totaler Staat; in: ders.: Frieden oder Pazifismus? Arbeiten zum Völkerrecht und zur internationalen Politik 1924-1978, Berlin: Duncker & Humblot. 481-508

Schönherr-Mann, Hans-Martin, 1994: Leviathans Labyrinth – Politische Philosophie der modernen Technik, München: Wilhelm Fink.

Ders., 2009: Der Übermensch als Lebenskünstlerin – Nietzsche, Foucault und die Ethik, Berlin: Matthes & Seitz.

Ders., 2011: Das Ethos der Symbole – Ernst Cassirers Konzept einer kulturellen Kraft der Versöhnung? In: Ethica – Wissenschaft und Verantwortung Jg. 19 Nr. 4, Innsbruck: Resch-Verlag. 345-369

Ders., 2012 a: Was ist politische Philosophie? Frankfurt/New York: Campus.

Ders., 2012 b: Der Untergang des Pseudostaates – Die Geburt des Über(gangs)staates aus dem Geist der ewigen Wiederkehr; in: ders. (Hrsg.): Der Wille zur Macht und die „große Politik" – Friedrich Nietzsches Staatsverständnis, Reihe: Staatsverständnisse, hrsg. v. Rüdiger Voigt, Baden-Baden: Nomos. 69-101

Ders., 2012 c: Von der Regierung der anderen zur Regierung des Selbst und zurück – Disziplinarmacht und Parrhesia bei Michel Foucault; in: Bernardy, Jörg u. a. (Hrsg.): Michel Foucault und Michel de Certeau – Diskursive Praktiken, Coincidentia 3/2, Bernkastel-Kues: Aschendorff. 455-477

Ders., 2012d Der Anfang des linguistic Turn – Ferdinand de Saussures Begründung der strukturalistischen Sprachwissenschaft; in: Concordia – Internationale Zeitschrift für Philosophie Nr. 62, Aachen: Wissenschaftsverlag Mainz. 23-47

Ders., 2013 a: Protest, Solidarität und Utopie – Perspektiven partizipatorischer Demokratie, München: edition fatal.

Ders., 2013 b: Kein Konflikt zwischen Individuum und Staat – Georg Simmels soziologische Theorie der Kulturbildung; in: Bergbauer, Harald (Hrsg.): Kulturtheoretiker denken den Staat, Reihe: Staatsverständnisse, hrsg. v. Rüdiger Voigt, Baden-Baden: Nomos. 57-81

Weber, Max, 1973: Der Sinn der 'Wertfreiheit' der soziologischen und ökonomischen Wissenschaften, Aufsätze zur Wissenschaftslehre, 4. Auflage Tübingen: Mohr, Siebeck.

Wittgenstein, Ludwig, 1975: Tractatus logico-philosophicus, 10. Aufl. Frankfurt/M.: Suhrkamp.

Das Politische als Kommunikationspraxis

Über Interventionen der „Kommunikationsguerilla" in die „Kulturelle Grammatik"[1]

Hagen Schölzel

Zusammenfassung

Der Beitrag verbindet die seit einigen Jahren in der politischen Philosophie geführte Debatte um „das Politische" und „die Politik" mit einer Rekonstruktion der politischen Protestprogrammatik der sog. „Kommunikationsguerilla". Während das Denken des Politischen sich selbst als politische Intervention in die Diskurse der politischen Theorie begreift und in diesem Zusammenhang teilweise ausgefeilte Schreibstrategien entwickelt werden, verbleiben die politischen Kommunikationspraktiken und die in ihrem Zusammenhang entwickelten Programmatiken bzw. Praxistheorien (vermuteter) philosophischer Laien weitgehend außerhalb der wissenschaftlichen Debatte. Mit der Programmatik der Kommunikationsguerilla und ihrer Vorstellung von politischen Interventionen in die sog. „Kulturelle Grammatik" etablierter Kommunikationsordnungen wird hier eine solche Praxistheorie des Politischen unter besonderer Berücksichtigung ihres Vorgehens und ihrer Ziele diskutiert. Der Beitrag plädiert schließlich für eine stärkere Beachtung politischer Auseinandersetzungen und korrespondierender Praxistheorien „kultureller Konstruktion des Politischen" jenseits philosophischer Kontroversen.

---

1 Der Beitrag beruht teilweise auf verschiedenen Kapiteln meines Buchs *Guerillakommunikation. Genealogie einer politischen Konfliktform*, insbesondere auf den Kapiteln „Begriffliche und methodische Orientierung" sowie „Kommunikationsguerilla – Irritation als Gesellschaftskritik" (Schölzel 2013: 31-44, 265-310).

1 Einleitung: Das Politische und die politische Kultur

Der folgende Beitrag verfolgt das Ziel, ein Verständnis von „politischer Kultur" zu entwickeln, das sowohl (institutionalisierte) Handlungsroutinen der Politik als auch von solchen Routinen abweichende politische Praktiken erfassen kann. Zu diesem Zweck wird der Versuch unternommen, zwei unterschiedliche Diskurse in einen fruchtbaren Dialog treten zu lassen. Es handelt sich dabei erstens um die seit einigen Jahren in der politischen Philosophie geführte Diskussion um „das Politische", die „öffnende" Denkbewegungen in Hinblick auf eingefahrene Vorstellungen von „der Politik" und deren Alltagsroutinen entwickelt. Zweitens wird eine seit etwa Mitte der 1990er Jahre in Erscheinung tretende politische Protestform, die sog. Kommunikationsguerilla, diskutiert. Von Interesse sind dabei insbesondere die in ihrem Zusammenhang entwickelten Praxiskonzepte und theoretischen Überlegungen zu kommunikativen Interventionen in das, was die Kommunikationsguerilla eine „Kulturelle Grammatik" der Gesellschaft nennen. Ihre Praktiken der politischen Kommunikation erweisen sich dabei als ähnliche, das Denken „öffnende Bewegungen", wie sie in der philosophischen Debatte thematisiert werden. Durch eine theoretische Diskussion des Praxiskonzepts der „Kulturellen Grammatik" soll schließlich ein doppeltes Verständnis von politischer Kultur im Sinne von „Kulturen der Politik" und „Kulturen des Politischen" entwickelt werden. Um dieses Ziel zu erreichen, werden im folgenden Kapitel (2) zunächst die Konturen der Theoriedebatte um „das Politische" nachgezeichnet und deren hauptsächliche Perspektiven herausgearbeitet. Im anschließenden Abschnitt (3) wird die Praxis der Kommunikationsguerilla vorgestellt und anhand zweier Beispiele das Irritierende ihrer Interventionen dargelegt. Darauf aufbauend wird in einem weiteren Schritt (4) das Konzept der „Kulturellen Grammatik" erläutert und in Hinblick auf ein poststrukturalistisches Verständnis als „Ordnung von Diskursen" modifiziert, bevor schließlich (5) die beiden genannten Perspektiven auf politische Kulturen entwickelt werden.

2 Das öffnende Denken des Politischen – Konturen einer Debatte

Wenn man das Politische als die „andere Seite der Politik" aufruft, dann eröffnet dies zunächst den Eingang in eine Debatte der politischen Philosophie, die in den vergangenen Jahren zu einigen einschlägigen Buchpublikationen führte (Bedorf/Röttgers 2010; Bröckling/Feustel 2010; Flügel et al. 2004; Marchart 2010). Mindestens wird in dieser Terminologie eine „Differenz" zwischen der Politik und dem Politischen angesprochen, die man vor dem Hintergrund der Theoriediskussion nicht allein als eine bloße Unterscheidung, sondern – ihrem Gegenstand gemäß – als eine „politische Differenz" verstehen kann (Marchart 2010; Bedorf/Röttgers 2010a: 8). Das Politische als die „andere Seite der Politik" zu bezeichnen, lässt jedoch im Unklaren, wie diese Differenz im Einzelnen zu fassen oder gar zu bewerten ist. Auf den ersten Blick scheint sich in der Metaphorik der „anderen Seite" eine gewisse Hierarchie der Begriffe abzuzeichnen, so als sei das Politische von der Politik her zu denken. Das Politische als die andere Seite der Politik wäre dann ihre (bislang etwa verdeckte?) Rückseite. Damit würde zugleich eine sehr enge Beziehung unterstellt. Die Politik und das Politische könnten etwa als die zwei Seiten derselben Medaille betrachtet werden. Solchen Interpretationen kann mit der Theoriediskussion um das Politische allerdings entgegengehalten werden: „Wo das Politische ist, kann Politik nicht sein, und wo Politik vollzogen wird, kann sich Politisches nicht ereignen" (Bedorf/Röttgers 2010a: 9; vgl. Bedorf 2010: 13-14). Das Politische von der Politik her zu denken und beide eng aneinander zu knüpfen, ist demnach mitnichten eine plausible Herangehensweise. Ebenso wenig lässt sich das Politische jedoch als „Gegenbegriff" zum Begriff der Politik denken (Bedorf/Röttgers 2010a: 8), so als sei das Politische etwas ganz anderes als die Politik. Dies ist schon allein aufgrund der gemeinsamen Etymologie wenig plausibel, wenngleich der Begriff des Politischen oft „im bewussten Gegensatz zur Politik gebraucht" wird (Flügel et al. 2004a: 11). Wie ist also die Beziehung zwischen der Politik und dem Politischen denkbar? Vom Standpunkt der Politik aus betrachtet, „verspricht" die Differenz zwischen dem Politischen und der Politik, „die Politik zu beleben von einem Ort her, der ihr nicht fremd ist: vom Politischen her" (Bedorf/Röttgers 2010a: 8). Dass eine solche Belebung nötig erscheint, lässt zumindest erahnen, wovon die Rede ist, wenn die „‚bloße' Politik" angesprochen wird: Sie wird einerseits mit den „Routinen des politischen Tagesgeschäfts" assoziiert (Bedorf/Röttgers 2010a: 8) und andererseits mit der auf dieses Geschäft orientierten „politischen *Theorie*" (Bedorf 2010: 13). Diese Hinweise, was mit der Politik gemeint sein könnte, kennzeichnen allerdings noch nicht das in Frage stehende Politische, was freilich nicht bedeutet, erstere sei *nicht* politisch. Jedoch bleibt unklar, „was denn das Politische ist" (Bröckling/Feustel 2010:7). Genau diese „Frage, die politische Protagonisten und Vertreter der Politikwissenschaft in der Regel ausklammern, weil sie die Antwort immer schon zu wissen glauben" (Bröckling/Feustel 2010a: 7), wird mit der Debatte um das Politische aufgegriffen und auf verschiedene Weise neu gestellt. Ihre Diskussion soll viel mehr noch als das Beleben des Tagesgeschäfts der Politik zunächst eine „Erneuerung [des] politischen Denkens" leisten (Bedorf 2010: 15), ein Anliegen, das auch in diesem Band in Hinblick auf ein Reformulieren des politikwissenschaftlichen Verständnisses von politischer Kultur aufgegriffen wird.

In der angesprochenen Theoriedebatte verweist die Differenz zwischen der Politik und dem Politischen zudem auf eine Unterscheidung zwischen „traditionellen Bestimmungen des Politischen" einerseits, die vielfach in der Politik aufgegangen sind, und andererseits zeitgenössischen Problematisierungen des Politischen, die sich von den früheren Ideen in unterschiedliche Richtungen „jeweils absetzen" (Bröckling/Feustel 2010: 9). Das zeitgenössische Politische wird mit dieser Perspektivierung erkennbar in Bewegungen weg von der Politik bzw. von den traditionellen Bestimmungen des Politischen. Mit diesen Absetzbewegungen eröffnen die zeitgenössischen Diskussionen des Politischen insbesondere Wege aus den einschlägigen Themen der Politikwissenschaft und über die in verschiedenen politischen Theorien oder Philosophien als einschlägig markierten „Dimensionen" der Politik hinaus. Sie lösen sich etwa von der Vorstellung, Politik sei „eine spezifische Sphäre des Sozialen", sie hinterfragen „jene Handlungs- oder Kommunikationsmodi, welche die Sphäre der Politik kennzeichnen oder kennzeichnen sollten", sie spielen mit verschiedenen Zeitlichkeiten und/oder überwinden die „normative Dimension" der Politik (Bröckling/Feustel 2010: 10-11).[2] Das Politische manifestiert sich auf diese Weise in heterogenen „Denkbewegungen [...] des Öffnens und Offenhaltens", die „auf die unhintergehbaren Momente des Dissenses und Widerstreits, des Ereignisses, der Unterbrechung und Instituierung abheb[en]" (Bröckling/Feustel 2010a: 8-9). Die Debatte lässt sich aber auch als Auseinandersetzung mit Problemen oder wenigstens vermuteten Problemen der Praxis deuten, beispielsweise mit der als virulent betrachteten „Frage der Gründung [einer politischen Ordnung], die sich jeder Gesellschaft stellt, sobald sich die Gewissheiten, Prinzipien und Werte, auf denen sie gebaut ist, als fungibel erweisen" (Marchart 2010: 8).

Wie allerdings lässt sich das Politische trotz seiner negativen Bestimmung als Absetzbewegung und trotz seiner postulierten Unhintergehbarkeit als „kulturelle Konstruktion" begreifen? Mit der Rede über „Offenheit, Unentscheidbarkeit und Kontingenz" oder ähnlichem (Flügel et al. 2004a: 13) wird unter der Prämisse ihrer „kulturellen Konstruktion" jedenfalls kein ontologisches Merkmal des Sozialen angesprochen. Dieses Angesprochene lässt sich hingegen als „Bewusstseins- und Praxisverhältnis der Menschen in der Moderne [verstehen], durch das ihnen ihre gesamte gesellschaftliche Lebenswelt latent kontingent und damit

---

2   Bedorf (2010: 16-32) arbeitet die Differenz zwischen der Politik und dem Politischen anhand teilweise anderer Bezugspunkte heraus, nämlich „Norm", „Hegemonie", „Unterbrechung", „Stiftung" und „Sozialität". Solche Variationen in der Debatte (vgl. auch Röttgers 2010) lassen sich jedoch als „programmatisch[e]" verstehen (Bröckling/ Feustel 2010: 9).

entscheidbar geworden ist" (Greven 2010: 68). Dass hier von einer *latenten* Kontingenz die Rede ist, unterstreicht einerseits ihre kulturelle Konstruiertheit als Bewusstseins- und Praxisverhältnis, andererseits weist es darauf hin, dass etwas (oder auch verschiedenes) die Kontingenz des Sozialen tendenziell verborgen halten könnte. Im Zusammenhang dieser Debatte ist damit die Politik angesprochen. Die Politik und das Politische bzw. die Differenz der beiden lassen sich vor diesem Hintergrund als unterschiedliche Strategien oder Taktiken des Umgangs mit den angesprochenen Bewusstseins- und Praxisverhältnissen der Menschen markieren. Die Absetzbewegungen des Politischen versuchen somit solche „definitorischen wie praktischen Schließungen des Politischen" zu überwinden (Bröckling/Feustel 2010: 9), die das Kontingente verdeckt halten und auf diese Weise zu dem führen, was in der Diskussion als Politik bezeichnet wird. Erkennen kann man die Versuche des Verdeckens oder des Schließens beispielsweise im „empirisch jeweils zu beobachtenden Gebrauch von Sprache derjenigen, die [...] ‚Politik treiben', sowie derjenigen, die dies beobachten und in Texten reflektieren" (Greven 2010: 72). Als typische Vorgehensweisen des Schließens des Politischen zur Politik können so zum Beispiel die „Enthistorisierung", die „Deliberation" und die „Expertokratie" sichtbar gemacht werden (Greven 2010: 73-87). Sie lassen sich auf diese Weise verstehen als „Strategien der Kontingenzverleugnung und -verschleierung [...], die auf eine ideologische Verklärung der Gegenwart hinauslaufen" (Greven 2010: 73).

Auch auf der „anderen Seite der Politik", dort wo das Politische in Absetzbewegungen hin zu Offenheit, Unbestimmtheit oder Kontingenz erkannt wird, lassen sich verschiedene „Varianten einer Operationalisierung der Differenz" beobachten (Bedorf/Röttgers 2010: 9). Diese Beobachtungen beziehen sich insbesondere auf die Praxis des politischen Philosophierens selbst sowie auf das Schreiben von „politischen Manifesten, literarischen Werken und publizistischen Interventionen" durch dieselben Autor_innen, die auch philosophische Reflexionen anstellen; ihre Anstrengungen werden allesamt als „politische Interventionen" gedeutet (Bröckling/Feustel 2010: 7-8). In der Debatte um das Politische kaum beachtet werden hingegen jene zeitgenössischen politischen Interventionen, deren Einschreiten nicht auf die Diskurse der politischen Philosophie oder der Politikwissenschaft abzielt und die doch als vergleichbare Absetzbewegungen von der Politik oder als öffnende Gegenbewegungen zu den Schließungen des Politischen gedeutet werden können. Ein Beispiel für eine solche Praxis soll im Folgenden insbesondere in Hinblick auf das Politische seiner Handlungs- oder Kommunikationsmodi diskutiert werden. Es handelt sich um die Rekonstruktion der „Kommunikationsguerilla" als einer politischen Praxis, die auf öffentlichkeitswirksame symbolische Interventionen abzielt, sowie dem in ihrem Zusammenhang entwickelten Praxiskonzept des Politischen, das insbesondere um die Deutung ihres Interventionsraums als

„Kulturelle Grammatik" kreist. Mit der Betrachtung der Praxis der Kommunikationsguerilla einerseits und ihrem Interventionsraum der Kulturellen Grammatik andererseits sowie mit ihrer gegenseitigen Bezugnahme wird eine vergleichbare politische Differenz aufgespannt, wie sie in der Theoriedebatte für das Politische und die Politik diskutiert wird.

3 Kommunikationsguerilla: Irritationen der Politik

Die Idee zu einer Kommunikationsguerilla entstand in den 1990er Jahren als „eine Antwort auf die Erschöpfung des traditionellen linken Aktivismus nach dem Fall der Mauer" (autonome a.f.r.i.k.a. gruppe 2002: 1). Der Begriff geht auf Autor_innenkollektive zurück, die unter Namen wie autonome a.f.r.i.k.a. gruppe, Luther Blissett oder Sonja Brünzels auftreten und die bereits auf diese Weise herrschende kulturelle Gepflogenheiten wie etwa die Behauptung einer notwendig individuellen Identität einzelner Autor_innen zu unterwandern trachten. Kommunikationsguerilla ist zunächst eine Form der praktizierten „Gesellschafts- und Medienkritik" (Kleiner 2005), die aber zugleich auch Reflexionen über sich selbst und ihr Tun publiziert (bspw. autonome a.f.r.i.k.a. gruppe/mittlerer neckar 1994). Ihr wichtigstes Manifest ist zweifellos das seit Mitte der 1990er Jahre in mehreren Auflagen erschienene „Handbuch der Kommunikationsguerilla" (autonome a.f.r.i.k.a. gruppe et al. 2001). Kommunikationsguerilla steht in der Tradition verschiedener Vorläufer und tritt zeitgleich mit verschiedenen anderen gesellschaftskritischen Bewegungen in Erscheinung. Zu den Praxisvorläufern und den inspirierenden theoretischen Bezugspunkten gehören etwa die „Spaßguerilla" der 1960er bis 1980er Jahre (vgl. AG Spaß muss sein! 2001) und das Ende der 1960er Jahre entwickelte Konzept der „semiologischen Guerilla", das eine Form des kritischen Umgangs mit den durch die Massenmedien verbreiteten Inhalten darstellt (Eco 2007). Aber auch verschiedene künstlerische Avantgardebewegungen wie die Situationistische Internationale (SI) oder die Dada-Bewegung werden als wichtige Bezugspunkte in der Geschichte der praktizierten Kulturkritik aufgeführt (autonome a.f.r.i.k.a. gruppe et al. 2001: 33-37, 206-209). In einer synchronen Perspektive lässt sich die Kommunikationsguerilla in Zusammenhang mit verschiedenen anderen Formen des kulturellen oder kommunikativen Protests sehen, die seit den 1990er Jahren insbesondere im Rahmen globalisierungskritischer Bewegungen entstanden sind. Die bekannteste Aktivist_innengruppe bilden, freilich ohne das Etikett Kommunikationsguerilla zu gebrauchen, die beinahe global agierenden „The Yes Men" (vgl. www.theyesmen.org). Daneben lassen sich etwa das „Culture Jamming" bzw. „Adbusting", das eine Form der Antiwerbung bezeichnet (Lasn 2005), oder auch die „No-Logo"-Bewegung

(Klein 2001) ausmachen. Außerdem existieren viele vergleichbare Formen des kreativen Straßenprotests, wie die „Clowns Army" oder die „Reclaim the Streets"-Bewegung (vgl. Amann 2005). Und auch manche Form des Aktivismus im Internet weist Parallelen zur Kommunikationsguerilla auf (autonome a.f.r.i.k.a. gruppe 2005; vgl. bspw. Initiative Libertat! 2006). Darüber hinaus lassen sich Bezüge bis hin zur Zapatistischen Befreiungsarmee EZLN in Mexiko bzw. zu deren anonymen Sprecher „Subcomandante Marcos" finden, der einige typische Merkmale eines Kommunikationsguerillero trägt (autonome a.f.r.i.k.a. gruppe et al. 2001: 40-41).

Die Programmatik der Kommunikationsguerilla kann auf die Suche nach Möglichkeiten der „Auseinandersetzung mit den bürgerlichen Massenmedien" bzw. mit deren hegemonialem Einfluss in der Gesellschaft zurückgeführt werden, der als „ein wesentliches Problem linker politischer Praxis" betrachtet wird (autonome a.f.r.i.k.a. gruppe/mittlerer neckar 1994b: 7). Kommunikationsguerilla soll den Aufbau kritischer Gegenöffentlichkeiten ergänzen, deren „strukturelle Begrenztheit" darin besteht, dass sie „zumeist der Gefahr der Reproduktion der existenten Kommunikationsverhältnisse" erliegen (autonome a.f.r.i.k.a. gruppe/mittlerer neckar 1994a: 148, 151). Während Medien der Gegenöffentlichkeit den Versuch unternehmen, alternative Inhalte zur Verfügung zu stellen, zielt Kommunikationsguerilla vor allem auf die alltäglichen Wahrnehmungen und Interpretationsmuster medial verbreiteter Informationen, die sie irritieren möchte. „Das Konzept Kommunikationsguerilla steht daher nicht im Widerspruch zu einer Praxis der Gegenöffentlichkeit. Eher ergänzen sich beide Konzepte gegenseitig" (autonome a.f.r.i.k.a. gruppe et al. 2001: 197). Neben der als problematisch betrachteten Macht der Massenmedien, die als kommunikative Einbahnstraßen nur begrenzte Informationsangebote zur Verfügung stellen, existiert in der Perspektive der Kommunikationsguerilla „eine ganze Reihe anderer Kommunikationsbarrieren, die dazu führen, dass die Subjekte bestimmte vorhandene und abrufbare Informationen gar nicht erst zur Kenntnis" nehmen. Dagegen soll „eine eigene soziale Praxis" entwickelt werden, die zugleich „der Vorstellung [...] von einer alternativen Organisation der Gesellschaft [...] wieder Raum [...] verschaffen" soll (autonome a.f.r.i.k.a. gruppe/mittlerer neckar 1994a: 148). Kommunikationsguerilla, so markieren die Autor_innen die Möglichkeiten und Grenzen des Konzepts, sei

„grundsätzlich kein Allheilmittel, sondern eine negative und destruktive Taktik. Diese Destruktivität ist aber kein Selbstzweck, sondern [...] eine bestimmte Form des Angriffs auf den hegemonialen Diskurs unter denkbar ungünstigen politischen und ideologischen Bedingungen. Dabei ersetzt sie kein eigenes politisches Projekt, vermag aber unter Umständen den Raum für ein solches Unterfangen ‚aufzumachen'." (autonome a.f.r.i.k.a. gruppe/mittlerer neckar 1994a: 148)

Die semantische Parallele zu den „öffnenden Denkbewegungen" des Politischen, zu ihren Verkörperungen des Dissenses und des Widerstreits, ihren Konzepten der Unterbrechung oder des Offenhaltens und ihren Perspektiven der Instituierung, ist augenfällig. Und wie in der Philosophie des Politischen hebt auch die Kommunikationsguerilla auf Ereignisse ab, die in ihrem Fall als öffentlichkeitswirksame Interventionen inszeniert werden sollen. Die Reflexion dieses Ereignishaften der Kommunikationsguerilla lässt sich zunächst allgemein nachzeichnen, um es dann auf seine konkrete Umsetzung unter verschiedenen Bedingungen zu beziehen.

Kommunikationsguerilla ist als Praxis wie als praxistheoretisches Konzept durch eine ihr immanente Nichteindeutigkeit gekennzeichnet. Sie gleicht darin ihrem metaphorischen Vorbild, der militärischen Guerilla, über die beispielsweise Münkler (1990: 16) schreibt, sie sei „als Idealtyp nicht fassbar" und „ein Chamäleon". Die Autor_innen des Handbuchs betonen ganz in diesem Sinne, dass sie „weder ein wasserdichtes Theoriekonzept noch genau festgelegte Regeln für die konkrete Ausgestaltung einer emanzipatorischen politischen Praxis" beschreiben können (autonome a.f.r.i.k.a. gruppe et al. 2001: 6). Als Kondensation dieser Praxis „kann und soll [es] kein Rezeptbuch sein" (autonome a.f.r.i.k.a. gruppe et al. 2001: 10), denn jede einzelne Intervention bilde „für sich genommen nur ein[en] momentane[n] oder lokale[n] Modus der Grenzüberschreitung" (autonome a.f.r.i.k.a. gruppe et al. 2001: 6). Vergleichbar mit der negativen Bestimmung des Politischen als Absetzbewegung manifestiert sich auch Kommunikationsguerilla demnach vor allem in solchen negativen Bestimmungen. Die Praktiken selbst wie auch ihre Diskussion lassen sich somit eher im Sinne eines „Metadiskurs[es]" begreifen, der sich um „die Bedingungen von Kommunikation" dreht (Teune 2008: 53). Dieser Metadiskurs ist nicht notwendiger Weise auf inhaltliche Aussagen, also auf einen entzifferbaren sprachlichen Sinn bezogen. Statt dessen können viele konkrete Vorgehensweisen als explorative Vorstöße in zunächst bedeutungsoffene Räume verstanden werden, d.h. es handelt sich bspw. um Versuche, Routinen des Alltags zu unterbrechen, aus denen erst in einem zweiten Schritt möglicherweise neue Orientierungen entwickelt werden können. Bereits in Hinblick auf die Spaßguerilla wurde in diesem Sinne festgestellt, sie habe der „Idee der Verunsicherung einen systematischen Ort im Feld des politischen Protestes" verschafft (Teune 2008: 53). Die Irritation der Politik ist somit nicht nur der Kommunikationsguerilla im engeren Sinne eigen, sondern auch früheren und verwandten Formen, neben der Spaßguerilla etwa den Umfeldern verschiedener künstlerischer Avantgarden, die öffentlichkeitswirksame Interventionen inszenierten. Immer wieder ging und geht es darum, „[s]tatt eindeutiger Attribuierungen und Abgrenzungen [...] offene Perspektiven [zu schaffen]" (Teune 2008: 53). „Guerillakommunikation" als Modus des Politischen meint demnach Varianten der Irritation oder der Verunsicherung der politischen Kommunikation, die darin sichtbar werden, dass sie sich von bestimmten, bereits vorgefundenen und als normal betrachteten Bedingungen absetzen bzw. über diese hinwegsetzen.

Wegen der auf Öffnung und Erweiterung ihrer Möglichkeiten angelegten Handlungen der Kommunikationsguerilla kann eine abschließende oder systematische Darstellung ihres Vorgehens nicht erwartet werden. Die unvollständige Aufzählung wiederkehrender Formen aus dem Handbuch der Kommunikationsguerilla führt bspw. das „Sniping", das heißt das Anbringen „[h]interhältige[r] Zeichen", das „Subvertising" als Form des Umcodierens von Werbebotschaften, „Happening und Unsichtbares Theater" als Formen der Umnutzung des öffentlichen Raums, Aktionen der „Imageverschmutzung" wie Jubelparaden, die Veranstaltungen stören, oder Tortenwürfe auf politische Gegner auf (autonome a.f.r.i.k.a. gruppe et al. 2001: 94, 104, 122, 136, 140, 149). Es lassen sich über solche Aufzählungen hinaus jedoch zwei wiederkehrende Handlungsprinzipien benennen, die unter verschiedenen Umständen zum Einsatz kommen können, nämlich die Prinzipien der „Verfremdung" und der „Überidentifizierung" (autonome a.f.r.i.k.a. gruppe et al. 2001: 46-57):

> „Verfremdungen beruhen auf subtilen Veränderungen der Darstellung des Gewohnten, die neue Aspekte eines Sachverhalts sichtbar machen, Raum für ungewohnte Lesarten gewöhnlicher Geschehnisse schaffen oder über Verschiebungen Bedeutungen herstellen, die nicht vorgesehen oder erwartbar sind. Überidentifizierung dagegen bedeutet, solche Aspekte des Gewohnten offen auszusprechen, die zwar allgemein bekannt, zugleich aber auch tabuisiert sind. Sie nimmt die Logik der herrschenden Denkmuster, Werte und Normen in all ihren Konsequenzen und Implikationen gerade dort ernst, wo diese Konsequenzen nicht ausgesprochen werden (dürfen) und unter den Tisch gekehrt werden." (autonome a.f.r.i.k.a. gruppe et al. 2001: 46)

Zwei beispielhafte Interventionen sollen diese beiden Prinzipien kurz illustrieren. Ein gelungenes Beispiel einer Verfremdung ist eine Guerilaaktion der *Naturfreundejugend Berlin* im Rahmen ihrer Kampagne „Pink Rabbit gegen Deutschland", mit der zu verschiedenen Anlässen im Jahr 2009 einem Unbehagen an der Konstruktion „nationale[r] Mythen" der Deutschen Ausdruck verliehen werden sollte (Naturfreundejugend Berlin 2009a). Eine ihrer Interventionen erfolgte in ein Fest anlässlich des 2000-jährigen Jubiläums der Varusschlacht im Juni 2009 im westfälischen Kalkriese und wollte auf die Zweifelhaftigkeit des mit der Schlacht verbundenen Germanen-Mythos aufmerksam machen, der gern als Geburtsstunde der deutschen Nation gehandelt wurde und wird. Am „Originalschauplatz" der Schlacht, so beschreibt die Veranstalterin, die *Varusschlacht im Osnabrücker*

Land GmbH – Museum und Park Kalkriese, dieses Ereignis, hatten sich ca. 400 Darsteller_innen in römischen oder germanischen Kostümen versammelt, um in einer mehrtägigen Veranstaltung zu demonstrieren, „wie sich das Leben vor 2000 Jahren angefühlt haben mag" (Varusschlacht 2009). Auch die Kriegshandlungen selbst wurden nachgestellt. Pink Rabbit, eine Figur mit rosa Häschenkostüm und bewaffnet mit einem bunten Wasserspritzgewehr, mogelte sich ungefragt auf das „Schlachtfeld" und griff in die „Kampfhandlungen" ein.[3] Das mit viel Pathos versehene Volksfest geriet so unversehens etwas durcheinander. Während die Zuschauer_innen der Veranstaltung augenscheinlich irritiert, aber auch interessiert und amüsiert dem Geschehen folgten, wurden die „Angriffe" des Wasser verspritzenden Häschens durch die mit Holzschwertern bewaffneten „Römer" und „Germanen" beantwortet. Der die Aktion dokumentierende Film führt zunächst die Konstruktion des nationalen Mythos vor, der zugleich in eine größere europäische Erzählung eingeordnet werden sollte. Bspw. wird die auf der Veranstaltung anwesende Bundeskanzlerin Merkel mit den Worten zitiert: „…allerdings haben wir das als Germanen nicht aus eigener Kraft geschafft, sondern es hat des europäischen Gedankens bedurft…". Die innere Diskrepanz dieser Aussage, die den nationalen Mythos um den Kriegshelden Hermann in einen friedfertigen, gesamteuropäischen Kontext einordnen soll, wird verdeutlicht, indem ein genauer Kamerablick auf einen Besucher der Veranstaltung einen Aufdruck auf dessen T-Shirt offenbart, der verkündet: „Germaniens Freiheit! … erfolgreich verteidigt vor 2000 Jahren!" – dem Träger des T-Shirts wird eine pinke Gedankenblase über den Kopf montiert, die verkündet: „EU-Vertrag? Ich bin hier nur der Nazi". Ein Überblick über die Veranstaltung zeigt zudem, dass das Fest weniger der Ausbildung eines historischen Bewusstseins zu dienen scheint, als dem Imbiss- und Getränkeverkauf. Außerdem werden im Video zahlreiche Klischees thematisiert, z.B. der Umgang mit dem Geschlechterverhältnis, wenn im Schlachtgetümmel scheinbar „hilflose" Frauen von vermeintlich „lüsternen" Männern verfolgt werden. Den Höhepunkt des ca. zweiminütigen Films stellt schließlich die Intervention des rosa Hasen in das Kampfgeschehen zwischen Römern und Germanen dar. Man sieht, wie Pink Rabbit von einer Gruppe Germanen verfolgt und mit Holzschwertern geschlagen wird. Der abschließende Kommentar zu einem Bild des Schlachtfeldes, auf dem zahlreiche „Leichen" liegen, lautet: „Das tat weh…".

Die Verfremdung des Kostümfestes erfolgt in formaler Hinsicht durch nur minimale Verschiebungen. Zunächst wurde auf mögliche Ansatzpunkte für eine

---

3   Die filmische Dokumentation, ein erklärender Text sowie weitere Unterlagen zur Aktion wurde im Anschlus auf der Kampagnenwebseite *Pink Rabbit gegen Deutschland* verbreitet (Naturfreundejugend Berlin 2009b).

Kritik der Veranstaltung hingewiesen, jene Ungereimtheiten, die Verfremdungen sichtbar machen sollen. Im konkreten Fall war es insbesondere die Diskrepanz zwischen dem nationalen Mythos um Hermann/Arminius als siegreichem Anführer der Germanen im Kampf gegen die Römer und angeblichem Begründer der deutschen Nation, und dem Versuch, diese Gedenkveranstaltung in einen Kontext des friedlichen Miteinanders in einem vereinten Europa einzuordnen. Die Intervention des Hasen erfolgte dann als formal sehr geringe, in der inhaltlichen Aussage jedoch recht weite Abweichung vom vorgesehenen Ablauf der Veranstaltung. Zwar war die Figur eine ebenso kostümierte Erscheinung, wie die Römer_innen und German_innen, und sie war genau wie die Darsteller antiker Soldaten mit einer vergleichsweise harmlosen Waffenattrappe ausgestattet. Aufgrund ihrer falschen äußeren Erscheinung (pinkes Hasenkostüm statt antiker Kluft) und der falschen Ausstattung (Spritzgewehr anstatt Holzschwert) wird dennoch klar, dass diese Figur nicht Teil der hier erzählten Geschichte ist und sie das Geschehen irritiert. Unabhängig von der Frage, ob eine bestimmte Botschaft transportiert werden soll bzw. welche Botschaft es sein könnte, kritisiert der Auftritt die Inszenierung eines „nationalen Mythos" und entlarvt sie als absurdes Schauspiel. Die Verfremdung erfolgt also nicht nur hinsichtlich einer inhaltlichen Aussage, sondern auch durch ein Spiel mit der Konnotation der Aussage. Die scheinbar harmlose Veranstaltung der nachgestellten Varusschlacht entpuppt sich durch die Intervention des Hasen als sehr ernsthafte Angelegenheit, deren Ordnung durch die Darsteller_innen selbst und später durch ein Einschreiten der Polizei wiederhergestellt werden musste. Nur weil die Darsteller_innen der Varusschlacht ihre Erzählung der Geschichte ernst nahmen, konnten sie sich symbolisch angegriffen fühlen. Auf Seiten der Zuschauer_innen sollen solche Aktionen jedoch nicht als Angriff wahrgenommen werden, sondern „verdrängte oder normalisierte Aspekte gesellschaftlicher Verhältnisse sichtbar und bewusst machen" (autonome a.f.r.i.k.a. gruppe et al. 2001: 48). Die Verfremdungsleistung dieser Aktion des Pink Rabbit könnte aufgrund seines anderen Aussehens und des leicht abweichenden Verhaltens etwa auf spielerische Weise für einen Moment die Problematik der gruppenbezogenen Menschenfeindlichkeit in Deutschland sichtbar gemacht haben.

Beispiele für gelungene Überidentifizierungen liefern einige Aktionen der *Yes Men*, die sich in den 2000er Jahren zu der wohl bekanntesten Kommunikationsguerilla entwickelten. Eines ihrer bevorzugten Angriffsziele war eine Zeit lang die Welthandelsorganisation (WTO). Zunächst etabliert die Gruppe mit der Webseite *www.gatt.org* einen verfremdeten Internetauftritt im unmittelbaren semantischen Umfeld der Welthandelsorganisation. Der Titel der Seite nimmt Bezug auf ein Handelsabkommen, das *General Agreement on Tariffs and Trade (GATT)*, das zu den Grundlagen der WTO gezählt wird. Auf dieser Webseite, die sich optisch an die offizielle Seite der WTO anlehnt, werden eigene kritische Positionen zu deren Politik veröffentlicht. Mehrmals erhielten die Yes Men über diese Seite Einladungen zu Kongressen oder Interviewanfragen, die sich an die wirkliche WTO richteten. Die Absender_innen hatten offensichtlich nicht genau hingeschaut, auf wessen Webseite sie sich befanden und wem sie ihre Anfrage schickten. Die Gruppe nahm solche auf Verwechslung basierenden Einladungen an und reiste als vermeintlich offizielle Vertretung der WTO zu verschiedenen Konferenzen, auf denen sie deren Politik bzw. ihre Interpretationen der Politik der WTO erläuterte. Mit dem Mittel der Überidentifizierung trieben sie in ihren Vorträgen deren politisches Programm auf die Spitze und darüber hinaus. Sie argumentierten bspw. für eine globale Wirtschaftsordnung, die effizienter und humaner sei, weil die „Sklaven" der nördlichen Industrieländer als freie und billige Arbeitskräfte einfach zu Hause in Afrika bleiben könnten, oder sie schlugen ein System zur Versteigerung von Wahlstimmen an Unternehmen vor, um die Ineffizienz demokratischer Prozesse im ökonomischen Sinne zu optimieren usw. (The Yes Men 2003: 24, 50-51). Immer ging es um das Kernanliegen der WTO, Hindernisse für einen freien Welthandel abzubauen, das jedoch argumentativ auf die Spitze getrieben wurde. In ihrer eigenen Darstellung dieser Vorträge vor Manager_innen oder Verbandsvertreter_innen, die sie in Buchform und in einem Dokumentarfilm veröffentlichten, beschreiben die Yes Men, wie sie trotz ihrer teilweise absurden Übersteigerungen der WTO-Programmatik niemals als Betrüger entlarvt worden seien, sondern selbst erst im Anschluss durch ihre Dokumentation der Aktionen und durch Pressearbeit eine Aufklärung über ihre Auftritte herbeiführen mussten:

> „[F]or the last three years, the two of us have traveled around the world to important meetings of lawyers, managers, engineers, and policymakers, where we have given elaborate and outrageous lectures about WTO policy – as WTO representatives. Neither one of us studied economics in school. We know very little about the subject, and we won't attempt to convince you otherwise; if you are of sound mind, you would have seen through us immediately. Yet to our surprise, at every meeting we addressed, we found we had absolutely no trouble fooling the experts – those same experts who are ramming the panaceas of ‚free trade' and ‚globalization' down the throats of the world's people. Worse – we couldn't get these folks to *dis*believe us. Some of our presentations were based on official theories and policies – but presented with far more candor than usual, making them look like the absurdities that they actually are. At other times we simply ranted nonsensically. Each time, we expected to be jailed, or kicked out, or silenced, or at least interrupted. But each time, no one batted an eye. In fact, they applauded." (The Yes Men 2003: 4-5; vgl. The Yes Men 2007)

Lassen wir die Frage offen, ob diese Darstellung bis in ihre Einzelheiten den tatsächlichen Geschehnissen entspricht. Tatsächlich erklären die Yes Men, mit diesen Aktionen die Politik der WTO nicht weiter vorantreiben, sondern sie kritisieren zu wollen – genauer: den Raum für mögliche kritische Diskussionen überhaupt erst zu öffnen. Dass sich bereits anhand der hier zitierten Dokumentation zwangsläufig die Frage stellt, wessen Aussagen unter welchen Bedingungen als glaubwürdig betrachtet werden können, lässt sich als ein Element in diesem Prozess verstehen, der ein genaues Hinsehen herausfordert. Die Kritik gelang nach Aussage der Yes Men insbesondere durch die anschließenden öffentlichen Diskussionen in Massenmedien über diese absurden Vorträge, in denen die Gruppe ihre kritischen Positionen noch einmal explizit formulieren konnten. Mit der Methode der Überidentifizierung, die im Rahmen der Auftritte praktiziert wurde, wollen Kommunikationsguerillas solche Kritik „in affirmativer statt in kritisch-aufklärerischer Weise" vortragen, und es soll für den politischen Gegenüber „unmöglich [werden], sich der Konsequenz der Argumentation zu entziehen" (autonome a.f.r.i.k.a. gruppe et al. 2001: 57). Der Eingriff in den Prozess politischer Kommunikation erfolgt hier in Form einer Art Beschleunigung – die Logik eines tatsächlichen politischen Programms wird ein kleines oder größeres Stück weitergedacht, wodurch dessen mögliche Konsequenzen zu Tage treten. Der Regelbruch, mit dem vom „normalen" Verfahren abgewichen wird, bezieht sich dabei weniger auf die Ebene inhaltlicher Aussagen (die Yes Men haben sich bspw. ganz im Sinne der WTO für die Abschaffung von Hemmnissen des freien Warenverkehrs ausgesprochen), sondern auf den gemessenen, relativierenden Stil der Politik, der sonst gepflegt wird. Eine „internalisierte, in sich schon vorweggenommene Kritik" politischer Positionen, die diese unangreifbar erscheinen lässt und eine Politik angeblicher Sachzwänge zu legitimieren scheint, soll durch Überidentifizierungen ausgehebelt werden, um auf diese Weise „Implikationen [...], die innerhalb einer Ideologie mittransportiert werden und ihr zugleich scheinbar widersprechen [oder die] zwar allgemein bewusst sind, aber dennoch unausgesprochen und tabuisiert bleiben", sichtbar zu machen (autonome a.f.r.i.k.a. gruppe et al. 2001: 54-55).

Die Handlungsprinzipien und die konkreten Praktiken der Kommunikationsguerilla folgen der allgemeinen Idee einer „abweichende[n], dissidente[n] Verwendung und Interpretation von Zeichen" (autonome a.f.r.i.k.a. gruppe et al. 2001: 9). Kommunikationsverfahren, wie sie in den beiden Beispielen vorgestellt wurden, lassen sich als Spiele mit Aussagen entziffern, die mehr oder weniger wirklichkeitsgetreu bzw. frei erfunden, mehr oder weniger ernst gemeint bzw. spaßig, mehr oder weniger glaubwürdig bzw. unplausibel sein können. Kleine Veränderungen in der kommunikativen Praxis können hierbei zu recht großen Verschiebungen des Sinnzusammenhangs bis hin zu dessen völliger Auflösung führen. So können sich anscheinend harmlose Kostümspiele plötzlich zu harten Auseinandersetzungen wandeln. Oder es verflüchtigt sich das Vertrauen, dass ernsthaft vorgetragene Argumentationen auch tatsächlich ernst zu nehmen seien. Oder es wird unklar, ob falsche oder echte Sprecher_innen die Programmatik einer Organisation wirklichkeitsgetreuer beschreiben und wem eher Glauben zu schenken sei. Die Interventionen sollen sich nicht nur auf inhaltliche Aussagen beziehen, sondern vor allem auf die Bedingungen, unter denen mehr oder weniger sinnvolle Aussagen hergestellt werden. In den Worten des Handbuchs der Kommunikationsguerilla dreht sich das Spiel um „die alltäglichen Formen der Kommunikation […] und die gesellschaftlichen Strukturen von Kommunikation, in denen Machtverhältnisse immer wieder produziert und reproduziert werden" (autonome a.f.r.i.k.a. gruppe et al. 2001: 8). Dieser Aspekt ihrer Programmatik führt zu der Frage nach dem Politischen, das im Praxiskonzept der Kommunikationsguerilla greifbar wird, sowie zu dem dazu in Beziehung stehenden Begriff der „Kulturellen Grammatik", der den Interventionsraum zu erfassen versucht, auf den sich ihre Abweichungen beziehen.

4   Die Kulturelle Grammatik als Interventionsraum der Kommunikationsguerilla

Die „Metapher Kulturelle Grammatik bezieht sich auf die Sprachwissenschaft" und versteht „Grammatik [als] das der Sprache zugrunde liegende Regelsystem, das wir erlernen, ohne uns dessen bewusst zu sein; sie ist die Struktur, die die Verwendung und den Zusammenhang der einzelnen Elemente sprachlicher Aussagen bestimmt" (autonome a.f.r.i.k.a. gruppe et al. 2001: 17). Mit der Metapher wird diese Idee auf die Betrachtung der Gesellschaft übertragen, wo sie „das Regelsystem [bezeichnet], das gesellschaftliche Beziehungen und Interaktionen strukturiert" (autonome a.f.r.i.k.a. gruppe et al. 2001: 17). Diese Übertragung folgt offensichtlich einer Überlegung, die für die strukturalistische Sozialwissenschaft grundlegend war. Deren Ausgangspunkt bildet die Sprach- und Zeichentheorie Ferdinand de Saussures in der Variante, die im Buch *Cours de linguistique générales* von 1916 dargelegt wurde. Die Sprache (*la langue*) wird dort als ein abstraktes System aus Zeichen vorgestellt, sie sei „eine Form und nicht eine Substanz" (Saussure 2001: 146), so lautet eine oft zitierte Aussage. Sie wird unterschieden vom Sprechen (*la parole*), das eine konkrete Aktualisierung der Sprache durch individuelle Sprecher_innen in bestimmten Situationen bezeichnet. Das abstrakte System der Sprache bleibt den meisten Sprecher_innen unbewusst. Es wird als intersubjektiv geteilte und systematische Struktur gedacht, die aber nicht unabhängig von ihren Aktualisierungen im konkreten Sprechen existiert.

Die in einer Sprache existierenden und zum Sprechen genutzten sprachlichen Zeichen bestehen nach strukturalistischer Ansicht aus zwei Seiten – dem Signifikant, der symbolischen Erscheinungsform des Zeichens, und dem Signifikat, der Bedeutung des Zeichens. Signifikant und Signifikat werden dabei als zwei voneinander getrennte oder jedenfalls lösbare Ebenen gedacht, was z.B. dann deutlich wird, wenn der gleiche Signifikant verschiedene Bedeutungen haben kann. Wichtig für die Überlegungen der Kommunikationsguerilla ist die Frage, wie ein Zeichen seine Bedeutung erlangt bzw. wie sprachlicher Sinn entsteht. Die Annahme der strukturalistischen Sprachwissenschaft lautet, dass sich der Sinn der Sprachzeichen (das Signifikat) nicht von einem bezeichneten Gegenstand her denken lässt, sondern durch die Relationen differenzierter Zeichen nach den Regeln des abstrakten Systems der Sprache gebildet wird. Das Netz der Signifikanten bildet durch die Verweise seiner einzelnen Elemente aufeinander die unterschiedlichen Signifikate und etabliert einen arbiträren Effekt, das Signifikat bzw. den Sinn. Die Untersuchung abstrakter (Sprach-)Systeme erscheint in strukturalistischen Untersuchungen auch als Schlüssel zur Erkenntnis der Gesellschaft. „Der Strukturalismus", so fasst etwa Foucault diese Überlegung zusammen,

„stellt die Frage nach den formalen Bedingungen der Entstehung von Sinn, wobei er bevorzugt von der Sprache ausgeht, da die Sprache selbst ein außerordentlich komplexes Objekt darstellt, das sich in vielfältiger Weise analysieren lässt. Zugleich dient die Sprache jedoch als Modell für die Analyse der Entstehung anderer Bedeutungen, die nicht genau linguistischer oder sprachlicher Art sind." (2001: 772)

Dieser Annahme folgt auch die Kommunikationsguerilla mit ihrer Konzeption der Kulturellen Grammatik. Anders als die strukturalistischen Geistes- und Sozialwissenschaften beschränkt sie sich jedoch nicht darauf zu analysieren, „wie (bürgerliche) gesellschaftliche Normen das alltägliche Leben der Menschen bestimmen" (autonome a.f.r.i.k.a. gruppe et al. 2001: 24). Sie stellt vielmehr die Frage, „welche Möglichkeiten des Handelns innerhalb eines solchen Systems von Normalisierung bestehen und wie es möglich ist, sich nicht vollständig durch die gesetzten Normen bestimmen zu lassen" (autonome a.f.r.i.k.a. gruppe et al. 2001: 30). Das Politische der Kommunikationsguerilla manifestiert sich vor diesem Hintergrund zunächst im Unterbrechen von Routinen, das darauf abzielt, „die Regeln der Kulturellen Grammatik durcheinander [zu] werfen" (autonome a.f.r.i.k.a. gruppe et al. 2001: 28).

Kommunikationsguerilla geht allerdings noch einen Schritt weiter. Ihre Interventionen beschränken sich nicht darauf, die Kulturelle Grammatik für Momente sichtbar zu machen und ihre Routinen zu unterbrechen. Sie implizieren darüber hinaus die „Bereitschaft zur Veränderung", die durch „aktives Handeln" herbeigeführt werden soll (autonome a.f.r.i.k.a. gruppe et al. 2001: 30). Theoretisch-konzeptionell ist dieses Anliegen nicht mehr mit Begriffen der strukturalistischen Sprach- oder Sozialwissenschaft greifbar. Im Handbuch der Kommunikationsguerilla werden daher weitere Inspirationsquellen aufgeführt, insbesondere Roland Barthes Konzept des Mythos (Barthes 1964) und Michel de Certeaus Überlegungen zu einer „Kunst des Handelns" (Certeau 1988), die das Anliegen konzeptionell allerdings auch nicht komplett erfassen können. Da sich die Protagonist_innen der Kommunikationsguerilla nicht mit „theoretischem Trockengemüse" herumschlagen (autonome a.f.r.i.k.a. gruppe et al. 2001: 3), sind solche Probleme für ihre Praxis jedoch letztlich unerheblich. In Hinblick auf die Frage, wie sich das Politische in den Praktiken der Kommunikationsguerilla manifestiert und welche Schlüsse sich daraus für ein neues Verständnis von politischer Kultur ergeben, sind sie dennoch von Interesse.

Barthes konzipiert den Mythos als verdeckte oder sekundäre inhaltliche Aussage, als mythische Bedeutung, deren Form exakt derjenigen eines binären Zeichens mit Signifikant und Signifikat entspricht (Barthes 1964: 85). Zudem beschränkt er sich auf „eine synchronische Skizzierung der zeitgenössischen Mythen" (Barthes 1964: 124). Mit diesem Fokus auf die mythische Aussage und dem Verharren in einer Zeitebene lässt sich das Vorhaben der Kommunikationsguerilla, in Strukturen der Kulturellen Grammatik einzugreifen und diese zu verändern, letztlich gar nicht erfassen. Anderen Beschränkungen unterliegt dagegen de Certeaus Kulturtheorie. Statt von einer abstrakten Struktur der Kultur und ihrem Regelsystem, einer „Grammatik", zu sprechen, geht es ihm um die „Berechnung von Kräfteverhältnissen" (Certeau 1988: 23), also um Macht im Foucault'schen Sinn, für die räumliche Metaphern eine entscheidende Rolle spielen. Mächtige „Subjekt[e]", bspw. „ein Eigentümer, ein Unternehmen, eine Stadt, eine wissenschaftliche Institution", sind dadurch gekennzeichnet, dass sie einen „Ort" besetzen, „der als etwas Eigenes umschrieben werden kann und der somit als Basis für die Organisation einer Beziehung zu einer bestimmten Außenwelt (Konkurrenten, Gegner, ein Klientel, Forschungs-,Ziel' oder -,Gegenstand') dienen kann" (Certeau 1988: 23). Gegen solche „Strategie[n] der Macht", das heißt die Fähigkeit, „gesellschaftliche Kräfteverhältnisse steuern und gesellschaftliche Räume bestimmen und besetzen zu können", wenden sich die Interventionen der Kommunikationsguerilla (autonome a.f.r.i.k.a. gruppe u.a. 2001: 30). Im Sinne de Certeaus kann dagegen nur taktisch vorgegangen werden, das heißt mit „ein[em] Kalkül, das nicht mit etwas Eigenem rechnen kann und somit auch nicht mit einer Grenze, die das Andere als eine sichtbare Totalität abtrennt" (Certeau 1988: 23). Konkret spricht de Certeau dabei insbesondere Alltagshandlungen und Zufallsereignisse an, die bestenfalls in

Form „gelungene[r] Streiche, schöne[r] Kunstgriffe, Jagdlisten, vielfältige[r] Simulationen, Funde, glückliche[r] Einfälle sowohl poetischer wie kriegerischer Natur" oder ähnlichem in Erscheinung treten (Certeau 1988: 24). Die Interventionen der Kommunikationsguerilla, ihre Verfremdungen und Überidentifizierungen, können auf den ersten Blick in der Tat als solche taktischen Vorgehensweisen interpretiert werden. Bei genauerer Betrachtung gehen sie jedoch deutlich darüber hinaus. Es handelt sich in vielen Fällen, wie etwa anhand der beiden beschriebenen Beispiele deutlich wird, nicht um Alltagshandlungen, sondern um tiefgründig durchdachte und manchmal riskante Spezialaktionen, die einen genauen Blick für das Andere, das heißt für die Kulturelle Grammatik, entwickeln und dieses überwinden wollen. Damit formuliert die Kommunikationsguerilla deutlich größere Ziele, als situative Handlungen im Alltag sie erreichen könnten. Nach de Certeau kennzeichnet die Kunst des Handelns im Alltag, dass sie „über keine Basis [verfügt], wo sie ihre Gewinne kapitalisieren, ihre Expansion vorbereiten und sich Unabhängigkeit gegenüber den Umständen bewahren kann" (Certeau 1988: 23). Kommunikationsguerilla versucht dagegen, eine „Strategie der Taktiken" zu entwickeln, das heißt „vereinzelte, individualisierte und weitgehend unbewusste Handlungen" sollen sich nicht länger „in den Netzen der [Macht-]Strategien einrichten, sondern sich zu einer bewussten und kollektiven Vorgehensweise verbinden", wodurch sie deutlich über den Bereich einer „taktische[n] Alltagsbewältigung der Individuen" hinausweisen (autonome a.f.r.i.k.a. gruppe et al. 2001: 30). Das Politische der Kommunikationsguerilla, das Anliegen, etwas „politisch wirksam zu artikulieren" (autonome a.f.r.i.k.a. gruppe et al. 2001: 30), manifestiert sich hier in dem Anspruch, „eigene Spielregeln zu formulieren" (autonome a.f.r.i.k.a. gruppe et al. 2001: 217). Was das im Einzelnen bedeutet, bleibt jedoch offen. Das Politische ist auch in diesem Fall nur negativ zu bestimmen als eine „Haltung" gegenüber „in ihrer Struktur ähnliche[n] [...] Macht- und Herrschaftsdiskursen" (autonome a.f.r.i.k.a. gruppe et al. 2001: 219).

Diese zuletzt aufgeführte Bestimmung der Kulturelle Grammatik als Struktur von Macht- oder Herrschaftsdiskursen legt schließlich ein poststrukturalistisch geprägtes Verständnis des Konzepts nahe, das hier nicht mehr als abstrakt im Sinne des Strukturalismus aufgefasst wird. Diese Interpretation geht jedoch über das hinaus, was sich explizit anhand der konzeptionellen Überlegungen der Kommunikationsguerilla nachweisen ließe. Dennoch liegt es nahe, die Kulturelle Grammatik als „Ordnung eines Diskurses" zu verstehen, wie sie etwa Foucault (2007) für den Diskurs der Wissenschaften ausführlich beschrieb. Mit der Rede von der Ordnung eines Diskurses wird zum Ausdruck gebracht, „dass in jeder Gesellschaft die Produktion des Diskurses zugleich kontrolliert, selektiert, organisiert und kanalisiert wird – und zwar durch gewisse Prozeduren, deren Aufgabe es ist, die Kräfte und die Gefahren des Diskurses zu bändigen, sein unberechenbar Ereignishaftes zu bannen, seine schwere und bedrohliche Materialität zu umgehen" (Foucault 2007: 10-11). In dieser Perspektive stellt sich mit anderen Worten die Frage, auf welche Weise Aussagen (bzw. Elemente eines Diskurses) organisiert, das heißt zueinander in Beziehung gesetzt und zu einem typischen „Muster" angeordnet werden, und wie sich auf diese Weise „normale" Verfahren bzw. eine bestimmte Kultur der Kommunikation etabliert, die andere Kommunikationsformen, fremde Sprecher_innen und/oder alternative Inhalte tendenziell verdrängt. Genau an dieser Problematik arbeitet sich die Kommunikationsguerilla ab, indem sie die „Durchsetzung und Praktizierung von Regeln und Verkehrsformen, Symbolen und Kommunikationsweisen" hinterfragt und unterwandert (autonome a.f.r.i.k.a. gruppe et al. 2001: 24). Während Foucault allerdings von der Ordnung des Diskurses im Singular spricht, welche die Form eines Wahrheitsregimes hat und „historische Apriori" stiftet (Foucault 2008: 610), impliziert das Konzept der Kulturellen Grammatik, dass es unterschiedliche solche Ordnungsmuster geben könnte, die historisch variieren. Da Kommunikationsguerilla auf die Veränderung der Kulturellen Grammatik zielt, geht ihr Verständnis als Diskursordnung zudem mit der Annahme einher, dass solche Ordnungen – jedenfalls unter konzeptionellem Blickwinkel – stets „instabile Konventionalisierung[en] von Aussageweisen" bleiben müssen (Sarasin 2003: 33). Dieser Aspekt, der den Blick auf die Unsicherheiten und Ungereimtheiten der Diskurse lenkt, lässt sich ein Stück weit auch mit Derridas Verständnis von Diskursen einfangen und mit dessen dekonstruktiver Interpretationsweise vergleichen, die er nicht umsonst als „Partisanenoperation" beschrieb (Derrida 2002: 219). Das Politische der Kommunikationsguerilla lässt sich auf diese Weise schließlich als Dekonstruktion öffentlicher bzw. politischer Kommunikationsformen begreifen, das heißt als „Bewegung, die sich im Innern [der politisch-kulturellen] Tradition und ihrer […] politischen Formen selbst vollzieht […], die sich ereignet und unsere Tradition auf ihre eigene politische Zukunft hin öffnet", eine Zukunft, die allerdings „notwendig unbestimmt bleiben muss" (Lüdemann 2010: 143-144).

5 Schluss: Kommunikationsguerilla und die kulturelle Konstruktion des Politischen

Versucht man, das bisher Gesagte abschließend auf die Frage zu beziehen, was mit dem Begriff „politische Kultur" gemeint sein könnte, so lässt sich zunächst unter Verweis auf die Differenz zwischen der Politik und dem Politischen sowie ihre gegensätzlichen Bewegungen zwischen „Kulturen der Politik" und „Kulturen des Politischen" unterscheiden. Kulturen der Politik wären dann auf Stabilität drängende, Konflikte unterbindende, auf Regelhaftigkeit und Routinen abzielende Praxisformen, die sicherlich auch eine Tendenz zur eigenen Institutionalisierung aufwiesen. Solche Kulturen wären also mit einer Kulturellen Grammatik ausgestattet, das heißt sie würden einem erkennbaren Regelsystem folgen, das gleichwohl von den Beteiligten nicht unbedingt als solches erkannt werden müsste. Die Kommunikationsguerilla meint aus den Erfahrungen ihrer Praxis heraus, „dass sich die herrschenden gesellschaftlichen Formen inzwischen derart differenziert haben, dass sich eine fest umrissene Kulturelle Grammatik nicht mehr ausmachen lässt" (autonome a.f.r.i.k.a. gruppe et al. 2001: 218). Die Wissenschaft kann sich dennoch bezogen auf abgrenzbare Problembereiche die Frage stellen, welche typischen Verfahrensformen Diskurse ordnen sollen und welche typischen Muster dermaßen geordnete Diskurse dann annehmen. In den philosophischen Debatten um das Politische werden verschiedene solcher Varianten diskutiert, neben den bereits genannten, durch Foucault analysierten Wahrheitsregimes etwa die um „Leere Signifikanten" kreisenden Hegemonieordnungen, die Chantal Mouffe und Ernesto Laclau beschreiben (Laclau 2002; vgl. Nonhoff 2010), oder auch die als Ordnung zirkulär aufeinander verweisender Diskurselemente konzipierte „Hyperrealität", die Jean Baudrillard diskutierte (Feustel/Schölzel 2010).

Auf der „anderen Seite der Politik", dort wo man anstatt von Kulturen der Politik eher von Kulturen des Politischen sprechen könnte, wären dann etwa politische Praxisformen wie die Kommunikationsguerilla angesprochen, die öffnende Bewegungen vollziehen und auf Unterbrechungen von Routinen, Dissenz, Ereignisse und Perspektiven der Instituierung abheben. Neben Protestformen wie der Kommunikationsguerilla könnten damit etwas auch Erscheinungen wie das „Filibuster", das heißt die Endlosrede oder andere auf ein Unterbrechen parlamentarischer Routinen zielende Formen in den Blick geraten (bspw. Schölzel 2008). Eine wissenschaftliche Betrachtung solcher Kulturen würde bewusst an den Rändern oder in den Zwischenräumen des alltäglichen Politikbetriebs nach abweichenden Handlungsformen suchen und etwa die Frage stellen, von welchen Routinen solche politischen Praktiken abweichen, wie diese Abweichungen auf den regulären Betrieb einwirken oder ob und ggf. in welcher Hinsicht sie neue Orientierungen in herrschende Kulturelle Grammatiken einbringen. Als interessant könnte sich auch die Frage erweisen, inwiefern solche Regelbrüche gerade auch den scheinbar so regulären Betrieb der „bloßen" Politik prägen, sie also zum Standardhandlungsrepertoire professioneller Politiker_innen, Parteien und Organisationen sowie Regierungen gehören.

Literatur

AG Spaß muß sein! (Hrsg.) 2001: Spassguerilla, Neudruck der Ausgabe von 1984, 4. Auflage, Münster: Unrast.

Amann, Marc (Hrsg.) 2005: go.stop.act! Die Kunst des kreativen Straßenprotests, Grafenau/Frankfurt a. M.: Trotzdem.

autonome a.f.r.i.k.a. gruppe 2002: Kommunikationsguerilla – Transversalität im Alltag?, in: http://www.republicart.net/disc/artsabotage/afrikagruppe01_de.pdf (21.01.2010). Ebenfalls erschienen in: Gerald Raunig (Hrsg.) 2003: Transversal. Kunst und Globalisierungskritik, Wien: Turia + Kant, 95-105.

autonome a.f.r.i.k.a. gruppe 2005: Stolpersteine auf der Datenautobahn? Politischer Aktivismus im Internet, in: Amann 2005, 194-209.

autonome a.f.r.i.k.a. gruppe/Luther Blissett/Sonja Brünzels 2001: Handbuch der Kommunikationsguerilla, Berlin u.a.: Assoziation A.

autonome a.f.r.i.k.a. gruppe/mittlerer neckar 1994: Medienrandale. Rassismus und Antirassismus. Die Macht der Medien und die Ohnmacht der Linken?, Grafenau: Trotzdem.

autonome a.f.r.i.k.a. gruppe/mittlerer neckar 1994a: Kommunikationsguerilla – Der Kampf geht weiter. Anstiftung zu einer subversiven kommunikativen Praxis, in: dies. 1994, 143-161.

autonome a.f.r.i.k.a. gruppe/mittlerer neckar 1994b: Einleitung, in: dies. 1994, 7-12.

Barthes, Roland 1964: Mythen des Alltags, Frankfurt a. M.: Suhrkamp.

Bedorf, Thomas 2010: Das Politische und die Politik. Konturen einer Differenz, in: Bedorf/Röttgers 2010, 13-37.

Bedorf, Thomas/Röttgers, Kurt (Hrsg.) 2010: Das Politische und die Politik, Frankfurt a. M.: Suhrkamp.

Bedorf, Thomas/Röttgers, Kurt 2010a: Vorwort, in: dies. 2010, 7-10.

Bröckling, Ulrich/Feustel, Robert (Hrsg.) 2010: Das Politische denken. Zeitgenössische Positionen, Bielefeld: transcript.

Bröckling, Ulrich/Feustel, Robert 2010a: Einleitung: Das Politische denken, in: dies. 2010, 7-18.

De Certeau, Michel 1988: Kunst des Handelns. Berlin: Merve.

Derrida, Jacques 2002: Politik der Freundschaft, Frankfurt a. M.: Suhrkamp.

Eco, Umberto 2007: Für eine semiologische Guerilla, in: ders., Über Gott und die Welt. Essays und Glossen, 8. Auflage, München: dtv, 146-156.

Feustel, Robert/Schölzel, Hagen 2010: Jean Baudrillard: Die künstlichen Paradiese des Politischen, in: Bröckling/Feustel 2010, 295-312.

Flügel, Oliver/Heil, Reinhard/Hetzel, Andreas (Hrsg.) 2004: Die Rückkehr des Politischen. Demokratietheorien heute, Darmstadt: Wissenschaftliche Buchgesellschaft.

Flügel, Oliver/Heil, Reinhard/Hetzel, Andreas 2004a: Die Rückkehr des Politischen, in: dies. 2004, 7-16.

Foucault, Michel 2001: Wer sind Sie, Professor Foucault? (Gespräch mit P. Caruso, 1967), in: ders., Dits et Ecrits, Band I, Frankfurt a. M.: Suhrkamp, 770-793.

Foucault, Michel 2007: Die Ordnung des Diskurses, 10. Auflage, Frankfurt. a.M.: Fischer.

Foucault, Michel 2008: Archäologie des Wissens, in: ders., Die Hauptwerke. Mit einem Nachwort von Axel Honneth, Frankfurt a. M.: Suhrkamp, 471-699.

Greven, Michael Th. 2010: Verschwindet das Politische in der politischen Gesellschaft? Über Strategien der Kontingenzverleugnung, in: Bedorf/Röttgers 2010, 68-88.

Initiative Libertad! (Hrsg.) 2006: go.to/online-demo. Handbuch Online-Aktivismus, Frankfurt a. M.: edition libertad!

Klein, Naomi 2001: No Logo! Der Kampf der Global Players um Marktmacht. Ein Spiel mit vielen Verlierern und wenigen Gewinnern, München: Riemann.

Kleiner, Marcus S. 2005: Semiotischer Widerstand. Zur Gesellschafts- und Medienkritik der Kommunikationsguerilla, in: Gerd Hallenberger/Jörg-Uwe Nieland (Hrsg.), Neue Kritik der Medienkritik. Werkanalyse, Nutzerservice, Sales Promotion oder Kulturkritik?, Köln: Herbert von Halem, 314-366.

Laclau, Ernesto 2002: Was haben leere Signifikanten mit Politik zu tun?, in: ders., Emanzipation und Differenz, Wien: Turia + Kant, 65-78.

Lasn, Kalle 2005: Culture Jamming – Das Manifest der Antiwerbung, 2. Auflage, Freiburg: Orange Press.

Lüdemann, Susanne 2010: Jacques Derrida: Das Politische jenseits der Brüderlichkeit, in: Bröckling/Feustel 2010, 131-144.

Marchart, Oliver 2010: Die politische Differenz. Zum Denken des Politischen bei Nancy, Lefort, Badiou, Laclau und Agamben, Frankfurt a. M.: Suhrkamp.

Münkler, Herfried 1990: Die Gestalt des Partisanen. Herkunft und Zukunft, in: ders. (Hrsg.), Der Partisan. Theorie, Strategie, Gestalt, Opladen: Westdeutscher Verlag, 14-39.

Naturfreundejugend Berlin 2009a: Pink Rabbit gegen Deutschland. Positionen der antinationalen Kampagne zum „Gedenkjahr" 2009, Berlin: Naturfreundejugend Berlin, in: http://www.naturfreunde-berlin.de/pink/media/downloads//Broschuere.pdf [21.03.2011].

Naturfreundejugend Berlin 2009b: Pink Rabbit gegen den Germanen-Mythos, in: Pink Rabbit. Eine Kampagne der Naturfreundejugend Berlin, in: http://www.naturfreunde-berlin.de/pink/index.php?id=6-15-0-0-0 [21.03.2011].

Nonhoff, Martin 2010: Chantal Mouffe und Ernesto Laclau: Konfliktivität und Dynamik des Politischen, in: Bröckling/Feustel 2010, 33-57.

Röttgers, Kurt 2010: Flexionen des Politischen, in: Bedorf/Röttgers 2010, 38-67.

Sarasin, Philipp 2003: Geschichtswissenschaft und Diskursanalyse, in: ders., Geschichtswissenschaft und Diskursanalyse, Frankfur a. M.: Suhrkamp, 10-60.

Saussure, Ferdinand de 2001: Grundfragen der allgemeinen Sprachwissenschaft, hrsg. von Charles Bally und Albert Sechehaye, 3. Auflage, Berlin/New York: De Gruyter.

Schölzel Hagen 2008: Mut zur Lücke? Widerstand im französischen Parlament mit Giddens und Foucault gelesen, in: Daniel Hechler/Axel Philipps (Hrsg.), Widerstand denken. Michel Foucault und die Grenzen der Macht, Bielefeld: transcript, 117-133.

Schölzel, Hagen 2013: Guerillakommunikation. Genealogie einer politischen Konfliktform, Bielefeld: transcript.

Teune, Simon 2008: Wie ein Fisch im Wasser der Zeichenwelt. Spaßguerilla seit den 1960er Jahren, in: Psychologie & Gesellschaftskritik, Jg. 32, Nr. 4, 39-67.

The Yes Men 2004: The Yes Men. The True Story of the End of the World Trade Organization, ohne Ort und Verlag. Ebenfalls erschienen in 2004 bei New York: Disinformation Co.

The Yes Men 2007: The Yes Men. Streich für Streich die Welt verändern, Regie: Chris Smith/Dan Ollman/Sarah Price, Produktion: Free Speech, LLC/USA, deutsche Fassung: Bayerischer Rundfunk, DVD-Fassung: Epix Media AG, 82 min.

Varusschlacht 2009: 2000 Jahre Varusschlacht – ein Rückblick, in: Varusschlacht im Osnabrücker Land GmbH – Museum und Park Kalkriese, in: http://www.kalkriese-varusschlacht.de/varusschlacht-2000-jahre-varusschlacht/veranstaltungshighlights/2000-jahre-varusschlacht-veranstaltungen.html [21.03.2011].

Narrativer Nationalismus

Eine wissenssoziologisch-diskursanalytische Untersuchung kultureller Kontexte der politischen Auseinandersetzung in Europa

Wolf J. Schünemann und Reiner Keller

Zusammenfassung

Spätestens mit der kulturalistischen Wende vermag ein weit verbreitetes Verständnis politischer Kultur als einer Kategorie, die sich als Variable neben anderen in szientistische Formeln politischen Verhaltens integrieren lässt, nicht mehr zu überzeugen. Stattdessen ist ein tiefergehendes Verständnis gesellschaftsspezifischer und interkulturell differenter kultureller Kontexte angebracht. Getreu dem Motto des *interpretive turn* und darüber hinaus ist Kultur als Text und als Bestand von kollektivem Wissen und gesellschaftlichen Praktiken zu verstehen.

Der vorliegende Beitrag orientiert sich am Forschungsprogramm der Wissenssoziologischen Diskursanalyse (WDA), die einen theoretisch-methodischen Zugang zur Analyse von Wissensverhältnissen und Wissenspolitiken bietet. Er stellt die WDA als theoretisch-methodologischen Rahmen für eine interpretative politische Kulturforschung vor und veranschaulicht ihre praktische Anwendung am Beispiel eines narrativen Nationalismus in verschiedenen europäischen Gesellschaften. Die Fallbeispiele ergeben sich aus dem im vergangenen Jahrzehnt verlaufenen konstitutionellen Reformprozess der EU. Diese Untersuchung nimmt die Debatten im Vorfeld der Referenden zum Europäischen Verfassungsvertrag bzw. zum Lissabon-Vertrag in Frankreich und den Niederlanden (beide 2005) sowie Irland (2008 und 2009) in den Blick.

1 Fallstudie zur interpretativen politischen Kulturforschung

Der vorliegende Beitrag diskutiert auf der Grundlage einer empirischen Studie der Referendumsforschung das Konzept des narrativen Nationalismus. Den theoretisch-methodologischen Hintergrund dieser Studie ebenso wie der hier präsentierten Diskussion stellt die Wissenssoziologische Diskursanalyse (WDA) nach Reiner Keller (Keller 2008b) dar, die sich als Ausgangspunkt für eine interpretative politische Kulturforschung anbietet. Der unterschiedlich ausgeprägte narrative Nationalismus, der in europapolitischen Debatten deutlich zutage tritt, kann als konkrete Erscheinungsform politischer Kulturen begriffen werden. In einer breit angelegten vergleichenden Studie wurden aus der Perspektive der WDA europapolitische Debatten in drei Ländern (Frankreich, Niederlande und Irland) untersucht, in denen während des mit dem Lissabon-Vertrag 2009 abgeschlossenen mehrjährigen europäischen Konstitutionalisierungsprozesses EU-Vertragsreferenden abgehalten worden sind (vgl. Schünemann 2013, 2014).

Der Beitrag gliedert sich in vier Teile: Zunächst werden ein interpretatives Verfahren der politischen Kulturforschung in Abgrenzung zu empirisch-quantitativen Methoden begründet und die WDA wiederum in Abgrenzung zu anderen Ansätzen der an Foucault orientierten Diskursforschung vorgestellt (2). Anschließend widmen wir uns dem abstrakten Gegenstand unserer Untersuchung, den wir als narrativen Nationalismus bezeichnen und von anderen Formen des Nationalismus unterscheiden (3). Dann illustrieren wir anhand von empirischem Material aus den verschiedenen Debatten unterschiedliche Ausprägungen des narrativen Nationalismus (4). Der Beitrag endet mit einem kurzen Fazit (5).

2 Zur wissenssoziologisch-diskursanalytischen Untersuchung politischer Kultur

2.1 Das klassische Verständnis politischer Kultur und seine Herausforderung

Das in der Vergleichenden Politikwissenschaft verbreitete Verständnis politischer Kultur als Sammelbegriff für psychologische Orientierungen und Einstellungen von Bürgern gegenüber ihrem politischen System, seinen Bestandteilen und ihrer eigenen Rolle im politischen Prozess geht auf die in der Politikwissenschaft sehr einflussreiche vergleichende Studie von Gabriel A. Almond und Sidney Verba aus dem Jahr 1963 zurück (Almond/Verba 1989 [1963]: 12). In *Civic Culture* hatten sie ein Konzept politischer Kultur entworfen, das es ihnen erlaubt, diese anhand von Umfrageuntersuchungen in fünf Staaten vergleichend zu vermessen und zu typisieren. Ihre grundlegende Definition lautet:

> „The political culture of a nation is the particular distribution of patterns of orientation toward political objects among the members of the nation. Before we can arrive at such distributions, we need to have some way of systematically tapping individual orientations toward political objects" (Almond/Verba 1989: 13).

Aus sozialkonstruktivistischer Perspektive erscheinen sowohl dieses Konzept als auch das auf seiner Grundlage etablierte Erhebungsverfahren, das für die folgenden Jahrzehnte zum Standard in der politischen Kulturforschung geworden ist (vgl. Pickel/Pickel 2006: 29), die Umfrageuntersuchung, in hohem Maße problematisch und dem eigentlichen, komplexen Gegenstand, also dem kulturellen Kontext des Politischen, unangemessen. Guy Peters bezeichnet den *Civic Culture*-Ansatz von Almond/Verba in seiner Einführung in die Vergleichende Politikwissenschaft deshalb zutreffend als Musterbeispiel eines individualistischen Fehlschlusses (Peters 1998: 44f.).[1] Das Vorhaben, die nur als kollektiven Orientierungs- oder Sinnzusammenhang zu verstehende politische Kultur allein und ausschließlich über individuelle Meinungsumfragen zu erschließen, die, insbesondere bei Aussagen auf Aggregatebene (Mikro-Makro-Problem, vgl. Pickel/Pickel 2006: 33), hochgradig anfällig für etwaige Mess- und Übertragungsfehler sind, scheint heute wo nicht gänzlich aussichtslos, da doch bedürftig, durch weitere Forschungsanstrengungen und -verfahren ergänzt zu werden, die den Begriff der politischen Kultur nicht auf individuelle Einstellungsmerkmale verengen (zur entsprechenden Kritik vgl. Pickel/Pickel 2006: 107). Denn spätestens mit der kulturalistischen Wende vermag das Verständnis politischer Kultur als einer Kategorie, die sich als Einstellungsvariable neben anderen in szientistische Formeln politischen Verhaltens integrieren lässt, nicht mehr zu überzeugen. Die Kritik an den damit verbundenen Herangehensweisen hat, wenn sie auch innerhalb der Disziplin noch nicht vollends durchgesetzt ist, doch die einschlägigen und einführenden Texte in die Vergleichende Politikwissenschaft und insbesondere die politische Kulturforschung erreicht. Vielfach wird ein tiefergehendes Verständnis gesellschaftsspezifischer und

---

1 Zumindest der folgende Satz aus der *Civic Culture*-Studie spricht dafür, dass Almond und Verba sich der Waghalsigkeit ihres Unterfangens durchaus bewusst waren: „Yet we are interested in the respondents, not as individuals, but as members of complex social systems. We wish to make statements, based on those separate interviews, about the general state of attitudes in these nations" (Almond/Verba 1989 [1963]: 41; vgl. auch Pickel/Pickel 2006: 56).

interkulturell differenter kultureller Kontexte gefordert, das nur aus interpretativen Analysen gesellschaftlicher Kommunikationszusammenhänge zu gewinnen ist. Stellvertretend seien hier die soziologischen Forschungen zu Framingstrategien sozialer Bewegungen oder zu kulturell divergenten Deutungs- und Rechtfertigungsmustern genannt (z.B. Keller 1998; Lamont/Thévenot 2000; Snow/Benford 1988). Die entsprechenden Bemühungen, die politische Kulturforschung durch interdisziplinäre, vielfach kulturwissenschaftliche Zugänge weiterzuentwickeln, stecken allerdings noch in ihren Anfängen (vgl. auch Nash 2000). Und da sich bis heute keine dominante Praxis geschweige denn ein verbindlicher Konsens herausgebildet hat, wie diese notwendige Ergänzung zu vollziehen wäre, bietet das Feld einigen Raum für Vorschläge und Neuentwürfe. In diesem Sinn möchten wir im vorliegenden Beitrag an Überlegungen zu einer neu ausgerichteten politischen Kulturforschung ansetzen. Grundlegende Orientierung für unser eigenes Vorgehen bietet dabei die Wissenssoziologische Diskursanalyse (WDA), die wissenssoziologische und diskurstheoretische Traditionen zu einem Forschungsprogramm für die Analyse gesellschaftlicher Wissensverhältnisse und Wissenspolitiken zusammenführt (Keller 2008b).

2.2 Ansätze der Diskursforschung nach Foucault

Einigkeit unter den Befürwortern einer Neuorientierung der politischen Kulturforschung besteht gewiss in einem weiteren Verständnis von Kultur gemäß dem Motto des *interpretive turn* und darüber hinaus als Text oder Kontext, als abrufbarer, als immerfort aktualisierter und fortgeschriebener Bestand von kollektivem Wissen und gesellschaftlichen Praktiken. Wege zur systematischen Analyse von Wissensordnungen, Diskursen und Praktiken bietet in besonderem Maße die an den Schriften Michel Foucaults orientierte Diskursforschung, die sich in den vergangenen Jahrzehnten in den Sozialwissenschaften etabliert und mit einiger Verzögerung auch die Politikwissenschaft erreicht hat (schon früh: Hajer 1995; vgl. Keller et al. 2006: 10; Kerchner 2006: 34; Nullmeier 2006: 288). Die Diskursperspektive Foucaults basiert, anders als etwa die Diskurstheorie à la Habermas, auf einem eindeutig empirischen Begriff des Diskurses (vgl. Keller 2008a: 38; Sarasin 2006: 64). Diesem Konzept folgen neben der Wissenssoziologischen Diskursanalyse (WDA), wie sie im vorliegenden Beitrag zur Anwendung kommt, einige andere Ansätze, die das Feld in den vergangenen Jahren geprägt haben. Dazu zählt die von Ernesto Laclau und Chantal Mouffe in Anlehnung an die Lehren Gramscis entwickelte hegemoniekritische Diskurstheorie (vgl. Howarth et al. 2000; Laclau/Mouffe 2006; Nonhoff 2008), die gesellschaftliche Realität vornehmlich auf Makro-Manifestationen von Macht-Wissen-Relationen und die Konstruktion kollektiver Identitäten hin untersucht. Dazu zählen gewiss auch die *Critical Discourse Analysis* (CDA) in Großbritannien (vgl. Chilton 2004; Fairclough 2006, 2007; Wodak 1996) und die Kritische Diskursanalyse um Siegfried Jäger (Jäger 2004, 2006) in Deutschland, die aus ideologie- und sprachkritischer Perspektive stark auf mikrostrukturelle Phänomene der Sprachpraxis (*language in use*) und den darin erkennbaren politisch-ideologischen Sprachgebrauch fokussieren. Darüber hinaus bringen andere in besonderem Maße poststrukturalistisch ausgerichtete Analysten (vgl. Bublitz 2006; Diaz-Bone 2006) dekonstruktive und rekonstruktive Verfahren unterschiedlicher Art zum Einsatz. Schließlich hat sich daneben eine breite Szene der sprachwissenschaftlichen Diskurslinguistik herausgebildet, u. a. in Gestalt einer quantitativ arbeitenden korpusbasierten Diskursforschung (vgl. Guilhaumou 2008; Spitzmüller/Warnke 2011).

2.3 Abgrenzung und Forschungsprogramm der WDA

Die vorangehend aufgeführten Ansätze mögen an dieser Stelle als knapper Überblick genügen. Die WDA steht zumindest teilweise mit ihnen in einer gemeinsamen Tradition, ist aber auch in Untersuchungsziel und/oder -art von allen genannten Ansätzen zu unterscheiden. Die Wissenssoziologische Diskursanalyse führt „zwei Traditionen der sozialwissenschaftlichen Analyse von Wissen" (Keller 2008b: 11) in einem umfassenden und breit anwendbaren Forschungsprogramm zusammen, nämlich die sozialkonstruktivistische Wissenssoziologie nach Berger und Luckmann (1969) und die verschiedenen Diskursperspektiven von Foucault, wie dieser sie in der *Archäologie des Wissens* (Foucault 1981), in der *Ordnung des Diskurses* (Foucault 1974), aber auch in *Der Fall Pierre Rivière* (Foucault 1994) dargelegt hat. Diskurse sind mit Keller ganz grundlegend als „Erscheinungs- und Zirkulationsformen des Wissens" (Keller 2008b: 97; vgl. auch Konersmann 2007) anzusehen. Im Hinblick auf die politische Kulturforschung gehen wir davon aus, dass die Elemente einer politischen Kultur (Wissensbestände, Wertorientierungen, Traditionen, Praktiken, Symbole) in Diskursen formatiert und (mitunter) institutionell kristallisiert werden, um überhaupt Wirklichkeit konstituieren oder einfacher: wirken zu können, und damit auch, um überhaupt einer wissenschaftlichen Analyse zugänglich zu sein. Mit dem Foucaultschen Diskursbegriff definieren wir unseren empirischen Gegenstand also als tatsächliche Aussageereignisse, Äußerungen, die sich gemäß der grundlegenden terminologischen Unterscheidung Foucaults nach ihren typisierbaren Gehalten, den Aussagen, analysieren lassen. In diesen wiederkehrenden Aussagen lassen sich nun wiederum – und hier kommt die wissenssoziologische Theorie und Forschungspraxis ins Spiel und übernimmt gewissermaßen das leitende Untersuchungsinteresse – wissenssoziologische Strukturelemente ausmachen, die sich durch interpretative Analytik erfassen und beschreiben lassen (vgl. Keller 2008b; vgl. zu Narrationen Viehöver 2006).

Die diesem Beitrag zugrunde liegende umfangreiche empirische Studie (Schünemann 2014) befasste sich in vergleichender Perspektive mit Kampagnen politischer Akteure im Rahmen der Referenden zur „EU-Verfassung" in Frankreich, den Niederlanden und Irland. Sie interessierte sich vor allem für die Argumentbausteine oder *Argumentative*, die darin zum Einsatz kamen. Dieses Forschungsprojekt kann hier nicht en détail vorgestellt werden (vgl. Schünemann 2013, 2014). In ihrer Vorgehensweise folgte die Studie nicht nur den theoretischen Grundlegungen, sondern auch methodologischen Reflexionen und Vorschlägen der WDA zur Verfahrensweise, die dabei spezifisch adaptiert wurden. Dazu zählt insbesondere der Anschluss an Forschungs- und Methodenstrategien der qualitativen Sozialforschung: ein theoretisch informiertes Sampling von Daten, ein anpassungsfähiges Kodierschema sowie eine systematische Kodierung der Daten.

3 Der Gegenstand: Europapolitische Debatten und der narrative Nationalismus

3.1 Narrativer Nationalismus – Konzept und leitende Annahmen

Die wissenschaftliche Forschung zu Nation und Nationalismus hat sich in den vergangenen Jahrzehnten aus überzeugender Einsicht wie programmatischer Absicht darauf verständigt, den in der ersten Hälfte des 20. Jahrhunderts besonders folgenschwer aufgeladenen Begriff der Nation als gesellschaftliches Konstrukt zu entlarven und der Nation, die als leitende Kategorie politischer und gesellschaftlicher Ordnung in ihrer Gemachtheit klar erkennbar ist, keinen substanziellen Gehalt zuzugestehen (vgl. Anderson 2006; Hobsbawm 2005).[2] In der Tat kann das von Hobsbawm formulierte Kriterium für ernstzunehmende Historiker, dass diese keine Nationalisten sein könnten, weil „Nationalismus [...] zu viel Glauben an etwas, das offensichtlich in dieser Form nicht existiert" (Hobsbawm 2005: 24) erfordere, getrost auch für andere Sozialwissenschaftler-/innen gelten – zumindest wenn wir

---

2 Freilich hat der französische Historiker Ernest Renan eine ähnliche Position bereits Ende des 19. Jahrhunderts vertreten und die Nation etwa in seiner berühmten Vorlesung an der Sorbonne 1882 als „tägliches Plebiszit" (Renan 1882) bezeichnet.

von einer proklamatorischen und programmatischen Nationalismusvariante ausgehen, die im Folgenden freilich noch von anderen weniger absichtsvollen und bewusst reflektierten Erscheinungsformen zu unterscheiden sein wird.

Trotz aller berechtigten wissenschaftlichen Dekonstruktion, ökonomischen Globalisierungstendenzen und politischen Integrationsbemühungen: Der Begriff der Nation wirkt nach, und mehr noch – er wirkt. Wissenssoziologisch gesprochen können wir von einer „Nationalform" des Wissens ausgehen, d.h.: Die modernen Nationalstaaten fungierten und fungieren seit ihrer Entstehung nicht nur als politische Protagonisten imaginierter Gemeinschaften, sondern auch als Entwickler, Träger und Förderer national spezifischer Sonderwissensvorräte. Freilich existieren daneben lange schon Wissensformen, die von ihrer inneren Konstitution her auf Transnationalisierung und auf „Weltgeltung" hin angelegt waren und sind. Dazu zählen beispielsweise religiöse Wissenssysteme und Subsinnwelten mit missionarischem Charakter. Dazu zählt das im Kolonialismus eingesetzte Fach- und Expertenwissen von Protagonisten der transnationalen und globalen Ausdehnung abendländischer institutioneller Erfindungen – bis hin zur weltweiten Standardisierung der Lernkulturen, die der Neo-Institutionalismus beschreibt. Und hierzu gehören gewiss auch die modernen Wissenschaften, die einen entschiedenen Universalitätsanspruch der durch sie hervorgebrachten Wissensbestände vertreten und in ihrer Praxis der Wissensherstellung die Existenz beispielsweise „lokaler Biologien" (Lock 1993) und lokalen, situierten Wissens überformt haben. In den vergangenen Jahrzehnten haben darüber hinaus verschiedene Entwicklungen zu einer neuen Akzentuierung der Transnationalisierung und Globalisierung von Wissensvorräten und Wissensverteilungen beigetragen. Dies reicht möglicherweise bis zur Herausbildung einer globalen öffentlichen Sphäre, die sich sicherlich ursprünglich zwar bereits mit Printmedien entwickelt hatte, aber die mit der Einführung von Massenfernsehen und heute insbesondere auf der Grundlage des globalen Internets und der globalen Kulturindustrien (im Sinne von Arjun Appadurais (1996) Konzept der „Mediascapes") völlig neue Arenen für die Bildung und Prozessierung entsprechender Wissensvorräte hat entstehen lassen. Ende der 1990er-Jahre hat etwa Manuel Castells auf die neue Unmittelbarkeit zwischen Individuen und der netzvermittelt zugänglichen globalen Wissenswelt hingewiesen, in der transnationale Expertengemeinschaften und Diskursformationen die Akteure und Handlungsformen bilden, in denen entsprechende transnationale Wissensvorräte und globale Wissensverteilungen erzeugt, stabilisiert und verändert werden (vgl. Castells 2004a, 2004b, 2004c).

Ungeachtet dieser unbestreitbaren Entwicklungen begegnen wir in jüngerer Zeit neuen nationalen Bewegungen in Mittel- und Osteuropa nach dem Zusammenbruch des Sowjetimperiums (vgl. Lippert 2011), wir stoßen auf offensichtliche

Renationalisierungstendenzen selbst innerhalb des europäischen Einigungswerks (vgl. Zürn 2006) und müssen auch grundlegend feststellen, dass die Nation als wirkmächtige Kategorie die gesellschaftliche und politische Realität wie kaum eine andere prägt und sich an dieser grundlegenden Prägung trotz Globalisierung, Inter- und Transnationalisierung nur wenig geändert hat.

Es erscheint in jedem Fall also als zu früh, den politisch begründbaren Abgesang auf die Nation derart auf die wissenschaftliche Betrachtung zu übertragen, dass man auf die Untersuchung von Nation und Nationalismus verzichtete. Wir wollen vielmehr argumentieren, dass zum einen die Nation als grundlegende Ordnungskategorie der fragmentierten Weltgesellschaft Bestand hat[3] und zum anderen der Nationalismus ein vielgestaltiges interkulturell differentes Element politischer Kultur darstellt, das es interpretativ zu analysieren gilt.

Zu diesem Zweck müssen zunächst wichtige begriffliche Klärungen vorgenommen werden, die in Form einer dreigliedrigen Typologie dargestellt werden können. Sie definiert den in dieser Untersuchung im Fokus stehenden so genannten narrativen Nationalismus und verortet ihn als zweiten Typ zwischen einem in der Regel unbewusst wirkenden strukturalen und einem in den europäischen Gesellschaften zur Minderheitenposition gewordenen bewussten, expliziten, als ordnungsgefährdend wahrgenommenen proklamatorischen und programmatischen Nationalismus.

3.2 Drei Typen des Nationalismus

Zunächst einmal ist der *strukturale Nationalismus* als eine ganz alltägliche, sich unbewusst manifestierende und wirkende Denk- und Sprechweise zu verstehen, welche die ungebrochene Bedeutung des Nationenbegriffs im Grunde ausmacht. Auch wenn der Begriff der Nation abstrakt wie konkret nur schwer zu definieren ist und, wie oben gesehen, schlechterdings nichts Primordiales, Substanzielles enthalten kann, was dem gesellschaftlichen Wirken vorgeordnet wäre (vgl. Hobsbawm 2005: 16), so gehört doch fast jeder Mensch einer Nation an (bzw. „muss" ihr angehören), und die Welt ist in Nationen organisiert (Stichwort: Vereinte Nationen). Jede Sezessionsbewegung, die Autonomie und eine Gruppenidentität innerhalb der Weltgemeinschaft verlangt, strebt damit den Status einer Nation an. Und selbst wenn wir den Nationenbegriff klein zu halten suchen und uns insbesondere

---

3 Die angesprochene Fragmentierung ist durch sie erst möglich, ja: denkbar, im eigentlichen Sinne des Wortes.

kein offenes Bekenntnis zur Nation erlauben,[4] dann gibt es da doch diesen unserem politischen Handeln und der politischen Auseinandersetzung eingeschriebenen Sinn für eine politische Primärgemeinschaft, ein politisches Wir, das im allgemein-öffentlichen Diskurs immer wieder angesprochen wird und das letztlich nicht anders zu bezeichnen und als Wir von den Anderen zu unterscheiden ist denn als Nation oder nationale Gesellschaft. Wir bemühen es etwa auch, wenn wir von *unserem* Wirtschaftswachstum, *unserer* Exportleistung, *unserer* Souveränität und *unseren* Souveränitätstransfers, wenn wir von *unserer* Solidaritätsbereitschaft oder *unseren* Nettozahlungen an die EU sprechen, um an dieser Stelle ganz bewusst einige Beispiele zu nennen, mit denen sich die ganz aktuellen, nicht zuletzt durch strukturalen Nationalismus induzierten Integrationsprobleme veranschaulichen lassen.

Damit folgt der Typ des strukturalen Nationalismus also dem berühmten konstruktivistischen Verständnis von Nationen als *Imagined Communities*, wie Benedict Anderson es dargelegt hat (Anderson 2006; vgl. hierzu auch für den europäischen Raum das Konzept der Kommunikationsgemeinschaft Kielmansegg 2003). Es ist ganz im Sinne der hier vorgestellten Typologie zu deuten, wenn Anderson selbst explizit feststellt, dass es sich zwar um konstruierte (*imagined*)[5], aber damit nicht um imaginäre (*imaginative*) Gemeinschaften handelt, soll heißen: Sie sind zwar konstruiert, aber sie existieren tatsächlich und entfalten Wirkung. Diese Klarstellung ist innerhalb des wissenssoziologischen Theoriegebäudes freilich eine Selbstverständlichkeit. Der strukturale Nationalismus ist allgegenwärtig, es erscheint aussichtslos, ihn einfach ausmerzen zu wollen. Er wird in der Regel nicht als problematisch erkannt und ist gewiss nicht tabuisiert. Die Erscheinungsformen dieses grundlegenden Typs müssen freilich in anderen Arbeiten diskutiert werden (für Überlegungen dazu vgl. Schünemann 2009a, 2009b, 2014), denn der vorliegende Beitrag hat mit dem narrativen Nationalismus einen spezifischen Typus im Blick.

Auf der anderen Seite der Typologie zeigt allerdings zunächst die *proklamatorische und programmatische Variante* gleichsam das „hässliche Gesicht" des Nationalismus, das im Wesentlichen in einer Aufladung und Überhöhung der strukturalen Kategorie erkennbar wird, die in ein extrem exklusives Self-Fashioning münden und aus denen historisch wie aktuell auf der Grundlage konnotierter Über- und Unterlegenheitsverhältnisse Fremdenfeindlichkeit und mitunter „Recht-

---

4 Dies entspricht ja in gewisser Weise der historisch begründeten Haltung der deutschen Mehrheitsgesellschaft, wie sie sie lange praktiziert hat.
5 Die wörtliche Übersetzung als „eingebildet" gefährdet die Unterscheidung im Deutschen.

fertigungen" für grausame Ausschreitungen gegen Andere abgeleitet wurden und werden. Diese Form gilt deshalb zu Recht als die Ordnung sowie potentiell die Menschheit gefährdend, und sie ist durch die europäischen Mehrheitsgesellschaften seit dem Zweiten Weltkrieg tabuisiert worden. Als – wenngleich bedrohliches – Minderheitenphänomen zumindest in den Gesellschaften Europas soll auch dieser Typ hier ausgeklammert werden.

Dazwischen möchten wir eine Form des Nationalismus platzieren, die in der gesellschaftlichen Realität zwar manifest zutage tritt und explizit zum Ausdruck kommt, die aber nicht programmatisch ist, den Nationalismus nicht überhöht, die Nation aber gewissermaßen „erzählt" und sie stetig *narrativ aktualisiert*. Diese Form manifestiert sich in Aussageereignissen und Praktiken, die sich durch einen rein nationalen Bezugsrahmen auszeichnen und aus national ausgerichteten Geschichtsschreibungen und Traditionslinien begründet werden. Sie mag in Deutschland aufgrund der historischen Erfahrungen insgesamt weniger ausgeprägt sein, ist jedoch auch hierzulande erkennbar. Eindrücklicher manifestiert sie sich in den allgemein-öffentlichen Diskursen vieler anderer Gesellschaften, darunter auch denjenigen der untersuchten europäischen Partnerländer. Hinsichtlich des grundlegenden inhaltlichen Strukturelements, das diesen Typ erkennbar macht, möchten wir ganz bewusst von *nationalisierenden* Narrativen (und nicht von nationalistischen) sprechen, um den Sinn der bewussten und programmatischen Steigerung des Nationalen nicht mit zu transportieren. Ferner ist hinsichtlich des von uns als Oberbegriff gebrauchten Nationalismus im Einzelfall zwischen extremen und gemäßigten Formen des Nationalen zu unterscheiden. Wir können etwa einen *Essenz-Nationalismus*, dessen Narrationen sich aus Blut-und-Boden-Ideologien speisen, von einer Art *Ideo-Nationalismus* differenzieren, der sich etwa auch in den verschiedenen Spielarten des Verfassungspatriotismus (vgl. Müller 2010) niederschlagen kann und auch der bundesdeutschen politischen Kultur nicht fremd ist.

Für die empirische Analyse bedeutet dies die Suche nach den diskursiven Spuren eines solchen in Deutungsmustern und Narrativen stetig aktualisierten Nationalismus. Besonders vielversprechend lässt sich ein solches Forschungsinteresse in einer vergleichenden Untersuchung europapolitischer Debatten in verschiedenen europäischen Ländern verfolgen, weil es in diesen im Wesentlichen um das potentiell problematische Verhältnis zwischen nationaler Tradition/Status quo und vertiefter Integration geht.

4 Nationalisierende Deutungsmuster und Narrative in europapolitischen Debatten: Drei Erscheinungsformen des narrativen Nationalismus

Im Rahmen einer vergleichenden Untersuchung analysierte Wolf Schünemann (Schünemann 2010, 2013, 2014) die gescheiterten Referenden zum EU-Verfassungs- bzw. Reformvertrag in Frankreich und den Niederlanden (beide 2005) und Irland (2008) sowie die erfolgreiche zweite Volksabstimmung über den identischen Vertrag in Irland (2009). Als empirisches Material der diskursanalytischen Untersuchung dienten in allen Fällen natürliche Daten aus den Referendumskampagnen, also Mitteilungen, Reden, Debattenbeiträge, Interviews, Flyer und anderes Kampagnenmaterial der an der nationalen Debatte mit persuasiver Absicht (also pro oder contra Ratifizierung) beteiligten kollektiven Akteure. Zum Zweck der Erstellung repräsentativer Datenkorpora wurden durch Vorstudien zunächst die relevanten Sprecher und Kollektivakteure ermittelt. Als Datenquellen für die umfangreichen Korpora überwiegend textförmiger Daten dienten die akteurseigenen Internetplattformen, die für die jeweiligen Akteure als Live-Archive ihrer Kampagnenarbeit fungierten. Nach einer vergleichenden Analyse der Sprecher und Sprecherpositionen stand im Wesentlichen die umfangreiche Analyse nach wiederkehrenden Aussagen im Vordergrund. Die identifizierten Aussagen wurden noch einmal zu Argumenten gebündelt und zu Argumentativen zusammengeführt. Diese Argumentative wurden dann miteinander verglichen. Bei der näheren Betrachtung der Argumente ging es vor allem um die interpretative Analyse von Deutungsmustern und Narrativen, die im Ergebnis Ähnlichkeiten der kommunikativen Verhandlung europapolitischer Gegenstände in den betrachteten Ländern, aber auch aufschlussreiche Divergenzen belegen konnten. Für den vorliegenden Beitrag ist das umfangreiche Datenmaterial zu den Referendumsdebatten noch einmal aus einer anderen Untersuchungsperspektive (narrativer Nationalismus) gesichtet worden. Im Folgenden präsentieren wir eine Reihe anschaulicher Fundstellen und Beispiele.

4.1 Die Gegenerzählung vom Superstaat

In den europapolitischen Debatten wird ganz grundlegend die Zustimmung zum Verfassungs- bzw. Reformvertrag mit einem Verlust nationaler Unabhängigkeit, Souveränität und Identität gleichgesetzt. Der Nationalstaat wird als etwas Gegebenes, etwas „lieb Gewonnenes" dargestellt, das verloren zu gehen, gar zu sterben droht. Derartige Muster lassen sich z.B. in Frankreich beobachten. Hier haben insbesondere Sprecher der rechtspopulistischen und -extremen Parteien, aber auch gaullistische Abweichler sowie links-republikanische Politiker souveränistische Aussagen artikuliert. Die gemeinsame Botschaft ist, dass mit der Vertragsreform das Ende Frankreichs als eines unabhängigen Staats bevorstehe: „Oui le combat que nous allons mener ensemble est un combat essentiel, existentiel, c'est celui de la Souveraineté de la France, de notre liberté, de la liberté de nos enfants" (Myard 2005). Es gehe um „la survie de la France en tant que Nation" (MPF 2005c). Der FN-Präsident Le Pen warnt in emphatischem Ton davor, dass Frankreich von der Weltkarte getilgt würde: „la Constitution européenne supprime la France de la carte du monde" (Le Pen 2005d). In vielen Pamphleten ist vom Tod, Ende Frankreichs oder zumindest vom Ende französischer Unabhängigkeit die Rede („la fin de l'indépendance de la France", Gollnisch 2005), „dont va dépendre la vie ou la mort de la France" (Le Pen 2005a).

Der Schmähbegriff und das antiföderalistische Narrativ vom Superstaat gehen auf euroskeptische Äußerungen der ehemaligen britischen Premierministerin Magret Thatcher zurück. Umso erstaunlicher ist es, dass sich die bedrohliche Vision als übergeordnetes Deutungsmuster bzw. Narrativ im Sinne einer Gegenerzählung in den europapolitischen Diskursen aller betrachteten Länder verbreitet hat. Erzählt wird die Entwicklung der EU als das Werden eines Superstaats, wobei der Verfassungsvertrag die Gründungsakte dieser neuen Einheit darstellt, die ihre föderale Ambition offen zum Ausdruck bringt. Dieses Narrativ ist im Grunde in allen Debatten das Metanarrativ der Vertragsgegner, die große Gegenerzählung zur klassischen Integrationsfortschrittserzählung der Anhänger europäischer Integration (vgl. hierzu Gilbert 2008). Es spielt selbst in Frankreich eine wichtige Rolle, wo viele Reformgegner im Verfassungsvertrag ebenfalls die Gründungsakte eines europäischen Superstaats sehen: „la norme suprême [...] d'un super-Etat européen en voie de finalisation" (MPF 2005a). Der damalige FN-Präsident Le Pen erläutert in diesem Sinne: „Une Constitution est l'acte fondateur d'un Etat [...] la Constitution européenne est donc bien l'acte fondateur d'un super-Etat européen" (Le Pen 2005g). In den Wahlkampftexten ist vom Superstaat („Super-Etat", MPF 2005b), einem Bundesstaat („Etat fédéral", Dupont-Aignan 2005) oder einem föderalen Europa („Europe fédérale", Le Pen 2005e) die Rede. Und auch der Europaabgeordnete de Villiers aktualisiert die Vision: „L'Europe peut parfaitement fonctionner demain sans Constitution, c'est-à-dire sans se vouloir un super-Etat" (de Villiers zit. nach Andreani/Ferenczi 2005).

Während das Mehrebenengebilde EU mit der Vertragsreform folglich die Gestalt eines veritablen Bundesstaats annehme, würden die Mitgliedsländer zu Provinzen oder Regionen dieser übergeordneten Einheit degradiert; dementsprechend ist in Frankreich von „simples régions" (MPF 2005b) oder speziell in Bezug auf das eigene Land von „une simple province d'un conglomérat apatride régi par Bruxelles" die Rede (Le Pen 2005d). Das Bild von der Landkarte, das die Identifikation von Volk und Boden mit dem politischen System des Nationalstaats am deutlichsten macht, finden wir auch sehr plakativ dargestellt im niederländischen Referendumswahlkampf (siehe Abbildung 1). Es handelt sich um ein viel beachtetes Wahlplakat der Sozialistischen Partei (SP). Darauf zu sehen ist eine politische Karte Europas, derart modifiziert, dass die Niederlande in der Nordsee verschwunden sind. Mit Bezug auf das Poster warnt der Parteivorsitzende Marijnissen in einem Wahlkampfpamphlet: „Wenn wir nicht aufpassen, geraten die Niederlande echt von der Karte" (Marijnissen 2005b). Die Darstellung ist eine potentiell wirkungsvolle Aktualisierung souveränistischer Bedenken gegenüber dem europäischen Einigungsprozess. Sie schließt zudem an eine Urangst der niederländischen Gesellschaft an, die große Teile ihres Territoriums durch Landgewinnung dem Meer abgetrotzt hat und nach wie vor große Anstrengungen unternehmen muss, um Land und Bevölkerung vor der Nordsee zu schützen (vgl. Andeweg/Irwin 2009: 1-5).

Zudem erscheint der Verfassungsvertrag auch aus Sicht der Vertragsgegner im niederländischen Fall als letzte Etappe auf dem Weg zum europäischen Superstaat. So bezeichnet etwa der seinerzeit unabhängige Abgeordnete Geert Wilders den Verfassungsvertrag als „ein nächster Schritt [...] auf dem Weg zu einem europäischen Superstaat" (Wilders 2005a). In der Wahlkampfbroschüre der ChristenUnie (CU) heißt es: „Alles weist darauf hin, dass diese Verfassung ein weiterer, nur schwer rückgängig zu machender Schritt in Richtung eines europäischen Staats ist", und an anderer Stelle im selben Dokument wird gewarnt, Europa drohe zu einem Superstaat zu werden (CU 2005b). Die SGP (Staatkundig Gereformeerde Partij) sieht im Verfassungsvertrag den „Auftakt für einen europäischen Superstaat" (SGP 2005). Für die SP steht ebenfalls fest, dass mit dem Verfassungsvertrag der europäische Superstaat näher komme (vgl. SP 2005a; Marijnissen 2005a). Und die LPF wirbt mit dem Slogan „Nein zum europäischen Superstaat" (LPF 2005). Zuletzt würden auch die Niederlande zur bloßen Provinz eines solchen übergeordneten Staatswesens, käme es zum Inkrafttreten des Verfassungsvertrags. So prophezeit etwa Geert Wilders: „Sowohl juristisch als auch politisch werden die Niederlande zur Provinz eines europäischen Superstaats" (Wilders 2005b). Daneben warnt auch SP-Parteiführer Marijnissen: „Wir entarten zu einer machtlosen Provinz" (Marijnissen 2005a). Aus Sicht der CU drohen alle Mitgliedstaaten, zu Teilstaaten eines großen föderalen Europas degradiert zu werden (vgl. CU 2005a).

Im irischen Fall macht Anthony Coughlan für die National Platform deutlich, dass der einzelne Mitgliedstaat in einem solchen Gebilde nur mehr den untergeordneten Status einer Region oder Provinz innerhalb eines europäischen Gesamtstaats behalten könne:

> „This post-Lisbon EU would have the constitutional form of a supranational European federation – in effect a state – in which Ireland and the other member states would have the constitutional status of provincial or regional states. From the inside the union would look like something based on treaties between states. From the outside it would look like a state itself" (Coughlan 2008b).

Faktisch bedeute dies – wie Coughlan an anderer Stelle betont – „the end of Ireland's position as an independent sovereign State in the international community of States" (Coughlan 2008a). Um diese substanzielle Bedrohung der irischen Souveränität weiter zu illustrieren, wird die EU an verschiedener Stelle, besonders eindringlich aber in den Pamphleten Coughlans, mit tatsächlichen Bundesstaaten wie den Vereinigten Staaten von Amerika, Kanada, der Schweiz oder der Bundesrepublik Deutschland verglichen, und es wird behauptet, dass Irland künftig denselben konstitutionellen Rang habe wie z.B. der amerikanische Bundesstaat New Hampshire (Greene 2008b) oder das Bundesland Bayern (Cóir 2008a). Von der Cóir-Organisation wird die basale Botschaft des drohenden neuerlichen Verlusts der nationalen Autonomie und des Rückfalls in den Status einer Provinz mit einer Anspielung auf die lange Zeit der Unterwerfung als britische Kolonie verknüpft und in die folgende – lediglich auf der Denotationsebene – schlichte Vorhersage verpackt: „We'll be a province once again" (Cóir 2008e).[6] Derselbe intertextuelle Zusammenhang findet sich auch in einer Äußerung des PM-Sprechers Bree: „Ireland would become a province, not a nation, once again" (McKenna/Bree 2008). Offensichtlicher wird eine vergleichbare Anspielung der PM-Sprecherin und unabhängigen EP-Abgeordneten für den südlichen Wahlkreis Kathy Sinnott, wenn sie behauptet, mit der Vertragsreform falle Irland zurück auf den Rang einer Provinz: „This treaty [...] will effectively make us revert to being a province of mainland Europe ... the northwest corner" (McKenna et al. 2007).

---

6   Der allerdings nur auf den ersten Blick schlichte Satz steht freilich in einem besonderen intertextuellen Zusammenhang zum berühmten Lied der irischen Unabhängigkeitsbewegung aus der Mitte des 19. Jahrhunderts: „A Nation once again". Auf einen Verweisungszusammenhang deuten sowohl die parallele Struktur der Sätze als auch die ähnliche Wortwahl hin. Im Refrain des Liedes heißt es: „And Ireland, long a province, be/A Nation once again!" Damit wird also unmittelbar zurückverwiesen in die romantische Ära der Begründung einer irischen Nationalidentität.

4.2 Ideo-Nationalismus – die Degradation der Verfassung

In einer Überhöhung der eigenen konstitutionellen Tradition werden klar nationalisierende Narrative erkennbar, die auf die von uns so genannte Form des Ideo-Nationalismus hinweisen. So steht im Zusammenhang mit der Rede vom Superstaat auch die konstitutionelle Vorrangfrage im Fokus der Kritiker. Damit werde künftig jeder gemeinschaftliche Rechtsakt über das nationale Recht, einschließlich etwa der französischen Verfassung gestellt. Diese habe dann nur noch den Rang einer „charte régionale" (Le Pen 2005c). Vor diesem Hintergrund prophezeit zum Beispiel de Villiers: „Demain, n'importe quel règlement de Bruxelles, appelé loi ou loi-cadre – triomphe sémantique de la Commission! – sera supérieur à notre Constitution" (Strauss-Kahn/ Villiers 2005). Auch der Appell der Gruppe sozialistischer Abweichler unter dem Namen Non Socialiste verweist auf die neue Vorrangregelung: „la constitution européenne prévaudra demain sur la constitution française" (NonSoc 2005).

Die neue Vorrangregelung stieß auch in den Niederlanden auf große Skepsis bei den Vertragsgegnern, die in Verbindung mit verfassungspatriotischen Motiven ausgedrückt wird. So stellt etwa die SP klar: „Die Europäische Verfassung tritt also nicht an die Stelle der niederländischen, aber steht doch über ihr" (SP 2005b). Auf diese Weise, so heißt es weiter, werde die Niederländische Verfassung zu einem untergeordneten Dokument degradiert.

Den Vertragskritikern gelten mithin beide Artikel als zentrale Belege für die Superstaatsambitionen der Gemeinschaft. In monistischem Verfassungsverständnis und mit verfassungspatriotischer Attitüde stilisieren sie die Referendumsentscheidung regelrecht zu einem Kampf der Verfassungen, gewissermaßen nach dem Motto: Es kann nur eine geben. So wirbt etwa die CU mit der provokanten Frage: „Niederländische oder europäische: Möchte die echte Verfassung [bitte] aufstehen?" (CU 2005c). Dabei scheint die nationale Verfassung viel größere Anforderungen an die demokratische Legitimität zu erfüllen.

Selbst in der irischen Debatte über den Lissabonner Reformvertrag, der in den Jahren nach dem Scheitern der Referenden in Frankreich und den Niederlanden bewusst ohne konstitutionelle Ambition gestaltet worden war, finden sich zahlreiche Äußerungen, wonach die nationale Verfassung unmittelbar Gefahr laufe, durch die Rechtsprechung eines durch den Lissabon-Vertrag aufgewerteten EuGH ausgehebelt zu werden, denn der Vertrag „will allow the European Court of Justice to overrule the Irish Constitution and the wishes of the Irish people" (Greene 2008d). Am deutlichsten wird die Aktualisierung des irischen Verfassungspatriotismus im Cóir-Flugblatt unter der Forderung: „Don't sell out Dev's Constitution", in dem in pathetischen Worten die Bewahrung des konstitutionellen Erbes aus der Ära De Valeras verlangt wird:

„In 1937 Eamon De Valera gave the Irish people a great Constitution. It established the nation. It spelled out our rights and freedoms. Most of all it made the Irish people sovereign. De Valera's vision made all of us the masters of our own destiny. We should be proud of our Constitution – it's one of the finest in the world. But now, for the first time, the EU wants the right to trump the Irish Constitution" (Cóir 2008b).[7]

Aus der Kombination von Grundrechtecharta und Suprematiegebot werde der EuGH in letzter Konsequenz das Recht erhalten, über die irische Gesetzgebung zu bestimmen („the right to make our laws", Greene 2008c). Ein entsprechend begründeter zentraler Wahlkampfslogan von Cóir, der freilich erneut als Anspielung auf Kolonialzeit und Nordirlandkonflikt gelesen werden kann (und muss), lautet „NO TO FOREIGN RULE: Vote No to Lisbon", und in einer weiteren Broschüre der Kampagnenorganisation findet sich die Quintessenz zur Suprematiekritik: „Lisbon gives the EU the right to overrule Irish law and the Irish Constitution" (Cóir 2008c). Angesichts der engen Verknüpfung des historischen Ursprungs der irischen Verfassung mit dem Unabhängigkeitskampf der Iren gegen die britische Kolonialmacht ist es nicht verwunderlich, dass die Beispiele für den irischen Ideo-Nationalismus bereits klare Spuren der dritten von uns analysierten Variante des narrativen Nationalismus, nämlich eines Essenz-Nationalismus enthalten, wie er im folgenden Abschnitt zu illustrieren ist.

4.3 Der Essenz-Nationalismus

Insgesamt zeichnet sich die französische Debatte im Ländervergleich durch die geringste Bedeutung souveränistischer Argumentationen aus. Dementsprechend kommt auch die radikalere und programmatische Variante des narrativen Nationalismus, der Essenz-Nationalismus, nur sehr selten zum Ausdruck und wird nur in den historisierend überfrachteten Blut-und-Boden-Narrationen der gaullistischen und insbesondere der extremen Rechten artikuliert. So warnen die zugehörigen Sprecher vor dem nationalen Suizid, den sie in einem positiven Votum zum Verfassungsvertrag erblicken. Das Nein im Referendum erscheint vor dem Hintergrund dieser Deutung als finaler Rettungsakt, mit dem die Franzosen sich

---

7 Als weiteres Beispiel für die irische Verfassungsverklärung kann in diesem Zusammenhang der folgende Satz aus einem Wahlaufruf von Cóir dienen: „We call on the Irish people to be courageous and to protect Ireland, for themselves and for future generations and to honour the great sacrifices of our patriot dead who were responsible for giving us one of the most democratic constitutions of the modern world" (Cóir 2008d).

und die anderen Völker Europas aus der Bevormundung befreien können – nicht zum ersten Mal, lautet das nationalisierende Narrativ. Es handele sich vielmehr um einen neuen historischen Moment („rendez-vous de l'histoire"), der Gelegenheit zum nationalen Widerstand, zur *nouvelle résistance* (Coûteaux 2005) biete. In martialischer Rhetorik reiht etwa Jean-Marie Le Pen in seiner Rede zum Fest der Jeanne d'Arc in Paris am 1. Mai 2005 das Nein gegen den Verfassungsvertrag ein in die Folge von großen Kämpfen der französischen Geschichte, von der Revolution über den Widerstand gegen das Kaiserreich im Deutsch-Französischen Krieg 1870, den Widerstand gegen die Mittelmächte im Ersten Weltkrieg bis zum Widerstand gegen das „Europe nouvelle" der Nationalsozialisten im Zweiten Weltkrieg. Diesen Widerstandsbewegungen müsse nun die Opposition gegen das „nouvelle Europe" (Le Pen 2005f) in Form der reformierten EU folgen. In dieser auch, aber nicht nur dem Anlass geschuldeten Historisierung wird der narrative Nationalismus freilich besonders augenfällig.

Auch im niederländischen Referendumswahlkampf werden nationalisierende Narrative in Form eines Essenz-Nationalismus vor allem auf der extremen Rechten deutlich. Auch hier wird die europapolitische Entscheidungssituation in die großen Momente der Geschichte nationalen Leidens und nationaler Befreiung eingereiht. Der Rechtspopulist Geert Wilders macht die historisch aufgeladene Forderung nach Unabhängigkeit der Niederlande zum Kernthema seiner Kampagne, um sich mit seiner neuen Formation zu profilieren. Dem Gründungsmanifest seiner Bewegung gibt er den vielsagenden Titel *Onafhankelijkheidsverklaring* („Unabhängigkeitserklärung", Wilders 2005c), und Wilders räumt darin der Europapolitik sowie der aktuellen Ablehnung des Verfassungsvertrags einen zentralen Platz ein. Er wählt damit bewusst eine Bezeichnung, die einen deutlichen Bezug zur Befreiung der Niederlande von der spanischen Krone hat. „Die Niederlande müssen unabhängig bleiben" (Wilders 2005c), so lautet denn auch ein zentraler Slogan von Wilders' Kampagne. Das Deutungsmuster der EU als eines neokolonialen Imperiums, das in diesem Extrembeispiel aufscheint, ist ein wiederkehrendes Motiv vor allem in der irischen Referendumsdebatte.

Ein anderer Bezug zur niederländischen Nationalgeschichte findet sich in einem Wahlkampftext des LPF-Sprechers (Lijst Pim Fortuyn) Herben, der an die deutsche Besetzung der Niederlande von 1940 bis 1945 erinnert: „Wir geben mit einem Federstrich weg, wofür wir vor sechzig Jahren über fünf Jahre gekämpft haben: Freiheit und Souveränität" (Herben 2005). Dass diese extreme Form nationalisierender Narrative nicht allein ein diskursives Muster der extremen Rechten ist, beweist die orthodox-calvinistische Partei CU als Mitglied der amtierenden Regierungskoalition. Eines der kurzen Wortspiele im Rahmen ihrer *Nee-tje*-Aktion ruft ebenfalls Assoziationen mit der Besatzungszeit hervor: „Europäische Verfassung:

Wird es Oranje/Orange oben oder Oranje/Orange unten?" (CU 2005c). Das Volkslied *Oranje boven* ist ein Symbol der damaligen Widerstandsbewegung. Zudem ist es ein allgemeiner Ausdruck der treuen Verbundenheit zum Königshaus. Hier wird eine Spezialität der niederländischen Debatte deutlich, weil das Land mit der Königsfamilie über symbolische Träger nationaler Souveränität verfügt. In einem viel beachteten Werbespot, ebenfalls aus der Kampagne der monarchietreuen CU, gerät ein Bild der Königin neben anderen Symbolen nationaler Identität durch den lautstarken Umbau des europäischen Hauses ins Wanken.[8]

Am häufigsten und deutlichsten wird die europapolitische Entscheidungssituation freilich in der irischen Debatte mit dem nationalen Befreiungskampf in Beziehung gesetzt. Besonders plakativ findet sich ein entsprechender Verweis in dem Slogan der katholisch-fundamentalistischen Bewegung Cóir: „People died for your freedom. Don't throw it away. Vote No" (Greene 2008a). Auf dem zugehörigen Kampagnenposter aus dem Wahlkampf 2008 (siehe Abbildung 2) ist im Hintergrund die halb verblichene Unabhängigkeitserklärung der Rebellen (Ausrufung der Republik, auch *Easter Proclamation*) von 1916 zu sehen. Im Wahlkampf 2009 erscheint ein ähnliches Poster in überarbeiteter Form. Statt der Erklärung im Hintergrund finden sich oberhalb des leicht modifizierten Slogans („They won your freedom. Don't throw it away. Vote no") die Konterfeis dreier Teilnehmer an der Erhebung, die von der Kolonialmacht exekutiert wurden, namentlich: Padraig Pearse, Thomas Clarke und James Connolly (siehe Abbildung 3).

Selbst im zentralen Wahlkampfpamphlet der als politisch links einzuordnenden pazifistischen Organisation Peace and Neutrality Alliance (PANA) werden zwei Artikel des Dokuments in voller Länge zitiert und als Manifest des Nationalbewusstseins mit einer eindeutigen sowie heldenhaften Zuschreibung der Souveränität und Unabhängigkeit auf das irische Volk dem stetigen Transfer von Hoheitsrechten im Rahmen der EU-Integration entgegengestellt. Demgegenüber noch gesteigert wird die Aktualisierung des postkolonialen Traumas in der unmittelbaren Assoziierung des Einigungswerks mit imperialen Strukturen. Demnach erhalte die EU mit dem Lissabon-Vertrag („this Imperial Charter", PANA 2008) also nicht bloß die Qualität eines übergeordneten Staatswesens, sondern – und dies auch aufgrund seiner angeblich militaristischen Außenpolitik – Züge eines regelrechten Imperiums (vgl. Voteno 2008). Besonders deutlich wird die koloniale Assoziation bei PANA-Sprecher Cole: „Of course Ireland was part of a militarised, centralised, neo-liberal Superstate before, it was called the British Union and

---

8 Über das zulassungspflichtige Online-Archiv Archipol ist der Spot abrufbar: http://nederland.archipol.ub.rug.nl/content/christenunie/20050530/www.christenunie.nl/ [25.11.2011].

Empire" (Cole 2008). Ungeachtet der sonstigen politischen Orientierung wird die föderalistisch-zentralistische „Bedrohung" durch die europäische Integration in Irland also bei Vertragsgegnern der politischen Linken wie auch der Rechten mit der Kolonialvergangenheit des Landes verknüpft. Wie oben bereits deutlich wurde, weckt das Wort „province", in die sich Irland angeblich mit der Vertragsreform entwickle, unweigerlich Assoziationen mit dem früheren Status im britischen Gesamtstaat, das Wort „union", mit dem die EU oft verkürzt bezeichnet wird, ebenso zwingend solche mit der Fremdherrschaft unter der englischen Krone und dem *Act of Union*, der Irland nach Jahrhunderten der Unterdrückung im Jahre 1801 gänzlich dem britischen „Empire" – auch dies eine in der Debatte häufig gebrauchte Bezeichnung für die EU – einverleibte.

5 Narrativer Nationalismus – gemeinsames diskursives Muster in soziokulturell spezifischen Ausprägungen

Als Ergebnis des Vergleichs können wir festhalten, dass nationalisierende Deutungen und Narrative insbesondere in Form eines Essenz-Nationalismus in der irischen Referendumsdebatte besonders verbreitet sind. Sie wachsen hier gewissermaßen auf einem besonders fruchtbaren Boden, denn die Erinnerungen an den Jahrhunderte währenden Unabhängigkeitskampf gegen die englische Krone und der vergleichsweise rezente Aufstieg in den Kreis der souveränen Nationen sind im Bewusstsein der irischen Diskursgemeinschaft noch ausgesprochen präsent, zumal die mit dem Karfreitagsabkommen erst Ende der 1990er-Jahre entschärfte Lage in Nordirland und die fortbestehende Teilung der Insel das Gefühl externer Unterdrückung und Abhängigkeit – zumindest bei einigen kollektiven Akteuren des Nein-Lagers – bis heute wachgehalten haben.

Die in den vorangegangenen Abschnitten zusammengetragenen Fundstellen haben allerdings gezeigt, dass auch in der französischen sowie der niederländischen Referendumsdebatte nationalisierende Deutungen und Narrative wiederkehrende Muster in den Argumentationen insbesondere der Ratifizierungsgegner darstellen. Dabei haben wir uns freilich eine Reduktion auf die Gegner eines EU-Vertrags und ihre Argumentationen erlaubt, die zumindest für die unbewussten und nichtprogrammatischen Erscheinungsformen des von uns als Oberbegriff eingeführten narrativen Nationalismus nicht gerechtfertigt erscheint. Für künftige Datenauswertungen ist ein größeres Augenmerk auf die universelle Aktualisierung nationalisierender Narrative angebracht. Abschließend kann festgehalten werden, dass die verschiedenen Erscheinungsformen eines narrativen Nationalismus nur im Bewusstsein sozio-kulturell divergenter kultureller Kontexte, also diskursiv prozessierter und etwa in Debattensituationen aktualisierter Wissensbestände, analysiert und vor allem sinnverstehend rekonstruiert werden können. Das Forschungsprogramm der Wissenssoziologischen Diskursanalyse bietet für ein solches Verfahren wertvolle Orientierung.

Narrativer Nationalismus

Abbildung 1   Plakat Referendumswahlkampf Socialistische Partij 2005

Quelle: Referendumskampagne SP 2005

Abbildung 2 Plakat Referendumswahlkampf Cóir 2008

Quelle: Referendumskampagne Cóir 2008

Narrativer Nationalismus

Abbildung 3 Plakat Referendumswahlkampf Cóir 2009

Quelle: Referendumskampagne Cóir 2009

Literatur

Almond, Gabriel A./Verba, Sidney, 1989 [1963]: The Civic Culture. Political Attitudes And Democracy In Five Nations, 1. Sage print, Newbury Park et al.: Sage.

Anderson, Benedict, 2006: Imagined Communities: Reflections On The Origin And Spread Of Nationalism, Revised, London et al.: Verso.

Andeweg, Rudy B./Irwin, Galen A., 2009: Governance And Politics Of The Netherlands, 3. publ., Basingstoke et al.: Palgrave.

Andreani, Jean-Louis/Ferenczi, Thomas, 2005: Les six thèmes-clés de la campagne, in: Le Monde, 28. Mai 2005.

Appadurai, Arjun, 1996: Modernity At Large. Cultural Dimensions Of Globalization, Minneapolis/London: University of Minnesota Press.

Berger, Peter L./Luckmann, Thomas, 1969: Die gesellschaftliche Konstruktion der Wirklichkeit. Eine Theorie der Wissenssoziologie, Frankfurt a.M.: Fischer.

Bublitz, Hannelore, 2006: Differenz und Integration. Zur diskursanalytischen Rekonstruktion der Regelstrukturen sozialer Wirklichkeit, in: Reiner Keller/Andreas Hirseland/ Werner Schneider/Willy Viehöver (Hrsg.), Handbuch Sozialwissenschaftliche Diskursanalyse, Bd. 1: Theorien und Methoden, 2. akt. u. erw. Aufl., Wiesbaden: VS, 227-262.

Castells, Manuel, 2004a: Das Informationszeitalter: Wirtschaft; Gesellschaft; Kultur. Teil 1: Der Aufstieg der Netzwerkgesellschaft, Opladen: Leske + Budrich.

Castells, Manuel, 2004b: Das Informationszeitalter: Wirtschaft; Gesellschaft; Kultur. Teil 2: Die Macht der Identität, Opladen: Leske + Budrich.

Castells, Manuel, 2004c: Das Informationszeitalter: Wirtschaft; Gesellschaft; Kultur. Teil 3: Jahrtausendwende, Opladen: Leske + Budrich.

Chilton, Paul A., 2004: Analysing Political Discourse. Theory And Practice, 1. publ., London et al.: Routledge.

Cóir, 2008a: A Constitution Or A Treaty?, http://www.coircampaign.org/images/Documents/coir_constitution_or_treaty.pdf [29.01.2010].

Cóir, 2008b: Don't Sell Out Dev's Constitution, http://www.coircampaign.org/ima-ges/LeafletsPosters/leaf_card_ff.pdf [29.01.2010].

Cóir, 2008c: Lisbon: A Step Too Far? 4 Things You Should Know About The Treaty, http://www.coircampaign.org/images/LeafletsPosters/lisbon_step_far_canvassing.pdf [29.01.2010].

Cóir, 2008d: PR: Call On Irish Voters To Ensure That The Lisbon Treaty Is Voted Down By A Resounding NO Vote, 9. Juni, http://www.coircampaign.org/index.php/news-articles/press-releases/78-pr-call-on-irish-voters-to-ensure-that-the-lisbon-treaty-is-voted-down-by-a-resounding-no-vote [15.10.2009].

Cóir, 2008e: See How Lisbon Will Cost You. 4 Things You Should Know, http://www.coircampaign.org/images/LeafletsPosters/leaflet_may08_final.pdf [29.01.2010].

Cole, Roger, 2008: Partnership Europe Of Imperial Europe, 24. April, http://www.pa-na.ie/idn/240408.html [14.12.2013].

Coughlan, Anthony, 2008a: *HOW THE LISBON TREATY WILL AFFECT… Your Pay, Your Say, Your Way Of Life, 4. Mai, http://nationalplatform.org/2008/05/ [14.12.2013].

Coughlan, Anthony, 2008b: Vote No To Lisbon Treaty And Reject European Federal State, in: Irish Times, 16. Mai 2008.

Coûteaux, Paul-Marie, 2005: Grand Rassemblement pour le NON Gaulliste et Républicain au Référendum sur la Constitution Européenne. Intervention de Paul-Marie Coûteaux,

9. März, http://web.archive.org/web/20061107031117/http://www.debout-la-republique.fr/ [13.12.2013].
CU, 2005a: le debat Europese Grondwet in Kampen, 14. April, http://nederland.archipol.ub.rug.nl/content/christenunie/20050530/www.christenunie.nl/ [13.12.2013].
CU, 2005b: Argumenten tegen de Europese Grondwet, 21. März, http://nederland.archipol.ub.rug.nl/content/christenunie/20050530/www.christenunie.nl/ [13.12.2013].
CU, 2005c: NEE-tje, het broertje van Loesje en Visje, 13. April, http://nederland.archipol.ub.rug.nl/content/christenunie/20050530/www.christenunie.nl/ [13.12.2013].
Diaz-Bone, Rainer, 2006: Die interpretative Analytik als methodologische Position, in: Brigitte Kerchner/Silke Schneider (Hrsg.), Foucault: Diskursanalyse der Politik: Eine Einführung, Wiesbaden: VS, 68-84.
Dupont-Aignan, Nicolas, 2005: J'aime l'Europe, je vote NON, 1. Februar, http://web.archive.org/web/20061107031117/http://www.debout-la-republique.fr/ [13.12.2013].
Fairclough, Norman, 2006: Globaler Kapitalismus und kritisches Diskursbewußtsein, in: Reiner Keller/Andreas Hirseland/Werner Schneider/Willy Viehöver (Hrsg.), Handbuch Sozialwissenschaftliche Diskursanalyse, Bd. 1: Theorien und Methoden, 2. akt. u. erw. Aufl., Wiesbaden: VS, 340-355.
Fairclough, Norman, 2007: Analysing Discourse Textual Analysis For Social Research, 1. publ., repr., London et al.: Routledge.
Foucault, Michel, 1974: Die Ordnung des Diskurses: Inauguralvorlesung am Collège de France, 2. Dezember 1970, München: Hanser.
Foucault, Michel, 1981: Archäologie des Wissens, 1. Aufl., Frankfurt a.M.: Suhrkamp.
Foucault, Michel, 1994: Moi, Pierre Rivière, ayant égorgé ma mère, ma soeur et mon frère... Un cas de parricide au XIXe siècle, Paris: Gallimard.
Gilbert, Mark, 2008: Narrating The Process: Questioning The Progressive Story Of European Integration, in: Journal of Common Market Studies Vol. 46, No. 3, 641-662.
Gollnisch, Bruno, 2005: Vers la fin de l'indépendance de la France?, 23. Februar, http://web.archive.org/web/20050606132512/http://www.frontnational.com/communiques.php?n=60 [13.12.2013].
Greene, Richard, 2008a: PR: Cóir to hold street extravaganza for a NO vote, 6. Juni, http://web.archive.org/web/20101104083328/http://coircampaign.org/index.php/news-articles/press-releases/75-pr-coir-to-hold-street-extravaganza-for-a-no-vote [14.12.2013].
Greene, Richard, 2008b: PR: Gilmore has no credibility, 20. Mai, http://web.archive.org/web/20101104131019/http://coircampaign.org/index.php/news-articles/press-releases/63-pr-gilmore-has-no-credibility [14.12.2013].
Greene, Richard, 2008c: PR: Kenny's attacks are losing both Lisbon and Enda Kenny support, 8. Juni, http://web.archive.org/web/20111206041039/http://coircampaign.org/index.php/news-articles/press-releases/77-pr-kennys-attacks-are-losing-both-lisbon-and-enda-kenny-support [14.12.2013].
Greene, Richard, 2008d: PR: New posters hit home with just 10 days to the vote, 2. Juni, http://web.archive.org/web/20111206115838/http://coircampaign.org/index.php/news-articles/press-releases/70-pr-new-posters-hit-home-with-just-10-days-to-the-vote [14.12.2013].
Guilhaumou, Jacques, 2008: Geschichte und Sprachwissenschaft – Wege und Stationen in der 'analyse du discours', in: Reiner Keller/Andreas Hirseland/Werner Schneider/Willy

Viehöver (Hrsg.), Handbuch Sozialwissenschaftliche Diskursanalyse, Bd. 2: Forschungspraxis, Wiesbaden: VS, 21-67.

Hajer, Maarten A., 1995: The Politics Of Environmental Discourse. Ecological Modernization And The Policy Process, Oxford et al.: Clarendon Press.

Herben, Mat, 2005: Pleidooi voor een Europa van de menselijke maat, in: Bart Jan Spruyt/ Edmund Burke Stichting (Hrsg.), Samen Zwak. Pleidooien tegen de Europese Grondwet, Amsterdam: POLPAM 53-59.

Hobsbawm, Eric J., 2005: Nationen und Nationalismus. Mythos und Realität seit 1780. Lizenzausg. der 3. Aufl., Bonn: Bundeszentrale für Politische Bildung.

Howarth, David/Norval, Aletta J./Stavrakakis, Yannis (Eds.), 2000: Discourse Theory And Political Analysis. Identities, Hegemonies And Social Change, 1. publ., Manchester et al.: Manchester Univ. Press.

Jäger, Siegfried, 2004: Kritische Diskursanalyse. Eine Einführung, 4. unveränd. Aufl., Münster: Unrast-Verlag.

Jäger, Siegfried, 2006: Diskurs und Wissen. Theoretische und methodische Aspekte einer Kritischen Diskurs- und Dispositivanalyse, in: Reiner Keller/Andreas Hirseland/Werner Schneider/Willy Viehöver (Hrsg.), Handbuch Sozialwissenschaftliche Diskursanalyse, Bd. 1: Theorien und Methoden, 2. akt. u. erw. Aufl., Wiesbaden: VS, 83-114.

Keller, Reiner, 1998: Müll – die gesellschaftliche Konstruktion des Wertvollen. Die öffentliche Diskussion über Abfall in Deutschland und Frankreich, Opladen/Wiesbaden: Westdeutscher.

Keller, Reiner, 2008a: Michel Foucault, Konstanz: UVK.

Keller, Reiner, 2008b: Wissenssoziologische Diskursanalyse. Grundlegung eines Forschungsprogramms, 2. Aufl., Wiesbaden: VS.

Keller, Reiner/Hirseland, Andreas/Schneider, Werner/Viehöver, Willy, 2006: Zur Aktualität sozialwissenschaftlicher Diskursanalyse – Eine Einführung, in: Reiner Keller/ Andreas Hirseland/Werner Schneider/Willy Viehöver (Hrsg.), Handbuch Sozialwissenschaftliche Diskursanalyse, Bd. 1: Theorien und Methoden, 2. akt. u. erw. Aufl., Wiesbaden: VS, 7-30.

Kerchner, Brigitte, 2006: Diskursanalyse in der Politikwissenschaft. Ein Forschungsüberblick, in: Brigitte Kerchner/Silke Schneider (Hrsg.), Foucault: Diskursanalyse der Politik: Eine Einführung, 1. Aufl., Wiesbaden: VS, 33-67.

Kielmansegg, Peter Graf, 2003: Integration und Demokratie, in: Markus Jachtenfuchs/Beate Kohler-Koch (Hrsg.), Europäische Integration, 2. Aufl., Wiesbaden: VS, 49-83.

Konersmann, Ralf, 2007: Der Philosoph mit der Maske. Michel Foucaults L'ordre du discours, in: Michel Foucaul/Ralf Konersmann (Hrsg.), Die Ordnung des Diskurses, Frankfurt a.M.: Fischer, 51-94.

Laclau, Ernesto/Mouffe, Chantal, 2006: Hegemonie und radikale Demokratie. Zur Dekonstruktion des Marxismus, 3. Aufl., Wien: Passagen.

Lamont, Michèle/Thévenot, Laurent (Hrsg.), 2000: Rethinking Comparative Cultural Sociology. Repertoires Of Evaluation In France And The United States, 1. publ., Cambridge et al.: Cambridge University Press.

Le Pen, Jean-Marie, 2005a: Communiqué de presse de Jean-Marie LE PEN, 13. Januar, http://web.archive.org/web/20050606114432/http://www.frontnational.com/communiques.php?n=90 [13.12.2013].

Le Pen, Jean-Marie, 2005c: Communiqué de presse de Jean-Marie LE PEN, 18. Februar, http://web.archive.org/web/20050606132512/http://www.frontnational.com/communiques.php?n=60 [13.12.2013].
Le Pen, Jean-Marie, 2005d: Communiqué de presse de Jean-Marie LE PEN, 31. März, http://web.archive.org/web/20050606131207/http://www.frontnational.com/communiques.php?n=40 [13.12.2013].
Le Pen, Jean-Marie, 2005e: Convention du Non à Strasbourg, 9. April, http://web.archive.org/web/20050606104344/http://www.frontnational.com/doc_interventions_detail.php?id_inter=71 [13.12.2013].
Le Pen, Jean-Marie, 2005f: Déclaration de M. Jean-Marie Le Pen, président du Front national, sur les raisons de voter „non" au référendum sur la Constitution européenne du 29 mai, Paris, 1. Mai 2005, http://web.archive.org/web/20050606103605/http://www.frontnational.com/doc_interven-tions_detail.php?id_inter=72 [13.12.2013].
Le Pen, Jean-Marie, 2005g: Intervention Parlement Européen, Strasbourg, 12. Januar, http://web.archive.org/web/20050606103835/http://www.frontnational.com/doc_interventions_detail.php?id_inter=69 [13.12.2013].
Lippert, Christian, 2011: Agrarpolitik, in: Werner Weidenfeld/Wolfgang Wessels (Hrsg.), Europa von A bis Z. Taschenbuch der europäischen Integration, 12. Aufl., Baden-Baden: Nomos, 54-62.
Lock, Margaret M., 1993: Encounters With Aging. Mythologies Of Menopause In Japan And North America, Berkeley et al.: University of California Press.
LPF, 2005: Waarom 'NEE' tegen de Europese Grondwet, http://nederland.archi-pol.ub.rug.nl/content/lpf/20050607/www.lijstpimfortuyn.nl/article4e8c.html?id=980 [13.12.2013].
Marijnissen, Jan, 2005a: De ene Eurostaat komt er in een snel tempo aan, in: Trouw, 21. Mai 2005.
Marijnissen, Jan, 2005b: Weet waar je JA tegen zegt, http://nederland.archipol.ub.rug.nl/content/sp/20050607/www.sp.nl/nieuws/actie/grondwet/weet_waar_je_ja_tegen_zegt.html [13.12.2013].
McKenna, Patricia/Sinnott, Kathy/McGrath, Finian/Ballagh, Robert, 2007: GROUP CALLS FOR REJECTION OF THE RENAMED EU CONSTITUTION, 13. Dezember, http://www.people.ie/press/press1.pdf [14.12.2013].
McKenna, Patricia/Bree, Declan, 2008: OSCE Requested To Carry Out Election Assessment Mission Of Lisbon Treaty Referendum, 29. Mai, http://www.people.ie/press/080529.pdf [14.12.2013].
MPF, 2005a: Constitution européenne, http://web.archive.org/web/20050104011405/http://www.mpf-villiers.com/mcgi/cgi.exe?exec=PRJ&TYP=2# [13.12.2013].
MPF, 2005b: Pourquoi dire NON à la Constitution Européenne, 28. Februar, http://web.archive.org/web/20050302141235/http://www.mpf-villiers.com/mcgi/cgi.exe?exec=GENERIQUE&FILE=BREVE# [13.12.2013].
MPF, 2005c: Un Non de Projet, 11. März, http://web.archive.org/web/20050514013544/http://www.lespartisansdunon.com/un_non_de_projet.pdf [13.12.2013].
Müller, Jan-Werner, 2010: Verfassungspatriotismus, Orig.-Ausg., dt. Erstausg., 1. Aufl., Berlin: Suhrkamp.
Myard, Jacques, 2005: Grand Rassemblement pour le NON Gaulliste et Républicain au Référendum sur la Constitution Européenne. Intervention de Jacques MYARD, 9.

März, http://web.archive.org/web/20061107031117/http://www.debout-la-republique.fr/ [13.12.2013].

Nash, Kate, 2000: Contemporary Political Sociology. Globalization, Politics, And Power, 1. publ., Malden, MA et al.: Blackwell.

Nonhoff, Martin, 2008: Hegemonieanalyse: Theorie, Methode und Forschungspraxis, in: Reiner Keller/Andreas Hirseland/Werner Schneider/Willy Viehöver (Hrsg.), Handbuch Sozialwissenschaftliche Diskursanalyse, Bd. 2: Forschungspraxis, Wiesbaden: VS, 299-331.

NonSoc, 2005: Appel du NON socialiste, http://web.archive.org/web/20050530232948/http://www.nonsocialiste.fr/ [14.12.2013].

Nullmeier, Frank, 2006: Politikwissenschaft auf dem Weg zur Diskursanalyse?, in: Reiner Keller/Andreas Hirseland/Werner Schneider/Willy Viehöver (Hrsg.), Handbuch Sozialwissenschaftliche Diskursanalyse, Bd. 1: Theorien und Methoden, 2. akt. u. erw. Aufl., Wiesbaden: VS, 288-313.

PANA, 2008: Irish Independence Or European Superstate, Februar, http://www.pana.ie/download/Irish-Independence-PANA.pdf [14.12.2013].

Peters, B. Guy, 1998: Comparative Politics. Theory And Methods, New York, NY: New York University Press.

Pickel, Susanne/Pickel, Gert, 2006: Politische Kultur- und Demokratieforschung. Grundbegriffe, Theorien, Methoden. Eine Einführung, 1. Aufl., Wiesbaden: VS.

Renan, Ernest, 1882: Qu'est c'est une nation?, Conférence faite en Sorbonne, 11. März, Paris: Calmann-Lévy.

Sarasin, Philipp, 2006: Michel Foucault zur Einführung, 2. überarb. Aufl., Hamburg: Junius.

Schünemann, Wolf J., 2009a: Europa, Europabegriffe und ihre Grenzen – die Perspektive der Politikwissenschaft, in: Bernhard Köppen/Michael Horn (Hrsg.), Das Europa der EU an seinen Grenzen!? Konzepte und Erfahrungen der europäischen grenzüberschreitenden Kooperation, Berlin: Logos, 11-22.

Schünemann, Wolf J., 2009b: Von einem zum anderen Traum von Europa. Gedanken zu einer radikalen Zeichenreform, in: Francesca Vidal (Hrsg.), Bloch-Jahrbuch 2009: Träume gegen Mauern – Dreams Against Walls, Mössingen-Talheim: Talheimer Verlag, 107-132.

Schünemann, Wolf J., 2010: Wieder ein Sieg der Angst? Das zweite irische Referendum über den Lissabon-Vertrag in der Analyse, in: integration, Jg. 33, H. 3, 224-239.

Schünemann, Wolf J., 2013: Der EU-Verfassungsprozess und die ungleichzeitige Widerständigkeit gesellschaftlicher Wissensordnungen – exemplarische Darstellung eines Ansatzes zur diskursanalytischen Referendumsforschung, in: Zeitschrift für Diskursforschung, Jg. 1, H. 1, 67-87.

Schünemann, Wolf J., 2014: Subversive Souveräne. Eine vergleichende Diskursanalyse der Referenden über den EU-Verfassungs- bzw. Reformvertrag in Frankreich, den Niederlanden und Irland, Wiesbaden: Springer VS.

SGP, 2005: Het TEGENgeluid, 28. Mai, http://nederland.archipol.ub.rug.nl/content/sgp/20050607/www.sgp.nl/Page/sp3/ml1/from_sp_id=11/nctrue/system_id=1002/so_id=13/Index.html [13.12.2013].

Snow, David A./Benford, Robert D. 1988: Ideology, Frame Resonance and Participant Mobilization, in: International Social Movement Research, Jg. 2, H.1, 197-217.

SP, 2005a: Als je JA zegt tegen deze Europese grondwet, zeg je JA tegen een Europese superstaat, http://nederland.archipol.ub.rug.nl/content/sp/20050607/www.sp.nl/nieuws/actie/grondwet/ja1.html [13.12.2013].

SP, 2005b: Veel gestelde vragen over de Europese Grondwet, http://nederland.archipol.ub.rug.nl/content/sp/20050607/www.sp.nl/nieuws/actie/grondwet/faq.html#grondwet [13.12.2013].

Spitzmüller, Jürgen/Warnke, Ingo Hans Oskar, 2011: Diskurslinguistik. Eine Einführung in Theorien und Methoden der transtextuellen Sprachanalyse, Berlin: de Gruyter.

Strauss-Kahn, Dominique/Villiers, Philippe de, 2005: Référendum Face-à-face – Dominique Strauss-Kahn/Philippe de Villiers – Constitution européenne OUI ou NON?, in: L'Express, 16. Mai 2005.

Viehöver, Willy, 2006: Diskurse als Narrationen, in: Reiner Keller/Andreas Hirseland/Werner Schneider/Willy Viehöver (Hrsg.), Handbuch Sozialwissenschaftliche Diskursanalyse, Bd. 1: Theorien und Methoden, 2. akt. u. erw. Aufl., Wiesbaden: VS, 179-208.

VoteNo (2008): Climate Change: The latest opportunity to militarise Europe, 22. März 2008, abrufbar unter: http://www.voteno.ie/html/climate-change-the-latest-opportunity-to-militarise-europe.htm (letzter Zugriff: 26.11.2009).Wilders, Geert, 2005a: Deze Grondwet geeft kleinere landen het nakijken, in: De Volkskrant, 24. Mai 2005.

Wilders, Geert, 2005b: Eerste Openbare Speech Geert Wilders Sinds De Moord Op Theo Van Gogh, 31. Januar, http://web.archive.org/web/20050314020628/http://www.groepwilders.nl/ [13.12.2013].

Wilders, Geert, 2005c: ONAFHANKELIJKHEIDSVERKLARING – een boodschap van hoop en optimisme, 13. März, http://web.archive.org/web/20050330014919/http://www.geertwilders.nl/index.php?option=com_content&task=view&id=120&Itemid=71 [13.12.2013].

Wodak, Ruth, 1996: Disorders Of Discourse, 1. publ., London et al.: Longman.

Zürn, Michael, 2006: Zur Politisierung der Europäischen Union, in: Politische Vierteljahresschrift, Jg. 47, H. 2, 242-251.

Die Herrschaft und „das Politische"

Machtanalyse zwischen Konsens und Konflikt

Vincent Gengnagel und Alexander Hirschfeld

Zusammenfassung

An die Hegemonietheorie anschließend betont das Projekt der radikalen Demokratie, dass jede politische Ordnung auf der Schließung von Kontingenz basiert: Jede „Politik" verdeckt „das Politische" – und damit die prinzipielle Konflikthaftigkeit ihrer Ordnung. Jenseits der Orientierung an entweder Konflikt oder Konsens zeigt ein Blick in die Religions- und Herrschaftssoziologie Max Webers, dass bereits er diese voraussetzungsvolle Beziehung erkannt hat, weshalb er den Kapitalismus – als der „schicksalsvollsten Macht unseres modernen Lebens" – nicht als ökonomisches Phänomen beschreibt, sondern seine kulturelle und sozialstrukturelle Konstitution und Legitimation in den Vordergrund rückt. Dieses breite Verständnis gesellschaftlicher Herrschaftsverhältnisse lässt sich mit Michel Foucault und Pierre Bourdieu differenzierter weiterverfolgen. Die Rückbindung „des Politischen" an ihre machttheoretischen Konzeptionen ermöglicht es, diskursive und materiale Praktiken als „Herrschaft der Politik" zu denken. Sozialstrukturelle Unterschiede und damit verbundene gesellschaftliche Positionen verweisen hingegen auf die „Herrschaft durch Politik". Es gilt, die spezifischen Mechanismen dieser beiden Formen der Machtausübung zu berücksichtigen, um (Re-)Produktion und Wandel politischer Ordnung und ihrer sozialen Bedingungen genauer zu begreifen.

1   Legitimer Konsens – hegemoniale Macht?

Neben der normativ-juridischen Frage nach der ethisch richtigen Verfassung der Gesellschaft ist zunächst die Beschreibung und Erklärung bestehender Machtverhältnisse für die politikwissenschaftliche Theoriebildung zentral. Spätestens mit dem Aufkommen des so genannten poststrukturalistischen (De-)Konstruktivismus ist jedoch ein tiefer Graben zwischen zwei gegenläufigen Programmen sichtbar, der quer durch die normative und deskriptive Dimension der Theoriebildung verläuft: Auf der einen Seite wird im Namen der Aufklärung rationale Wissenschaft propagiert; im Rahmen eines solchen liberalen Verständnisses erscheint Macht als Kehrseite der Vernunft. Paradigmatisch für diesen Strang steht die säuberliche Trennung zwischen kommunikativem und strategischem Handeln. Es wird an der Möglichkeit festgehalten, Konflikt von herrschaftsfreiem Konsens zu unterscheiden (vgl. Habermas 1981).[1] Die Gegner gehen den entgegengesetzten Weg und sehen insbesondere dort Machteffekte, wo diese durch rationalen Konsens überwunden scheinen. Für einen solchen Machtbegriff steht u. a. die Betonung der Schließung gesellschaftlicher Kontingenz durch Hegemonien (vgl. etwa Laclau/Mouffe 2006; auch Rancière 2008a u.v.m.).

Dieser Aufsatz nimmt die politikwissenschaftliche Zweiteilung zum Anlass, um in der soziologischen Theoriebildung nach alternativen Konzepten des Verhältnisses von Konsens und Konflikt zu suchen. Max Webers Begriff der Herrschaft als institutionalisierte und legitime Form von Machtbeziehungen erlaubt es, Konsens und Konflikt aufeinander zu beziehen. Hierfür lesen wir Weber nicht verkürzt als Handlungstheoretiker, sondern konzentrieren uns auf seinen relationalen, über personalen Gehorsam und rationalen Konsens weit hinausreichenden Herrschaftsbegriff. Dieser ermöglicht es, sowohl Konflikt als auch legitimen Konsens theoretisch zu fassen.

Wir argumentieren, dass die hegemonietheoretische Erweiterung der Konzeption von Macht als „Politik" um die Dimension „des Politischen" keinen Endpunkt der Erfassung gesellschaftlicher Machtverhältnisse darstellt. Der primäre Fokus auf Diskurse ermöglicht es zwar, die klassische Unterscheidung zwischen Vernunft und partikularem Interesse zu unterlaufen – dabei läuft man jedoch Gefahr, Machtwirkungen auf den Bereich der Symbole zu reduzieren und materiale sowie sozialstrukturelle Gegebenheiten auszublenden. Im Folgenden wird deshalb zunächst die radikaldemokratische Kritik an konsensorientierten Modellen deliberativer Demokratie dargestellt. Der Begriff „des Politischen" wird in einem

---

1   Zur Abgrenzung werden auch andere Autoren herangezogen, prominent etwa Rawls (1979, 2003) in Mouffes Schrift *Das demokratische Paradox* (2008: 38-46).

zweiten Schritt zu Webers Theoretisierung von Herrschaft in Beziehung gesetzt. Dabei wird ein umfassendes Erkenntnisinteresse herausgearbeitet, das auf eine allgemeine sozialwissenschaftliche Perspektive in Richtung eines strukturalistischen Konstruktivismus verweist. In einem dritten Schritt werden die Theorien Michel Foucaults und Pierre Bourdieus dazu herangezogen, die gewonnenen Einsichten zur Herrschaft kultureller Phänomene einerseits und der institutionalisierten Machtausübung durch soziale Positionen andererseits weiter zu konkretisieren. Demnach sollte die Konzeption „des Politischen" neben dem Diskursiven sowohl materiale Praktiken als auch soziostrukturelle Gegebenheiten stärker in den Blick nehmen. Die gleichzeitige Berücksichtigung von Diskursen, materialen Praktiken und sozialen Hierarchien macht es möglich, „das Politische" und dessen Dynamik präziser zu erfassen.

2 „Das Politische" – theoretische Implikationen eines erweiterten Machtbegriffs

Zentraler Bestandteil des Projekts der radikalen Demokratie, wie es etwa im Anschluss an hegemonietheoretische Ansätze formuliert wird (vgl. Nonhoff 2007: 7-14; Flügel et al. 2004),[2] ist es, die Vermachtung von Gesellschaft über die parlamentarische Verfassung der liberalen Konsensdemokratie hinaus breiter zu fassen. Im Konzept „des Politischen" wird der Machtbegriff auf kulturelle Phänomene ausgeweitet. Der politikwissenschaftliche Beitrag zu einem antiessentialistischen Verständnis von Macht und Kultur liegt u. a. in der hegemonietheoretischen Weiterentwicklung marxistischer Konzeptionen von Ideologie: Im Anschluss an die Dekonstruktion eines dogmatischen Marxismus (vgl. Laclau/Mouffe 2006: insbes. Kap. 1-2) entstand eine Forschungsrichtung, die in jedem Akt der Signifikation eine überkomplexe Kontingenz sieht, die in gesellschaftlichen Diskursen notwendigerweise reduziert wird (vgl. Laclau 2002: 65-78; Marchart 2010: 33-59). Dieser Prozess des Ausschlusses von alternativen Optionen wird als „Politik" verstanden, während die Öffnung für zuvor ausgeschlossene Entscheidungsmöglichkeiten als „das Politische" bezeichnet wird. Es verweist auf die Partikularität der zuvor erfolgten hegemonialen Sinnsetzung und thematisiert somit die antagonistische Verfasstheit des Sozialen. Wo immer sich diese grundlegende Kontingenz zeigt, manifestiert sich „das Politische", durch das die Notwendigkeit politischer Ausei-

---

2 Selbstverständlich ist der Begriff der radikalen Demokratie nicht auf hegemonietheoretische Bezüge beschränkt (vgl. Rancière 2008a, 2008b; Agamben et al. 2010) – im Rahmen des Beitrages werden jedoch diese fokussiert.

nandersetzung erst erzeugt wird (vgl. Dyrberg 2004: 241f.). Der erweiterte Begriff „des Politischen" erfasst nun „im Gegensatz etwa zur Habermasschen Diskurstheorie" alle sozialen Praktiken, die Entscheidungen „im radikaldemokratischen Sinne" zur kollektiven und potenziell konflikthaften Disposition stellen (Heil/Hetzel 2006: 13). Das „Politische" lässt sich deshalb an einer Vielzahl von kulturellen, sozialen und politischen Antagonismen analysieren, z.B. anhand sozialer Bewegungen und ihrer Kritik an etablierten Formen der Sinnsetzung und Entscheidung (vgl. Laclau/Mouffe 2006: 211). So geraten politische Prozesse jenseits der konstitutionell verfassten Politik in den theoretischen Fokus, zuvor vermeintlich als „Nebenwidersprüche" abgetane Kulturkämpfe gewinnen eine politische Qualität (vgl. Demirovic 2007: 60f.).[3]

Selbstverständlich wäre es verkürzt, Habermas die Berücksichtigung des Materiellen abzusprechen. Zu Recht lässt sich jedoch kritisieren, wie die Dichotomie von kommunikativem und strategischem Handeln eine Gegenüberstellung von universellen Werten einerseits und partikularen Interessen andererseits impliziert (vgl. Mouffe 2008: 57ff., 13).[4] Radikaldemokratische Zugänge heben diese normative Gegenüberstellung auf und fragen nach der Universalisierung des Partikularen. Sie bleiben der klassischen Vorstellung von politischer Kultur jedoch noch teilweise verhaftet, da sie sich – aus kritischer Opposition zu liberalen Demokratietheorien heraus – am Modell von freiem Diskurs, Konsens und Rationalität (vgl. Habermas 1992: insb. 388f.) orientieren und dieses tendenziell in Macht, Interessenkonflikt und Ideologie invertieren (vgl. Norval 2004: 142-151), anstatt – wie von Laclau gefordert – das Konzept der Hegemonie über die binären Konflikte der Politiktheorie hinaus kritisch weiterzuentwickeln (vgl. Howarth 2004: 256). Was im Lichte eines deliberativen Politikverständnisses als rationaler Konsens erscheint, wird hier als Ergebnis eines hegemonialen Projekts gedeutet; Konflikte und Widerstände außerhalb des auf liberalen Konsens verpflichteten Systems erscheinen demgegenüber häufig als emanzipatorische Kräfte (vgl. Marchart 2009: 97-120). Für die radikale Demokratietheorie liegt die Emanzipation im Konflikt,

---

3   Damit ist eine doppelte Öffnung vollzogen: Einerseits wird der von liberalen Demokratietheorien favorisierte, konstitutionell eingehegte Demokratiebegriff abgelehnt, während andererseits die marxistische Fixierung auf einen universellen Klassenkampf dekonstruiert wird. Diese Öffnung ist mit dem Begriff „des Politischen" bezeichnet (vgl. Dyrberg 2004: 242).

4   Dadurch wird schon konzeptionell eine Sphäre des nicht-politischen, nicht-interessierten Diskurses vorausgesetzt – den es jedoch nur als *idealtypische* Kontrastfolie geben kann, nicht als umsetzbare Utopie (vgl. Norval 2004: 154). Hetzel spricht in diesem Zusammenhang von einer „neokantianischen Erblast" (Heil/Hetzel 2006: 52) – auch bei Weber finden sich deutliche Spuren dieser Tradition.

während im Konsens nur verdeckte Machtbeziehungen gesehen werden; für deliberative Demokratietheorien liegt die Emanzipation im Konsens, der als Aufhebung von Machtbeziehungen verstanden wird. Grob zusammengefasst erscheint die Argumentation der radikalen Demokratietheorien à la Laclau/Mouffe wie eine akademische Antithese zum dominanten Programm deliberativer Demokratiemodelle à la Habermas (oder Rawls): Letztere wünschen sich eine Aufhebung „des Politischen", d. h. ein Aufgehen des Konflikts in rationaler Konsensfindung, während Erstere auf eine Reaktivierung des Konflikts insistieren. Beides sind normative Positionen, die analytisch an die empirische Realität herangetragen werden. Konflikte per se in Richtung des gesellschaftspolitisch geforderten „Politischen" hin zu untersuchen scheint also der normativen, theoriepolitischen Opposition zu deliberativen Konsensdemokratietheorien geschuldet.[5]

Nimmt man die ontologische Dimension „des Politischen" ernst (vgl. Marchart 2004: 54-72), sind in letzter Konsequenz alle sozialen Phänomene latente Machtbeziehungen. Aus unserer Sicht muss die Beziehung zwischen Konsens und Konflikt gesellschaftstheoretisch jedoch so rückgebunden werden, dass beide als historisch gewachsene, analytisch differenzierbare Machtmittel beschrieben werden können. Entgegen eng an der Erkenntnistheorie der Hegemonietheorie angelegten Analysen (vgl. beispielhaft Nonhoff 2006) werden zur diskursanalytischen Konkretion hauptsächlich neue Politisierungen in öffentlichen Konflikten herangezogen. Dies entspricht zwar zunächst dem emanzipatorischen Anspruch im Sinne der radikalen Demokratie – im Extremfall grenzt es jedoch an eine Historisierung der Selbstbeschreibungen sozialer Bewegungen, die sich in erster Linie selbst als Akteure einer emphatischen Re-politisierung verstehen.

Ein weiteres mit der normativen Positionierung gegen den Liberalismus zusammenhängendes Problem besteht darin, dass solchermaßen inspirierte Analysen oft auf einer weitgehend symbolischen und allzu abstrakten Ebene verbleiben (vgl. Demirovic 2007: 64-69). Als theoriepolitische Strategie gegen den liberalen Mainstream in den Sozialwissenschaften ist die Konzentration auf dessen Dekonstruktion sehr wohl ein sinnvoller Schachzug: Durch den Fokus auf symbolisch rational organisierte und dabei doch entpolitisierte Formen politischer Entscheidungsfindung ist es möglich, das vermeintlich Konfliktfreie in seiner Konflikthaftigkeit aufzuzeigen – etwa nationalistische oder rassistische Beiträge zur Konstitution von Identität (vgl. Dyrberg 2004: 246) oder die marktförmige Organisation von Ge-

---

5 Konflikthafte, „radikaldemokratische" Ethik zur einzig wahren zu essentialisieren sieht Laclau selbst als Gefahr des theoriepolitischen Programms der radikalen Demokratie: Es werde so potenziell „authoritarian and ethnocentric" (Laclau 2004: 291).

sellschaft (vgl. Nonhoff 2006: insb. Kap. 6).[6] Die „herkömmliche" Anwendung von Machtmitteln ist damit jedoch noch längst nicht obsolet geworden und sollte weiterhin konzeptionell mitverfolgt werden. Dennoch steht im Mittelpunkt insbesondere der politikwissenschaftlichen Debatte die „Idee der Demokratie", weniger deren diskursive, materiale und sozialstrukturelle Grundlage. Deshalb erscheint uns an dieser Stelle eine Beschäftigung mit soziologischen Zugängen wichtig, die sich explizit mit den historischen Entstehungsbedingungen unterschiedlicher Spielarten der Demokratie befassen. Aus gesellschaftstheoretischer Perspektive ergeben sich hierbei drei Aspekte zur Analyse von Machtbeziehungen: erstens die Diskurse, zweitens die materialen Objekte und drittens die Träger(-gruppen) und ihre sozialräumlichen Positionen. Alle drei tragen dazu bei, dass gesellschaftliche Antagonismen entweder manifest werden oder aber in den entpolitisierten Sphären vermeintlich unproblematischer und an allgemeinem Konsens orientierter Kultur verdeckt bleiben. Soll Laclaus Forderung ernst genommen werden, alles als diskursiv zu verstehen (vgl. Laclau 1981: 176), so müssen neben in Texten identifizierbaren diskursiven Regelmäßigkeiten auch materiale Praktiken wie Architektur oder Technik miteinbezogen werden. Dies gilt für öffentliche oder politische Ereignisse ebenso wie für alltägliche. Zwar bringen radikaldemokratische Ansätze „das Soziale" in die Demokratietheorie wesentlich umfassender mit ein als die Diskurstheorien konsensueller Deliberation – dennoch reflektieren sie dabei zu sehr auf einer rein symbolischen Ebene über legitime Entscheidungsfindung bzw. deren Delegitimierung. Verbleibt die Analyse ausschließlich dort, erscheinen Diskurse außerdem als ubiquitär wirksam – sie müssen jedoch als sozialstrukturell vermittelte Praxis verstanden werden. Die von Laclau geforderte Ausweitung der Diskurstheorie muss sich mit jedem Ereignis in seiner diskursiven, materialen und sozialstrukturellen Dimension auseinandersetzen können.

Wir vertreten also die These, dass sowohl das Primat des Konsenses als auch das des Konfliktes als Teil eines „politischen Bias" der politikwissenschaftlichen Theoriebildung verstanden werden kann. Um diese Engführung theoretisch und methodologisch zu umgehen, müssen Konsens und Konflikt als jeweils zwei spezifische Erscheinungsformen bestehender Machtverhältnisse gedacht werden. Hierfür bietet sich ein Rückgriff auf die Herrschaftstheorie Max Webers an, da er eine zentrale Position in der soziologischen Vermittlung zwischen Ordnungs- und Konfliktparadigma einnimmt (Schluchter 1972: insbes. Kap. 3). Weber wird gerne als Vertreter der Rationalisierungs- und Bürokratisierungsthese gelesen, der

---

6 In ähnlicher Intention verfahren auch andere diskursanalytische bzw. radikaldemokratische Zugänge (vgl. etwa Rancière 2008b: 45f., 2008b: 105-131).

sowohl die Vor- als auch die Nachteile des modernen Kapitalismus sowie der parlamentarischen Demokratie darstellt. Sein Ansatz geht jedoch weit über diesen entwicklungstheoretischen und normativen Gemeinplatz hinaus und zeichnet sich insbesondere durch eine relationale und kulturtheoretische Konzeption institutionalisierter Machtverhältnisse aus. So wird etwa die Geltung der legalen Herrschaft nicht am Grad der Verwirklichung eines machtfreien Konsenses festgemacht, sondern analytisch an der Effizienz unterschiedlicher Legitimitätsgrundlagen hinsichtlich der Stabilität von Herrschaftsstrukturen. Legitimität wird dabei immer als Grundlage der Akzeptanz bestehender Herrschaftsverhältnisse begriffen und steht somit in direktem Bezug zum auf Ordnung und Deliberation verweisenden Konzept der „Politik". Darüber hinaus fragt Weber aber auch nach der Genese von Rationalitätsmustern, die als Basis der sozialen (Re-)Produktion gesellschaftlicher Machtverhältnisse dienen: Er bewegt sich also im Bereich der Möglichkeit „des Politischen". Damit ist in diesem Ansatz das potenziell „Politische" ebenso wie dessen parlamentarische Einhegung als „Politik" angelegt. Dies verfolgt Weber auch in materialer und soziostruktureller Hinsicht. Unsere Weberlektüre ist demnach weit von der reduktionistischen Vereinnahmung durch die Handlungstheorie entfernt, in der Interessen und Ideen paradigmatisch getrennt bleiben (vgl. Angermüller 2007: 172f.).[7] Im Folgenden stellen wir zunächst eine konstruktivistische Lektüre von Webers relationaler Konzeption von Macht und Herrschaft vor, bevor wir sie dann mit den jüngeren Ansätzen von Foucault und Bourdieu weiterverfolgen.

---

7 Saake und Nassehi sprechen in einem ähnlichen Versuch der Abgrenzung von einer reduktionistischen Weberexegese, die auf seiner „Form psychologisierender, motivnaher Formulierungen" aufbaut – ihrer Ansicht nach „ein direktes Erbe einer normativen bürgerlichen Soziologie, die geradezu davon besessen ist, gegenüber Abweichung eine therapeutisch-psychologisierende Haltung einzunehmen" (Saake/Nassehi 2004: 504). Als „Kind seiner Zeit" war auch Weber von der Vorstellung autonomer bürgerlicher Subjekte geleitet (vgl. Saake/Nassehi 2004: 522). Einen ähnlichen Liberalismus kritisiert Stefan Breuer an Habermas: Wenn er das kommunikative Handeln als machtfreien Raum darstellt, wird das Potential der kritischen Theorie entscheidend eingeschränkt, was letztlich in eine „Beseitigung der skeptischen Distanz" (Breuer 1982: 145) mündet.

3 Herrschaft als konzeptionelle Klammer von Konsens und Konflikt

Im Mittelpunkt unseres Interesses steht die Rekonstruktion latenter Machtwirkungen kultureller Bedeutungsmuster. Eine der zentralen theoretischen Leistungen Webers besteht darin, eben diesen Aspekt mit dem Begriff der Herrschaft konkretisiert zu haben (vgl. Weber 1972: 28, 122–176 sowie Kap. 9). Doch warum lohnt eine Relektüre, wenn man über die Konzeption von „Politik" (als legitimen Konsens) und „des Politischen" (als politisierendes Moment aller sozialen Praktiken) nachdenkt? Wolfgang Schluchter (1972) hat in seiner klassischen Darstellung und Interpretation der bürokratischen Herrschaft gezeigt, dass im Wesentlichen der Bezug auf – sowie die Abgrenzung von – zwei Denktraditionen im Mittelpunkt der Überlegungen Webers stehen: Als erster wichtiger Einflussfaktor gilt die aufklärerische Vorstellung der Verschränkung von wissenschaftlichem Fortschritt, sozialer Gerechtigkeit und individueller Freiheit, die im Zuge der Ersetzung der traditionalen Adelsherrschaft durch eine rationale Kompetenzordnung realisiert werden soll (vgl. Schluchter 1972: 20–33). Die damit verbundene Politik der hierarchischen Verwaltung wurde Mitte des 19. Jahrhunderts von Marx und Engels als Institutionalisierung und Verschleierung des kapitalistischen Grundkonflikts „entlarvt". Demnach sei Bürokratie nichts weiter als eine neue Form bürgerlicher Herrschaft, durch die Entfremdung und Ausbeutung ideologisch verdeckt würden. Webers Theorie lässt sich also in einem Spannungsfeld zwischen Fortschrittsgläubigkeit und radikaler Kritik verorten, das der aktuellen Debatte ähnelt. Während die Frühsozialisten auf die Möglichkeit einer Aufhebung von Interesse und Macht durch rationalen Konsens insistierten, bestand Marx auf der Notwendigkeit kollektiver Kämpfe und der Sichtbarmachung gesellschaftlicher Antagonismen. Mit Weber lässt sich dieser Antagonismus mit anderen begrifflichen und konzeptionellen Werkzeugen reflektieren und ein Stück weit unterlaufen.

Begrifflicher Ausgangspunkt der Theorie Max Webers ist das soziale Handeln, ein Handeln, „welches seinem von dem oder den Handelnden gemeinten Sinn nach auf das Verhalten anderer bezogen wird und daran an seinem Ablauf orientiert ist" (Weber 1972: 1). Zur begrifflichen Konkretisierung werden unbewusste Massenphänomene sowie bloße Verhaltensanpassung als Grenzerscheinungen genannt (Weber 1972: 11–12). Jürgen Habermas hat daher zu Recht darauf hingewiesen, dass „Weber keine Bedeutungstheorie, sondern eine intentionalistische Bewußtseinstheorie im Rücken" (Habermas 1981: 377) hat. Handlungstheorien unterschiedlicher Prägung gehen in ihrer Theorieentwicklung von sozialem Handeln als Grundeinheit aus. Dabei werden Webers Einsichten in die Eigendynamik sozialer Strukturen weitestgehend ausgeblendet. Wird Weber als Gesellschaftstheoretiker ernst genommen, so rückt häufig die Erklärung der zunehmenden Dominanz zweckrationalen Handelns als Teil einer fortschreitenden Rationalisierung in den Vordergrund. Diese verkürzte Darstellung gibt Anlass zur Kritik und zur theoretischen Modifikation. Wichtig für unser Argument ist in dieser Hinsicht der Habermassche Vorschlag, der Webers Herrschaftsbegriff für die diskursive Dimension öffnet, den Machtbegriff dabei jedoch zu stark einschränkt.

Habermas weist nachdrücklich auf die Inkonsistenzen in Webers Werk hin, die vor allem dadurch entstehen, dass „»subjektiver Sinn« als eine (vorkommunikative) Handlungsabsicht" (Habermas 1981: 378) im Zentrum der Theorie stehe. Grundvoraussetzung sozialer Interaktion, so Habermas, sei jedoch ein Mindestmaß an Handlungskoordination, die stets irgendeine Form kommunikativer Verständigung voraussetze. Neben dem zweckrationalen Handeln bleibe jedoch selbst wertrationales Handeln im Sinne Webers immer an die subjektive Intention des Akteurs gebunden und sei daher nicht in der Lage, die (Re-)Produktion normativer Strukturen zu erklären. Daher stellt Habermas (1981: 385) dem zweckrationalen bzw. strategischen Handeln das *kommunikative Handeln* zur Seite, das soziale Beziehungen „über Akte der Verständigung koordiniert". Habermas kritisiert also das Reduzieren von Rationalität auf das Subjekt, dreht den Spieß um und verlegt sie in den Kommunikationsprozess. Dadurch kann er Interessenkonflikte und Machtbeziehungen jenseits der Sphäre rationaler Kommunikation verorten. Es ist wichtig festzuhalten, dass die von Habermas getroffene Unterscheidung zwischen Verständigungsorientierung und partikularen Interessen einen exemplarischen Fall des konsensorientierten bzw. liberalen Politikverständnisses darstellt: Ausgangspunkt ist dabei immer die Annahme der prinzipiellen Unterscheidbarkeit von Interessen, Macht und Rationalität. Der einseitige Fokus auf Handlung und Zweckrationalität wird Webers Interesse an der historischen Untersuchung von Rationalitäts- und Herrschaftsstrukturen jedoch nicht gerecht. Dies lässt sich bereits durch einen kurzen Blick auf seine Konzepte von Macht und Herrschaft verdeutlichen.

Weber (1972: 28) begreift Macht als „jede Chance, innerhalb einer sozialen Beziehung den eigenen Willen auch gegen Widerstand durchzusetzen, gleichwohl worauf diese Chance beruht"; Herrschaft hingegen sei „die Chance, für einen Befehl bestimmten Inhalts bei angebbaren Personen Gehorsam zu finden". Diese Chance ist jedoch nicht auf die Monopolisierung von Zwangsmitteln oder Ressourcen beschränkt. Denn „ein Minimum an Gehorchenwollen, also: Interesse (äußerem oder innerem) am Gehorchen, gehört zu jedem echten Herrschaftsverhältnis" (Weber 1972: 22). Herrschaft gilt demnach als ein „Sonderfall der Macht", da sie „aus einem amorphen Gemeinschaftshandeln erst eine rationale Vergesellschaftung […] und namentlich seine Ausgerichtetheit auf ein ‚Ziel' überhaupt erst entstehen läßt" (Weber 1972: 541). Mit dem Konzept der Herrschaft lässt sich das Phänomen der Macht – das Weber (1972: 28) als „soziologisch amorph" bezeichnet – also von der sozialen Interaktion lösen und auf die Konstitution grundlegender Rationalitätsmuster beziehen. So spricht Weber (1972: 123) beispielsweise von „derjenigen Herrschaft, welche in der Schule geübt wird, welche die als orthodox geltende Sprach- und Schreibform prägt". Während also das „Gehorchenwollen" noch als Moment individueller oder partikularer Motive gedacht werden kann, wird das Verständnis von Herrschaft nun eindeutig in Richtung objektivierter Sinnsysteme geöffnet. Die im liberalen Demokratieverständnis angelegte klare Unterscheidung zwischen Idee und Interesse verliert an theoretischer Bedeutung. Konsens und Konflikt erscheinen zwar noch als unterschiedliche Formen der Machtwirkung, sind jedoch nur analytisch zu trennen. Dies wird durch die zentrale Bedeutung des Konzepts der Legitimität unterstrichen, das bekanntlich den Ausgangspunkt der Weberschen Typologie bildet (vgl. Weber 1972: 122-176). Jeder der drei Typen legitimer Herrschaft – traditionale, charismatische und formal-rationale – lässt sich so als spezifische Erscheinungsform der Überführung von Konflikt in Konsens begreifen.

In Webers religionssoziologischen Untersuchungen tritt die analytische Differenzierung zwischen partikularen Interessen und universellen Ideen endgültig in den Hintergrund, wenn er die rastlose Berufsarbeit als religiöse Vorbereitung der kapitalistischen Herrschaftsstruktur analysiert. In der später verfassten Vorbemerkung wird die empirische Zielsetzung des Vorhabens klar dargelegt: Erstens geht es Weber darum, „die besondere Eigenart des okzidentalen und, innerhalb dieser, des modernen okzidentalen, Rationalismus zu erkennen und in ihrer Entstehung zu erklären". Zweitens weist er darauf hin, dass dieser „in seiner Entstehung auch von den Fähigkeiten und Dispositionen zu bestimmten Arten praktisch-rationaler Lebensführung überhaupt abhängig" (Weber 1988: 13) ist. Die Unterscheidung zwischen abstrakter Rationalität und konkreter Lebensführung kann daher als analytischer Ausgangspunkt der Untersuchung verstanden werden.[8] Weber betont mit Nachdruck, dass der moderne Kapitalismus nicht einfach als Konsequenz rationaler Anpassung an die Gesetzmäßigkeiten der Ökonomie interpretiert werden

---

8   Stephen Kalberg hat sich dafür stark gemacht, die analytisch-differenzierende Verwendung des Rationalitätsbegriffs in Webers Werk in den Vordergrund zu rücken anstatt dessen evolutionstheoretisches Moment (vgl. Kalberg 1980). Weber selbst hält in seiner Schrift *Die Protestantische Ethik* fest: "Man kann eben – dieser einfache Satz, der oft vergessen wird, sollte an der Spitze jeder Studie stehen, die sich mit ‚Rationalismus' befaßt – das Leben unter höchst verschiedenen letzten Gesichtspunkten und nach sehr verschiedenen Richtungen hin ‚rationalisieren'. Der ‚Rationalismus ist ein historischer Begriff, der eine Welt von Gegensätzen in sich schließt […]'" (Weber 1988: 62).

kann. Die Subjekte, derer es bedarf, sind „in der Regel nicht waghalsige Spekulanten, [...] oder einfach »große Geldleute«", [...] sondern in harter Lebensschule aufgewachsene, wägend und wagend zugleich, vor allem aber nüchtern und stetig, [...] Männer mit streng bürgerlicher Anschauung und Grundsätzen" (Weber 1988: 53–54). Dabei verbinden sich asketische Züge und nüchterne Berechnung mit „der irrationalen Empfindung guter »Berufserfüllung«" (Weber 1988: 55). Die Lebensführung des asketischen Protestanten kann also gerade nicht auf den Aspekt der Zweckrationalität reduziert werden. Sie stellt ein geschlossenes System von Symbolen und Praktiken dar, das Interessen und Affekte in Anspruch nimmt und gleichzeitig gesellschaftlich strukturiert.

Zur Erklärung der „Herkunft jenes irrationalen Elements, welches in diesem wie in jedem »Berufs«-Begriff liegt" (Weber 1988: 62), untersucht Weber die Entwicklung religiöser Berufskonzeptionen seit der Reformation. Er zeichnet nach, wie die innerweltliche Sittlichkeit des Katholizismus schrittweise durch die Vorstellung der Berufsarbeit als Selbstzweck ersetzt wird. Er zeigt, wie Elemente unterschiedlicher Spielarten des Protestantismus zusammenwirken, um die asketische Berufskonzeption hervorzubringen (Weber 1988: 84–163). Die hier praktizierte Form der Askese steht in Opposition zur katholischen Vorstellung von Schuld und Sühne, da sie jedem Einzelnen eine systematische Selbstprüfung und Selbstkontrolle abverlangt und das Seelenheil an das irdische Leben koppelt (Weber 1988: 119–120). Im Anschluss an die Untersuchung abstrakter Sinnsysteme folgt die Analyse konkreter Lebensführung anhand zentraler Erbauungsschriften, die Weber (1988: 163) als Indikator „der seelsorgerischen Praxis" interpretiert. Das Konzept der Herrschaft wird am Ende der Untersuchung aufgegriffen[9] und zu Rationalität und Lebensführung des modernen Kapitalismus in Beziehung gesetzt. Weber stellt fest, dass die religiösen Wurzeln des kapitalistischen Geistes und asketischen Ethos weitestgehend in den Hintergrund getreten sind. Was bleibt, sei „vor allem ein ungeheuer gutes [...] Gewissen beim Gelderwerb [...]" (Weber 1988: 198). Aus umstrittenen und konkurrierenden Wahrnehmungs- und Handlungsmustern ist das stabile Herrschaftssystem des modernen Kapitalismus geworden (vgl. Weber 1988: 203). Durch die Institutionalisierung der asketischen Berufskonzeption erscheint kapitalistische Arbeit als gegebene Realität und kann nur durch eine historische Rekonstruktion ihrer Entwicklung und Funktionsweise als Herrschaftseffekt verstanden werden.

Für eine Rekonstruktion solcher Strukturen verlangt Weber mehr als eine im engeren Sinne kultursoziologische Perspektive: Im Vorwort zu den gesammelten

---

9 Weber deutet bereits zu Beginn an, dass der moderne Kapitalismus als Herrschaftsstruktur begriffen werden kann (vgl. Weber 1988: 37).

Aufsätzen zur Religionssoziologie erklärt er – zumindest in Form einer Absichtserklärung –, über den kapitalistischen Geist und die protestantischen Ethik hinaus müsse die soziostrukturelle Trägerschaft dieser Kulturerscheinung noch stärker berücksichtigt werden. Die Rekonstruktion von „Wirtschaftsgesinnung" sei nur die eine „Seite der Kausalbeziehung" von Kulturreligion und Wirtschaft: Auch die soziale Schichtung ihrer Umwelt müsse berücksichtigt werden (vgl. Weber 1988: 12). Träger neuer Machtmittel – wie etwa die aufstrebenden Bürgerschichten als neue Elite des modernen Kapitalismus –, so ließe sich mit Weber argumentieren, verfügen zunächst noch nicht über ausreichend Legitimität. Diese müssen sie etablieren, um ihre neue ökonomische Macht in stabile Herrschaftsstrukturen zu überführen. Anders gesagt: Die historische Kontingenz ihrer neuen Machtansprüche wird in dem Maße verkannt, wie ihre Macht zu einem anerkannten Aspekt ihrer scheinbar gegebenen sozialen Position wird. Ihre Lebensführung steht letztendlich für einen höheren, universellen Sinn und erzeugt meritokratischen Konsens. In diesem Sinne sind sie Träger einer „Politik", die „das Politische" der Machtverhältnisse als legitime Herrschaft strukturiert. Bestimmte soziale Positionen profitieren in besonderem Maße von einem Konsens, der das konflikthafte Moment sozialstruktureller Reproduktion überformt. Um sich auf die kulturellen und religiösen Aspekte konzentrieren zu können, legt Weber zunächst durch sozialstrukturelle Gegenproben dar, dass die protestantische Gesinnung einen nicht vollständig auf sozioökonomischen Status zurückführbaren Einfluss auf die kapitalistische Berufsethik aufweist (Weber 1988: 17-22). Damit umgeht er einen simplen materialistischen Determinismus, ohne die Notwendigkeit einer sozialstrukturellen Rückbindung zu negieren.

Durch diese Relektüre der Protestantischen Ethik wird Webers Beitrag zur Theorie „des Politischen" sichtbar. Weber versucht nichts Geringeres, als die Reifikation des Kapital- und Lohnarbeitsverhältnisses durch Kultur nachzuvollziehen: Spezifische religiöse Rationalitätsmuster prägen die Entwicklung des modernen Kapitalismus, in der „das Politische" durch ökonomisierte Heilsversprechen zugleich vorbereitet und sedimentiert wird.[10] Die Entpolitisierung kapitalistischen Handelns verändert darüber hinaus den Modus der Herrschaft und so deren hegemoniale Struktur. Damit kann in Weber ein Vorläufer des (de-)konstruktivis-

---

10 So könnte eine radikaldemokratische Kritik des modernen Lohnarbeitsverhältnisses gut und gerne mit Webers Fazit der Protestantismusstudie beginnen: „Der Puritaner *wollte* Berufsmensch sein, – wir *müssen* es sein" (Weber 1988: 203). Aus dem politischen Moment der neuen ökonomischen Macht der bürgerlichen Schicht wurde eine allgemein anerkannte „Politik" der Pflicht zur Arbeit.

tischen Diskursbegriffs gesehen werden, wie er auch für radikaldemokratische Kritik in Anschlag gebracht wird.

Von Webers Religionssoziologie aus betrachtet, erscheint Herrschaft also nicht mehr nur als personales Autoritätsverhältnis, sondern auch als Ergebnis diskursiver und materialer Praktiken.[11] Wie bereits dargestellt, ist diese Interpretation in der Herrschaftssoziologie Webers durchaus angelegt: Herrschaft ist hier immer an ihre Legitimität gebunden. Darüber hinaus bedarf jede Form der Herrschaft einer Verwaltung, bestehend aus Verwaltungsstab und Verwaltungsmitteln. Sie sind in den jeweiligen Herrschaftsapparat eingebunden und für dessen geordnetes Funktionieren verantwortlich (Weber 1988: 122-123). Die Verwaltung wird dabei nicht nach ihrer objektiven Effizienz differenziert, sondern nach dem Maß ihrer Eignung zur Sicherung und Stabilisierung der Herrschaft selbst (vgl. Schmid/Treiber 1975: 25). Herrschaft kann daher als Verschränkung von Legitimitätsglauben und konkreter materialer Struktur begriffen werden. Konzentriert man sich auf den so gewonnenen analytischen Mehrwert, kann Weber als wichtiger Vordenker der sozialen Strukturierung „des Politischen" betrachtet werden. Durch seine vergleichende historische Herangehensweise werden Entstehung, Struktur und Funktionsweise latenter Machtwirkungen herausgearbeitet. Diese Form der Machtwirkung lässt sich in Anlehnung an Wolfgang Schluchters (1972: 11-13, 17-79) Beispiel als „Herrschaft der Bürokratie" bezeichnen – das Entscheidende ist für unsere Lektüre hier nicht die Bürokratie als spezifische Herrschaftsform, sondern die Art und Weise ihrer Wirkung als „Politik", d.h. als herrschendes Ordnungsprinzip: Die „Herrschaft der Politik" bezeichnet die jedem Strukturprinzip eigene Dynamik, die über das Interesse spezifischer Gruppen hinaus die subjektive und »objektive« Realität konstruiert. „Herrschaft durch Politik" wiederum ist ihre Inanspruchnahme durch privilegierte Trägergruppen, die damit die Herrschaft ihrer sozialen Positionen reproduzieren. Mit dem Konzept der Herrschaft lässt sich so an die Frage nach der Bedingung der Möglichkeit „des Politischen" differenzierter anschließen.

Trotz der Produktivität des Weberschen Ansatzes stößt man in vielen Bereichen auf Probleme und Grenzen: Weber interessiert sich zu wenig für Prozesse der Delegitimierung von „Politik" und deren Kontingenz. Außerdem differenziert er nicht deutlich zwischen universellen Herrschaftseffekten „der Politik" und sozialstrukturell vermittelten Machtwirkungen „durch Politik". Anstatt alternative

---

11   Weber selbst neigt dazu, auf Basis der begrifflichen Unterscheidung zwischen Interessen und Ideen, den Aspekt der Herrschaft auf personale Autorität einzuschränken, wenngleich die dabei entstehende Eigenlogik der Herrschaftsformen immer mitgedacht wird (vgl. Weber 1972: 541-545).

soziale Konstellationen und verdrängte Deutungen und Organisationsformen von Arbeit zu Wort kommen zu lassen, widmet sich Weber der Erfolgsgeschichte des protestantischen Ethos. Auf allgemein theoretischer Ebene interessiert er sich daher für die Funktionsweise stabiler Herrschaftsverhältnisse und weniger für Widerstände und Brüche.

Zentrale Ursache dieser theoretischen Einschränkung ist die Tatsache, dass Weber durch sein Verständnis von Legitimität als subjektiver Anerkennung teilweise der klassischen Unterscheidung zwischen partikularen Interessen und geteilten Ideen verhaftet bleibt. Ideen verweisen auf Stabilität und Ordnung, Interessen auf Chaos und Konflikt. Die Erfassung der kulturellen Dynamik von Konsens und Konflikt wird dadurch unnötig eingeschränkt. Um diesen Engpass zu überwinden, werden im Folgenden einige Überlegungen Michel Foucaults aufgegriffen, insbesondere dessen Konzeption der „Regierung" bzw. „Gouvernementalität". Foucaults Programm nimmt die „Herrschaft der Politik" und die Dimension „des Politischen" gleichermaßen in den Blick.

Ein weiterer wichtiger Aspekt, der damit noch nicht abgedeckt ist, ist die „Herrschaft durch Politik" – spezifische Gruppen, die über den materialen und diskursiven Machtapparat verfügen und ihn für ihre Interessen zu nutzen wissen. Hierbei geht es um die Frage der Verteilungen relevanter Ressourcen und der sich daraus ergebenden Machtkonstellationen. Weber hat zwar immer wieder auf die Bedeutung dieser Fragestellung verwiesen,[12] sie aber weitestgehend umgangen.[13] Trotz der prinzipiellen Kontingenz des Sozialen müssen auch gerade jene Machtverhältnisse erfasst werden, die weitgehend innerhalb der Grenzen des bestehenden Herrschaftsapparats angesiedelt sind – etwa die Frage nach der Pflicht zur Arbeit und deren praktische Strukturierung. Im Anschluss an die Diskussion Michel Foucaults wird daher auf Pierre Bourdieus Konzepte von Habitus und Feld zurückgegriffen, um das sozialstrukturelle Defizit der Weberschen Herrschafts- und Religionssoziologie zu korrigieren. Es besteht vor allem darin, dass Webers theoretische Begriffe weitgehend auf formale Autoritätsverhältnisse beschränkt sind[14] und er daher den Aspekt „des Politischen" auch hier vernachlässigt. Durch

---

12 Beispielsweise im Abschnitt „Stände, Klassen und Religion" aus *Wirtschaft und Gesellschaft* (Weber 1972: 285-314), worin Weber auf den historisch kontingenten Zusammenhang von soziostrukturellen Verhältnissen und den unterschiedlich privilegierten „Trägern" der jeweiligen Ethoi und Rationalitäten bis hin zur „»Bourgeoisie« der beginnenden Neuzeit" hinweist (vgl. Weber 1972: 291).

13 Für die Kritik von materialistischer Seite vergleiche v. a. Breuer (1988).

14 Webers Hauptproblem besteht darin, dass er Herrschaft immer spezifischen Personen oder sozialen Gruppen zuschreiben möchte – obwohl ihm durchaus bewusst ist, dass in jeder Interaktion zugleich unzählige strukturelle Machteffekte am Werke sind. Da-

die konzeptionelle Verschränkung von Kultur und Sozialstruktur in Bourdieus Theorie lässt sich „das Politische" differenziert an gruppenspezifische Interessen rückbinden.

4 Die kulturelle und sozialstrukturelle Dimension „des Politischen"

Webers analytische Differenzierung zwischen theoretischer Rationalität und praktischer Lebensführung, die sich in seinem empirischen Fokus auf den kapitalistischen Geist einerseits und der protestantischen Ethik andererseits zeigt, weist deutliche Parallelen zum Ansatz Michel Foucaults auf (vgl. Gordon 1987). Foucaults Überlegungen könnten daher in vieler Hinsicht als eine Weiterführung dieses Programms gelesen werden, im Sinne der „Herrschaft der Politik", die aus allgemeinen Rationalitätsmustern und Praktiken alltäglicher Lebensführung besteht. Im Unterschied zu Weber rücken nun der subjektive Wille des Akteurs und damit auch die klare Differenz zwischen Interesse und Idee noch konsequenter in den Hintergrund. Als Teil des Wissen/Macht-Komplexes erscheinen Ideen als interessierte Strategien – die sich situativ aus diskursiven und materialen Elementen ergeben. Soziale Positionen und daraus resultierende Trägergruppen spielen dabei eine untergeordnete Rolle. Dadurch ist es möglich, den genuinen Herrschaftseffekt gesellschaftlicher Wissensbestände, Institutionen und Praktiken – etwa der Bürokratie oder Disziplin – herauszuarbeiten.

Mit dem Ziel, „eine gemeinsame Geschichte der Machtverhältnisse und Erkenntnisbeziehungen" (Foucault 1999: 34) zu schreiben, rückt Foucault die Verflechtung von Wissen, Macht und Subjektivität in den Vordergrund. Wissen wird weder als Ideologie noch als herrschaftsfreie Sphäre betrachtet, sondern als zentraler Bestandteil jedweder Machtbeziehung. Im Unterschied zu Weber schreckt Foucault dabei nicht vor der Untersuchung der Wissenschaft zurück. Im Gegenteil: Die Humanwissenschaften werden sogar als gegenwärtig wichtigste Quelle der Machtwirkung identifiziert. Durch Foucaults Konzept des Diskurses – verstanden als Regulierung von Äußerungen – wird die Untersuchung der Produktions- und Reproduktionsmechanismen symbolischer Strukturen ins Zentrum gerückt. In den frühen Werken, insbesondere *Die Ordnung der Dinge* (Foucault 1971), werden grundlegende Rationalitätsvorstellungen sowie basale soziale Klassifikationen im

---

rauf sei jedoch ein „präziser Begriff der Herrschaft […] schwerlich aufzubauen" (Weber 1972: 545), weshalb Weber ihn auf formale Verhältnisse von Befehl und Gehorsam beschränkt.

Wesentlichen als Ergebnis der diskursiven Ordnung der Symbolwelt gedeutet. Spätestens in *Überwachen und Strafen* (Foucault 1999) zeigt Foucault dann am Beispiel der räumlichen, zeitlichen und inhaltlichen Strukturierung des Gefängnisalltags, wie sich die diskursive Thematisierung körperlich-seelischer Zurichtung mit konkreten institutionellen Praktiken verschränkt. Genau an diesem Punkt setzt Foucaults Konzeption von Macht an (Foucault 1999: 33-43, 1983: 16-20, 93-102): Erstens ist Macht nicht auf Repression beschränkt, sondern wirkt auch jenseits von Zwang und personaler Autoritätsbeziehungen. Die Erzeugung von Wahrheiten, Bedürfnissen und Routinen bildet demnach die Grundlage latenter Machtwirkungen. Das repressive Verständnis von Macht, das bei Weber noch dominiert, wird durch die Vorstellung einer produktiven Koevolution von Wissen, Macht und Subjektivität ergänzt. Als zweites zentrales Merkmal der Macht ergibt sich daraus dessen strategischer Charakter. Erst die spezifische Relation unterschiedlicher Elemente bringt die Ziele und Mechanismen der Realitätskonstitution und Handlungsstrukturierung hervor. Soziale Positionen und die Verteilung von Ressourcen oder Zwangsmitteln gelten dabei nur als ein Aspekt dieser Matrix.[15]

Foucaults Konzept der Macht ist dem des konsensorientierten Politikverständnisses diametral entgegengesetzt. Anstatt der Durchsetzung eigener Interessen rückt die Konstitution »objektiver« und subjektiver Realität in den Vordergrund. Durch die Konkretisierung des Zusammenhangs von Wissen, Macht und Subjektivität lassen sich auch die Erklärungsstrategien der (Re-)Produktion und Veränderung von Herrschaftsbeziehungen konkretisieren. Foucault (1978: 119f.) bezeichnet dieses Beziehungsgeflecht als Dispositiv, ein „heterogenes Ensemble, das Diskurse, Institutionen, architektonische Einrichtungen, reglementierende Entscheidungen, Gesetze, administrative Maßnahmen, wissenschaftliche Aussagen, philosophische, moralische oder philanthropische Lehrsätze, kurz: Gesagtes ebensowohl wie Ungesagtes [...]" umfasst.

Dispositive bilden die Grundstruktur sozialer Erscheinungsformen, Institutionen und individuellen Handelns. Gleichzeitig sind sie Ausgangspunkt von Konflikten, da „es Machtbeziehungen nur in dem Maße geben kann, in dem die Subjekte frei sind", woraus sich „notwendigerweise Möglichkeiten des Widerstands" (Foucault 2005: 890) ergeben. Entscheidend ist, dass Widerstand bei Foucault nicht als unabhängiges Moment erscheint, sondern ihm eine strategische Rolle innerhalb

---

15 Deshalb wird selbst im Kontext der absoluten Monarchie die öffentliche Hinrichtung nicht auf die Machtasymmetrie zwischen Herrscher und Volk reduziert. Sie wird vielmehr als politisches Ritual der Wahrheitsproduktion beschrieben, das einer relativ präzisen Dosierung der Gewalt bedarf, um die richtige Balance zwischen gerechter Strafe und monarchischer Willkür sicherzustellen (vgl. Foucault 1999: 44–90).

des Dispositivs zukommt. Machtbeziehungen sind Kräfteverhältnisse, und daher „liegt der Widerstand niemals außerhalb der Macht", sondern stellt vielmehr „die andere Seite, das nicht wegzudenkende Gegenüber" (Foucault 1983: 96) dar. Im Dispositiv ist somit ein transformatorisches Potential in Form aktueller sowie potentieller Konfliktlinien immer schon angelegt – damit ist Foucault ein Theoretiker „des Politischen". Was bei Weber nur vorbereitet war, wird nun weitergedacht und begrifflich ausgearbeitet.

Webers Untersuchung des asketischen Arbeitsethos lässt sich mit der „Brille Foucault" somit als Genese eines spezifischen historischen Dispositivs begreifen. Die Vorstellung göttlicher Gnade durch rastlose Berufsarbeit und die Verwendung religiöser Erbauungsschriften als Technik der Selbstkontrolle verbinden sich zu einer solchen „Strategie ohne Strategen" (Foucault 1978: 132). Durch die Webersche Untersuchung lässt sich auch der Aspekt der Produktivität gut verdeutlichen. Kapitalistischer Geist und asketische Lebensführung überwinden die Grenze rein repressiver Machtausübung, indem sie subjektives Handeln nicht einfach einschränken, sondern hervorbringen und kanalisieren (vgl. Weber 1988: 45ff.).

Wie lässt sich diese Vorstellung auf das Thema der Herrschaft übertragen? Foucaults Werk kann als Beitrag zur „Herrschaft der Politik" begriffen werden, die „das Politische" nicht aus den Augen verliert. Die dabei ausgetragenen Konflikte werden durch den Vergleich unterschiedlicher Machttechniken sichtbar: Diskontinuitäten in der „Herrschaft der Politik" treten auf diese Weise besonders scharf hervor und verweisen so auf das Moment „des Politischen". Auf Basis des skizzierten Grundprogramms lassen sich stabile strategische Relationen in ihrer Entstehung rekonstruieren und hinsichtlich ihrer Wirkung darstellen. Die Konzeption des Dispositivs ermöglicht es, Herrschaft jenseits personaler Autoritätsverhältnisse zu denken. Dabei geraten insbesondere latente Deutungsmuster und Techniken in den Blick, die das Wahrnehmen und Handeln auf bestimmte Art und Weise strukturieren. Dies ist keinesfalls als deterministisch-behavioristisches Modell zu verstehen: Machtbeziehungen zeichnen sich dadurch aus, über „»Führung zu lenken«, also Einfluss auf die Wahrscheinlichkeit von Verhalten zu nehmen" (Foucault 2005: 256). Durch den Begriff des Dispositivs können die Bedingungen der Möglichkeit „des Politischen" außerdem auch in ihrer praktischen und materialen Dimension hinreichend erfasst werden. Entsprechend erscheint Widerstand nicht als emanzipatorische Kraft, sondern wird stets als konstitutiver Bestandteil der bestehenden Herrschaftsstruktur gedacht. Das Monopol der katholischen Kirche, das Primat innerweltlicher Sittlichkeit sowie die Praktik von Schuld und Sühne müssen daher als Ausgangspunkt und Kontrastfolie begriffen werden, vor deren Hintergrund unterschiedliche protestantische Strömungen erst entstehen konnten. Der hier angedeutete Konflikt zwischen „Arbeit als Last" und „Arbeit als Lust" setzt die diskursive Unterscheidung dieser beiden grundlegenden Wahrnehmungs- und Handlungsmuster voraus. Der Konflikt der unterschiedlichen Bewertungen von Arbeit findet also vor dem Hintergrund eines kulturellen Konsenses statt. Mit Hilfe des später entwickelten Konzepts der Gouvernementalität bzw. der Regierung (Foucault 2004) lässt sich dieses Programm der „Herrschaft der Politik" an stabile staatliche und nichtstaatliche Machtverhältnisse rückbinden. Hier werden Objekte und Subjekte der Herrschaft in die Matrix der diskursiven und nicht-diskursiven Repräsentations- und Interventionsdynamiken einbezogen. Objektorientierte Herrschaftsmechanismen und subjektorientierte Selbsttechniken stellen die beiden komplementären Bestandteile spezifischer Regierungsformen dar (vgl. Bröckling et al. 2000). Herrschaft gilt als Effekt heterogener Elemente und nicht als Ergebnis sozialstruktureller Stratifikation.

Diese Stärke des Foucaultschen Ansatzes ist gleichzeitig seine Schwäche. Durch die Insistenz auf flache, netzwerkartige Verknüpfungen werden Herrschaftseffekte verdeckt, die sich auf bestimmte gesellschaftliche Positionen und soziale Felder konzentrieren. Diese Aspekte geraten hingegen systematisch in den Blick, wenn Bourdieus „Theorie der Praxis" herangezogen wird, um Machtbeziehungen anhand klassen- und schichtspezifischer Sozialisationsformen zu thematisieren. Ähnlich wie bei Foucault werden über Weber hinaus Idee und Interesse nicht mehr dichotom gedacht, sondern als vorreflexive Aspekte des Habitus erfasst. Das für Herrschaft kennzeichnende „Gehorchenwollen" wird so zu einem Effekt der Verschränkung von individueller Intention und überindividueller Sozialisation: Herrschaft reproduziert sich praktisch als „strukturierte und strukturierende Struktur" (Bourdieu 1987: 164f., 279). Mithilfe des Habitusbegriffs lässt sich annäherungsweise beschreiben, wie sozial geschaffene und sowohl räumlich als auch zeitlich spezifisch situierte Erfahrungen zur fortwährenden Formierung habitueller Gestaltungsprinzipien beitragen, die wiederum „das Politische" in Form von latenten und manifesten Praktiken strukturieren. Im Gegensatz zu Foucaults horizontal angelegten Wirkungen von Diskursen und materialen Praktiken lassen sich Herrschaftseffekte so vertikal nach sozialen Positionen strukturiert begreifen.

In Bourdieus Werk werden Machtbeziehungen zunächst und in erster Linie anhand klassen- und schichtspezifischer Sozialisationsformen thematisiert, indem die kulturvermittelte „Herrschaft durch Politik" – verstanden etwa als exklusiver Zugang zur Bildungselite – die Besetzung privilegierter Positionen im weiteren Staatsapparat als Staatsadel beschreibt (vgl. Bourdieu 2004). In bürokratischen Hierarchien werden Herrschaftspositionen tendenziell durch die Fähigkeit zum Aufgreifen und Weiterführen distinktionsrelevanter Wissensbestände und legitimer Praktiken erlangt. Diese sind zum Beispiel in Praktiken des Schulwesens sichtbar, die die vermeintlich meritokratische Zuweisung von sozialen Positionen legitimieren und ein konsensorientiertes Politikverständnis durchsetzen. Indem Bourdieu eine Reflexion über die asymmetrische Verwicklung „objektiven" Wissens in spezifische soziale Kämpfe einfordert, bindet er die Analyse demokratischer Gesellschaften – konsensdemokratische Modernisierungstheorien ebenso wie die Kritik daran – an gesamtgesellschaftliche Hierarchien zurück: Es gilt einerseits, das soziologisch zu thematisierende Wissen um konstruktive wie widerständige politische Kultur in seiner relativen Abhängigkeit von Strukturprinzipien der Gesellschaft zu erfassen (männliche Herrschaft, bürokratisches Feld, Dominanz ökonomischen Kapitals usw.). Andererseits gilt es, auch die gesellschaftstheoretische Erfassung selbst als praktischen Ausdruck einer gesellschaftlich wirksamen Wissenspolitik zu kritisieren, die nur relativ frei von Herrschaft sein kann – und damit nie objektiv im Sinne unpolitischer und universeller Geltung (vgl. Bourdieu 2001: 11, 1988).

Bourdieu konzentriert sich mit den Begriffen des Habitus sowie des Feldes auf die „Herrschaft durch Politik". Während der Habitus sowohl intentionale Strategien als auch deren strukturelle Prägung durch schichtspezifische Sozialisation vereint, kommen im Konzept des Feldes sowohl soziale Positionen als auch diskursive Eigenlogik zusammen: Soziale Felder sind immer einerseits über die Kontrolle spezifischer Produktionsmittel durch soziale Gruppen definiert (vgl. Bourdieu 1985: 75), die als Verteilung spezifischer Kapitalien empirisch rekonstruiert werden kann (vgl. Bourdieu 1983: 184, 196). Andererseits sind Felder immer auch mehr als nur die Interessen ihrer Besitzer, da die Regeln des Feldes eine relative Autonomie sowohl von anderen Feldern als auch von den Interessen der in ihm besetzten Positionen entwickeln bzw. deren Interessen über Prozesse der Sozialisation als Illusio des Feldes[16] mitbestimmen (vgl. Bourdieu 2012: 333f.). Felder sind – in der oben entfalteten Terminologie radikaler Demokratietheorien – Arenen zur sozialen Schließung der prinzipiellen Kontingenz alles Sozialen: In ihnen findet „Politik" statt, werden spezifische Machtansprüche strukturiert, indem Anerkennung von „Politik" und Verkennung „des Politischen" um die Produktion spezifischer Machtansprüche herum organisiert wird, d.h. um den Besitz spezifischen Kapitals. Werden diese Ansprüche praktisch anerkannt, handelt es sich um symbolisches Kapital, und dieses kann in anderen relativ autonomen Feldern geltend gemacht werden. So kommt es immer wieder zu Friktionen zwischen unterschied-

---

16 Alle in einem Feld involvierten Positionen zeichnen sich aus durch „eine spezifische Illusio als stillschweigende Anerkennung des Wertes der Interessenobjekte, die in ihm auf dem Spiel stehen, und als praktische Beherrschung der Regeln, die in ihm gelten" (Bourdieu/Wacquant 1996: 149). Die Illusio ist somit mehr als das intentionale – individuelle oder kollektive – Interesse in einem Feld, da sie deren Machtwillen als Interesse am Feld selbst erst hervorbringt.

lichen Feldern und unterschiedlichen habituellen Praktiken. Dabei können feldspezifische Konsensstrukturen in Konflikt zueinander geraten. In diesen Brüchen, die in allen sozialen Feldern sichtbar werden *können*, scheint „das Politische" auf, das letztendlich auf die gesamtgesellschaftliche Strukturierung von Machtverhältnissen im allgemeinen Feld der Macht (vgl. Bourdieu 2004: 323) verweist. Bourdieu kommt die Leistung zu, auf die grundlegende Verankerung der asymmetrischen Machtbeziehungen in modernen demokratischen Gesellschaften hingewiesen zu haben. Paradigmatisch steht hierfür die empirische Rekonstruktion von Klassenbzw. Schichtunterscheidung in Praktiken alltäglicher Lebensführung, wie etwa in *Die feinen Unterschiede* (Bourdieu 1987). Seine an sozialer Realität orientierte Herangehensweise beobachtet empirisch in erster Linie die verschleierte Vermachtung kultureller Praktiken als „Politik" im Sinne von beispielsweise Kunst, Religion und alltäglichen Ritualen. Dennoch ist sich Bourdieu (1997: 206) des prinzipiellen Charakters „des Politischen" bewusst: „Das Feld der Produktionsund Reproduktionsverhältnisse des symbolischen Kapitals [...] basiert auf einer Art ursprünglichem Gewaltstreich". In einer ausdifferenzierten Gesellschaft ist die Verteilung sozialer Positionen über unterschiedliche Felder und damit verbundene Hierarchien und Machtasymmetrien organisiert, die prinzipielle Kontingenz durch unzählige feldspezifische Ordnungen weitgehend verdeckt. Deren Konflikthaftigkeit wird selten als manifeste Gewalt sichtbar, sondern (nur) noch als symbolische Gewalt. Deshalb bilden Konsens und noch stärker die habituelle Unhinterfragtheit den Modus Operandi des Großteils aller Machtbeziehungen.

Die prinzipiell machtvermittelten Verhältnisse werden also nicht nur durch allgemeine Diskurse stabilisiert, sondern auch durch deren schichtspezifische Wirkung. Dies beschreibt Bourdieu am Beispiel der Entpolitisierung von Arbeiterinnenfamilien durch die Auflösung von Arbeitervierteln und die Entstehung verschuldeter kleinbürgerlicher Familien in *Der Einzige und sein Eigenheim* (Bourdieu 1998). „Das Politische" einer kollektiv organisierbaren Arbeiternachbarschaft wird durch eine „Politik des Eigenheims" unmöglich. Kulturelle Präferenzen und scheinbar machtfreie Entscheidungen motivieren Arbeiter und Angestellte zur Aufnahme von Krediten für den Umzug in Eigenheime in den Vorstädten, womit sie sich in langfristige Abhängigkeit von ihren Beschäftigungsverhältnissen begeben. Arbeit wird zu einer sachlichen und moralischen – und damit entpolitisierten und sinnstiftenden – Pflicht für ihre Familien (Bourdieu 1998: 21). Dabei geht der Konsens über die kollektive Lage als Arbeiter verloren, der organisierten Konflikt erst ermöglicht hat: Es zeigen sich „Folgen einer Politik, die, wiewohl dem Anschein nach auf die Problematik des Wohnens beschränkt, die ganze Gesellschaft zutiefst geprägt hat. Die familiale Zelle [...] ist der Ort einer Art von kollektivem Egoismus. Dieser findet seine Legitimation im Kult des häuslichen Lebens, wie ihn all diejenigen in Permanenz zelebrieren, die unmittelbar oder direkt von der Produktion und Zirkulation der für den Haushalt bestimmten Gegenstände leben" (Bourdieu 1998: 25). Bourdieu richtet dann entsprechend den Blick auf die Wechselwirkung zwischen dominanten und dominierten Positionen dieser privatistischen Wohnkultur und beschreibt sie als positionales Herrschaftsverhältnis, von geschmacklichen Wohnvorstellungen über habituelle Unterwerfung im Verkaufs- und Kreditgespräch bis hin zur staatlichen Wohnpolitik.

Kleinteilige Feldanalysen tragen so zu einem Verständnis für sozialräumliche Unterschiede und Dynamiken im Feld der Macht bei. Neben dem zugrundeliegenden Moment „des Politischen" wird ein in den spezifischen Feldern vorherrschender Konsens als „Politik" erfassbar, indem neben den diesbezüglichen Diskursen auch dessen sozialstrukturelle Träger und deren soziale Praktiken in Habitus- und Feldanalysen berücksichtigt werden.

Nachdem wir also mit Foucault die „Herrschaft der Politik" als Verschränkung diskursiver und materialer Praktiken konkretisiert haben, lässt sich mit Bourdieu zusätzlich die Bedingung der Möglichkeit „des Politischen" in seiner sozialstrukturellen Dimension als „Herrschaft durch Politik" – auch fernab manifester politischer Kämpfe – erfassen. Beide Theorien tragen somit zur Konzeption gesellschaftstheoretischer Analysen eines umfassenden Machtbegriffs als der grundlegenden Kategorie des Sozialen bei.

5 Strukturalistischer Konstruktivismus statt liberaler Machtbegrif

Schon Weber geht es im Rahmen seiner Kultur- und Religionssoziologie um die Wirkungsweise und Entstehung des Kapitalismus, „der schicksalsvollsten Macht unseres modernen Lebens" (Weber 1988: 4). Er versteht darunter nicht ausschließlich ein ökonomisches Phänomen, sondern auch dessen kulturelle und soziale Konstitution und Legitimation. Dieses Projekt lässt sich in den Erkenntnisinteressen Foucaults und Bourdieus wiederfinden und mit ihnen fortführen. Die Rückbindung „des Politischen" an die machttheoretischen Konzeptionen bei Bourdieu und Foucault ermöglicht es, diskursive und materiale Praktiken sowie sozialstrukturelle Positionen als jeweils relativ autonome Sphären zu denken. Beide Theoretiker geben uns nützliche Werkzeuge an die Hand, um die Produktion, Reproduktion und Wirkung von Kultur und Sozialstruktur im Hinblick auf sowohl „Politik" als auch „das Politische" hin genauer untersuchen zu können. Es wurde gezeigt, dass die jeweilige Herangehensweise bereits in Webers Unterscheidung zwischen der „Herrschaft durch" und der „Herrschaft der" angelegt ist. Weber hat *einerseits* auf die Bedeutung kultureller Praktiken zur partikularen Machtausübung hingewiesen und damit deren Potential als Herrschaftsinstrument hervorgehoben. Daran lässt sich mit Bourdieus Konzepten des Habitus und seiner feldspezifischen Kapitalien anschließen. Deren (Re-)Produktion wird mit bestehenden sozialstrukturellen und institutionellen Hierarchien in sozialen Feldern in Verbindung gebracht. Spezifische Felder generieren kulturelle Praktiken, die jeweils Formen von Konsens bezüglich der verhandelten sozialen Sphäre erzeugen und für eine konflikthafte Ordnung zwischen verschiedenen Machtansprüchen und sozialen Positionen sorgen.

Andererseits hat Weber mit Nachdruck darauf verwiesen, dass Kultur nicht nur ein Herrschaftsinstrument ist, sondern als „stählernes Gehäuse der Hörigkeit" den Interessen der Herrschenden im Extremfall völlig zuwiderlaufen kann. Will man die damit verbundenen, strukturalen Machteffekte in ihrer Entstehung und Funktionsweise untersuchen, dann bietet die Theorie Foucaults hilfreiche Einsichten. Dies gilt insbesondere für die Konzeption der Regierung, verstanden als historisch spezifische Verschränkung objektivierender sowie subjektivierender Repräsentations- und Interventionsverfahren. Dadurch geraten die Materialität der Kultur, ihre Entkopplung von sozialstrukturellen Hierarchien und die damit verbundene Einhegung „des Politischen" in den Blick.

Beide Programme gehen über Weber insofern hinaus, als dass sie neben der Beschreibung der Funktionsweise der Politik auch immer deren andere Seite konzeptionell mitdenken und damit die grundlegende Kontingenz des Sozialen berücksichtigen. Webers historische Rekonstruktion der Erfolgsgeschichte legitimer „Politik" wird so erweitert um das Moment „des Politischen", indem Konsens und Konflikt als zwei spezifische Erscheinungsformen von Herrschaft begriffen werden, die einander wechselseitig bedingen. Während die Stärke Bourdieus in der Identifikation dominanter und dominierter Positionen innerhalb gesellschaftlicher Herrschaftsstrukturen liegt, konzentriert sich Foucault auf die Identifikation der Wirkungsweise von Regierungstechniken über sozialstrukturelle Unterschiede hinaus. Sowohl Konsens als auch Konflikt lassen sich mit beiden Herangehensweisen als Herrschaftseffekt denken. Im Sinne der radikaldemokratischen Forderung werden so auch vermeintliche Sachzwänge in Herrschaftsbezüge rückgebettet. Die erörterten konzeptionellen Berührungspunkte zielen entsprechend über die begriffliche Diskussion hinaus auf das gesamte dahinterstehende theoretische und methodologische Programm zur Rekonstruktion empirischer Phänomene ab, ohne die jede Debatte über „das Politische" Gefahr läuft, Idealismus zu bleiben. Der vorliegende Beitrag dient als Reflexion des Konzepts „des Politischen" im Lichte kultursoziologisch und sozialstrukturell informierter Theorie. Mit der Dekonstruktion liberaler Politikkonzepte ist ein entscheidender Punkt für einen konstruktivistischen Machtbegriff gemacht, der noch weitergetrieben werden kann. Jenseits der Zweiteilung in eine an Konsens interessierte Denkschule deliberativer Demokratie und die auf die Möglichkeit offenen politischen Konflikts insistierende Schule radikaler Demokratie entspricht dem erweiterten Machtbegriff ein strukturalistischer Konstruktivismus, der die historische Verankerung von „Politik" sowie die Möglichkeit „des Politischen" sozialtheoretisch zu erfassen vermag: Es müssen vermeintlich unpolitische soziale Praktiken gleichermaßen berücksichtigt werden wie politisierte Konflikte und deren Ermöglichung oder Befriedung durch Konsens – sie sind Teile ein und desselben potentiell veränderbaren Herrschaftszusammenhangs.

Literatur

Agamben, Giorgio/Badiou, Alain/Brown, Wendy, 2010: Democracy in what state?, New York: Columbia University Press.

Angermüller, Johannes, 2007: Was fordert die Hegemonietheorie? Zu den Möglichkeiten und Grenzen ihrer methodischen Umsetzung, in: Nonhoff 2007, 170-184.

Bourdieu, Pierre, 1983: Ökonomisches Kapital, kulturelles Kapital, soziales Kapital, in: Reinhard Kreckel (Hrsg.), Soziale Ungleichheiten, Göttingen: Schwartz, 183-198.

Bourdieu, Pierre, 1985: Sozialer Raum und Klassen. Frankfurt a.M.: Suhrkamp.

Bourdieu, Pierre, 1987: Die feinen Unterschiede. Kritik der gesellschaftlichen Urteilskraft, Frankfurt a.M.: Suhrkamp.

Bourdieu, Pierre, 1988: Homo academicus, Frankfurt a.M.: Suhrkamp.

Bourdieu, Pierre, 1997: Die männliche Herrschaft, in: Irene Dölling/Beate Krais (Hrsg.), Ein alltägliches Spiel. Geschlechterkonstruktion in der sozialen Praxis, Frankfurt a.M.: Suhrkamp, 153–217.

Bourdieu, Pierre, 1998: Der Einzige und sein Eigenheim, Hamburg: VSA.

Bourdieu, Pierre, 2001: Meditationen, Frankfurt a.M.: Suhrkamp.

Bourdieu, Pierre, 2004: Der Staatsadel, Konstanz: UVK.

Bourdieu, Pierre, 2012: Sur l'État. Cours au Collège de France 1989-1992, Paris: Raison d'agir, Seuil.

Breuer, Stefan, 1982: Die Depotenzierung der Kritischen Theorie: Über Jürgen Habermas' Theorie des kommunikativen Handelns, in: Leviathan, Jg. 10, H. 1, 132–146.

Breuer, Stefan, 1988: Max Webers Herrschaftssoziologie, in: Zeitschrift für Soziologie, Jg. 17, H. 5, 315-327.

Bröckling, Ulrich/Krasmann, Susanne/Lemke, Thomas, 2000: Gouvernementalität der Gegenwart: Studien zur Ökonomisierung des Sozialen, Frankfurt a.M.: Suhrkamp.

Critchley, Simon (Ed.), 2004: Laclau: A Critical Reader, London/New York: Routledge.

Demirovic, Alex, 2007: Hegemonie und die diskursive Konstruktion der Gesellschaft, in: Nonhoff 2007, 55-85.

Dyrberg, Torben B., 2004: The political and politics in discourse analysis, in: Critchley 2004, 241-255.

Flügel, Oliver/Heil, Reinhard/Hetzel, Andreas, (Hrsg.) 2004: Die Rückkehr des Politischen: Demokratietheorien heute, Darmstadt: Wissenschaftliche Buchgesellschaft.

Foucault, Michel, 1971: Die Ordnung der Dinge, Frankfurt a.M.: Suhrkamp.

Foucault, Michel, 1978: Dispositive der Macht: Über Sexualität, Wissen und Wahrheit, Berlin: Merve.

Foucault, Michel, 1983: Sexualität und Wahrheit I: Der Wille zum Wissen. Frankfurt a.M.: Suhrkamp.

Foucault, Michel, 1999: Überwachen und Strafen, Frankfurt a.M.: Suhrkamp.

Foucault, Michel, 2004: Geschichte der Gouvernementalität. Vorlesung am Collège de France 1977-1978, 1978-1979, Frankfurt a.M.: Suhrkamp.

Foucault, Michel, 2005: Subjekt und Macht, in: ders., Analytik der Macht, Frankfurt a.M.: Suhrkamp, 240-263.

Gordon, Colin, 1987: The Soul of the Citizen: Max Weber and Michel Foucault on Rationality and Government, in: Sam Whimster/Scott Lash (Eds.), Max Weber. Rationality and Modernity, London: Allen & Unwin, 293-316.

Habermas, Jürgen, 1981: Theorie des kommunikativen Handelns, Bd. 1, Frankfurt a.M.: Suhrkamp.
Habermas, Jürgen, 1992: Faktizität und Geltung. Beiträge zur Diskurstheorie des Rechts und des demokratischen Rechtsstaates, Frankfurt a.M.: Suhrkamp.
Heil, Reinhard/Hetzel, Andreas, 2006: Die unendliche Aufgabe. Kritik und Perspektiven der Demokratietheorie, Bielefeld: Transcript.
Howarth, Simon, 2004: Is there a normative deficit in the theory of hegemony?, in: Critchley 2004, 113-122.
Kalberg, Stephen, 1980: Max Weber's types of rationality: Cornerstones for the analysis of rationalization processes in history, in: American Journal of Sociology, Vol. 85, No. 5, 1145-1179.
Laclau, Ernesto, 1981: Politik und Ideologie im Marxismus. Kapitalismus-Faschismus-Populismus, Berlin: Argument-Verlag.
Laclau, Ernesto, 2002: Emanzipation und Differenz, Wien: Turia + Kant.
Laclau, Ernesto, 2004: Glimpsing the future, in: Critchley 2004, 279-328.
Laclau, Ernesto/Mouffe, Chantal, 2006: Hegemonie und radikale Demokratie. Zur Dekonstruktion des Marxismus, Wien: Passagen Verlag.
Marchart, Oliver, 2004: Politics and the ontological difference: on the ‚strictly philosophical' in Laclaus work, in: Critchley 2004, 54-72.
Marchart, Oliver, 2009: Antagonismen jenseits des Klassenkampfs. Postmarxismus und Neue Soziale Bewegungen, in: Peter Bescherer/Karen Schierhorn (Hrsg.), Hello Marx. Zwischen „Arbeiterfrage" und sozialer Bewegung heute, Hamburg: VSA, 97–120.
Marchart, Oliver, 2010: Die politische Differenz: zum Denken des Politischen bei Nancy, Lefort, Badiou, Laclau und Agamben, Berlin: Suhrkamp.
Mouffe, Chantal, 2008: Das demokratische Paradox, Wien: Turia + Kant.
Nonhoff, Martin, 2006: Politischer Diskurs und Hegemonie. Das Projekt „Soziale Marktwirtschaft", Bielefeld: Transcript.
Nonhoff, Martin (Hrsg.), 2007: Diskurs – radikale Demokratie – Hegemonie, Hamburg: Transcript.
Norval, Aletta, 2004: Democratic decisions and the question of universality: rethinking recent approaches, in: Critchley 2004, 140-166.
Rawls, John, 1979: Eine Theorie der Gerechtigkeit, Frankfurt a.M.: Suhrkamp.
Rawls, John, 2003: Politischer Liberalismus, Frankfurt a.M.: Suhrkamp.
Rancière, Jacques, 2008a: Das Unvernehmen, Frankfurt a.M.: Suhrkamp.
Rancière, Jacques, 2008b: Zehn Thesen zur Politik, Zürich: diaphanes.
Saake, Irmhild/Nassehi, Armin, 2004: Das gesellschaftliche Gehäuse der Persönlichkeit. Über Max Weber und die (soziologische) Produktion von Motiven, in: Berliner Journal für Soziologie, Jg. 14, H. 4, 503-525.
Schluchter, Wolfgang, 1972: Aspekte bürokratischer Herrschaft, München: List.
Schmid, Günther/Treiber, Hubert, 1975: Bürokratie und Politik, München: Fink.
Weber, Max, 1988: Gesammelte Aufsätze zur Religionssoziologie, Bd. 1, Tübingen: Mohr.
Weber, Max, 1972: Wirtschaft und Gesellschaft, Tübingen: Mohr.

Teil II
Systemtheorie der kulturellen Konstruktion der Politik

Die politische Konstruktion der Kultur

Das Politische zwischen Offenheit, Erfahrung und Konstruktion

Jörn Knobloch

Zusammenfassung

Der Beitrag argumentiert gegen eine unreflektierte Übernahme des Kulturbegriffs in der Politikwissenschaft im Kontext des *cultural turn*, da dieser zumeist kulturtheoretisch bzw. sozialtheoretisch konstruierte Begriff sein heuristisches Potential für politikwissenschaftliche Fragestellungen nicht ausschöpft. Demgegenüber soll ein politischer Begriff der Kultur entwickelt werden, wozu in einem ersten Schritt die den Kulturbegriff fundierenden konzeptuellen Differenzierungen aufgeklärt werden. Anschließend wird die Robustheit des Kulturbegriffs kritisch hinterfragt und die Notwendigkeit einer eigenständigen politischen Perspektive begründet. Im nächsten Schritt wird entlang der vorher aufgeklärten Differenzierungen die politische Konstruktion der Kultur entfaltet.

1 Erzwungene Rückkehr

In einem der jüngeren Selbstverortungsversuche der Politischen Theorie scheint die Beschäftigung mit der Kultur ein selbstverständlicher Bestandteil des Faches zu sein (vgl. Kauffmann 2010: 55; Nida-Rümelin 2010: 26; Schwan 2010: 17). Die zuvor erst „verdrängte" (Nida-Rümelin 2010: 27) Kultur ist somit wieder in den Fokus der Politischen Theorie zurückgekehrt.[1] Indes ist diese Entwicklung nicht allein der Selbstreflexionsfähigkeit des Faches geschuldet, sondern vor allem seiner thematisch-theoretischen Offenheit. In der Politischen Theorie entwickeln sich durch die Rezeption anderer Theorien und theoretischer Schulen stetig „neue Synthesen", die ihrerseits zu unterschiedlichen Perspektivenerweiterungen führen (Göhler et al. 2009: 398f.). Diese Vereinigung der Politischen Theorie mit anderen Ansätzen und Theorien scheint zunächst das normale Geschäft eines offenen „Reflexionsmediums" (Buchstein/Jörke 2007: 30) zu sein und kann positiv gedeutet werden. Die Politische Theorie reagiert auf nicht-politische Theorien, die sich für eine veränderte Wahrnehmung des Sozialen einsetzen, um gewandelte Perzeptionen ihres Gegenstandes zu verarbeiten, was heuristisch notwendig und sinnvoll ist. Damit wird das Bild einer statischen disziplinären Arbeitsteilung zementiert, bei der die Politische Theorie exklusiv durch andere Sozialwissenschaften mit einer erweiterten Perspektive auf die „gesellschaftliche Kontextuierung" (Ahrens et al. 2011: 11) versorgt wird.

Ein positives, aber einseitiges Bild, denn es entsteht der Eindruck, alle wichtigen Impulse für die Weiterentwicklung der Politischen Theorie seien externer Natur und die Politische Theorie lediglich ein Trittbrettfahrer des *„cultural turn"* (Bachmann-Medick 2009). Die Rückkehr der Kultur in die Politische Theorie wird durch den Einfluss der neuen Kulturtheorien *erzwungen*, beruht dementsprechend nicht auf einem internen Umdenken, bei dem man sich auf das eigene kulturalistische Erbe besinnt. Trotz ihrer „fachinternen Reflexionsfunktion" (Buchstein/Jörke 2007: 31) ist die Politische Theorie hier gegenüber externen Theorien sensibler und vernachlässigt ihren eigenen Fundus. Dies lässt nicht nur am Selbstbewusstsein der Politischen Theorie zweifeln, sondern birgt zudem zwei miteinander verknüpfte Gefahren: Erstens wird der unpolitisch, rein kulturalistisch oder sozialtheoretisch definierte Kulturbegriff untertheoretisiert und unreflektiert gebraucht, wodurch Kultur zur substanzlosen Füllkategorie für alles wird, was nicht genau verstanden oder erklärt werden kann. Die unreflektierte Übernahme kann zudem

---

1 Nida-Rümelin verweist auf die marginalisierte politikwissenschaftliche Tradition, die Politik als Teilaspekt des Kulturellen zu verstehen. Eng mit dieser Tradition ist in Deutschland der Name Eric Voegelin verbunden, den auch Birgit Schwelling im Kontext einer kulturalistischen Politikwissenschaft rehabilitiert (Schwelling 2004).

zweitens dazu führen, dass Kultur in der Politikwissenschaft politisiert wird (vgl. Scott 2003: 111). Statt einer Leerkategorie transformiert Kultur hier zu einer normativen Leitidee.[2] Beides schöpft unseres Erachtens das heuristische Potential der Kultur im Kontext politikwissenschaftlicher Forschung nicht hirneichend aus.

Der folgende Beitrag antizipiert von der Bedeutung der Kultur für die politikwissenschaftliche Forschung, weil die Kultur einen einzigartigen Bereich im Selbstverständnis der Menschen präsentiert und als „unverzichtbarer Begriff" eine Perspektive auf den Menschen eröffnet, die „anthropologisch alternativlos" ist (Rehberg 2008: 43). Gleichzeitig möchte der Beitrag aber die Bedingungen der Reflexion von Kultur *innerhalb* der Politischen Theorie aufklären. Da der Kulturbegriff keinem theorieimmanenten Diskurs entspringt, müssen die Quellen und Kontexte der wiedergefundenen Kultur aufgedeckt und theoretisch hinterfragt werden. Erst so eröffnet sich eine genuin *politische* Perspektive auf die Kultur, die einen produktiven Umgang innerhalb der Politikwissenschaft wie der Politischen Theorie erlaubt. Dieser skizzierte Dreischritt beginnt mit der Aufklärung des Kulturbegriffs und beantwortet die für die Politische Theorie wichtige Frage, ob es sich bei der Kultur tatsächlich um einen heuristisch wertvollen Begriff handelt. Heuristisch wertvoll ist Kultur aber nur dann, wenn sie als ein Ordnungsbegriff und nicht als normative Leitidee fungiert.[3] Hierfür sind eine Reihe von Differenzierungen einzuführen, welche die konzeptuelle Einordnung von Kultur als Ordnungsbegriff aufzeigen. Mit anderen Worten soll die Identität des Kulturbegriffs über die Diskussion seiner grundlegenden Differenzierungen geklärt werden, wobei die erste schon problematisierte Differenz die von Sozialer und Politischer Theorie ist. Bereits dieser Hinweis auf die Herkunft des unpolitischen Kulturbegriffs verdeutlicht die Abhängigkeit der Theoriebildung des Politischen von den Impulsen der Sozialtheorien. Auch wenn diese kaum noch kritisiert wird, spielt diese Differenz eine wichtige, aber hinterfragbare Rolle. Die unpolitische und primär nicht normativ zu verstehende Sozialtheorie (vgl. Joas/Knöbl 2004) hat sich erst aus der Krise des Politischen heraus entwickelt (vgl. Wagner 2008: 241f.). Angesichts der historisch immer umfassender werdenden Erfahrungen der Kontingenz des menschlichen Handelns stellt die Genese der Sozialtheorie eine Reaktion auf die radikale Befreiung des Menschen und seiner Praxis dar (vgl. Wagner 2008: 243). Die Sozialtheorie und ihre Idee des Sozialen, welche als Kate-

---

2 Gerade in Deutschland wurde der Kulturbegriff normativ als antipolitischer Begriff stark gemacht (Lepenies 2006: 21ff.).

3 Ordnungsbegriffe bieten grundlegende Strukturierungen der Politik, die als Leitkategorien die empirische Analyse gliedern und oft auch normative Komponenten integrieren (Göhler et al. 2009: 375).

gorie zwischen dem Individuum und dem Politischen steht, operiert entsprechend als ein Instrument zur Reduktion von sozialer Kontingenz, um die soziale Wirklichkeit zu beschreiben. In dieser Funktion kann die sozialtheoretische Kategorie des Sozialen auch durch die Politische Theorie nicht ignoriert werden. Tatsächlich braucht die Politische Theorie die Sozialtheorie, um ihre Fragestellungen empirisch umzusetzen (vgl. Brodocz 2007: 172). Die Theoriebildung in der Sozialtheorie ist ihrerseits so weit vorangeschritten, dass sie in ihrer Systematik und ihrem Anspruch von der Politischen Theorie nicht ersetzt werden könnte. Hier zeigt sich der Mangel vergleichbarer exklusiv politischer Kategorisierungs-, Begriffs- und Erklärungsangebote für das Soziale. So verhält es sich auch im Hinblick auf den Kulturbegriff, dessen möglicherweise rein „politische" Definition aus dem Blick geraten ist und der somit erst als soziale Kategorie wieder relevant wird

2 Differenzierungen des Kulturbegriffs

Die Sozialwissenschaften sind vollends im Spannungsfeld der verschiedenen „Wenden" gefangen, die in ihrer Summe populär als *„cultural turn"* bezeichnet werden (vgl. Bachmann-Medick 2009). In diesem Sinne tritt nicht nur die Kultur innerhalb von Analysen und Untersuchungen mehr und mehr in den Fokus, sondern sie stiftet eigene Analysekategorien und Konzepte. Dieser „Umschlag" zeichnet eben diesen enormen Wandel in den Wissenschaften aus, wobei aus „beschreibenden" sukzessive „operative" Begriffe werden, die ihrerseits die Wirklichkeitsperzeption transformieren (vgl. Bachmann-Medick 2009: 26).[4] Die kulturalistische Wende produziert ein neues Feld spezifischer Kulturtheorien, bei denen die Kultur zur primären Kategorie des Sozialen wird.[5] Zunächst lassen sich unter dem Sammelbegriff der Kulturtheorien eine Reihe von Theorien des Sozialen zusammenfassen, die trotz unterschiedlicher konzeptueller Akzentuierungen eine geteilte Theorieperspektive der *Sozialwissenschaften als Kulturwissenschaften* entwerfen (vgl. Reckwitz 2008: 49). Sie unternehmen eine prozessakzentuierte Beschreibung des Sozialen und verfolgen eine grundlegende „Hinwendung zu sozialen Handlungs- und Wirklichkeitsbezügen sowie zu interkulturellen Grenzüberschreitungen", weshalb diese stetig auf den konstruktiven Charakter von Erfahrungen, Geschichte, Geschlecht,

---

4   Bachmann-Medick analysiert eine ganze Reihe von „turns" in den Kulturwissenschaften, die in Folge des „lingusitic turn" unterschiedliche neue Sichtweisen in der Analyse des Sozialen etablieren (2009:36ff.).

5   Zum umfangreichen Feld der Kulturtheorie vgl. Reckwitz (2008); Baecker/Kettner/Rustemeyer (2008); Moebius (2009).

Identität und Kultur verweisen (Bachmann-Medick 2009: 383). Bereits hier wird deutlich, dass die Kulturtheorien, als Teil der Sozialtheorien, nicht nur eine eigenständige Perspektive auf das Soziale proklamieren, sondern darüber hinaus eine dezidierte wissenschaftstheoretische Neuausrichtung verfolgen, die mit vielen klassischen Sozialtheorien bricht (vgl. Reckwitz 2008: 48).

Doch was ist der Kern dieser Neuausrichtung? Zunächst ebnet die kulturelle Wende vor allem einem weiten, ganzheitlich orientierten Kulturbegriff den Weg (vgl. Bachmann-Medick 2009: 45). Unabhängig wie die Wirkung der Kultur im Einzelnen definiert wird, ob als Codes, Wissensordnungen oder Repräsentationen, immer geht es um ein fundamentaleres und damit weit ausgreifendes Verständnis des Sozialen als Kultur. Dieser Bereich ist für die Art und Weise sozialer Koexistenzen von entscheidender Bedeutung, wobei es sich nicht um etwas Statisches handelt, sondern ausschließlich um einen *Prozess*. Der prozessuale Charakter der Kultur stellt im Hinblick auf die verschiedenen kulturtheoretischen Ansätze aber noch keinen heuristisch sinnvoll zu bestimmenden Kern dar. Zu grob und zu allgemein ist der prozessuale Kulturbegriff, der außer seinem ganzheitlichen Anspruch keine weiteren Informationen über den besonderen Status der Kulturtheorien bereithält. Der Kern eröffnet sich dem Beobachter erst, wenn darüber hinaus die gemeinsame konstruktivistische Position der verschiedenen Theorien identifiziert wird (vgl. Nassehi 2006: 272).[6] Die unterschiedlichen nur pragmatisch-programmatisch als Einheit zu verstehenden Vertreter des *cultural turns* in der Sozialtheorie (Bourdieu, Foucault, Taylor) teilen *eine* sozialkonstruktivistische Grundannahme (Reckwitz 2004: 215): Sie alle abstrahieren von der Vorstellung, dass das Soziale und seine Struktur Produkte einer konstruktiv hergestellten Wirklichkeit sind. Diese symbolische Organisation der Wirklichkeit (vgl. Berger/Luckmann 1969) vollzieht sich in den Theorien mittels Codes, Diskursen, Wissensordnungen, Repräsentationssysteme zwar verschieden, doch sie korrespondieren in dem, was sie leisten: eine kontingente Ordnung der Dinge (vgl. Reckwitz 2004: 217). Menschen in Gemeinschaften konstruieren nicht nur die Art ihres Zusammenlebens, sondern sie betten diese auch in eine von ihnen konstruierte Wirklichkeit ein.

Der Hinweis auf die Hinwendung zum Konstruktivismus, genauer der Konstruktion des Sozialen, stellt die zweite wichtige Differenzierung zum Verständnis der Kultur dar (vgl. Kleger/Knobloch 2014). Nicht alle kulturalistischen Ansätze sind konstruktivistisch, doch alle jüngeren Ansätze, die dem *cultural turn* folgen, sind es, weil sie alle auf ihre Weise dem „Mega"-turn in Gestalt des „linguistic turn" folgen (Bachmann-Medick 2009: 33). Dieser durchzieht alle anderen theo-

---

6   Zur allgemeinen Definition des Konstruktivismus, seine Spielarten und seine Bedeutung für die Politische Theorie vgl. Kleger/Knobloch (2014).

retischen Wendungen und fungiert als „das mächtige Vorzeichen für alle weiteren Richtungswechsel und Schwerpunktverlagerungen" (Bachmann-Medick 2009: 33). Mit ihm verbunden sind die Abkehr vom Positivismus und die Anerkennung der Sprache als „Instrument zu Konstitution von Wirklichkeit" (Bachmann-Medick 2009: 35), wobei dieses Instrument Teil einer sozialkonstruktiven Praxis ist. Somit lässt sich die kulturelle Wende als eine konstruktivistische Wende verstehen, in deren Verlauf ein „culture-as-constructed-meaning concept" (Sott 2003: 92) immer populärer wird.

Doch reicht diese Differenzierung aus, um Kultur adäquat zu verstehen? Steht der Kulturbegriff lediglich für die Aufnahme sozialkonstruktivistischer Einsichten und plädiert für einen entsprechenden Paradigmenwandel in der Politikwissenschaft? Die Antwort lautet nein, denn der Sozialkonstruktivismus deckt den neuen Kulturbegriff nicht ab. Ein kulturalistisches Verständnis des Sozialen lässt sich nicht allein auf die Idee des Konstruktivismus reduzieren, zumal auch andere Sozialtheorien konstruktivistisch sind ohne kulturalistisch zu sein. Hier muss also ein weiterer Unterschied im Kulturbegriff eingelassen sein. Zu dessen Illustration dient eine von Reckwitz identifizierte Parallele zwischen der Systemtheorie Luhmanns und den genannten Kulturtheorien (2004).[7] Auch Luhmann fundiert seine Theorie konstruktivistisch, indem er sich explizit auf den Radikalen Konstruktivismus von Maturana und Varela bezieht (vgl. Luhmann 1984: 244). Ihre Einsichten zur Biologie des Erkennens, die den autonomen Status des menschlichen Gehirns gegenüber seiner Umwelt begründen, kann nicht von der Existenz einer vorgängigen Realität, die außerhalb des Gehirns und seiner eigenen Betrachtungsweise verortet ist, ausgegangen werden. Luhmann verknüpft diese konstruktivistische Annahme jedoch nicht mit dem einzelnen Menschen, sondern entfaltet eine Systemtheorie, bei der das konstruktivistische Vermögen sozialen Systemen zugestanden wird, die demzufolge in der Lage sind, eigene Unterscheidungen bei der Beobachtung der Umwelt durchzusetzen und diese zum Ausgangspunkt anschlussfähiger Kommunikationen zu machen. Luhmann nimmt die Idee des kognitiven Konstruktivismus auf und verwandelt sie in eine operative Logik des Beobachtens.[8] Diese Fähigkeit operativer Produktion ermöglicht sozialen Systemen ihren Sinn exklusiv selber herzustellen, wobei keine vom System und seiner Beobach-

---

7   Die historische Kontextualisierung der Systemtheorie erlaubt eine Einordnung in eben den cultural turn und eine Abkehr von der bisher praktizierten Relationierung von Luhmann mit Habermas (Reckwitz 2004: 214).

8   Reckwitz relativiert dies: „Faktisch hat Luhmanns Konstruktivismus die gleichen Wurzeln wie die Kulturtheorien: einerseits die strukturalistische Semiotik, der er Saussures zentrales Konzept der Unterscheidung, damit auch die Codes entnimmt, andererseits und vor allem Husserls Phänomenologie, dessen Konzept der Intentionalität

tung unabhängige Wirklichkeit existiert, aus der Sinn entstehen könnte. Wirklichkeit ist auch hier sozial konstruiert. Die Konstruktion entspricht den Operationen der Systeme, welche ihre Umwelt selektiv im Kontext ihrer spezifischen Differenzierungen beobachten und innerhalb des Systems im Spiegel der systemischen Leitunterscheidung problematisieren.

Wegen dieser spezifischen Verarbeitung des konstruktivistischen Gedankens, den wir im vorherigen Schritt als leitend für die Kulturtheorien herausgestellt haben, fällt die Einschätzung der Sozialtheorie Luhmanns bei Reckwitz ambivalent aus. Zum einen steht Luhmann und sein Konstruktivismus scheinbar im Einklang mit den Kulturtheorien: „Er [Luhmann] formuliert das kognitive Ordnungsproblem mit äußerster Konsequenz als ein Problem der Abarbeitung der sinnhaften Kontingenz der Welt." (Reckwitz 2004: 217) In dieser rein theoriearchitektonischen Perspektive könnte die autopoietische Systemtheorie als „eine deutsche Version von Kulturtheorie" (Reckwitz 2004: 218) verstanden werden. Jedoch setzt sich Luhmann durch seine Verknüpfung des Konstruktivismus mit der Systemtheorie wiederum scharf von den übrigen Theorien der kulturellen Wende ab.[9] Für Luhmann sind Systeme keine analytischen Hilfsmittel zur Beschreibung der Wirklichkeit (1984: 30): Systeme sind vielmehr real und existieren in der Wirklichkeit. Die Systemtheorie ist wirklichkeitsbezogen, weil jeder soziale Kontakt ein System konstituiert, bis hin zur Ebene der Gesellschaft (vgl. Luhmann 1984: 33). Systeme sind keine rein kategorialen, sondern operative Einheiten, die, wenn es um soziale Systeme geht, exklusiv auf Kommunikation beruhen. Das Eigentümliche dieser neuen Variante der Systemtheorie liegt in der Betonung der strikten Trennung der Operationen und der operativen Einheiten. Soziale Systeme sind operativ voneinander getrennt, weil sie ihre Elemente und ihre elementaren Operationen nur auf sich selbst beziehen (vgl. Luhmann 1984: 25). Solch selbstreferentielle Systeme operieren selbsttätig, beobachten und beschreiben sich dabei selbst, was die Grundlage künftiger Operationen bildet. Es entstehen System/Umwelt-Differenzierungen, die für das Selbstverständnis der autopoietischen Systemtheorie von entscheidender Bedeutung sind (Luhmann 1984: 63).

Die operative Trennung von Systemen hat zwei wichtige Folgen: Erstens differenziert sich die Gesellschaft in ein System von funktional getrennten Teilsystemen aus. Gesellschaft als soziales System, wie auch ihre funktionalen Teilsysteme, sie alle sind streng voneinander getrennt. Der Gedanke der Autopoiese spitzt

---

von Sinn im Luhmannschen Beobachtungsbegriff weiterentwickelt wird." (Reckwitz 2004: 218).

9 Die Absetzung erfolgt zudem in der scharfen Polemik Luhmanns gegen den Kulturbegriff (Luhmann 1984: 225).

diese Trennung konzeptuell noch weiter zu. Systeme sind geschlossen und können diese Geschlossenheit nur bei Strafe des Verlustes ihrer operativen Eigenständigkeit aufgeben. Systeme sind auch untereinander nur Umwelt und allenfalls über den komplizierten verwinkelten Mechanismus der strukturellen Kopplung miteinander verbunden. Zweitens tritt der Mensch selber in die Umwelt des sozialen Systems der Gesellschaft, weil das Bewusstsein und nicht die Kommunikation seine Operationsform ist (vgl. Luhmann 1984: 142). Die Distinktionen bzw. Separierungen werden zum Fixpunkt in der Theoriearchitektur Luhmanns und das wird von Reckwitz gerade in Bezug auf die Separierung des Menschen von der Gesellschaft hervorgehoben: „Man kann gar nicht genug betonen, wie radikal und ungewöhnlich diese Logik der Separierung, der eindeutigen Grenzziehung zwischen Sozialen/Kulturellen, dem Psychischen und dem Körperlich-Organischen ist." (Reckwitz 2004: 218)

Erscheint Luhmann mit seiner Verarbeitung des Konstruktivismus vielleicht noch als Kulturtheoretiker, so bricht die in seiner Sozialtheorie propagierte Logik der Separierung fundamental mit der kulturalistischen „Logik der Expansion des Kulturellen". In diesem Bruch zeigt sich ein weiteres Merkmal der Konstituierung des neuen Kulturbegriffs, welches über den Sozialkonstruktivismus hinausgeht. Im Gegensatz zu Luhmanns strenger Differenzierungsannahme, welche die funktionale Separierung sozialer Sphären zu einem Ideal erhebt, untersuchen und theoretisieren die kulturalistischen Ansätze die Vermischung sozialer Logiken. Die Vertreter der Praxeologie, wie Bourdieu (1976) oder Schatzki (1996), verweisen ihrerseits auf die Logik der Praxis zur Produktion von Gesellschaft, deren Fundament die Materialität der Kultur ist. Kultur als Praxis antizipiert jedoch von der körperlichen Inkorporierung von Wissen, wodurch die Träger der Kultur – die Menschen – zu kompetenten Spielern werden. Die Kulturtheorien erheben den Menschen zum Fixpunkt, ein Mensch, der wie ein Schmelztiegel das gesamte für sein praktisches Agieren notwendige Wissen und damit auch alle von Luhmann sorgsam getrennten funktionellen Logiken einfach aufsaugt und in seiner Praxis vermischt, neu arrangiert oder reproduziert. Mit seinem praktischen Wissen verknüpft der Mensch das scheinbar Getrennte und schafft Übergänge zwischen eigentlich Getrenntem. Weil die Kulturtheorien auf diesem Bruch der Differenzen abzielen, sind sie in diesem Punkt nicht mehr mit der Systemtheorie vermittelbar, auch wenn sie alle konstruktivistisch sind. Folglich können wir hier die dritte wichtige Differenzierung feststellen, die von grenzerhaltend/grenzüberschreitend. Der neue Kulturbegriff, wie er im Rahmen des *cultural turn* gebraucht wird, lässt sich dann als ein sozialtheoretisch konzeptualisierter, konstruktivistisch fundierter und grenzüberschreitend orientierter Ordnungsbegriff verstehen. Ein so begründeter Begriff der Kultur ist dann in der Lage, die Primärkategorie des Sozialen zu werden, wobei erst die grenzüberschreitende Orientierung ihn aus dem Feld der übrigen Sozialtheorien heraushebt, wie die Gegenüberstellung mit der konstruktivistischen Systemtheorie Luhmanns verdeutlicht hat.

3 Kultur – ein robuster Ordnungsbegriff?

Dominierte früher ein exklusiver, essentialistischer Kulturbegriff, der sich zumeist der Hochkultur verpflichtet fühlte, wird heute in den Kulturtheorien ein sehr weiter Begriff benutzt. Zur Kultur gehören alle kontingenten Wissensbestände, die bestimmte Gruppen abhängig von Raum und Zeit miteinander teilen. Kulturelles Wissen macht die kollektiven Interaktionserfahrungen verfügbar und leitet die soziale Praxis. In den Kulturtheorien avanciert die Kultur durch ihre konstruktivistische grenzüberschreitende Struktur zum wichtigsten Baustein menschlicher Gemeinschaft, auf die sich soziale Strukturen zurechnen lassen.[10] Nachdem der „bedeutungsorientierte Kulturbegriff" (Reckwitz 2000: 84) der Kulturtheorien durch die drei vorgenommenen Differenzierungen in seiner Konstruktion aufgeklärt wurde, muss nun kritisch geprüft werden, ob es sich hierbei tatsächlich um einen robusten Begriff handelt. Robustheit kann er erlangen, wenn das von ihm Kategorisierte eindeutig bestimmbar ist und exklusiv durch ihn bestimmt wird. Kultur als Leitkategorie macht nur dann Sinn, wenn sie zum Beispiel nicht mit dem Sozialen verwechselt bzw. ersetzt werden kann. Die Quellen der Robustheit von Kultur liegen zunächst in den beiden zuletzt genannten Differenzierungen, wobei der sozialtheoretisch relevante Kulturbegriff erstens auf dem konzeptuellen Fundament des Konstruktivismus steht und zweitens an der Idee der Grenzüberschreitung anknüpft. Indes stellt sich die Frage, ob es sich tatsächlich um hinreichend begründete Quellen handelt?

Beginnen wir mit dem Konstruktivismus. Aus der Anwendung konstruktivistischer Prämissen leitet sich selber noch keine eindeutige Leitkategorie ab (vgl. Kleger/Knobloch 2014: 163f.). Die unterschiedliche Stoßrichtung von Kultur- und Systemtheorie macht deutlich, dass das konstruktive Prinzip äußerst variabel ist.

---

10 Demgegenüber sieht Luhmann in der Kultur nur einen „Themenvorrat", der in einer Gesellschaft für rasche und rasch verständliche Aufnahmen in konkreten Kommunikationen bereitsteht (Luhmann 1984: 224). Aufgrund der grenzdeterminierenden Differenzierungslogik kann die Kultur nicht zu einem umfassenden Ordnungsbegriff werden. „Kultur ist [für Luhmann] kein notwendig normativer Sinngehalt, wohl aber eine Sinnfestlegung, die es ermöglicht, in themenbezogener Kommunikation passende und nichtpassende Beiträge auch korrekten bzw. inkorrekten Themengebrauch zu unterscheiden." (Luhmann 1984: 224)

Der Begriff der Konstruktion und die von ihm ausgehende Vorstellung einer durch soziale Aktivitäten erst hervorgebrachten Wirklichkeit sind formal noch so einfach und abstrakt, dass sie in beliebigen Kontexten genutzt werden können. Zudem kann der allgemeingültige Charakter des Konstruktionsprinzips kein starkes wissenschaftstheoretisches Programm begründen. Allenthalben präsentiert der Konstruktivismus ein vorläufiges „Konstruktionsangebot" (Beyme 2007: 206), mit dem vorherrschende Annahmen und Theorien hinterfragt werden können. Gleichzeitig deuten der *cultural turn* wie auch die Systemtheorie Luhmanns als historisch gemeinsam in Erscheinung tretende Theorien darauf hin, dass der Konstruktivismus eine Reaktion auf die Krise der organisierten Moderne oder ein Element der sogenannten Post-Moderne ist. Mit anderen Worten zeugt die Zuordnung eines Ansatzes oder einer Theorie zum Konstruktivismus von der historischen Platzierung derselben. Dieser Hinweis hilft uns ein wesentliches Moment des Konstruktivismus der Kulturtheorien und ihres Kulturbegriffs zu verstehen.

Mit der Idee der Grenzüberschreitung gewinnt der kritische Impetus der Hinterfragung sämtlicher Differenzierungen in der Sozialtheorie immer mehr an Bedeutung. Im Gegensatz zur Differenzierungslogik der Systemtheorie Luhmanns, mit der auch der Kulturbegriff in seiner Wirkung beschränkt wird, werden in den Kulturtheorien alle Differenzierungen durch die expansive Logik des kulturellen Wissens relativiert. Kultur steckt hinter allen sozialen Phänomenen. Als Leitkategorie dringt sie somit in alle sozialen Bereiche vor und re-artikuliert alle sozialen Strukturen, Prozesse und Phänomene als kulturell. Selbst vollkommen künstliche asoziale Objekte wie die Technik, entpuppen sich in dieser Perspektive als kulturelle Objekte. Der Wille zur Destruktion überkommener Differenzierungen durch den grenzüberschreitenden Einfluss der Kultur muss sich konzeptuell gut begründen lassen. Ein Grund dafür liegt in der Möglichkeit, auf die Interrelation von bestehenden Kategorien hinzuweisen, indem die Wirkung einer weiteren Kategorie (Kultur) analysiert wird. Erst auf dieser Ebene gewinnt dann auch der Konstruktivismus seine volle Schärfe, stellt er doch den fehlenden Mechanismus bereit, um die kausale Bedingtheit der Interrelation von Kategorien zu erklären. Alle Kategorien (Identitäten, Legitimation etc.) sind letztlich kulturelle Konstruktionen. Gegenüber der Differenztheorie Luhmanns können die Kulturtheorien somit auch die Vermischung von tradierten Kategorien begrifflich ausdrücken bzw. selbst unscharfen Kategorien mithilfe der dynamischen Leitkategorie Kultur beschreiben (vgl. Lösch 2005: 27). In dieser Hinsicht besitzen die Kulturtheorien das größere analytische Potential bei der Beschreibung einer sich dem „Separierungsgebot" und der damit verbundenen „Wohlordnungshypothese" (Welsch 1996: 442) widersetzenden sozialen Wirklichkeit.

Doch es bleibt ein ungelöstes, weil nicht hinreichend begründbares Problem, nämlich die Frage, warum ausgerechnet die Kultur eben jene Leitkategorie sein soll? Allein die Entscheidung für eine konstruktivistische Interpretation der Wirklichkeit bedingt noch nicht die Notwendigkeit der Kultur als theorieprägenden Ordnungsbegriff. Ebenso führt die Annahme des grenzüberschreitenden Charakters bestimmter Wissensformen nicht automatisch zur Kultur. Bisher wurde also die Legitimität der angebotenen Leitkategorie immer noch nicht hinreichend begründet. Warum also Kultur und nicht das Soziale oder das Handeln? Kultur kämpft als Kategorie und damit als Ordnungsangebot weiter mit ihrer Kontingenz. Als Kategorie ist sie deshalb zunächst genauso gut oder schlecht wie andere. Es existiert demzufolge kein überzeugendes erkenntnistheoretisches Argument für den Begriff der Kultur. Allein aus der Operation der Beobachtung heraus lässt sich kein Grund für oder gegen die Separierungs- bzw. Expansionslogik ableiten. Einzig der Beobachter entscheidet sich für eine Beobachtungsperspektive und das letztlich auf der Basis normativer Gründe. Doch welche können dies im Hinblick auf die Kultur sein? Die normativen Wurzeln des modernen Kulturbegriffs liegen in der postmodernen Suche nach Relativierung scheinbar fixer gesellschaftlich relevanter Grenzen (vgl. Reckwitz 2004: 225). Dies ist das normative Movens für den *cultural turn*. Tatsächlich eröffnet sich hier ein Spannungsfeld theoretisch intendierter Kritik an den Formen der organisierten Moderne (Wagner 1995). In Bezug auf diese Stoßrichtungen der neuen Sozial- und Kulturtheorien wie auch ihrer konzeptuellen Prämissen selber findet sich eine *Kritik der Moderne*, die in folgenden Punkten übereinstimmt:

- erstens die genaue Reflexion und Selbstreflexion des beobachtenden Subjekts;
- zweitens die Hinwendung zu nicht linearen Logiken, die eine zirkuläre Argumentationsweise erlauben;
- drittens die Fokussierung auf unscharfe und widersprüchliche Phänomene, die in den Theorien selber in Form von „Antiprinzipien" (Unbestimmtheit, Fragmentierung, Hybridisierung etc.) kultiviert werden, wobei oftmals scheinbar vorgegeben wird, dass dies auf der Basis des erkenntnistheoretischen Konstruktivismus erfolgt;
- viertens eine streng antiteleologische Haltung der Theoretiker;
- fünftens die Abkehr von Prämissen über die Möglichkeit eines steuerungsfähigen, sozialwissenschaftlich informierten Gestaltungspotentials und die Hinwendung zu abwartenden Positionen;
- fünftens die Futurisierung der Moderne, deren Eschatologie nicht in einer Katastrophe mündet (vgl. Beyme 2007: 201f.).

Diese Punkte verdeutlichen, dass mit den neuen Theorien nicht nur die eingeschliffenen Strukturen und Perzeptionen im Rahmen der Moderne kritisch überprüft werden sollten. Dafür wollte man aber ebenfalls auf neue Instrumente der Beobachtung und Analyse zurückgreifen, um mögliche blinde Flecken zu entdecken bzw. die wacklige Statik existenter Deutungen nachzuweisen. Während Luhmann dafür auf die Adaption naturwissenschaftlicher Modelle und Konzepte setzte, suchten die Kulturtheorien mit Einflüssen aus der Kunst, des Poststrukturalismus und den radikalen Kulturbewegungen produktive Methoden zur Kritik bestehender Grenzen zu entwickeln (vgl. Reckwitz 2004: 225, Beyme 2007: 201).[11] Das Movens des *cultural turn* lässt mehrere Auswege zu, wobei die Klärung dieser differenten Entscheidung exklusiv normativer Natur ist. Während Luhmanns Ansatz von der natürlichen evolutionären Entwicklung und der funktionalen Legitimität sozialer Differenzierungen ausgeht, lehnen die Kulturtheoretiker diese „Natürlichkeit" ab (vgl. Hildebrandt 2011: 235). Dies führt zur Genese einer Theorierichtung, die versucht, soziale Strukturen zu erfassen, welche hinter den scheinbar stabilen Differenzierungen stehen. Soziale Praktiken avancieren so zum kulturalistischen Strukturbegriff. Sie strukturieren nicht nur andere Sachstrukturen, sondern machen die Interrelation unterschiedlichster Sphären auf der Mikroebene kenntlich. Damit lassen sich dann alle sozialen Differenzierungen als bloße idealisierte Grenzziehungen rekonstruieren (vgl. Reckwitz 2004: 227). Letztlich sind es also zwei normative Momente, die in der Begründung der Kulturtheorien eine wichtige Rolle spielen: Erstens die scheinbare Ordnung des Sozialen als Resultat eines primär unscharfen, uneinheitlichen und oft auch widersprüchlichen Reglements und damit als „Ordnung im Zwielicht" (Waldenfels 1987) aufzudecken. Zweitens geht es um einen Nachweis der Kontingenz sozialer Phänomene, damit die Offenheit künftiger Entwicklungen postuliert werden kann (vgl. Reckwitz 2004: 235). Damit sind wir zu den letzten für das Verständnis des Kulturbegriffs wichtigen Differenzierungen vorgestoßen, nämlich die zwischen bestimmter vs. unbestimmter Ordnung und offener vs. nicht offener Entwicklung. Dabei handelt es sich um *normative Differenzierungen*, also unterschiedliche Herangehensweisen, deren Berechtigung exklusiv aus der Positionierung des Einzelnen zur Gesellschaft und auch zur Welt abgeleitet wird. Erst durch die normativen und damit letztlich politischen Annahmen einer unbestimmten Ordnung des Sozialen

---

11 Luhmann will ausdrücklich eine nicht-normative Theorie erarbeiten, was ihm auch Kritik eingebracht hat. So würde seine Theorie unter „Verzicht auf eine kritisch-normative Perspektive [...] die seinerzeitige Gegenwartsgesellschaft mit ihren expliziten und impliziten Normen sowie ihren Herrschaftsstrukturen" stützen (Richter 2011: 271).

sowie die Vorstellung einer potentiell offenen Entwicklung derselben gewinnt die Kultur als Leitkategorie ihre Robustheit. Kultur stellt sich bewusst quer zu anderen Kategorien und ihren Strukturvorstellungen. Sie macht darauf aufmerksam, dass hinter der Fassade scheinbar alternativlos entstandener Sachbereiche und ihren abgeschotteten Rationalitäten doch nur der Mensch steht, der stetig mit unscharfen, vermischten und widersprüchlichen sozialen Sphären und ihren Logiken pragmatisch im Sinne seiner gewählten Position umgeht. Die durch die Lösungen konstituierten sozialen Reglements, Strukturen bzw. Institutionen sind somit immer kulturell beeinflusst und damit nur eine lokal aktualisierte Möglichkeit ohne Anspruch auf Dauerhaftigkeit.

4 Wider den Verlust des Eigensinns des Politischen

Nehmen wir die beiden normativen Differenzierungen ernst, dann erscheint der *cultural turn* als ein politischer turn, auch wenn dies unpolitisch formuliert und zudem durch die Proklamation einer nicht-normativen Kulturtheorie verschleiert wird. Indem die hinter dem *cultural turn* stehenden normativen Differenzierungen in der Bewertung desselben vernachlässigt werden, verliert der Kulturbegriff jedoch seine Robustheit. Der Begriff der Kultur ist ein Instrumentarium, um auf den unscharfen und letztlich nicht determinierten Status der Organisation sozialer Ordnung hinzuweisen. Erst in dieser Absicht macht der Begriff Sinn und spielt seine analytische Stärke aus. Diese normativen Grundlagen sind natürlich auch in den Kulturtheorien nicht unbekannt. Dennoch ist es fraglich, ob die Kulturtheorien selbstkritisch genug sind, um ihre Prämissen und normativen Vorannahmen soweit aufzuklären, dass diese ein konstituierender Teil des kulturtheoretischen Programms werden. Vielmehr tendieren sie dazu, ihre normativen Bezüge allein als vortheoretische Positionierung der Autoren zu behandeln, weshalb die Normativität zumeist implizit zum Ausdruck kommt (vgl. Hildebrand 2011: 232). Die normativen und damit auch politischen Bezüge werden aus der Theorie herausgehalten und spielen in der eigentlichen Entfaltung der konzeptuellen Grundlagen keine Rolle mehr. Hierfür wird ein fundierungslogisches Argument ins Feld geführt: weil das Soziale in Form der Kultur der Politik und dem Politischen vorausgeht, sind die normativen Gründe kulturell bedingt. Die Kultur konstruiert Normativität und das Politische. Beides löst sich im Kontext der kulturellen Kontingenz auf.

Hierdurch wird in den resolut kulturalisierenden Kulturtheorien (vgl. Reckwitz 2004: 220) der Status der Politik eingeschränkt. Politik wird zu einem Konglomerat politisch relevanter Praktiken, die sich in modernen Gesellschaften in Bezug auf spezifische Sachlogiken ausbilden. Dieser Bereich kann als institutionelles Arrangement oder als Feld im Sinne Bourdieus verstanden werden. In den Kulturtheorien wird das Politische subversiv von der Kultur unterwandert. Politik wird dann nur noch als Resultat kultureller Praktiken relevant. Damit kann es zwar auch in anderen Kontexten bedeutend werden, aber eben ausschließlich als Summe kultureller Besonderheiten. Die Existenz politischer Praktiken folgt allein kulturellen Bestimmungen und behauptet sich nicht als genuin politische Problemlösung. Daneben behalten das Politische wie auch das Kulturelle insgesamt ihre Offenheit, denn alles Wissen und alle Reglements werden in den Kulturtheorien stetig reflektiert und aktualisiert, so dass sich neuen Einsichten und Interpretationen bilden, die den künftigen Status im Fluss halten.

Die Kulturtheorien adaptieren das Politische und deuten es um. Auf der einen Seite werden dadurch neue Facetten politischer Ordnung in Form von Praktiken, Symbolen oder Diskursen aufgedeckt, was zur Klärung der Frage nach der Kontingenz der Organisation von Politik in der Gegenwart beiträgt. Auf der anderen Seite geht damit der Eigensinn des Politischen verloren, denn es kann seine eigenständige Ordnungsfunktion nicht mehr begründen. Es löst sich in politische Praktiken, politische Diskurse, politische Symbole oder politische Identitäten auf und wird nur noch als mögliche Form derselben behandelt. Politik und ihre konstituierende Idee des Politischen erscheinen ausschließlich als kontingente Möglichkeiten dieser kulturellen Elemente. Als unabhängiger Schöpfer von Praktiken, Diskursen, Symbolen etc. tritt das Politische nicht auf. Seine Bedeutung für die Organisation der Gesellschaft wird so fragmentiert-uneinheitlich und ist nur noch im Rahmen der unpolitischen Kategorien wahrnehmbar. Die Beschäftigung mit dem Politischen transformiert zu einer Bindestrich-Kulturwissenschaft, die lediglich eine *unpolitische* und das heißt nicht-normative Theoriebildung erlaubt. In dem Maße, wie der Kulturbegriff seine oben geschilderte Stärke, die Ordnung der Gesellschaft mit der notwendigen Kontingenz zu versehen, ausspielt, verkleinert er systematisch den Raum für normative Fragestellungen. Demzufolge sollte die Politische Theorie zur „Rettung der Normativität" auf einem eigenständigen Status des Politischen und der Politik bestehen. Dies erfordert einen politischen Begriff des Politischen, der dem Kulturbegriff als Ordnungsbegriff vorausgeht. Nur so bewahrt die Politikwissenschaft im Rahmen einer Theoriebildung der Gesellschaft ihre konzeptuelle Eigenständigkeit und löst den Ordnungsbegriff des Politischen nicht in eine abhängige Variable der Kultur auf.

Das Beharren auf einer eigenständigen politischen Perspektive begründet sich mit dem Hinweis auf den Eigensinn des Politischen. Das Politische wird nicht erst von der Wissenschaft konstruiert, sondern es handelt sich um Konstruktionen der Alltagswelt und Selbstinterpretationsleistungen der Gesellschaften. Christian Meier hat dies in seiner Studie zur Entstehung des Politischen bei den Griechen eindrucksvoll herausgearbeitet, denn im antiken Griechenland wurde nach einer spezifischen Vorgeschichte erstmals „die Problematik des Gemeinwesen ins Politische, in das Verhältnis zwischen den Bürgern (polîtai) transportiert." (Meier 1980: 40) Die Lösung kollektiver Probleme wird zum Gegenstand kollektiven Handelns, welches kollektive Anstrengungen erfordert und als Tätigkeit Teil einer kollektiven Geschichte wird. Erst aufgrund dieser Vorstellungen, so Meier, entstand die wegweisende theoretische Konzeption von Aristoteles von Politik als einer wichtigsten und höchsten Wissenschaft (vgl. 1980: 41). Damit entstehen zwei verschiedene Kategoriensysteme, die jeweils Alltags- und wissenschaftliche Theorien begründen. Alltagstheorien bestehen aus Sprachsymbolen, soziale Konstruktionen, mit denen Gesellschaften ihre Existenz und den Modus ihrer Existenz Ausdruck verleihen. Solche Symbole und die von ihnen konstituierten Alltagstheorien des Politischen gehen den wissenschaftlichen Theorien voraus, die sich erst in der Auseinandersetzung mit diesen bilden (Voegelin 2004: 43). Auch wissenschaftliche Theorien setzen sich aus Sprachsymbolen zusammen, doch diese entstammen einem anderen Diskurs und folgen anderen Regeln. Dennoch sind beide Theorien und ihre Sprachsymbole nicht unabhängig voneinander. Die wissenschaftliche Reflexion klärt die alltäglich gebrauchten Symbole kritisch auf, verwirft alltägliche Symbole, entwickelt eigene Symboliken und verdichtet diese zu theoretischen Begriffen, mit denen die alltäglichen Symbole wiederum anders beschrieben werden (vgl. Voegelin 2004: 44). Soweit ist dies unproblematisch, doch sobald die Ursprünglichkeit der nichtwissenschaftlichen Symbolreihe vergessen wird, verliert das Phänomen seinen Eigensinn. Dies ist nicht nur ein systematisches Problem, weil die konzeptuelle Basis der wissenschaftlichen Symbolik ausgeblendet wird, sondern zudem ein historisches. Die Erfindung der Sozialtheorien erfolgte in dem Moment, als bestimmte normative Prämissen nicht mehr Teil politischer Auseinandersetzungen und damit potentiell revidierbar sein sollten (vgl. Wagner 2008: 243). Insbesondere die normativen Grundlagen der Moderne sollten im akademischen Diskurs nicht mehr problematisiert werden, sei es um vermeintlichen politischen Alternativen diskursiv keinen Raum zu öffnen oder um in Ruhe ein ausgefeiltes begrifflich-methodisches Instrumentarium zu entwickeln, welches die Folgen modernisierter Gesellschaften genau erfassen kann.

Die Kulturtheorien und ihr bedeutungsorientierter Kulturbegriff stellen sich der klassischen Sozialtheorie etwa von Weber und Parsons insoweit entgegen, als dass sie die Kontingenz der existenten Ordnungen zum Thema machen. Indem sie Offenheit und Unschärfe in den sozialen Strukturen postulieren, argumentieren sie eigentlich politisch, drücken sich aber um das Problem der Normativität. Weil der Kulturbegriff indessen als operativer Begriff auch die existente Wirklichkeitsinterpretation verändert, benötigt er im Rahmen seiner Legitimation im wissenschaftlichen Diskurs eine hinreichende und das heißt auch politische Begründung. Dementsprechend muss der Eigensinn des Politischen bewahrt werden. Doch was heißt das? Der Eigensinn des Politischen lässt sich entsprechend der hier vertretenen Ansicht nach als Ordnungsfrage verstehen, die eine normative Dimension aufweist. Die wiederholte „Befragung des Politischen als Politisches" (Bedorf 2010: 13) kann hier an der Systematik für Begründungszusammenhänge in einer normativ-ontologischen Politikwissenschaft anknüpfen, die bereits vor längerer Zeit vor dem Problem stand, die unterschiedlichen Grundkategorien der Politischen Theorie und der politischen Ethik mit dem Bereich des aktuell Politischen inhaltlich zu verknüpfen (vgl. Göhler 1978: 157).[12] Der hierfür brauchbare Begriff ist der der Ordnung, der die unterschiedlichen Ebenen des Politischen auf einen Nenner bringt, um diese Ebenen in eine normativ begründete Systematik zu bringen (vgl. Göhler 1978: 157). Ordnung ist die Antwort auf die erste für alle weiteren Anschlussprobleme konstituierende Frage nach der Grundlage politischer Gemeinschaft (vgl. Williams 2005: 3), die den modus vivendi einer politischen Gesellschaft ermöglicht (vgl. Horton 2010). Ordnung ist die Kategorie für die fundamentale soziale Struktur, weil sie die fundamentale Struktur der Menschen ist. In der antiken Vorstellung wurde diese Annahme noch zweifelsfrei geteilt und mit einer ontologischen Qualität verbunden (vgl. Bubner 1996: 168). Erst durch den neuzeitlichen Status der Subjektivität wird das Ordnungsproblem verschoben und zu einer technischen Konstruktion der Vertragstheorie transformiert, wobei der Eigensinn des Politischen zugunsten der Funktion eines „selbstbewussten Ichs" (Bubner 1996: 169) aufgegeben wird. Doch das Ordnungsproblem geht der Praxis, in welcher sich die Subjektivität manifestiert, generell voraus (vgl. Bubner 1996: 171), weil erst Ordnung einen Rahmen bereitstellt, auf den sich die Menschen in ihrem individuellen und kollektiven Handeln verlassen können. Ordnung ist ein probates Mittel für den Menschen, seine Konfrontation mit der Kontingenz zu verarbeiten (vgl. Wagner 1995: 65), wobei sie einen möglichen „ultimativen Grund" (Marchart 2010: 146) menschlicher Existenz anbietet. Gegenüber der potentiellen Offenheit setzt die Ordnung ein *Orientierungssystem*, welches die nicht-notwendige Form der sozialen Existenz zu einer ganz und gar notwendigen Form umdeutet.

„Insofern alle Normativität das Ergebnis konkreter Tätigkeiten von Individuen und Gruppen von Individuen zu bestimmten Zeiten und an bestimmten Orten ist, lässt sich nichts philosophisch Mysteriöses an der Formierung 'normativer Ordnung' […] ausmachen." (Wallace 2011: 49). Die normative Ordnung selber ist eine sozial konstruierte und damit kontingente aber auch umstrittene Entität,

---

12 Göhler verarbeitet hier den normativ-ontologischen Ansatz einer Politikwissenschaft von Sutor, den er mit seinem Modell des Begründungszusammenhanges kombiniert.

deren primärer Charakter der einer kognitiven Struktur ist (vgl. Niedenzu 2012: 28). Insoweit diese wirklich eine soziale Koexistenz bestimmt, muss sie zudem kollektiv geteilt sein. Das bedeutet weder, dass sie intersubjektiv ist, noch dass sich alle gleichermaßen zu ihr bekennen. Sie ist ein primärer Handlungskontext für jeden Einzelnen, der jedoch als Mitglied einer wie auch immer organisierten sozialen Koexistenz mit anderen Menschen zusammenlebt und folglich beeinflusst wird bzw. andere selber beeinflusst. Normativität stiftet einen Zusammenhang von Müssen und Wollen, d.h. es ist eine Relation zwischen einem Müssen der notwendigen Bedingung und dem Wollen (Stemmer 2008: 42). Damit die Relation einen Sinn bekommt, muss ein dies ermöglichendes Umfeld existieren, welches die Verknüpfung erst erforderlich macht. Der Mensch sieht in seiner Existenz eine Herausforderung, denn keine natürliche Ordnung determiniert sein Verhalten. Keine unmittelbar erfahrbare Ordnung schreibt ihm sein Wollen oder sein Müssen vor. Statt eines konkret determinierenden Rahmens ist er mit Unsicherheit konfrontiert, die er mithilfe symbolisierter Ordnung entschärft, wobei der Erfolg dieser Entschärfung sich immer erst beweisen muss. Das Problem der Ordnung ist die Lücke, die Normativität ermöglicht. Die *Normativität des Politischen* ist dementsprechend die Relation von Bedingungen, die einen geordneten von einem ungeordneten Zustand unterscheiden und die Gegenstand eines Müssens sind, wie auch dem Bestreben der Menschen in einer geordneten Existenz zu leben. Die Ordnung ist Teil des Wollens der Menschen.

Diese beiden grundlegenden Punkte bestimmen den Eigensinn des Politischen und müssen gegenüber allen Versuchen, diese Relation aufzuspalten, verteidigt werden. Zwei Gründe stechen besonders hervor: Erstens übernehmen die Sozialtheorien zwar das normative Grundproblem der umstrittenen Legitimität von sozialen Regelsystemen von der politischen Philosophie, aber sie problematisieren es nicht in der Weise, um die politische Philosophie geschweige denn die Politische Theorie überflüssig zu machen (vgl. Ahrens et al. 2011: 10f.). Insbesondere die Absicht der Sozial- und Kulturtheorie die Kontingenz gesellschaftlicher Regelungen mithilfe unpolitischer und damit nicht-normativer Kategorien zu minimieren, läuft ohne normative Bezüge immer ins Leere (vgl. Kleger/Müller 2011: V). Entweder wird ab einem bestimmten Punkt der Theoriebildung Kontingenz verneint, wie etwa Luhmann die Existenz von Systemen selber nicht weiter hinterfragt, oder es werden, wie mit dem Kulturbegriff, immer neue Kontingenzen entdeckt. Ohne Reflexion der Normativität des ultimativen Grundes, wird auch die Sozialtheorie Kontingenz nicht soweit reduzieren können, damit eine kritische Selbstaufklärung einer Gesellschaft mittels wissenschaftlicher Kategorien bzw. Begriffe möglich ist. Zweitens integrieren alle Sozialtheorien immer ein normatives Moment in ihre Theoriebildung, indem die Autoren konzeptuelle Entscheidungen treffen, die sich nicht aus der immanenten wissenschaftlichen Perspektive heraus rechtfertigen lassen. Dementsprechend sind die Sozialwissenschaften auf die normative Reflexion durch die politische Philosophie und die Politische Theorie angewiesen (Ahrens et al. 2011: 15). Doch nicht nur als ein „Diskursfeld" für normative Debatten, wie Ahrens et al. einschränkend formulieren, sondern als Produzent von wirkmächtigen Theorien und Konzepten (vgl. Kleger 2013).

5 Die politische Konstruktion der Kultur

Fassen wir unsere Argumentation bis zu diesem Punkt zusammen. Wir haben den Begriff der Kultur im Kontext der neuen Kulturtheorien durch folgende fünf Differenzierungen aufgeklärt und spezifiziert:

I. Politische Theorie – Sozialtheorie
II. Konstruktivistisch – Nicht-Konstruktivistisch
III. Grenzerhaltung – Grenzüberschreitung
IV. Bestimmte Ordnung – Unbestimmte Ordnung
V. Geschlossenheit – Offenheit

Anschließend haben wir auf die Gefahren des Verlustes des Eigensinns des Politischen im Rahmen der neuen Popularität kulturtheoretischer Ansätze verwiesen und dafür plädiert, den Eigensinn des Politischen herauszustellen und zum Ausgangspunkt der Theoriebildung zu machen. Mit anderen Worten erzwingen die für den Kulturbegriff elementaren normativen Differenzierungen (IV. und V.), dass die erste Differenzierung nicht im Sinne der Sozialtheorie konstituierend für den Kulturbegriff sein kann. Erst die Reflexion des Politischen erlaubt die adäquate Behandlung der normativen Dimension des Begriffs von Kultur. Gleichzeitig ist es nun durchaus sinnvoll, die Perspektive und bestimmte Einsichten des Kulturbegriffs für die Politische Theorie fruchtbar zu machen, ohne das Politische zu diskriminieren. Um dies zu demonstrieren, soll eine politische Konstruktion der Kultur vorgestellt und diskutiert werden. Im Sinne der oben entwickelten Differenzierungsheuristik beginnt diese mit der Differenz von Politischer und Sozialtheorie, wobei hier nun die Politische Theorie den Ausgangspunkt der begrifflichen Explikation bildet (I.). Da damit explizit eine Positionierung in Bezug auf eine normativ fundierte Begriffsbildung vorgenommen wird, ist es angebracht, bei der Erläuterung des politischen Begriffs der Kultur mit den normativen Differenzierungen zu beginnen:

V. Offenheit: Ordnung ist immer Ergebnis menschlichen Handelns bzw. kollektiver Interaktionen. Als solche künstlich sozial hergestellte Relation von legitimen

Regeln handelt es sich um einen *raum-zeitlichen Ordnungstyp* (vgl. Waldenfels 1987: 18). Menschliches Leben ist zeitlich und räumlich beschränkt, folglich ist die durch das Politische gestiftete Ordnung durch Erfahrung bestimmt. Normativität kommt hierbei durch die dieser Ordnung zugrundeliegenden Interaktionen ins Spiel, die ihrerseits offen und nicht-teleologisch sind, denn das Ordnung evozierende politische Handeln unterliegt einer eigenständigen Rationalität. Diese Rationalität des Politischen, die exemplarisch von Hannah Arendt begründet wurde, wendet sich gegen die „Verabsolutierung des Prozessbegriffs" in der Neuzeit (Arendt [1958] 2002: 383). Für Arendt drückt sich damit die Ablösung des Handelns durch das Herstellen aus, wodurch die Politik zur Kunst, zu einer Technik bestmöglicher Verfahren wird, die Ausdruck einer unpolitischen Ordnung sind (Arendt [1958] 2002: 281). Demgegenüber insistiert die Rationalität des Politischen auf die Offenheit des politischen Handelns, was Arendt im Rekurs auf die antike Philosophie begründet (Arendt [1958] 2002: 249). Die Genese der Ordnung menschlichen Zusammenlebens beruht nicht auf Zweckrationalität, vielmehr auf dem Reden und Handeln in der Öffentlichkeit, ohne Gewalt und instrumentelle Vernunft (vgl. Saavedra 2002: 150).

IV. Unbestimmte Ordnung: In konservativen Interpretationen tritt Ordnung exklusiv als eindeutig bestimmbarer und stabiler Status auf, wodurch sich das Bestehende legitimieren lässt (vgl. Anter 2007: 65ff.). Vollzieht das Politische jedoch diese Differenzierung im Sinne der Kultur und zugunsten der Unschärfe, dann kann weder von einer eindeutig fixierbaren noch stabilen Ordnung ausgegangen werden. Ordnung kommt demnach nicht primär als Status vor, sondern als Modus und Prozess, welche wiederum häufig im Zwielicht stehen (vgl. Waldenfels 1987:18f.). Damit wird klar, dass die Suche nach Ordnung genauso wie die Umsetzung und Begründung von Ordnung nicht nur unabgeschlossen bleiben, sondern das hier stetig auf einem Kontinuum zwischen Ordnung und Unordnung operiert wird, wodurch Ordnung ausschließlich graduell wird (vgl. Anter 2007: 56f.). Zudem entfaltet sich ein Spannungsfeld zwischen Ordnung als „normatives Orientierungswissen" (Nida-Rümelin 2009: 180) und der sozial institutionalisierten Ordnung, an der sich die Menschen abarbeiten müssen. Die Suche nach dem Wissen um die Ordnung und die „Kristallisation dieses Wissens in artikulierten Regeln", produzieren eine Differenz von der „Ordnung als Projekt" und „der Ordnung als Realisation" (Voegelin 2012: 71).

III. Grenzüberschreitung: Der sozialtheoretische Kulturbegriff insistiert bewusst auf der Überschreitung von Grenzen, was für den politischen Kulturbegriff zunächst einmal die Abkehr von der Idee einer formalisierbaren Ordnung bedeutet. Erst eine formalisierbare Ordnung lässt sich transparent nach außen hin abgrenzen. Ist dies nicht möglich, scheitert auch die Proklamation einer einheitlichen

Ordnung. Sowenig sich Ordnung formalisieren lässt, je undeutlicher die Grenzen einer Ordnung bestimmbar werden, desto schwieriger wird es, die Reichweite und damit auch die Legitimität einer Ordnung einzuschätzen. Dementsprechend wird auch die Suche nach Gründen für eine Ordnung und die Einforderung ihrer Geltung problematisch, zumal durch die Grenzüberschreitung politische Ordnungen immer auch das Ergebnis externer Einflüsse, die adaptiert und vermischt wurden, sind. Universalistische und reduktionistische Ordnungsideen bzw. ihre Begründungs- und Rechtfertigungsapparate lassen sich so kritisch im Hinblick auf ihre konzeptuellen Grundlagen und Annahmen hinterfragen. Jedoch birgt die Grenzüberschreitung auch Potential, denn die damit einhergehenden Übergänge bilden die Grundlage einer „transversalen Vernunft" (Welsch 1996). Politisches Denken und Handeln fördert „Übergänge zwischen Übergangslosem", die mit Heterogenität operieren, ohne diese aufzulösen (Welsch 1996: 752). Transversale politische Vernunft fundiert normativ die Pluralität, begeht aber nicht den Fehler, alle normativen Beziehungen im pluralistischen Einerlei zu relativeren. Stattdessen erfordert die Grenzüberschreitung den Willen und die Kompetenz jedes Einzelnen, um von seinem Standpunkt aus mit Heterogenität kreativ zu verfahren.

II. Konstruktivistisch: Neben der zunächst unproblematischen Annahme, dass Menschen ihre Ordnung selber sozial konstruieren, zielt das konstruktivistische Element des Kulturbegriffs aber auch auf den normativen Anspruch der Ordnung (vgl. Kleger/Knobloch 2014). Die Normativität des Politischen wird erst im Prozess der Ordnungsbildung relevant und artikulierbar. Damit entspricht sie einem „normativen Konstruktivismus", der unabhängige und vorreflexive normative Tatsachen oder Wahrheiten ausschließt (Wallace 2011: 41). Normen sind hierbei das Resultat der in der Praxis miteinander verwobenen Akteure, die Normativität des Politischen ist Ergebnis einer Konstruktion, wobei der Prozess der sozialen Konstruktion offen und kontingent ist. Die Normativität des Politischen ist fest in die soziale Praxis eingebunden und somit reflexiv. Zudem ist sie immer zeit- und raumabhängig, womit auch gesagt ist, dass normative Prinzipien in bestimmten Kontexten falsch sein können (vgl. Wallace 2011: 49).

Der Durchgang durch die Konsequenzen eines politischen Begriffs der Kultur hat gezeigt, dass die kulturalistische Perspektive eine konzeptuelle Intervention bedeutet, die modellhafte, reduktionistische und universalistische Annahmen politischer Ordnung herausfordert. Die politische Kultur hintertreibt die für die moderne Theoriebildung grundlegenden Annahmen einheitlicher, formaler, identifizier- und abgrenzbarer politischer Wissensbestände. Politisches Denken, Handeln und darauf aufbauende Interaktionen beruhen auf *Erfahrungen* und lassen sich nicht dauerhaft disziplinieren oder formalisieren (vgl. Wagner 1995). Auch die Eingrenzung auf bestimmte Institutionen oder Verfahren erscheint fragwürdig.

Das Politische wird durch den Kulturbegriff sozial liquid. Dies erfordert ein erneutes Nachdenken über die Funktionen, die dem Politischen in modernen Gesellschaften zukommen. Eine weitere Herausforderung besteht in der durch die kulturelle Kontingenzperspektive relativierte Status der Normativität. Im Bewusstsein, dass es verschiedene Normen und unterschiedliche normative Orientierungssysteme gibt, ist die Politische Theorie weiterhin gefordert, nach einem realistischen, relationalen und transversalen Standpunkt zur gesellschaftlichen Evaluation zu suchen.

Literatur

Ahrens, Johannes/Beer, Raphael/Bittlingmayer, Uwe H. /Gerdes, Jürgen, 2011: Normativität. Über die Hintergründe sozialwissenschaftlicher Theoriebildung. Zur Einführung, in: dies. (Hrsg.), Normativität. Über die Hintergründe sozialwissenschaftlicher Theoriebildung, Wiesbaden: VS Verlag für Sozialwissenschaften, 10-24.

Anter, Andreas, 2007: Die Macht der Ordnung, 2. überarb. Auflage, Tübingen: Mohr Siebeck.

Arendt, Hannah, 2002 [1958]: Vita activa oder vom tätigen Leben, Zürich: Piper.

Bachmann-Medick, Doris, 2009: Cultural Turns. Neuorientierungen in den Kulturwissenschaften, 3. neu bearb. Aufl., Reinbek: Rowohlt-Taschenbuch.

Baecker, Dirk/Kettner, Matthias/Rustemeyer, Dirk (Hrsg.), 2008: Über Kultur. Theorie und Praxis der Kulturreflexion, Bielefeld: Transcript.

Bedorf, Thomas, 2010: Das Politische und die Politik. Konturen einer Differenz, in: Thomas Bedorf/Kurt Röttgers (Hrsg.), Das Politische und die Politik, Berlin: Suhrkamp, 13-37.

Berger, Peter L./Luckmann, Thomas, 1969: Die gesellschaftliche Konstruktion der Wirklichkeit. Eine Theorie der Wissenssoziologie, Frankfurt a.M.: Fischer.

Beyme, Klaus von, 2007: Theorie der Politik im 20. Jahrhundert. Von der Moderne zur Postmoderne, erw. Ausg., Frankfurt a.M.: Suhrkamp.

Brodocz, André, 2007: Politische Theorie und Gesellschaftstheorie. Prolegomena zu einem dynamischen Begriff des Politischen, in: Hubertus Buchstein/Gerhard Göhler (Hrsg.), Politische Theorie und Politikwissenschaft, Wiesbaden: VS Verlag für Sozialwissenschaften, 156-174.

Bourdieu, Pierre, 1976: Entwurf einer Theorie der Praxis. auf ethnologischer Grundlage der kabylischen Gesellschaft, Frankfurt a.M.: Suhrkamp.

Bubner, Rüdiger, 1996: Welche Rationalität bekommt der Gesellschaft? Vier Kapitel aus dem Naturrecht, Frankfurt a.M.: Suhrkamp.

Buchstein, Hubertus/Jörke, Dirk, 2007: Die Umstrittenheit der Politischen Theorie. Stationen im Verhältnis von Politischer Theorie und Politikwissenschaft in der Bundesrepublik, in: Hubertus Buchstein/Gerhard Göhler (Hrsg.), Politische Theorie und Politikwissenschaft, Wiesbaden: VS Verlag für Sozialwissenschaften, 15-44.

Göhler, Gerhard, 1978: Die Struktur von Begründungszusammenhängen im normativ-ontologischen Verständnis von Politikwissenschaft, in: Gerhard Göhler (Hrsg.), Politische Theorie. Begründungszusammenhänge in der Politikwissenschaft, Stuttgart: Klett-Cotta, 138-174.

Göhler, Gerhard/ Iser, Matthias/Kerner, Ina, 2009: Entwicklungslinien der Politischen Theorie in Deutschland seit 1945, in: Politische Vierteljahresschrift, 50, 3, 372-407.

Hildebrandt, Frank, 2011: Normativität in der Praxistheorie Pierre Bourdieus, in: Johannes Ahrens/Raphael Beer/Uwe H. Bittlingmayer/Jürgen Gerdes (Hrsg.), Normativität. Über die Hintergründe sozialwissenschaftlicher Theoriebildung, Wiesbaden: VS Verlag für Sozialwissenschaften, 221-239.

Horton, John, 2010: Realism, Liberal Moralism and the Political Theory of Modus Vivendi, in: European Journal of Political Theory, 9, 4, 431-448.

Joas, Hans/Knöbl, Wolfgang, 2004: Sozialtheorie. Zwanzig einführende Vorlesungen, Frankfurt a.M.: Suhrkamp.

Kauffmann, Clemens, 2010: Politische Theorie und Politikwissenschaft, in: Volker Gerhardt/Reinhard Mehring/Martyn P. Thompson/Barbara Zehnpfennig (Hrsg.), Politisches Denken Jahrbuch 2010, Berlin: Duncker & Humboldt, 43-58.

Kleger, Heinz, 2013: Bürgersouveränität. Das Politische und das Unpolitische in der liberalen Bürgerreligion, in: Michael Kühnlein (Hrsg.), Das Politische und das Vorpolitische. Über die Wertgrundlagen der Demokratie, Baden-Baden: Nomos, i.E.

Kleger, Heinz/Müller, Alois, 2011: Vorwort zur 2. Auflage. Von der atlantischen Zivilreligion zur Krise des Westens, in: Heinz Kleger/Alois Müller (Hrsg.), Religion des Bürgers. Zivilreligion in Amerika und Europa, 2. ergänzte Auflage, Münster: Lit-Verlag, I-XLVIII.

Kleger, Heinz; Knobloch, Jörn, 2014: Konstruktivistische und konstruktive Politische Theorie, in: Renate Martinsen (Hrsg.), Spurensuche. Konstruktivistische Theorien der Politik, Wiesbaden: VS-Verlag, 157-177.

Lepenies, Wolf, 2006: Kultur und Politik: Deutsche Geschichten, München/Wien: Carl Hanser Verlags.

Lösch, Klaus, 2005: Begriff und Phänomen der Transdifferenz: Zur Infragestellung binärer Differenzkonstrukte, in: Lars Allolio-Näcke/Britta Kalscheuer/Arne Manzeschke (Hrsg.), Differenzen anders denken. Bausteine zu einer Kulturtheorie der Transdifferenz, Frankfurt a.M./New York: Campus, 26-49.

Luhmann, Niklas, 1984: Soziale Systeme. Grundriss einer allgemeinen Theorie, Frankfurt a.M.: Suhrkamp.

Marchart, Oliver, 2010: Politische Theorie als Erste Philosophie. Warum der ontologischen Differenz die politische Differenz zugrunde liegt, in: Thomas Bedorf/Kurt Röttgers (Hrsg.), Das Politische und die Politik, Berlin: Suhrkamp, 143-158.

Meier, Christian, 1980: Die Entstehung des Politischen bei den Griechen, Frankfurt a.M.: Suhrkamp.

Moebius, Stephan, 2009: Kultur, Bielefeld: Transcript.

Nassehi, Armin, 2006: Der soziologische Diskurs der Moderne, Frankfurt a.M.: Suhrkamp.

Nida-Rümelin, Julian, 2009: Philosophie und Lebensform, Frankfurt a.M.: Suhrkamp.

Nida-Rümelin, Julian 2010: Politische Theorie in der Demokratie, in: Volker Gerhardt/Reinhard Mehring/Martyn P. Thompson/Barbara Zehnpfennig (Hrsg.), Politisches Denken Jahrbuch 2010, Berlin: Duncker & Humboldt, 21-29.

Niedenzu, Heinz-Jürgen, 2012: Soziogenese der Normativität: Zur Emergenz eines neuen Modus der Sozialorganisation, Weilerswist: Velbrück Wissenschaft.

Reckwitz, Andreas, 2000: Die Transformation der Kulturtheorien. Zur Entwicklung eines Theorieprogramms, Weilerswist: Velbrück Wissenschaft.

Reckwitz, Andreas, 2004: Die Logik der Grenzerhaltung und die Logik der Grenzüberschreitungen: Niklas Luhmann und die Kulturtheorien, in: Günter Burkart (Hrsg.), Luhmann und die Kulturtheorie, Frankfurt a.M.: Suhrkamp, 213-240.

Reckwitz, Andreas, 2008: Unscharfe Grenzen. Perspektiven der Kultursoziologie, Bielefeld: Transcript.

Rehberg, Karl-Siegbert, 2008: Der unverzichtbare Kulturbegriff, in: Baecker/Kettner/Rustemeyer 2008, 29-43.

Richter, Dirk, 2011: Normativität in der Systemtheorie, in: Johannes Ahrens/Raphael Beer/Uwe H. Bittlingmayer/Jürgen Gerdes (Hrsg.), Normativität. Über die Hintergründe sozialwissenschaftlicher Theoriebildung, Wiesbaden: VS Verlag für Sozialwissenschaften, 271-285.

Saavedra, Marco Estrada, 2002: Die deliberative Rationalität des Politischen: Eine Interpretation der Urteilslehre Hannah Arendts, Würzburg: Königshausen&Neumann.

Schatzki, Theodore R., 1996: Social Practices. A Wittgenstein Approach to Human Activity and the Social, Cambridge: Cambride University Press.

Schwan, Gesine, 2010: Was trägt die Politische Theorie zur demokratischen Praxis bei?, in: Volker Gerhardt/Reinhard Mehring/Martyn P. Thompson/Barbara Zehnpfennig (Hrsg.), Politisches Denken Jahrbuch 2010, Berlin: Duncker & Humboldt, 11-19.

Schwelling, Birgit, 2004: Der kulturelle Blick auf politische Phänomene. Theorien, Methoden, Problemstellungen, in: Birgit Schwelling (Hrsg.), Politikwissenschaft als Kulturwissenschaft. Theorien – Methoden – Forschungsperspektiven, Wiesbaden: VS Verlag für Sozialwissenschaften, 11-29.

Scott, David, 2003: Culture in Political Theory, in: Political Theory, 31/1, 92-113.

Stemmer, Peter, 2008: Normativität. Eine ontologische Untersuchung, Berlin: de Gruyter.

Voegelin, Eric, 2004: Die Neue Wissenschaft der Politik. Eine Einführung, hrsg. von Peter J. Opitz, München: Wilhelm Fink Verlag.

Voegelin, Eric, 2012: Die Natur des Rechts, Aus dem Englischen, mit Anmerkungen und einem Nachtwort versehen von Thomas Nawrath, Berlin: Matthes & Seitz Berlin.

Wagner, Peter, 1995: Soziologie der Moderne. Freiheit und Disziplin, Frankfurt a.M./New York: Campus.

Wagner, Peter, 2008: Modernity as Experience and Interpretation: A New Sociology of Modernity, Cambridge: Polity.

Waldenfels, Bernhard, 1987: Ordnung im Zwielicht, Frankfurt a.M.: Suhrkamp.

Wallace, R. Jay, 2011: Konzeptionen der Normativität. Einige grundlegende philosophische Fragen, in: Rainer Forst/Klaus Günther (Hrsg.), Die Herausbildung normativer Ordnungen: Interdisziplinäre Perspektiven, Frankfurt a.M./New York: Campus, 33-55.

Welsch, Wolfgang, 1996: Vernunft: Die zeitgenössische Vernunftkritik und das Konzept der transversalen Vernunft, Frankfurt a.M.: Suhrkamp.

Williams, Bernard, 2005: In the Beginning Was the Deed: Realism and Moralism in Political Argument, Princeton: Princeton University Press.

Systemtheorie und differenztheoretische Forschung

Überlegungen zu einer semantik-analytischen Beobachtungspraxis

Michaela Zöhrer

Zusammenfassung

Der Beitrag stellt eine semantik-analytische Beobachtungspraxis als einen vielversprechenden Ausgangspunkt für eine systemtheoretisch informierte empirische Forschungsarbeit vor. Ausgehend von der Annahme, dass ein besonderer Reiz eines semantik-analytischen Zugangs darin besteht, Anknüpfungspunkte zwischen systemtheoretischen und anderen differenztheoretischen Perspektiven und Analysehaltungen offen zu legen, werden neuere Rezeptionen und Weiterführungen der Luhmannschen Semantikkonzeption vorgestellt. Ersichtlich wird die Breite und Vielfalt an Forschungsfeldern und -fragen, welche sich mittels einer empirischen Semantikanalyse erschließen lassen, fasst man diese zuvorderst als eine (Konstitutions-)Analytik zur Erforschung von Praxen wiederholten, sich konkret bewährenden Unterscheidungsgebrauchs. Abschließend werden Schnittmengen und Unterschiede zwischen den verschiedenen differenztheoretischen Beobachtungsperspektiven diskutiert, die künftige Forschung weiter beschäftigen können, wenn das Forschungsinteresse politischer und kultureller Praxis sowie deren Verwobenheit gilt.

1 Empirische Forschung und Systemtheorie

„Die Systemtheorie kann als ein theoretisches Unternehmen begriffen werden, welches voraussetzungslos, also ohne die Annahme von irgendwelchen Entitäten, versucht, die Konstitution der sozialen Welt in ihren sinnhaften Unterscheidungen zu rekonstruieren. Nur eines wird vorausgesetzt: Dass es um sinnhafte Unterscheidungen geht, die sich in ihrer sinnhaften Bezugnahme aufeinander sinnhaft konstituieren" (Schützeichel 2007: 260).

In den letzten Jahren haben Bemühungen merklich zugenommen, Perspektiven für eine systemtheoretisch angeleitete empirische Forschung aufzuzeigen.[1] Eine entsprechende (Selbst-)Verständigung scheint notwendig, steht doch der Name Niklas Luhmann wie auch sein umfangreiches Werk nicht zuvorderst für ein empirisches Forschungsprogramm. Ganz im Gegenteil wird Systemtheorie nicht gerade selten als empiriefern oder als durch Empirie ohnehin nicht irritierbar gelesen und – so muss eingeräumt werden – nach wie vor auch betrieben.

Als eine der aussichtsreicheren Kandidatinnen eines Wegbereiters oder -begleiters systemtheoretischer empirischer Forschungsarbeit sticht die an Luhmann orientierte Semantikanalyse hervor. Wie Rudolf Stichweh feststellt: „Die Unterscheidung von Semantik und Sozialstruktur ist eine der einflußreichsten Unterscheidungen der Systemtheorie. Sofern systemtheoretische Forschungen überhaupt als empirische Forschungen durchgeführt werden, bedienen sie sich gern dieser Unterscheidung" (Stichweh 2006: 157; vgl. auch Stäheli 2012: 218). Diese Wahl scheint bereits deshalb nahezuliegen, da die historischen Semantikanalysen Luhmanns als dessen empirische Forschungsarbeit erkannt werden, was etwa deutlich wird, wenn Hans-Martin Jäger das in „Gesellschaftsstruktur und Semantik" entfaltete Programm als Luhmanns „discourse-analytical approach" begreift (Jäger 2007: 261).

Darüber hinaus, so möchte ich in diesem Beitrag argumentieren, bietet sich die Entscheidung für einen semantik-analytischen Zugang deshalb an, weil spezifische Lesarten von Semantik bzw. Spielarten einer empirischen Semantikanalyse Wege einer konstruktiven Bezugnahme auf andere poststrukturalistische und differenztheoretische Ansätze und die von ihnen beforschten Praxisfelder eröffnen bzw.

---

[1] Darauf verweisen zum Beispiel das Themenheft der Sozialen Welt (2007, Jg. 58, H. 3) „Soziologische Systemtheorie und empirische Forschung" und der Sammelband „Die Methodologien des Systems: Wie kommt man zum Fall und wie dahinter?" (John/Henkel/Rückert-John 2010a). Daneben gibt es natürlich auch weniger ‚gebündelte' jüngere Beiträge, bspw. zu finden im Online-Journal *Forum Qualitative Sozialforschung* (FQS).

aufzuzeigen helfen: „In contrast to many other, perhaps more insular concepts of systems theory, semantics have strong and readily obvious affiliations to concepts developed by other theories, notably discourse theory, history of ideas, cultural studies, and institutionalism" (Philippopoulos-Mihalopoulos/la Cour 2013: 11).

Damit soll keineswegs behauptet werden, dass man einen „semantic analytical approach" (Andersen 2010) bemühen *muss*, um systemtheoretisch informierte empirische Forschung zu betreiben, liefern doch bspw. bereits die Positionierung des Forschers/der Forscherin als „Beobachter zweiter Ordnung" oder die funktionale Methode wichtige Orientierungsmarker, welche empirische Potentiale der Systemtheorie zu entdecken und zu nutzen, sich von der allzu verbreiteten „begrifflich-systematisch-philologisch-exegetischen Analyse des systemtheoretischen Inventars zu entfernen" (Nassehi 2008: 30) helfen. Man *kann* es aber, und ein besonderer Reiz dieser Alternative eines empirisch-analytischen Zugangs scheint mir in den (in der Rezeption von Luhmanns Semantikkonzept bereits in Ansätzen ausgeloteten) Anknüpfungspunkten zu anderen differenztheoretischen Perspektiven zu liegen, welche es für empirische Forschung weiter nutzbar zu machen gilt.[2] Es geht dann keineswegs um eine Harmonisierung oder eklektizistische Vermählung von differenten Theorieperspektiven oder Forschungsprogrammen, sondern um eine (system-)theorieimmanente Irritation – etwa durch die systemtheoretische ‚Entdeckung' und ‚Erschließung' von Forschungsgegenständen und Formen des Fragens anderer analytischer Perspektiven und somit: anderer wissenschaftlicher Praxen des Beobachtens. Potentiale hält eine Semantikanalyse meines Erachtens damit zuallererst aus einer systemtheoretischen Sicht bereit, insofern gewisse Neuakzentuierungen eines semantik-analytischen Zugangs insbesondere als eine Antwort auf „inner-systemtheoretische Theorie- und Analyseprobleme" (Stäheli 2004: 18) zu verstehen sind. Gleichwohl lohnt die Frage (und diese wird immer häufiger gestellt), inwieweit eine systemtheoretische Soziologie ihrerseits bspw. gender-theoretische oder postkoloniale Forschungsprogramme zu bereichern und irritieren vermag (vgl. z.B. Kampmann/Karentzos/Küpper 2004; Grizelj/Kirchstein 2014a).

Es wird nachfolgend zuerst ein Überblick über neuere Rezeptionen gegeben, die als Wi(e)derlektüre[3] des Luhmannschen Semantikkonzepts grundlegende analytische Potentiale offen zu legen helfen. Dieser Überblick läuft auf den Vorschlag

---

2 So verdanken sich nachfolgende Überlegungen vor allem meiner Auseinandersetzung mit unterschiedlichen empirischen Forschungsperspektiven und -prämissen differenztheoretisch informierter Ansätze im Zuge meiner andauernden Forschungsarbeit zur (visuellen) Repräsentationspraxis internationaler Nichtregierungsorganisationen.

3 Diesen Begriff entlehne ich: Ricken/Balzer 2007: 59.

einer Semantikanalyse als Konstitutionsanalytik hinaus (Stäheli 2010; Srubar 2006), welche die „Positivität von Semantik" (Stäheli 2004: 14) und somit die Relevanz von semantischen Formen für den operativen Vollzug von Kommunikationszusammenhängen betont (Abschnitt 2). Darauf aufbauend wird näher ausbuchstabiert, worauf sich der semantik-analytische Blick im Zuge empirischer Forschungsarbeit richtet, woran sich dieser orientieren kann. Eingegangen wird auf Aspekte der medialen Fixierung (und der Medialität von Semantik) einerseits und der praktischen Bewährung von Semantiken und Unterscheidungspraxen andererseits (Abschnitt 3). Im abschließenden vierten Abschnitt werden Anschlussmöglichkeiten einer semantik-analytischen Forschungsperspektive zu anderen differenztheoretischen Ansätzen (erneut) benannt und diskutiert, die in der Rezeption bereits vorbereitet wurden oder sich aus meiner Sicht durch eine Neuausrichtung des semantik-analytischen Blicks eröffnen. Angedeutet wird zudem, welche aufschlussreichen Unterschiede zwischen den jeweiligen Zugängen zu verzeichnen sind und künftige Forschungsarbeiten weiter beschäftigen können, wenn das Interesse etwa politischer und kultureller Praxis sowie deren Verwobenheit gilt (Abschnitt 4).

Zugrunde liegt diesem Beitrag die Überzeugung, die Armin Nassehi in dem kleinen Band „Wie weiter mit Niklas Luhmann?" pointiert formuliert hat: *„Wenn es weitergeht, kann es nur empirisch weitergehen"* (Nassehi 2008: 2; Hervorh. im Orig.). Das soll keinesfalls heißen, dass alles oder auch nur Teile dessen, was Luhmann postuliert hat, in Stein gemeißelt wäre und ‚nur noch' empirisch unterfüttert werden müsste; stattdessen ginge es darum, Systemtheorie als eine Perspektive vorzustellen, die empirische Forschungsarbeit anleiten kann. Anvisiert ist die Vorstellung „systemtheoretischer Konzepte als analytische Beobachtungsstrategien" (John/Henkel/Rückert-John 2010b: 321) und nicht etwa jene einer systemtheoretischen Methode im engeren Sinne.[4] Dass in der Folge ggf. auch Luhmannschen Postulaten bzw. Beobachtungen widersprochen werden muss, ist keinesfalls auszuschließen.

---

4   Auch die Begriffswahl Konstitutions*anlaytik* weist darauf hin, dass eine empirische Semantikanalyse zuvorderst eine analytischen Strategie und keine Methode ist (vgl. Andersen 2010; Stäheli 2010).

2 Systemtheoretische Semantikanalyse: Rezeption der Rezeption

Nähert man sich Luhmanns Semantikkonzeption über deren Rezeption, so wird man zuallererst darauf (ge-)stoßen, dass sich in Luhmanns umfangreichen Arbeiten, welche sich mal mehr, mal weniger fokussiert mit Semantik beschäftigen,[5] offenbar einige Inkonsistenzen und Widersprüche aufdecken lassen. Ilja Srubar zum Beispiel betrachtet das Semantikkonzept im größeren Zusammenhang von Luhmanns Soziologie des Wissens und beobachtet hierbei zwei widersprüchliche Herangehensweisen, wobei er „zwischen Programm und Ausführung" (Srubar 2006: 11) unterscheidet: Während das Programm die konstitutive Funktion von Semantiken herausstreiche, zeige sich in Luhmanns Ausführungen gar eine „Art systemischer Materialismus", womit „genau die wissenssoziologischen Fragestellungen und Antworten revitalisiert [werden], die zu überwinden sich die Systemtheorie anschickte" (Srubar 2006: 8).

Das *Programm* folgt einem wenig strittigen Grundverständnis von Semantik, dem zufolge sich eine systemtheoretisch verstandene (im Übrigen nicht semiologisch, sondern begriffsgeschichtlich inspirierte) Semantikanalyse für Semantiken als „höherstufig generalisierten, relativ situationsunabhängig verfügbaren Sinn" (Luhmann 1980: 19) interessiert. Semantiken sind mit anderen Worten „nicht bloß bestimmte erfolgreiche Begriffe, sondern Typisierungen von Wissen sowie das Ensemble von Sinnverarbeitungsregeln (also z.B. unterschiedliche Deutungsmuster und Themen), die in verschiedenen sozialen Kontexten benutzt werden können" (Stäheli 2012: 215). Semantiken (wie auch Sozialstrukturen) fasst Luhmann als Formen des Sinn-Prozessierens, als „eine Struktur der Autopoiesis von Kommunikation" (Luhmann 1990: 108).

Im Zuge der *Ausführung*, sprich seiner historischen Semantikanalysen, interessiert sich Luhmann für Semantiken insbesondere in ihrer Funktion als Indikatoren des Ausdifferenzierungsprozesses der funktional differenzierten Gesellschaft (seltener als Wegbereiter oder Katalysatoren; vgl. Schützeichel 2003: 193). Semantiken stehen für „Veränderungen in der Ideen- und Begriffswelt, die den Übergang zur modernen Gesellschaft begleiten" (Luhmann 1980: 7). Luhmanns evolutionstheoretisch ambitionierten Semantikanalysen konzentrieren sich dem-

---

5 Luhmanns Betrachtungen zur Semantik sind über sein Gesamtwerk verstreut; in Buchform komprimiert finden sich diese in der vierbändigen Reihe „Gesellschaftsstruktur und Semantik" (1980, 1981, 1989, 1995), in „Liebe als Passion" (1982) und „Ideenevolution" (2008).

gemäß insbesondere auf die schon in Kosellecks Begriffsgeschichte[6] im Fokus stehende Sattelzeit, wobei er bevorzugt die „gepflegte Semantik" analysiert, welche mit verschriftlichten Formen „ernster" und „bewahrenswerter" Kommunikation identifiziert wird (Luhmann 1980: 19), sei doch eben diese in der Lage, sozialstrukturelle Transformationen anzuzeigen.

Es ist die kritische Auseinandersetzung mit der Semantik/Sozialstruktur-Unterscheidung bzw. -Relationierung, die Luhmanns historischen Semantikanalysen zugrunde liegt, welche einen auffällig großen Raum in der Rezeption einnimmt (z. B. Stäheli 1998, 2000a; Kogge 1999; Göbel 2000; Hellmann 2001; Schützeichel 2003; Stichweh 2006; Srubar 2006; Leanza 2010).[7] Luhmann war zwar bestrebt „zum einen dem idealistischen Reduktionismus der Ideengeschichte, zum anderen einem soziologischen Reduktionismus, der die Semantik nur als Widerspiegelung von sozialen Prozessen begreift" (Schützeichel 2007: 263), zu entgehen. Dennoch, so lässt sich festhalten, ist es letztlich folgende, bei Luhmann (bisweilen) nachzulesende Engführung, die Irritation und Kritik auslöst: „Die Semantik folgt der Struktur immer bloß und geht deren Genese keinesfalls voraus. Erst wenn die Struktur sich etabliert hat, liegt der Stoff vor, auf den sich Semantik beziehen kann. Ohne Struktur keine Semantik, so die geläufige Lesart" (Hellmann 2001: 62).

Semantiken hinken dieser Vorstellung nach immer schon den sozialstrukturellen Transformationen oder ‚Realitäten' hinterher. Zunehmend hervorgehoben wird demgegenüber, dass sich Semantiken „sowohl *antizipativ wie rekonstruktiv wie auch konstitutiv* zu Sozialstrukturen verhalten" können (Stichweh 2006: 169; Hervorh. im Orig.). Darüber hinaus werden Semantiken auf einem elementaren Level als konstitutiv angenommen und der semantik-analytische Zugang in der Folge als eine Konstitutionsanalytik beschrieben:[8] So formuliert zum Beispiel Urs Stäheli, der das Modell der „linearen Nachträglichkeit", welches er bei Luhmann beobachtet, durch das einer „konstitutiven Nachträglichkeit" ersetzt (vgl. Stäheli 1998:

---

6   Ein Überblick über Gemeinsamkeiten und Unterschiede bei Luhmann und Koselleck findet sich zum Beispiel bei Andersen (2003) und Stäheli (2000a: Kap. VI, 1).

7   Wobei Göbel nahelegt, bei der Rede von Sozialstrukturen gewissenhafter zwischen sozialen Erwartungsstrukturen und (gesamt-)gesellschaftlichen Differenzierungsstrukturen zu unterscheiden (vgl. Göbel 2000: 157-158). Tatsächlich scheinen in der Diskussion, sofern überhaupt noch über Strukturen geredet wird (bzw. werden muss), nicht selten beide möglichen Verständnisse parallel oder abwechselnd impliziert.

8   Vgl. auch Srubars (2006) Plädoyer für eine (wenn dann) Konstitutionsanalytik.

„Nachträglichkeit bedeutet nun, dass eine Operation erst durch ihre nachträgliche Beobachtung zur Operation wird. Dies hat Folgen für die Semantikanalyse: Sozialstrukturen werden nun nicht mehr einfach vorausgesetzt, sondern es gilt zu verfolgen, auf welche Weise Semantiken an der Verfertigung von Sozialstrukturen beteiligt sind. Diese Fassung der Nachträglichkeit hat weitreichende Konsequenzen für die Analyse von Semantiken: Nun geht es nicht so sehr darum, Semantiken als Sozialindikator für anderswo ablaufende Prozesse zu verstehen, sondern Semantiken in ihrer konstitutiven Funktion zu erfassen. An Stelle einer Analytik von Korrelationen zwischen Sozialstruktur und Semantik tritt nun eine Konstitutionsanalytik" (Stäheli 2010: 228).

Zwar war es auch für Luhmann, wie Günter Burkhart (2004: 20) feststellt, letztlich „eine empirische Frage, ob die Semantik der Systemdifferenzierung der Gesellschaft hinterherhinke oder umgekehrt diese gerade durch Innovation befördere". Wenn insbesondere Stäheli prominent bei Luhmann eine „lineare Nachträglichkeit" der Semantik kritisiert, knüpft er diese Beobachtung entsprechend weniger an die (denkbaren) empirischen Wechselverhältnisse von Semantik und Sozialstruktur, sondern sieht dahinter ein argumentationslogisches Problem (Stäheli 1998: 320). So verdeutlicht er, dass Semantiken zwar auch laut Luhmann häufig „*preadaptive advances* produzieren, die der sozialstrukturellen Entwicklung vorauseilen" (Stäheli 1998: 320; Hervorh. im Orig.); Stäheli zufolge bleibt aber auch dieses „Denkmodell letztlich der Figur der Anpassung verpflichtet, für die noch ungedeckte semantische Formen nur deshalb von Interesse sind, weil sie in Zukunft an die Gesellschaftsstruktur angepaßt sein werden. [...] Evidenz wird also durch den *Ausdruckswert* von semantischen Formen gewonnen und nicht durch die innere Struktur und Organisation der Semantik" (Stäheli 1998: 320; Hervorh. im Orig.). Daraus folge eine Relativierung der *theoretischen* Bedeutung von Semantiken, da für sie „eine systemkonstitutive Rolle ausgeschlossen ist" (Stäheli 1998: 322).

Stattdessen ginge es Stäheli und dessen Modell der „konstitutiven Nachträglichkeit" zufolge bei einer Semantikanalyse im „Sinne einer ‚monumentarischen' Lektüre" (Stäheli 2010: 233) darum, dass die „Positivität der Semantik ernst genommen wird" (Stäheli 2004: 14): Im Vordergrund steht „die Funktions- und Organisationsweise von Selbstbeschreibungen" (Stäheli 2010: 233) und Semantiken, anstatt nach deren Ausdruckswert *für etwas* zu fragen.[9]

---

9 Stähelis Plädoyer für die Konstitutivität von Semantiken weist keineswegs zufällig starke Ähnlichkeiten mit der Forderung Foucaults auf, Dokumente in Monumente zu transformieren, woraus „zum einen [folgt]: sie in ihrer materialen Eigenlogik, ihrer Medialität als Voraussetzung für die Produktion von Sinn zu untersuchen, und zum

Festgehalten werden kann, dass in der Rezeption die Tendenz dahin geht, den theoretischen Stellenwert von Semantik insofern (neu) zu justieren, als dass Semantiken (auch) konstitutiv für Sozialstrukturen sind. An der Semantik/Sozialstruktur-Unterscheidung wird dabei in aller Regel festgehalten,[10] jedoch der Blick stärker auf die „historische und situative Variabilität der Unterscheidung" (Stichweh 2006: 169) gelenkt und hervorgehoben, dass diese selbst als semantische Unterscheidung einer Forscherin/eines Forschers verstanden werden muss (z.B. Hellmann 2001: 61; Stäheli 1997: 138-139).

Mit Niels Åkerstrøm Andersen lässt sich nun grundlegend auf die Herausforderung verweisen, dass Luhmanns „analytical concepts facilitating semantic analysis are rather weak. And further they are only designed to observe semantic changes on the very long run. Actually his concepts are designed in such a way that he is able to choose ignorance towards a lot of semantic forms, events and aspect. In other case his enormous project would have been totally impossible" (Andersen 2010: 163). Andersen weist darauf hin, dass Luhmann in seinen Ausführungen das denkbar breite (und dabei wenig ausbuchstabierte; vgl. auch Stäheli 1997: 129) Programm einer Semantikanalyse wesentlich begrenzen musste. Demgegenüber lässt sich in den neueren Rezeptionen das Bemühen erkennen, das Programm einer empirischen Semantikanalyse wieder oder neu zu entdecken. Vergleichsweise häufig finden sich dabei folgende, durchaus miteinander einhergehende Öffnungsbewegungen:

Zum einen wird hervorgehoben, dass sich das empirische Interesse nicht wie bei Luhmann auf die Erzählung einer „(Ausdifferenzierungs-)Problemgeschichte" (Göbel 2003: 217) fokussieren, auf die Untersuchung epochaler Umbrüche beschränken muss: Während Luhmanns Semantikanalysen noch den historischen Übergang von stratifizierter zur modernen, funktional differenzierten Gesellschaft in den Blick rücken, werden im Zuge der Rezeption der vergleichsweise aktuelle oder zeithistorische Wandel, „the present transformation within functional differentiation" (Andersen 2010: 161; vgl. Andersen 2011a: 265) und die „Verwerfungen und Dynamiken innerhalb angenommener Epochen" (Stäheli 2010: 229) bedeutsam.

---

anderen: sie als Aussage-Ereignisse zu beschreiben, ohne diese auf einen ‚tieferen' Sinn zu beziehen" (Sarasin 2005: 109).

10 Angenommen wird, dass diese Unterscheidung die „conditio sine qua non" einer systemtheoretischen Wissenssoziologie darstelle (Hellmann 2001: 67; vgl. auch Göbel 2000: 157-159). In der Literatur finden sich auch Alternativ-Unterscheidungen und somit Variationen des konstitutiven Gegenbegriffs von Semantik: bspw. in Stichweh (1998) und Andersen (2010).

Des Weiteren wird zunehmend die Vorstellung einer diachronen Abfolge einzelner, isolierter Semantiken (oder Selbstbeschreibungen) über die Zeit hinterfragt und stattdessen die Möglichkeit einer synchronen Pluralität und Heterogenität (und damit Fragen hegemonialer Relationierungen) semantischer Formen in Rechnung gestellt. Beispielsweise in den Blick genommen werden parallel beobachtbare politische Selbstbeschreibungen bzw. plurale, teils gegenläufige Semantiken im Zuge der Binnendifferenzierung des (welt-)politischen Systems (Hellmann 2005; Jäger 2007).[11]

Als eine dritte Öffnungsbewegung lässt sich anführen, dass nicht mehr ‚nur' funktionssystemspezifische Semantiken von Interesse sind. Daneben geraten auch funktionssystem*un*spezifische, sprich „hyperkonnektive" Semantiken als aufschlussreiche semantische Formen in den Blick (bspw. „globale" oder „visuelle" Semantiken; vgl. Stäheli 2000b bzw. 2007a). Zudem können bspw. (Selbst-) Adressierungen und (Selbst-)Inszenierungen von Organisationspraxis in sowohl organisatorischen Entscheidungskommunikationen als auch in (medien-)öffentlicher Kommunikation berücksichtigt werden (vgl. Andersen 2011a, 2011b; la Cour/ Højlund 2013; Mayr/Siri 2010).[12] Bislang wurden im Zuge semantik-analytischer Forschungsarbeit vornehmlich Selbstbeschreibungen und (ggf. populäre) Inklusionsmechanismen von *Funktions*systemen untersucht, womit die Beobachtung sowohl auf *je einen* funktionalen Kommunikationszusammenhang als auch in aller Regel selbstreflexive Beobachtungen enggeführt wurde, anstatt den Ausgang der Analyse grundlegender bei Semantiken als dem „gesamten Bereich von wiederverwendbaren Sinnmustern" (Stäheli 2000a: 184) zu nehmen.[13] Mit einer Analyse, die sich für die (Re-)Aktualisierung von semantischen Formen in unter-

---

11 Christoph Weller und ich haben vorgeschlagen, Semantiken im (welt-)politischen Kommunikationszusammenhang insofern als konstitutiv zu fassen, als über sie jene Sichtbarkeiten und Ansprechbarkeiten erzeugt werden, welche notwendig sind, damit Macht-Kommunikation als politische erkennbar und somit anschlussfähig wird. Vielfältigste Semantiken spannen, je spezifisch relationiert, jenen Horizont auf, vor dem sich bspw. politisches (Nicht-)Handeln oder politisch Handelnde abheben (vgl. Zöhrer/ Weller 2013).

12 Letzteres würde heißen, über die tendenziell binnenorganisatorische Betrachtung hinaus, Organisationen als in öffentlicher Kommunikation adressierte und somit konstituierte Sprecher bzw. „Akteure" zu betrachten, denen – durchaus vergleichbar zu individuellen Personen oder Subjekten – Handlungen, Sprechakte, Präferenzen, Motive etc. in der Kommunikation zugeschrieben werden.

13 Wobei angemerkt werden muss, dass bereits Luhmann auch funktionssystemunspezifische Semantiken in den Blick genommen hat, z.B. die „semantischen Felder im Zusammenhang mit Interaktion, Zeit, Anthropologie, Moral, Irritation, Individualität, Natur" (Schwanitz 1996: 130).

schiedlichen kommunikativen Kontexten interessiert, sind auch andere, vielleicht sogar multiple Start- und Referenzpunkte – oder besser: Referenzzusammenhänge – denkbar. So formuliert etwa Kai-Uwe Hellmann, dass „grundsätzlich nichts dagegen [spricht], dass auch unterhalb der Makroebene Ressourcen oder gar Notwendigkeiten [...] bestehen mögen, auf eine eigene Semantik der jeweiligen Situation, ob interaktiver oder organisatorischer Natur, zum Zwecke der Selbstabschließung zurückgreifen zu können" (Hellmann 2005: 34). Die Feststellung, dass Semantiken nicht ‚per se' einem Funktionszusammenhang ‚zugehören', schließt dabei weder aus, dass diese funktionssystemspezifische Ausdeutungen und Kontextualisierungen erfahren, noch wird bestritten, dass ‚ein und dieselbe' Semantik in einem funktionalen Kontext wichtiger bzw. dominanter sein kann als in einem anderen. Eine semantik-analytische Perspektive kann sich für solche konkreten semantischen Settings als empirische Settings interessieren.

Eine letzte wichtige Erweiterung erfährt ein semantik-analytisches Programm im Hinblick auf die unterstellte „Güte" der als untersuchenswert eingeschätzten semantischen Formen: Luhmann hat, wie bereits angedeutet wurde, in seinen empirisch-historischen Semantikanalysen in der Tradition der Begriffsgeschichte stehend „von der Faktizität des alltäglichen Sinnprozessierens und [...] von den dafür benutzten Typisierungen" abstrahiert, „soweit sie nicht in die gepflegte Semantik einbezogen werden" (Luhmann 1980: 20). Er hat damit seine Semantikanalysen auf die meist schriftlich fixierte, „gepflegte Semantik" enggeführt. Im Gegensatz dazu wird in den neueren Rezeptionen hervorgehoben, dass potentiell der gesamte semantische Apparat und somit bspw. alltägliche, populäre, subversive oder revolutionäre Semantiken in den forschenden Blick geraten können (vgl. Stichweh 2006: 160; Stäheli 1997).[14] Orte, an denen sich solche Semantiken ggf. ‚aufspüren' lassen, sind in der Folge nicht mehr nur Universitätsbibliotheken, Archive oder Museen, sondern etwa auch der Konferenzraum, die Fußgängerzone, der Zeitschriftenkiosk und Plattenladen oder das Online-Forum. Von Interesse sein können demnach auch Dokumente und Genre des eher alltäglichen Gebrauchs, zum Beispiel Ratgeberliteratur, Schulbücher, Werbeplakate, Fernsehansprachen, Codes of Conduct, Groschenromane, Graffiti, Musikzeitschriften, Popsongs, Passbilder, Onlinepetitionen, ja vermutlich sogar Modetrends oder Begrüßungsgesten. Zudem gibt Christian Kirchmeier (2012: 117) zu bedenken, dass zu prüfen sei, inwiefern

---

14 Berücksichtigt man, dass Luhmann „zunächst Semantiken als Typisierungserfordernisse singulärer sinnhafter Ereignisse qualifiziert und dann von ihnen Formen der textuellen Pflege dieser Semantiken als Typisierungen von Typisierungen unterschieden" (Göbel 2000: 158-159) hat, so lässt sich diese Erweiterung sicherlich auch als ein *back to the roots* oder eben eine Rückbesinnung auf das (vergleichsweise breite) Programm der Luhmannschen Semantikanalyse verstehen.

auch „Formen alltäglicher, privater Kommunikation – beispielsweise Tagebücher, Briefkorrespondenzen oder Verhörprotokolle" Beachtung finden können, hat doch gerade „die kulturwissenschaftliche Forschung [...] zeigen können, wie ergiebig diese Textgattungen sind".

Zwar lassen sich sicherlich mehr oder weniger gepflegte Semantiken beobachten; deren Unterscheidung stellt aber keine vor-empirische Notwendigkeit dar, sondern kann als Unterscheidung selbst in den Blick gerückt werden: d. h. nicht nur, *was* als gepflegt gelten kann ist (historisch-)kontingent, sondern auch, was in einer Gesellschaft überhaupt als *gepflegt* gelten kann (vgl. auch Stäheli 1997: 139). Wichtig ist jedenfalls die Einsicht, (noch) nicht-seriöse, nicht-gepflegte Semantiken als ebenfalls operativ bedeutsam zu betrachten,[15] sind doch auch diese „eine Struktur, die Sinnselektionen wiederholbar macht, und [...] so die Aktualisierung von Sinn" (Stäheli 2000a: 202) organisiert.

3 Semantik-analytische Beobachtungsstrategien

Zur Erinnerung: Semantiken können verstanden werden als „höherstufig generalisierter, relativ situationsunabhängig verfügbarer Sinn" (Luhmann 1980: 19). Es geht damit „um semantische Formen, die in unterschiedlichen Kontexten möglichst stabil bleiben" (Stäheli 2000a: 219), der „semantische Apparat" einer Gesellschaft ist ihr „Vorrat an bereitgestellten Sinnverarbeitungsregeln" (Luhmann 1980: 19) oder, wie Stichweh (1998: 75) formuliert: „Semantik meint offensichtlich jenen Formvorrat, auf den jede Praxis des Unterscheidungsgebrauchs zurückgreifen muß".

Das Konzept von Semantik ist – wie bereits das Bild des Vorrats nahelegt – wesentlich an die Idee der Wiederholung bzw. der Wiederholbarkeit geknüpft. In den Blick geraten können in der Folge eben jene kommunikativen und medialen (Rahmen-)Bedingungen und Verfahren (d.h. Praxen), die eine situationsüberdauernde Verwendbarkeit (vielleicht besser: Zitierbarkeit) von Semantiken (erst) ermöglichen: Neben der Frage der insbesondere medialen Fixierung oder *Bewahrung* wird damit auch die Praxis der Re-Aktualisierung und eines wiederholten semantischen Unterscheidungsgebrauchs, sprich die Frage nach der praktischen *Bewäh-*

---

15 Stäheli (1997: 135; Hervorh. im Orig.) stellt im Hinblick auf die Unterscheidung von Alltags- und ernsthafter Semantik fest: „If it is necessary to reduce the meaning of *ernst* to ‚solid', of ‚worth-keeping' to that which is ‚kept', then we lose the very criteria for distinguishing between two forms of semantics. Even for the ‚non-serious', semantics applies that which is a general characteristic of semantics: it is a form that generalize meaning".

rung bedeutsam: [16] „Semantics stands as neither a pre-written ‚cultural grammar', a historical word book, ‚value canon', or as a pre-defined media or ‚actor in itself'. Semantics will only appear in concrete actualizations by the communication of [for example; Anm. M.Z.] organizations" (la Cour/Højlund 2013: 190). Dass Semantiken „losgelöst von der je konkreten Verwendung identifiziert und analysiert werden können" (Stäheli 2012: 215), wird demnach bestritten, sind diese doch stets an operativen Unterscheidungsgebrauch geknüpft. Ganz im Gegenteil folgt aus der operativen Theorieanlage der Systemtheorie für eine empirische Semantikanalyse, die Semantiken „nicht mehr als Form, die sich jenseits des Operierens befindet" (Stäheli 2012: 217), denken möchte, dass eben jene *konkreten* Wiederholungen und Verwendungskontexte wichtig werden.[17]

Luhmann wertete bereits das Faktum der Verschriftlichung von Beobachtungen *als* Beschreibungen als Indiz für die Anerkennung einer Semantik als „bewahrenswert" (Luhmann 1990: 107).[18] So wurde schon darauf hingewiesen, dass es die Fokussierung auf gepflegte Semantiken war, die eine Engführung semantikanalytischer Forschung auf ein recht exklusives Feld schriftlicher Texte evozierte. Wie Stäheli festhält, entsteht dabei das Problem, dass klassischerweise „nur ‚ernsthafte' Semantiken berücksichtigt werden – möglichst sogar Semantiken, die in theoretischer Form oder als anspruchsvolle literarische Beschreibungen vorliegen. So werden gerade jene Semantiken ausgespart, die von den Funktionssystemen selbst produziert werden und welche auch operativ von Bedeutung sind" (Stäheli 2007a: 72).

In den an Luhmann anschließenden Beiträgen wird darauf verwiesen, dass Verschriftlichung nicht die einzig denkbare mediale Form der Fixierung bzw. Bewahrung von Semantik sei. Neben schriftlichen können bspw. auch auditive,

---

16 Ein Vorschlag Stichwehs besagt, zwischen „vertexteter, gepflegter Semantik und den in ihr codierten Unterscheidungen einerseits, den operativ in alltäglichen Prozessen der Kommunikation tatsächlich gehandhabten Unterscheidungen andererseits" zu unterscheiden (Stichweh 1998: 75; vgl. zur Diskussion: Göbel 2000: 158-159). Fraglich bleibt hier, inwiefern sich „Kommunikationen, mit je verschiedenen Distanzen zur Praxis des alltäglichen Unterscheidungsgebrauchs" (Stichweh 1998: 75), welche mit Sicherheit zu beobachten sind, als Unterschied zwischen „gepflegter" und „operativ gehandhabter Semantik" abbilden lassen, müssen doch auch gepflegte Semantiken letztlich operativ gehandhabt werden.

17 Ganz anders Burkhart, wenn er schreibt: „Während ‚Gedächtnis' und ‚Selbstbeschreibung' kommunikative Operationen sind, ist Semantik der abgelagerte Themenvorrat, also doch so etwas wie ein Sinn-Archiv" (Burkhart 2004: 24).

18 Dass es sich hierbei letztlich um ein tautologisches Argument handelt, hält Stäheli (1997: 135) fest: „That what makes it worth-preserving, then, is precisely that it has been preserved".

artefaktische, architektonische oder visuelle Semantiken interessieren (zur visuellen Semantik vgl. z.B. Bohn 2012; Bohn/Volkenandt 2013; Stäheli 2007a). Mit Stichweh (2006: 160) kann zudem angemerkt werden, dass sich „schließlich [...] höherstufige Generalisierungen von Sinn auch in schriftlosen Gesellschaften beobachten" lassen. Zu ergänzen wäre, dass auch in modernen Zeiten mündliche Sinngeneralisierungen und (Re-)Aktualisierungen semantischer Muster keineswegs notwendig ausgeschlossen werden müssen. In diesem Sinne wäre auch das Potential einer Semantikanalyse für empirische Forschungsarbeit näher herauszuarbeiten, die sich nicht auf „natürliche Daten" bezieht, sondern bspw. im Zuge der Interviewführung und -transkription selbst Verschriftlichung oder andere Formen einer medialen Fixierung vollzieht. Erstrebenswert scheint in jedem Fall,

> „die schriftlichen Semantikanalysen durch die Berücksichtigung anderer semantischer Medien zu erweitern. Damit ist nicht nur der Einbezug von weiteren Materialien gemeint, sondern grundlegender geht dies mit der Annahme einher, dass Sinnprozesse selbst medial verfasst sind – und dass diese *Medialität von Semantiken* wiederum für die wiederholten und verbreiteten Bedeutungen von Belang ist" (Stäheli 2010: 230; Hervorh. im Orig.).

Tatsächlich zeichnet sich bereits ab, dass die Relevanz von Medien und deren Materialität in Sinnkonstitutions- bzw. Kommunikationsprozessen zukünftig auch in systemtheoretischen Analysen stärker mit berücksichtigt werden wird (z.B. Bohn 2012; Stäheli 2007a; Wagner 2011). Eine leitende, der Medientheorie entlehnte Idee ist dabei, dass Medien nicht als geradezu transparente Boten einer Botschaft bzw. Information fungieren, sondern „selbst wiederum die von ihnen ‚transportierten' Sinngehalte" (Stäheli 2010: 231) strukturieren. Darüber hinaus werden Medien und Mediennutzung semantisch abgestützt, womit sich als aufschlussreich erweisen kann, Praktiken der Medien-(Nicht-)Beobachtung als solche in den Blick zu rücken (Kessler 2012), das heißt danach zu fragen, wann und wie ein Medium in seiner Materialität in praxi beobachtet wird (oder eben nicht). In der Folge können diverse semantische Medien als „Faktum der gesellschaftlichen Semantik, die sprachlich, numerisch, symbolisch und piktoral operiert" (Bohn 2012: 46), von Interesse sein und zudem die (historisch-)variablen sozialen (Be-)Deutungen von Medien(-Gebrauch) Gegenstand semantischer Analysen werden.

Eine mediale Fixierung von Semantik entspricht noch keiner Wiederholbarkeitsgarantie, genauso wenig wie Semantiken ‚als solche' ihre Wiederholbarkeit im Sinne einer zeit- oder kontextüberdauernden *Bedeutungsidentität* verbürgen (vgl. zur Diskussion: Stäheli 2000a: Kap. V):

„Identitäten können in operativen Sinnsystemen nicht als Gegebenheit begriffen, sondern müssen durch wiederholenden Unterscheidungsgebrauch hervorgebracht werden. Dabei hat jede sinnhafte Wiederholung einen Doppelcharakter, den man [...] als Kondensierung und Konfirmierung bestimmen kann [...]: Durch die Wiederholung kondensiert einerseits eine Identität, die dabei aber zugleich in verschiedenen Kontexten konfirmiert und mit Andersheit aufgeladen wird" (Khurana 2012: 301).

In den Fokus rückt in der Folge die Beobachtung von konkretem und d.h. empirischem Unterscheidungsgebrauch, der sich über seine Wiederholung generalisiert und – wenn man so will – selbst-identifiziert. Ein wichtiger Schritt besteht demnach auch für eine empirische Semantikanalyse darin, Unterscheidungsgebrauch zu beobachten, womit jene Beobachtungspraxis, die bei Luhmann „Beobachtung zweiter Ordnung" heißt, mitangesprochen ist: „Zu einer Beobachtung zweiter Ordnung kommt es erst, wenn man einen Beobachter als Beobachter beobachtet. ‚Als Beobachter' heißt: im Hinblick auf die Art und Weise, wie er beobachtet. Und das wiederum heißt: im Hinblick auf die Unterscheidungen, die er zur Bezeichnung der einen (und nicht der anderen) Seite verwendet" (Luhmann 1991: 239-240).

Vor dem Hintergrund einer Vielzahl nicht realisierter Möglichkeiten betrachtet („Potentialität"), interessiert im Sinne einer Beobachtung zweiter Ordnung nicht so sehr das je aktualisierte Was – also etwa die kontingente Beschaffenheit der je beobachteten „Welt" – sondern vor allem das Wie. Demnach ginge es eben *nicht* darum, schlicht Begriffe (z.B. schwarz) oder Unterscheidungen (z.B. schwarz/weiß) zu identifizieren oder gar zu zählen. Identitäten und Bedeutungen (wie auch ihre ggf. hegemoniale Positionen in einem Diskurs oder systemischen Zusammenhang) werden stets bzw. erst im Zuge ihrer relationalen und kommunikativ-referentiellen Einbettung geschaffen. Bezogen auf die Systemtheorie betont Stäheli, dass „eine differenztheoretisch angelegte Theorie [...] anstelle einer vorschnellen Einengung des Blickwinkels auf zu isolierende semantische Unterscheidungen deren syntaktische und rhetorische Einbettung hervorheben" (Stäheli 1998: 333) müsse.

Beispielsweise folgende Fragen können dann die Forschungspraxis anleiten: *Wie* ermöglichen sich Beobachtungen von Wirklichkeit selbst, d.h. welche bezeichnenden Unterscheidungen werden getroffen, welche Identitäten und Evidenzen erfolgreich behauptet, welche Kontexte vorausgesetzt und damit aufgespannt? Mit anderen Worten: Wie statten sich Beobachtungen selbst „mit der Möglichkeit aus [...], andere Möglichkeiten auszuschließen" (Nassehi/Saake 2002: 82), wie wird Kontingenz je praktisch eingeschränkt oder (z.B. über stabilisierte Unterscheidungen) invisibilisiert? Ein sozialwissenschaftlicher Beobachter von Beobachtern bzw. von Beobachtungspraxis fragt, *wie* beobachtet wird – und damit zusammenhängend: unter welchen mitvollzogenen gesellschaftlichen Bedingungen sich eine konkrete (Unterscheidungs-)Praxis hervorbringt. Wie diese Art und Weise des Fragens forschungspraktisch aussehen kann, lässt sich bezugnehmend auf den von Cornelia Renggli eingebrachten Vorschlag einer mitunter systemtheoretisch informierten Bildanalyse verdeutlichen, welchen sie im Zuge ihrer Beschäftigung mit der Un-/Sichtbarkeit von Behinderung ausbuchstabiert hat (vgl. Renggli 2005, 2006): Sie knüpft an Nassehis Anregung an, „einen Blick auf die alltäglichen Routinen des Unsichtbaren und der Ausschließung anderer Möglichkeiten zu riskieren" (Nassehi 2003a: 255), um sich in der Folge „dem Selbstverständlichen, Naheliegenden, Offensichtlichen" (Renggli 2005: 43) zuzuwenden, insofern es ihr – an dieser Stelle explizit anknüpfend an Foucault – um ein „Durchbrechen des Selbstverständlichen" geht, d.h. „nicht darum, Verborgenes sichtbar zu machen, sondern sich durch das Unsichtbare dem Sichtbaren zuzuwenden" (Renggli 2005: 44; Stichwort: blinder Fleck). Sie fragt, „Was sehe ich?", „Was wird wie sichtbar gemacht und was bleibt unsichtbar?" sowie „Wie wird welche Evidenz hergestellt?" (Renggli 2005: 45). Die erste Frage zielt nicht auf eine Bildbeschreibung sondern auf „eine Beschreibung des Sehens", welche sie protokolliert und später im Modus einer Beobachtung zweiter Ordnung befragt bzw. analysiert, um darauf aufbauend fragen zu können, was zu sehen gegeben wurde/wird (und was nicht). Erschlossen werden somit „Felder des Un-/Sichtbaren" (Renggli 2005: 45), in denen Bestimmtes als evident erscheint oder auftritt, dessen Evidenz-Werdung es in den Phasen des Sehens und Zu-Sehen-Gebens zu hinterfragen gilt.[19]

Folglich beinhaltet eine empirische Semantikanalyse ein *close reading* bestimmter Texte, Bilder etc., welches bestimmte Muster des Unterscheidens herauszuarbeiten hilft. Keineswegs vorentschieden ist dabei, ob man dieses, wie Urs Stäheli, als dekonstruktiv verstehen und praktizieren möchte oder bspw. als eine

---

19 In einer meiner Meinung nach sehr überzeugenden selbst-reflexiven Wendung vollzieht Renggli damit den Schritt zu einer Bildanalyse ohne im engeren Sinne hermeneutischen Anspruch (vgl. Renggli 2007: 21), indem sie sich selbst als eine teilnehmende Beobachterin (unter anderen denkbaren und vorkommenden) positioniert und somit den Umstand der Standortgebundenheit des eigenen Beobachtens und ihre Forscherinnenperspektive (inkl. Vorwissen, Forschungsinteressen…) in Rechnung stellt, insofern diese in die Beschreibungen des Sehens einfließen und somit einer Beobachtung zweiter Ordnung ‚unterzogen' werden können. Einen alternativen Zugang wählt bspw. die Kunst- und Kulturwissenschaftlerin Alexandra Karentzos (2006, 2008), wenn sie Bilder/Gemälde als Beobachtungen zweiter Ordnung beobachtet. Aber auch die von Renggli vorgeschlagene Herangehensweise schließt keineswegs aus, Bilder als Beobachtungen zweiter Ordnung zu beobachten, was sich wiederum (von einem anderen Beobachter oder vom selben Beobachter zu einem anderen Zeitpunkt; vgl. z.B.: Luhmann 1990: 74) beobachten ließe.

beobachtungstheoretisch informierte Suche nach Entfaltungs- und Bewältigungsformen von Kontingenz (vgl. Nassehi/Saake 2002). Die ‚Suchbewegungen' oder beobachtenden Blicke scheinen mir letztlich recht nahe beieinander zu liegen, sofern sich (auch) „eine dekonstruktive Lektüreweise" für jene Momente interessiert, „in denen die Kontingenz von Leitunterscheidungen deutlich wird. Aus soziologischer Perspektive sind solche Passagen von vordringlichem Interesse, da hier die Arbeit an prekären Unterscheidungen offen gelegt werden kann. Denn nun kann analysiert werden, auf welchen komplexen und häufig auch widersprüchlichen Voraussetzungen auf den ersten Blick ‚klare' Unterscheidungen beruhen" (Stäheli 2007b: 16).

Daneben ginge es im Zuge einer Semantikanalyse in einem weiteren Schritt (der ggf. auch der erste gewesen sein wird und sich zudem mit einem *close reading* immer wieder abwechseln lässt bzw. abwechseln wird) darum, sich für eine sich *wiederholende* Unterscheidungspraxis zu interessieren, womit die kontrastierende Sichtung eines „breiten Archivs" wesentlich wird (vgl. Stäheli 2010: 231). Mitangesprochen ist damit eine Form der empirischen Analyse, „die sich zunächst über die Plausibilisierung von Praktiken wundert und die Frage stellt, welche Kommunikationsformen sich bewähren und immer wieder auftauchen" (Wagner 2011: 168). Wie Nassehi recht grundlegend formuliert:

> „Sinnhafte Verweisung ist eine Praxis der *Negation von Beliebigkeit*, besser: der *Negation von Kontingenz* durch Ausschluss anderer Möglichkeiten. Die soziologische Arbeit beginnt dort, wo nach den empirischen Etablierungen solcher Formen der Negation gesucht wird, wo also die *Praxis* der Etablierung von Unterscheidungen und Eindeutigkeiten beobachtet wird" (Nassehi 2003a: 58; Hervorh. im Orig.).

In diesem Sinne geht es im Zuge einer Semantikanalyse darum, die Praxis der Selbstermöglichung und der Etablierung bzw. Bewährung wiederholten Unterscheidungsgebrauchs zu beobachten.[20] Dabei ist die semantik-analytische Forschungspraxis nicht auf die Sichtbarmachung von kontingenten Unterscheidungspraxen oder Selbstbeschreibungen beschränkt, sondern fragt auch nach den

---

20 Die Bewährung oder Etablierung semantischer Formen kann sich dem im vorangehenden Abschnitt dargelegten Verständnis zufolge nicht an einer plausiblen oder evidenten Korrelation mit sozialen Strukturen festmachen; vielmehr bewähren sich Unterscheidungsgebrauch und Semantiken selbstreferentiell und je praktisch. Plausibilität, Evidenz, Authentizität etc. sind dabei keine Charakteristika, nichts dem Kommunikationsakt, einem (Verbreitungs-)Medium oder einer Person inhärentes, sondern kontingente kommunikative Attributionen, die nicht selten mit sozialdimensionalen Zuschreibungen einhergehen.

gesellschaftlichen Kontexten und Bedingungen deren je konkreten (Selbst-)Ermöglichung und Verunmöglichung. Vor dem Hintergrund des Ausgeführten lässt sich präzisieren, inwiefern sich Semantiken überhaupt als „Vorrat" aus einer differenztheoretischen Sicht fassen lassen. Sehr treffend lässt sich dies mit folgendem Zitat verdeutlichen, welches inspiriert von Foucault das (Bild-)Reservoir einer Gesellschaft

> „als historisch und kulturell kontingent und in einem beständigen Prozess des Wiederholens und Erneuerns befindlich [definiert]. [...] das Reservoir [benennt] das Vor-Gesehene sowie die Darstellungsparameter, welche bestimmen, was zu einem bestimmten Zeitpunkt sichtbar wird, gesehen und gedacht werden kann. Der Begriff – selbst eine Vorstellungskategorie – lenkt dabei unsere Aufmerksamkeit auf die Kontexte und Rahmungen, innerhalb derer Bilder bedeutsam werden. Anders als das Repertoire, das eher eine zur Verfügung stehende Bildersammlung assoziieren lässt, aus der sich jede_r nach Belieben und Bedarf bedienen kann, schwingt im Begriff des Reservoirs viel stärker das Unbekannte, das Unbewusste und Kontingente mit. [...] Entscheidend ist [...], dass jede Form des Umgangs mit dem Bildreservoir nicht einfach nur ein Rückgriff auf Vorhandenes ist, sondern notwendigerweise immer auch einen Eingriff bedeutet, der die Gesamtformation verändert und daher immer auch mit der Option eines Neu-Sehens oder Anders-Sehens verbunden ist" (Bartl et al. 2011: 15-16).

Der semantische Vorrat oder Apparat ist demzufolge nicht als ein Repertoire, aus dem geschöpft werden kann, zu fassen, sondern vielmehr als eine Art Möglichkeitshorizont für je praktische und damit kontingente Schöpfungen – seien diese kreativ und subversiv oder eher konservativ. Dabei sollte nicht aus dem Blick geraten, dass das, was letztlich als Semantik (auch das ist eine Vorstellungskategorie) bezeichnet sein wird, Produkt einer sozialwissenschaftlichen Beobachter_innen-Praxis ist, einer Forschungspraxis also, die sich bewährenden und generalisierenden Unterscheidungsgebrauch zuallererst beobachtet und im gegebenen Fall als Semantik benennt: In diesem Sinne ist eine Semantikanalyse eine im Forschungsprozess Semantiken schöpfende Praxis.

4 Differenztheoretische Forschung zu Kultur und Politik: ein Ausblick

Eine Analyse von Semantiken kann den vorangehenden Betrachtungen zufolge bedeuten, sich im Forschungsprozess für sich konkret wiederholenden Unterscheidungsgebrauch sowie für Praktiken der Etablierung, Stabilisierung und Vereindeutigung von (auch prekären) Unterscheidungen zu interessieren. Im Zuge meiner

Rezeption der Rezeption hat sich darüber hinaus angedeutet, dass eine Semantikanalyse das Potential zur Erschließung einer breiten Palette an Fragestellungen und Gegenstandsbereichen besitzt, fokussiert man diese nicht auf gepflegte und verschriftliche Semantiken, die als Indikatoren größere gesellschaftliche Umbrüche anzeigen bzw. markieren.

So erlaubt es eine im vorgestellten Sinne geöffnete Semantikanalyse bspw. dem „cultural gap" (Stäheli 1997: 128) der Systemtheorie theorieimmanent zu begegnen, zunächst insofern, als dass recht typische Forschungsgegenstände und -fragen der Cultural und anderer *Studies*[21] semantik-analytischer Forschung zugänglich werden (vgl. Stäheli 1997, 2000c).[22] Dies wird aufgrund der im zweiten Abschnitt nachgezeichneten Öffnungsbewegungen ermöglicht: (Auch) in den Blick geraten können aktuelle, sowohl für eine breite, zumeist massenmedial vermittelte Öffentlichkeit bestimmte als auch für den alltäglichen, interaktiven oder organisatorischen Gebrauch verfügbar gehaltene Texte, Bilder, Artefakte etc. und die somit unterschiedlich medial ‚fixierten' Semantiken. Des Weiteren kann eine Semantikanalyse eben jene in praxi (re-)produzierten und aktualisierten Unterscheidungen und die sich verschiebenden Grenzen zwischen bspw. Hoch- und Populärkultur wie auch Prozesse der Kanonisierung (also auch: vom Underground zum Mainstream)[23] selbst zum Thema machen. Jedenfalls nicht länger „[a]usgeschlossen von der Semantikanalyse sind damit massenkulturelle Produkte und Genres (vom Melodram, der Soap Opera über den Hollywoodfilm bis zur Ratgeberliteratur) – ein großer Wissensbereich, der etwa von den anglo-amerikanischen Cultural Studies

---

21   „Unter den Kulturforschungen der *Studies* sind dabei jene Analysen und Untersuchungen zu verstehen, die in den letzten Jahren fächerübergreifend immer mehr an (auch institutioneller) Bedeutung gewonnen haben, wie beispielsweise *Governmentality Studies*, die *Queer Studies, Gender Studies, Space Studies, Science Studies, Visual Studies, Cultural Studies* oder *Postcolonial Studies*" (Moebius 2012a: 7; Hervorh. im Orig.). Damit sollen keinesfalls die Unterschiede zwischen den Studies und innerhalb der einzelnen Studies in Abrede gestellt werden.

22   „[T]he exclusion of ‚non-serious' semantics is not simply the exclusion of a particular field of analysis, but rather the exclusion of theoretical problems that are pertinent for systems theory, too" (Stäheli 1997: 137). In diesem Sinne hat Stäheli (2000c) bspw. die aus dem Kontext der Cultural Studies bekannte Idee des Populären systemtheoretisch reformuliert, um damit innerhalb einer systemtheoretischen Perspektive die Frage stellen zu können, inwieweit die universalisierten Inklusionsfiguren der Funktionssysteme nicht nur semantisch abgestützt werden müssen, sondern auch ein konstitutives Außen und persuasive Praxen benötigen, die Inklusion überhaupt erst attraktiv machen.

23   Genereller müsste sich die Frage nach Prozessen der Universalisierung stellen lassen; vgl. Andersen 2010.

zum privilegierten Gegenstand gesellschaftlicher Sinnproduktion gezählt wird" (Stäheli 2012: 216). Tatsächlich ermöglicht eine Neuausrichtung der Semantikanalyse meines Erachtens vor allem eines: Potentiale für empirische Forschung, die in einer systemtheoretischen Soziologie angelegt sind, offen zu legen. Dabei werden jene methodologischen und analytischen Facetten einer systemtheoretischen Beobachtungspraxis zum Vorschein gebracht, die ansonsten mit (anderen) poststrukturalistisch orientierten kultur- und sozialwissenschaftlichen Perspektiven assoziiert werden. Ausgehend von der Beobachtung, dass die Systemtheorie und die Cultural Studies eine „anti-essentialistische Grundhaltung" sowie ihre „differenztheoretischen Forschungsdesigns" (Stäheli 2000c: 322) teilen, lässt sich genereller festhalten, dass sowohl Differenztheorien (wie etwa Dekonstruktion, gendertheoretische Ansätze oder Systemtheorie) als auch das Gros der an diese anschließenden Forschungsprogramme

> „selbstverständlich eingedenk markanter Unterschiede im Theoriegerüst, alle davon aus[gehen], dass Identitäten verschiedenster Ausprägung stets Effekte von Unterscheidungsleistungen sind. Identitäten entstehen im Zuge der un/problematischen Verwendung von Unterscheidungen: Ich/Du, Subjekt/Objekt, Präsenz/Absenz, Geist/ Materie, Stimme/Schrift, Identität/Differenz, Mann/Frau, Hetero-/Homosexuell, Inklusion/Exklusion, System/Umwelt, Bewusstsein/Kommunikation, Medium/Form [...]. Entscheidend ist dabei, solche *Differenztheorien* als *Beobachtungstechniken* zu lesen, die es zuallererst erlauben, die Dispositionen von (binären und/oder ambivalent-hybriden) Unterscheidungen als solche überhaupt sichtbar zu machen" (Grizelj/ Kirschstein 2014b: 9; Hervorh. im Orig.).

Als eine wesentliche Schnittstelle lässt sich demgemäß das Interesse an der Beobachtung zweiter Ordnung bzw. an einer Dekonstruktion von Beobachtungs- und Zuschreibungs-Praxen bisweilen prekärer Identifikationen benennen, mit dem Ziel, vermeintliche Selbstverständlichkeiten, Eindeutigkeiten oder Evidenzen aufzubrechen und als kontingente, weder notwendige *noch* zufällige Ereignisse sichtbar zu machen. Identitäten werden ent-substantialisiert und ent-essentialisiert; sie interessieren stattdessen in ihrer sozialen, historisch-kontingenten Gemachtheit: „Eine Beobachtung zweiter Ordnung kann eine Formenvielfalt und ein Bewusstsein für andere Möglichkeiten herstellen, eine Deontologisierung und Enthierarchisierung. Auch Identitätskonzepte erweisen sich in einer solchen Beobachtung als brüchig und nicht-ursprünglich, da sie immer schon Unterscheidungen voraussetzen" (Karentzos 2008: 22).

Trotz der auf einer recht basalen Ebene angesiedelten differenztheoretischen Schnittmenge, bleibt darauf hinzuweisen, dass sich nicht zuletzt in den Bestimmungen kultureller und politischer Praxis (und deren Verflechtungen) markante und zugleich aufschlussreiche Unterschiede zwischen den unterschiedlichen Forschungsperspektiven auffinden lassen. Folgt man bspw. Oliver Marchart, dann ist das Cultural Studies-Projekt im Kern der „Versuch einer *Bestimmung der Bedeutung des Politischen für Kultur und des Kulturellen für Politik*. In dieser Verschränkung des Kulturellen mit dem Politischen besteht jedenfalls die Spezifik der Cultural Studies-Perspektive" (Marchart 2008: 25; Hervorh. im Orig.). Demgegenüber ist Kultur weder ein „Grundbegriff der Systemtheorie – und diese ist sicher auch keine *Kulturtheorie* im engeren Sinne" (Burkhart 2004: 11, Hervorh. im Orig.) –, noch steht die Verknüpfung von kultureller und politischer Praxis im Vordergrund. Das schließt natürlich nicht aus, sich auch aus einer systemtheoretischen Perspektive der Frage nach der Verschränktheit von (popular-)kultureller und politischer Praxis zuzuwenden. Es ergeben sich allerdings aus einer systemtheoretischen Perspektive ein paar Blickverschiebungen. Dies lässt sich verdeutlichen, zieht man exemplarisch jene Analysen heran, die mit Sigrid Schade und Silke Wenk als „Repräsentationskritiken" im Rahmen der Visual Cultural Studies bezeichnet werden können (Schade/Wenk 2011: Kap. III. 5).[24]

In den Blick geraten damit insbesondere konstruktivistische und poststrukturalistische, in aller Regel von Fragestellungen der Cultural, Gender und Postcolonial Studies (bisweilen auch der Queer und Critical Whiteness Studies) inspirierte empirische Analysen. Im Zuge derer – und oftmals angelehnt an Stuart Halls (1997) konstruktivistischen Repräsentationsbegriff – werden insbesondere in der Sozialdimension gefertigte Identifikationen und somit diverse Grenzziehungen (und -verwischungen) zwischen wir/die anderen aufgedeckt, dekonstruiert und nicht selten kritisiert – bspw. über die Dekonstruktion der als kontingent begriffenen Zuschreibungen und Unterscheidungen anhand von *race, class, gender*, von Ethnizität, sexueller Orientierung, Alter oder Lokalität. Damit einhergehen kann die analytische Haltung die „evidenzproduzierenden, naturalisierenden Effekte der jeweiligen medialen Verfahren sichtbar zu machen und damit eine ‚Ent/Fixierung' zu ermöglichen" (Schade/Wenk 2011: 116; vgl. z. B. Karentzos 2008).[25] Ausgelotet werden diverse Vergleichsschablonen und Differenzmarker und somit der meist

---

24 Die Wahl genau dieser Referenz ist meinem aktuellen Forschungsinteresse für die Bild-Praxis und *imagery* von NGOs geschuldet, welche immer häufiger Gegenstand empirischer und repräsentationskritischer Forschung werden.

25 Die Autorinnen beziehen die hier zitierte Aussage vor allem auf künstlerische Projekte im intellektuellen Umfeld der Postcolonial, Queer und anderer Studies.

selbstverständlich und evident ‚daherkommende' Unterscheidungsgebrauch von oftmals asymmetrisch gebauten, binären Unterscheidungen. In den entsprechenden Studien geht es, sofern sie an die Postcolonial Studies anschließen, zudem im Rahmen eines herrschaftskritischen und in diesem Sinne politischen Projekts darum (vgl. Ha 2010: 260), reaktivierte und fortdauernde koloniale Beobachtungsmuster bzw. Semantiken aufzudecken. Es handelt sich um Studien, „die die Stationen der langen westlichen Tradition von Repräsentationspraktiken von Fremden/Anderen beleuchten, in denen der koloniale Blick auf die Körperlichkeit dieser Anderer problematisiert wird, insofern er nicht nur Anerkennung verweigert, sondern Unterwerfung impliziert" (Schade/Wenk 2011: 112).

Eine systemtheoretische Semantikanalyse, die auf die Beobachtung von sich bewährendem Unterscheidungsgebrauch und medial imprägnierter Beobachtungspraxis abzielt, kann in die „wissenschaftliche[n] Praxis der Repräsentationskritik" (Schade/Wenk 2011: 118) offensichtlich einscheren.[26] Sie kann entsprechende (z.B. postkoloniale) Beobachtungen wissentlich mitvollziehen, wird diese aber auch spezifisch ergänzen und anders kontextualisieren.

So kann davon ausgegangen werden, dass etwa über den Weg einer Beobachtung von Praxen des Sehens und Zu-Sehen-Gebens, wie sie im vorangehenden Abschnitt im Anschluss an Cornelia Renggli vorgestellt wurde, sich auch Beobachtungen und somit ggf. etablierte Praxen und Semantiken eines bezeichnenden Unterscheidens beobachten lassen, die über die in den u.a. postkolonialen Analysen üblicherweise identifizierten Differenzen, Grenzziehungen und Un-/Sichtbarkeiten hinausweisen oder – was ebenfalls aufschlussreich wäre – diese gerade nicht mitvollziehen. Zugleich kann auch bei einer empirischen Semantikanalyse in den Blick geraten, ob und wie die Materialität des Mediums selbst in die jeweilige Beobachtung eingreift, diese strukturiert. Weiter zu (hinter-)fragen wäre aus einer systemtheoretischen Perspektive jedenfalls, welche Relevanz *sozialdimensionalen* Beobachtungen (wie) zukommt, betont doch die Systemtheorie (als vorrangig in der Sach-, nicht in der Sozialdimension gebaute Theorie) die Pluralität von Sinndimensionen und berücksichtigt insofern neben der sozialen auch die Sach- und Zeitdimension sowie (immer häufiger) die Raumdimension. Das schließt keineswegs aus, dass auch systemtheoretische Forschung einen näheren Blick auf sozialdimensional ‚verfertigte' Beobachtungen werfen kann, also etwa auf über „semantic intrusions" (Borch 2005) verwirklichte Zuschreibungen von Handlungen

---

26 Wie und auf welche Weise eine systemtheoretische Perspektive und Analyse *kritisch* sein kann (oder sein will), wird aktuell (insbesondere in konkreter Auseinandersetzung mit anderen, v.a. poststrukturalistischen Theorieperspektiven) diskutiert: vgl. Amstutz/Fischer-Lescano 2013, la Cour/Philippopoulos-Mihalopoulos 2013.

und Konstitutionen kollektiver Identitäten und Subjektpositionen; diese sind aber wiederum als kontingente Kommunikationsereignisse von primär empirischem Interesse. Wichtig ist mit Sicherheit, entsprechende sozialdimensionale Beobachtungsschemata auch aus systemtheoretischer Perspektive nicht als Überbleibsel oder vor-moderne Relikte der stratifizierten Gesellschaft anzusehen (vgl. Stäheli/ Stichweh 2002). Vielmehr sind sowohl Konstitutionspraxen von sozialdimensional plausibilisierten (kollektiven) Identitäten als auch das Eingebettetsein dieser Praxen in unterschiedliche gesellschaftliche Kontexte und funktional ausdifferenzierte Kommunikationszusammenhänge von Interesse.[27] In den forschenden Blick gerückt werden kann damit die Funktion bzw. Relevanz von Beobachtungen mittels *race*, *class*, *gender* etc. im Kontext einer als funktional ausdifferenziert gedachten Gesellschaft. In diesem Sinne wurde bereits die systemtheoretische Semantikanalyse für die Genderforschung ‚entdeckt' und fruchtbar gemacht (z. B. Kampmann/ Karentzos/Küpper 2004).

Ein recht zentraler Unterschied eines systemtheoretischen Zugangs zu anderen differenztheoretischen Forschungsdesigns liegt nun in der Kontextualisierung und auch Bewertung der beobachteten Unterscheidungspraxen und Semantiken:

„Die Systemtheorie kann zwar auch oppositionelle Unterscheidungen als Antagonismen lesen, geht aber nicht davon aus, dass oppositionelle Unterscheidungen per definitionem antagonistisch sind und grundsätzlich im Hinblick auf Machtrelationen politisch gedeutet werden müssen. Es hängt vielmehr von der Form der Gesellschaftsdifferenzierung und den darin verwickelten Semantiken ab, wie eine Unterscheidung *beobachtet* wird" (Grizelj/Kirschstein 2014b: 13-14; Hervor. im Orig.).

Dem Differenzierungstheorem der systemtheoretischen Gesellschaftstheorie zufolge, nimmt Politik bekanntermaßen *keine* exponierte Stellung in der (Welt-)Gesellschaft ein (wie im Übrigen auch kein anderes Funktionssystem) und fällt erst recht nicht mit Gesellschaft, sozialer Sinn-, Wissens- oder Kulturproduktion zu-

---

27 Vgl. hierzu bspw. Stäheli (2008: 244-245). Stäheli versieht seine Überlegung darüber hinaus mit dem Verweis auf den eigenständigen Bedarf von funktional ausdifferenzierten Kommunikationszusammenhängen (aka Funktionssysteme) an universalisierten, semantisch vorbereiteten und abgestützten Inklusionsidentitäten bzw. -figuren. Angesprochen sind damit Inklusionsuniversalismen einzelner Funktionssysteme, die von sozialdimensionalen Differenzierungen kaum etwas wissen wollen, ja von diesen abstrahieren. An verschiedener Stelle hat Stäheli Inklusionsfiguren und persuasive bzw. populäre Praxen der Inklusion von einzelnen Funktionssystemen, insbesondere der Finanzökonomie („Spekulanten") aber auch des politischen Systems („citizen"), herausgearbeitet.

sammen.²⁸ Eine empirisch sensible systemtheoretische Perspektive auf politische Kommunikation sieht zwar durchaus mit, dass auch ‚an sich' politisch unverdächtige Themen, Sprecher, Handlungen etc. potentiell politisch sein können; sie sind aus dieser Perspektive aber erst dann politisch, sofern sie in praxi als politisch relevant beobachtet werden, an diese politisch angeschlossen wird.²⁹

An diesem Punkt wird auch deutlich, inwiefern „Kultur" in einem systemtheoretischen Sinne für eine empirische (Semantik-)Analyse politischer Kommunikation von Interesse sein kann. Luhmanns Kulturbegriff ist dabei offensichtlich ein anderer als jener der bspw. Cultural Studies, hat Luhmann (1995: Kap. 2) Kultur doch als historischen Begriff vorgestellt, „als eine Semantik, die einem Beobachter dann erscheint, wenn er in seiner Beobachtung per Vergleich, also durch die Registrierung beobachteter Differenzen dazu kommt, bestimmte Muster als Kultur beschreiben zu müssen" (Nassehi 2011: 293). Eine systemtheoretische Perspektive führt Kultur als Reflexionsbegriff ein, um in der Folge etwa darauf zu stoßen, dass Beobachtungen von Kultur Sprecher generieren: Kultur interessiert damit auch als ein „Generator von Identitäten [...], als Vergleichsgesichtspunkt und nicht zuletzt als Kampfbegriff, um Sprecher in Stellung zu bringen" (Nassehi 2011: 295).³⁰ Kultur *als Semantik* ist insofern auch potentiell politisch relevant, ist doch leichthin nachvollziehbar, dass entsprechende Kulturbeobachtungen in einer politisierten (Selbst-)Anrufung von Gruppen oder Gemeinschaften, bspw. von Nationen, Ethnien oder *civilizations*, münden können.

Kommen also trotz der aufschlussreichen differenztheoretischen Schnittmengen und Anschlussmöglichkeiten systemtheoretische Analysen (spätestens) im Zuge der gesellschaftstheoretischen Einbettung ihrer empirischen Beobachtungen zu stets anderen Beschreibungen und Erklärungen, jedenfalls aber Bewertungen? Letztlich scheint trotz der einhelligen Betonung der Standortgebunden-

---

28 Zum nicht-essentialistischen Politikverständnis der Systemtheorie, das mitunter darauf aufbaut, dass Politik/das Politische nicht an je konkreten, historisch-kontingenten Akteuren oder Institutionen hängt, vgl. z.B. Albert/Steinmetz (2007) und Nassehi (2003b), wobei insbesondere Nassehi nachdrücklich auf die Relevanz sozialdimensionaler Beobachtungen für politische Kommunikation hinweist. Zur systemtheoretischen Auseinandersetzung mit der „politischen Differenz" vgl. z.B. Stäheli (2000a: zweiter Teil) und Bonacker (2007).

29 Daraus folgt aus einer soziologischen Warte m. E., dass sich eine für Politik und politische Zusammenhänge interessierende Forschung nicht gänzlich auf Beobachtungen von politischer Praxis beschränken muss, vielleicht auch gar nicht kann, müsste doch schon im Vorfeld der Forschung klar sein, was politische Praxis ist (und was nicht).

30 Nassehi (2011: 292) verweist in diesem Sinne darauf, dass auch wissenschaftliche Beobachter_innen – nicht zuletzt aus den Reihen der Cultural Studies – ihrerseits Kulturen *über deren Beobachtung als Kulturen* hervorbringen.

heit des (auch wissenschaftlichen) Wissens das Selbstverständnis der jeweiligen Forscher_innen-Praxis als politisch oder nicht-politisch, der eigenen Analyse als (k)eine Machtanalytik, die wesentliche Demarkationslinie zu sein: Während „[k]onsequente ‚Selbstreflexivität' […] die Cultural Studies davor bewahren [will], sich selbst – etwa als Beobachter zweiter Ordnung – aus dem Feld des Politischen, des Kontextes, der Machtbeziehungen etc. herauszunehmen" (Moebius 2012b: 27), argumentiert die Systemtheorie „vom Ort der Beobachtung aus und nicht dem Ort der Kritik", besitze sie doch „keinen Maßstab zur Kritik der gesellschaftlichen Verhältnisse" (Pasero/Weinbach 2003: 8). Nunmehr hindert die immer wieder beobachtete Kluft zwischen den einzelnen Perspektiven in jüngster Vergangenheit weder ihrem Selbstverständnis nach kritische Forscherinnen und Forscher daran, an analytische Konzepte der Systemtheorie (punktuell) anzuschließen, noch wollen sich einige systemtheoretische Vertreter_innen mit der Lesart einer unkritischen oder nicht-emanzipativen Systemtheorie länger zufrieden geben (Amstutz/ Fischer-Lescano 2013). Fahren wir also fort und beobachten was passiert.

Literatur

Albert, Mathias/Steinmetz, Willibald, 2007: Be- und Entgrenzung von Staatlichkeit im politischen Kommunikationsraum, in: Aus Politik und Zeitgeschichte 20-21/2007, 17-23.

Amstutz, Marc/Fischer-Lescano, Andreas (Hrsg.), 2013: Kritische Systemtheorie. Zur Evolution einer normativen Theorie. Bielefeld: transcript.

Andersen, Niels Åkerstrøm, 2003: Discursive Analytical Strategies: Understanding Foucault, Koselleck, Laclau, Luhmann. Bristol: The Policy Press.

Andersen, Niels Åkerstrøm, 2010: The Semantic Analytical Strategy and Diagnostics of Present, in: John/Henkel/Rückert-John 2010a, 161-180.

Andersen, Niels Åkerstrøm, 2011a: Conceptual History and the Diagnostics of the Present, in: Management & Organizational History, Jg. 6, H. 3, 248-267.

Andersen, Niels Åkerstrøm, 2011b: Who is Yum-Yum? A Cartoon State in the Making, in: Ephemera, Jg. 11, H. 4, 405-432.

Bartl, Angelika/Brandes, Kerstin/Hönes, Josch/Mühr, Patricia/Wienand, Kea, 2011: Einleitung, in: Bartl, Angelika/Hönes, Josch/Mühr, Patricia/Wienand, Kea (Hrsg.): Sehen – Macht – Wissen. ReSaVoir. Bilder im Spannungsfeld von Kultur, Politik und Erinnerung. Bielefeld: transcript, 11-27.

Bohn, Cornelia, 2012: Bildlichkeit und Sozialität. Welterzeugung mit visuellen Formen, in: dies./Schubbach, Arno/Wansleben, Leon (Hrsg.): Welterzeugung durch Bilder. Themenheft Soziale Systeme, Jg. 18, H. 1+2, 40-69.

Bohn, Cornelia/Volkenandt, Claus, 2013: Bilder des Geldes. Ikonische Umbauten als visuelle Semantik, in: Rheinsprung 11 – Zeitschrift für Bildkritik, H. 5, April 2013, 91-103.

Bonacker, Thorsten, 2007: Postnationale Konflikte und der Wandel des Politischen. Ein Beitrag zur Soziologie der internationalen Beziehungen, in: CSS Working Paper No. 4, http://www.uni-marburg.de/konfliktforschung/workingpapers [15.02.2014].

Borch, Christian 2005: Systemic Power. Luhmann, Foucault, and Analytics of Power, in: Acta Sociologica, Jg. 48, H. 2, 155–67.

Burkhart, Günter, 2004: Niklas Luhmann: Ein Theoretiker der Kultur?, in: ders./Runkel, Gunter (Hrsg.): Luhmann und die Kulturtheorie. Frankfurt a.M.: Suhrkamp, 11-39.

la Cour, Anders/Højlund, Holger, 2013: Organizations, Institutions and Semantics: Systems Theory Meets Institutionalism, in: la Cour/Philippopoulos-Mihalopoulos 2013, 185-202.

la Cour, Anders/Philippopoulos-Mihalopoulos, Andreas (Hrsg.), 2013: Luhmann Observed. Radical Theoretical Encounters. New York, NY: Palgrave Macmillan.

Grizelj, Mario/Kirschstein, Daniela (Hrsg.) 2014a: Riskante Kontakte. Postkoloniale Theorien und Systemtheorie? Berlin: Kadmos.

Grizelj, Mario/Kirschstein, Daniela, 2014b: Einleitung: Riskante Kontakte, in: dies. 2014a, 7-17.

Göbel, Andreas, 2000: Theoriegenese als Problemgenese: Eine problemgeschichtliche Rekonstruktion der soziologischen Systemtheorie Niklas Luhmanns. Konstanz: Universitätsverlag.

Göbel, Andreas, 2003: Die Selbstbeschreibung des politischen Systems. Eine systemtheoretische Perspektive auf die politische Ideengeschichte, in: Hellmann, Kai-Uwe/Fischer, Karsten/Bluhm, Harald (Hrsg.): Das System der Politik. Niklas Luhmanns politische Theorie. Opladen/Wiesbaden: Westdeutscher, 213-235.

Ha, Kien Nghi 2010: Postkoloniale Kritik als politisches Projekt, in: Reuter, Julia/Villa, Paula-Irene (Hrsg.): Postkoloniale Soziologie: Empirische Befunde, theoretische Anschlüsse, politische Intervention. Bielefeld: transcript, 259-280.

Hall, Stuart (Hrsg.), 1997: Representation: Cultural Representations and Signifying Practices (Culture, Media and Identities). London: Sage.

Hellmann, Kai-Uwe, 2001: Struktur und Semantik sozialer Probleme. Problemsoziologie als Wissenssoziologie, in: Soziale Probleme, Jg. 12, H. 1/2, 56-72.

Hellmann, Kai-Uwe, 2005: Spezifik und Autonomie des politischen Systems. Analyse und Kritik der politischen Soziologie Niklas Luhmanns, in: Runkel, Gunter/Burkart, Günter (Hrsg.): Funktionssysteme der Gesellschaft. Beiträge zur Systemtheorie von Niklas Luhmann. Wiesbaden: VS, 13-51.

Jäger, Hans-Martin, 2007: „Global Civil Society" and the Political Depoliticization of Global Governance, in: International Political Sociology, Jg. 1, H. 3, 257-277.

John, René/Henkel, Anna/Rückert-John, Jana (Hrsg.), 2010a: Methodologien des Systems. Wie kommt man zum Fall und wie dahinter? Wiesbaden: VS.

John, René/Henkel, Anna/Rückert-John, Jana, 2010b: Systemtheoretisch beobachten, in: dies. 2010a, 321-330.

Kampmann, Sabine/Karentzos, Alexandra/Küpper, Thomas (Hrsg.), 2004: Gender Studies und Systemtheorie. Studien zu einem Theorietransfer. Bielefeld: transcript.

Karentzos, Alexandra, 2006: Unterscheiden des Unterscheidens. Ironische Techniken in der Kunst Parastou Forouhars, in: Göckede, Regina/dies. (Hrsg.): Der Orient, die Fremde. Positionen zeitgenössischer Kunst und Literatur. Bielefeld: transcript, 127-138.

Karentzos, Alexandra, 2008: Beobachtung und Differenz. Weiß wird zu Schwarz und Schwarz wird zu Weiß – Kara Walkers Spiel mit Unterscheidungen, in: kritische berichte, Zeitschrift für Kunst- und Kulturwissenschaften, Jg. 36, H. 4, 22-27.

Kessler, Nora Hannah, 2012: Das Verschwinden der Spur, in: http://www.medienobservationen.lmu.de/ [15.02.2014].

Khurana, Thomas, 2012: Jaques Derrida (1930-2004), in: Jahraus, Oliver/Nassehi, Armin u.a. (Hrsg.): Luhmann Handbuch. Leben – Werk – Wirkung. Stuttgart: Metzler, 300-304.

Kirchmeier, Christian, 2012: Semantik, in: Jahraus, Oliver/Nassehi, Armin u.a. (Hrsg.): Luhmann Handbuch. Leben – Werk – Wirkung. Stuttgart: Metzler, 115-117.

Kogge, Wener, 1999: Semantik und Struktur. Eine ‚alteuropäische' Unterscheidung in der Systemtheorie, in: Reckwitz, Andreas/Sievert, Holger (Hrsg.): Interpretation, Konstruktion, Kultur. Ein Paradigmenwechsel in den Sozialwissenschaften. Opladen/Wiesbaden: Westdeutscher, 67-99.

Leanza, Matthias, 2010: Semantik und Diskurs. Die Wissenskonzeption Niklas Luhmanns und Michel Foucaults im Vergleich, in: Feustel, Robert/Schochow, Maximilian (Hrsg.): Zwischen Sprachspiel und Methode: Perspektiven der Diskursanalyse. Bielefeld: transcript, 119-146.

Luhmann, Niklas, 1980: Gesellschaftsstruktur und Semantik. Studien zur Wissenssoziologie der modernen Gesellschaft, Band I. Frankfurt a.M.: Suhrkamp.

Luhmann, Niklas, 1981: Gesellschaftsstruktur und Semantik. Studien zur Wissenssoziologie der modernen Gesellschaft, Band II. Frankfurt a.M.: Suhrkamp.

Luhmann, Niklas, 1989: Gesellschaftsstruktur und Semantik. Studien zur Wissenssoziologie der modernen Gesellschaft, Band III. Frankfurt a.M.: Suhrkamp.

Luhmann, Niklas, 1982: Liebe als Passion. Zur Codierung von Intimität. Frankfurt a.M.: Suhrkamp.
Luhmann, Niklas, 1990: Die Wissenschaft der Gesellschaft. Frankfurt a.M.: Suhrkamp.
Luhmann, Niklas ,1991: Soziologie des Risikos. Berlin: de Gruyter.
Luhmann, Niklas, 1995: Gesellschaftsstruktur und Semantik. Studien zur Wissenssoziologie der modernen Gesellschaft, Band IV. Frankfurt a.M.: Suhrkamp.
Luhmann, Niklas, 2008: Ideenevolution. Frankfurt a.M.: Suhrkamp.
Marchart, Oliver, 2008: Cultural Studies. Stuttgart: UTB.
Mayr, Katharina/Siri, Jasmin, 2010: Management as a Symbolizing Construction? Re-Arranging the Understanding of Management [48 Absätze], in: Forum Qualitative Sozialforschung/Forum: Qualitative Social Research, Jg. 11, H. 3, Art. 21, http://nbn-resolving.de/urn:nbn:de:0114-fqs1003218 [15.02.2014].
Moebius, Stephan, 2012a: Kulturforschungen der Gegenwart – die Studies, in: ders. (Hrsg.): Kultur. Von den Cultural Studies bis zu den Visual Studies. Eine Einführung. Bielefeld: transcript, 7-12.
Moebius, Stephan, 2012b: Cultural Studies, in: ders. (Hrsg.): Kultur. Von den Cultural Studies bis zu den Visual Studies. Eine Einführung. Bielefeld: transcript, 13-33.
Nassehi, Armin, 2003a: Geschlossenheit und Offenheit. Studien zur Theorie der modernen Gesellschaft. Frankfurt a.M.: Suhrkamp.
Nassehi, Armin, 2003b: Der Begriff des Politischen und die doppelte Normativität der „soziologischen" Moderne, in: ders./Schroer, Markus (Hrsg.): Der Begriff des Politischen. Soziale Welt, Sonderband 14, 133-170.
Nassehi, Armin, 2008: Wie weiter mit Niklas Luhmann?, in: Hamburger Institut für Sozialforschung (Hrsg.): Wie weiter mit...? Hamburg: Hamburger Edition.
Nassehi, Armin, 2011: Gesellschaft der Gegenwarten. Studien zur Theorie der modernen Gesellschaft II. Frankfurt a.M.: Suhrkamp.
Nassehi, Armin/Saake, Irmhild 2002: Kontingenz: Methodisch verhindert oder beobachtet? Ein Beitrag zur Methodologie der qualitativen Sozialforschung, in: Zeitschrift für Soziologie, Jg. 31, H. 1, 66-86.
Pasero, Ursula/Weinbach, Christine, 2003: Vorwort, in: dies. (Hrsg.): Frauen, Männer, Gender Trouble. Systemtheoretische Essays. Frankfurt a.M.: Suhrkamp, 7-14.
Philippopoulos-Mihalopoulos, Andreas/la Cour, Anders, 2013: Introduction: Luhmann Encountered, in: la Cour/Philippopoulos-Mihalopoulos 2013, 1-15.
Renggli, Cornelia, 2005: Blinde Flecke. Methodologische Fragmente für eine Analyse von Bildern zur Behinderung, in: Schweizerisches Archiv für Volkskunde, Bd. 101, H. 1, 39-48.
Renggli, Cornelia, 2006: Die Unterscheidungen des Bildes zum Ereignis machen. Zur Bildanalyse mit Werkzeugen von Luhmann und Foucault. in: Maasen, Sabine/Mayerhauser, Torsten/Renggli, Cornelia (Hrsg.): Bilder als Diskurse – Bilddiskurse. Weilerswist: Velbrück, 181-198.
Renggli, Cornelia, 2007: Selbstverständlichkeiten zum Ereignis machen: Eine Analyse von Sag- und Sichtbarkeitsverhältnissen nach Foucault [38 Absätze], in: Forum Qualitative Sozialforschung/Forum: Qualitative Social Research, Jg. 8, H. 2, Art. 23, http://nbn-resolving.de/urn:nbn:de:0114-fqs0702239 [15.02.2014].

Ricken, Norbert/Balzer, Nicole, 2007: Differenz: Verschiedenheit, Andersheit, Fremdheit, in: Straub, Jürgen/Weidemann, Arne/Weidemann, Doris (Hrsg.): Handbuch interkulturelle Kommunikation und Kompetenz. Stuttgart: Metzler, 56-69.

Sarasin, Philipp, 2005: Michel Foucault zur Einführung. Hamburg: Junius.

Schade, Sigrid/Wenk, Silke, 2011: Studien zur visuellen Kultur. Einführung in ein transdisziplinäres Forschungsfeld. Bielefeld: transcript.

Schützeichel, Rainer 2003: Sinn als Grundbegriff bei Niklas Luhmann. Frankfurt a.M.: Campus.

Schützeichel, Rainer, 2007: Systemtheoretische Wissenssoziologie, in: ders. (Hrsg.): Handbuch Wissenssoziologie und Wissensforschung. Konstanz: UVK, 258-267.

Schwanitz, Dietrich, 1996: Verlorene Illusionen (Symposium), in: Soziologische Revue, Jg. 19, H. 2, 127-136.

Srubar, Ilja, 2006: Systemischer Materialismus oder Konstitutionsanalyse sinnverarbeitender Systeme? Zwei Wege systemtheoretischer Wissenssoziologie, in: Soziologische Revue, Bd. 29, H. Supplement, 3-12.

Stäheli, Urs, 1997: Exorcizing the Popular Seriously: Luhmann's Concept of Semantics, in: International Review of Sociology, Jg. 7, H. 1, 127-146.

Stäheli, Urs, 1998: Die Nachträglichkeit der Semantik: Zum Verhältnis von Sozialstruktur und Semantik, in: Soziale Systeme, Jg. 4, H. 2, 315-340.

Stäheli, Urs, 2000a: Sinnzusammenbrüche. Eine dekonstruktive Lektüre von Niklas Luhmanns Systemtheorie. Göttingen: Velbrück.

Stäheli, Urs, 2000b: Die Kontingenz des Globalen Populären, in: Zeitschrift für Soziologie, Jg. 6, H. 1, 85-110.

Stäheli, Urs, 2000c: Das Populäre zwischen Cultural Studies und Systemtheorie, in: Göttlich, Udo/Winter, Rainer (Hrsg.), 2000: Politik des Vergnügens. Zur Diskussion der Populärkultur in den Cultural Studies. Köln: Herbert von Halem, 321-336.

Stäheli, Urs, 2004: „‚Updating' Luhmann mit Foucault?", in: kultuRRevolution. Zeitschrift für angewandte Diskurstheorie 47/2004, 14-19.

Stäheli, Urs, 2007a: Die Sichtbarkeit sozialer Systeme: Zur Visualität von Selbst- und Fremdbeschreibungen, in: Soziale Systeme, Jg. 13, H. 1/2, 70-85.

Stäheli, Urs, 2007b: Spektakuläre Spekulationen. Das Populäre der Ökonomie, Frankfurt a.M.: Suhrkamp

Stäheli, Urs, 2008: ‚Watching the Market': Visual Representations of Financial Economy in Advertisements, in: Ruccio, David (Hrsg.): Economic Representations. Academic and Everyday. London: Routledge, 242-256.

Stäheli, Urs, 2010: Dekonstruktive Systemtheorie – Analytische Perspektiven, in: John/Henkel/Rückert-John 2010a, 225-239.

Stäheli, Urs, 2012: Gesellschaftsstruktur und Semantik. 4 Bände (1980-1995), in: Jahraus, Oliver/Nassehi, Armin u.a. (Hrsg.): Luhmann Handbuch. Leben – Werk – Wirkung. Stuttgart: Metzler, 214-218.

Stäheli, Urs/Stichweh, Rudolf, 2002: Inclusion/Exclusion. Systems Theoretical and Poststructuralist Perspectives, in: dies. (Hrsg.): Inclusion/Exclusion and Socio-Cultural Identities. Sonderband Soziale Systeme, Jg. 8, H. 1, 3-6.

Stichweh, Rudolf, 1998: Systemtheorie und Geschichte, in: Welz, Frank/Weisenbacher, Uwe (Hrsg.): Soziolohische Theorie und Geschichte. Opladen/Wiesbaden: Westdeutscher, 68-79.

Stichweh, Rudolf, 2006: Semantik und Sozialstruktur. Zur Logik einer systemtheoretischen Unterscheidung, in: Tänzler, Dirk/Knoblauch, Hubert /Soeffner, Hans-Georg (Hrsg.): Neue Perspektiven der Wissenssoziologie. Konstanz: UVK, 157-171.

Wagner, Elke, 2011: Kulturen des Kritischen. Zum Strukturwandel des Öffentlichen am Beispiel medizinkritischer Publika, in: Soziale Systeme, Jg. 17, H. 1, 162-185.

Zöhrer, Michaela/Weller, Christoph, 2013: „Internationale Politik" beobachten: Perspektiven einer empirischen Semantikanalyse politischer Kommunikation in der Weltgesellschaft, in: Stetter, Stephan (Hrsg.): Ordnung und Wandel in der Weltpolitik. Konturen einer Soziologie der internationalen Beziehungen, Leviathan Sonderband 28, 226-246.

Die Semantik *der Politik* und die Kontingenz *des Politischen*

Markierungen für die Konzeption Politischer Bildung im Anschluss an eine systemtheoretische Unterscheidung von Politik und Kultur

Werner Friedrichs

Zusammenfassung

In den vorliegenden Überlegungen soll ein Vorschlag erarbeitet werden, wie zwischen Politik und Kultur so unterschieden werden kann, dass sich für die Didaktik der Politik eine Grundlage für die Konzeption politischer Bildung ergibt. Dabei wird davon ausgegangen, dass die Systemtheorie als Theorie gesellschaftlicher Sinnsysteme für eine zeitgemäße Fassung politischer Bildung eine fruchtbare Heuristik darstellen kann; insbesondere, weil sie eine konkrete Beschreibung des Sinnhorizontes für die Bildung von Selbst- und Selbstverhältnissen liefert. Jenen Horizont entfaltet die Systemtheorie mit Hilfe eines differenztheoretischen Sinnbegriffs, der einerseits Anschluss an die neueren Entwicklungen in der politischen Theorie erlaubt, andererseits eine aussichtsreiche Grundlage für die Reformulierung einer differenztheoretischen Fassung von Politik (als Unterscheidung von Politik und Politischem) liefert, die dann ihrerseits Grundlage für eine Rekonzeptualisierung politischer Bildung sein kann. Darüber hinaus kann mit Hilfe der Systemtheorie den in den poststrukturalistischen Ansätzen teilweise vorhandenen Diskriminierungsschwierigkeiten zwischen Politik und Kultur aus dem Weg gegangen und damit ebenfalls ein Beitrag zur Präzisierung der Schreibweisen politischer Bildung geleistet werden.

1 Politische Bildung in der herausgeforderten Gesellschaft

Für die Didaktik der politischen Bildung gerät derzeit angesichts der durchaus spannungsreichen Entwicklungstendenzen der Gegenwartsgesellschaft, die sich unter anderem in allerlei Verdrossenheiten, postpolitischen Verwerfungen, Wutbürgerschaften und anderen Haltungen zeigen, die Frage nach den Möglichkeiten der Einrichtung erweiterter demokratischer Beteiligungsmöglichkeiten in den Blick. Denn ohne die Aussicht auf Mitbestimmung verlieren die Vermittlungsanliegen demokratischer Kompetenzen entscheidend an Überzeugungskraft. Einfache Umsetzungen nach dem Muster eines Ausbaus bekannter Partizipationswege – so wie es inzwischen in zahllosen Projekten vorangetrieben wird – scheinen sich aber vor dem Hintergrund aktueller demokratischer Herausforderungen in den Erscheinungsformen etwa einer „Postdemokratie" (Crouch 2008: 7-44), einer „unpolitischen" (Michelsen/Walter 2013: 7-104) oder „simulativen Demokratie" (Blühdorn 2013: 167-229) zu verbieten. Mögliche didaktische Reaktionen auf diese Situation hängen in ihrer Konfiguration entscheidend von der Lesart der Herausforderungen der gegenwärtigen Gesellschaft ab, sodass ein kurzer Ausblick auf das „Format Postdemokratie" Orientierung verschaffen könnte.

Unter Postdemokratie wird gemeinhin eine Ermüdungsbewegung gefasst, an deren Ausgang Bürgerinnen und Bürger von ihren Mitgestaltungsmöglichkeiten zunehmend weniger Gebrauch machen bzw. in ihnen faktisch eingeschränkt sind. Letzteres ist prominent durch Crouch in einen bündigen Befund gebracht worden: Postdemokratie sei ein Zustand, in dem zwar nach wie vor Wahlen abgehalten würden – Wahlen, die sogar zur Ablösung von Regierungen führten – die allerdings auch durch professionelle PR-Teams so stark überformt seien, dass sie zu einem „reinen Spektakel" (Crouch 2008: 10) verkämen. Zudem sei der Eintrag ökonomischer Sonderinteressen durch den Lobbyismus so erheblich, dass die Idee eines von einer Aktivbürgerschaft getragenen demokratischen Gemeinwesens zunehmend verblasse.[1]

---

1   Ich spare an dieser Stelle ganz bewusst die Diskussion der Gegenhypothese aus, wonach in einem modernisierungstheoretischen Zugriff der gegenwärtige Zustand der Demokratie letztlich als Ergebnis eines Wertewandels in der Subjektivierungspraxis aufzufassen ist. Subjektivierungen orientierten sich demnach zunehmend weniger an normalisierten Modellen von (Staats-)Bürgerschaft und entfalteten sich stärker im Selbstausdruck jenseits standardisierter demokratischer Beteiligungsverfahren (vgl. z.B. Inglehart 2007 oder Dalton 2008). Innerhalb dieser optimistischeren Bestandsaufnahme wird die Perspektive der Gouvernementalitätsforschung zu Unrecht übergangen, in der durchaus schlüssig nachgewiesen werden konnte, dass Regierungs-

In einem solchermaßen angelegten Problemaufriss *Postdemokratie* wird an durchaus bekannte Denkfiguren und zahlreiche kritische Einsätze angeschlossen. So findet sich etwa schon 1967 eine vergleichbare Perspektive auf das Verhältnis von Ökonomie und Politik bei Agnoli ausgearbeitet (vgl. Agnoli 2004: 13-94), ebenso wie seit Langem unzählige Einlassungen eine Medialisierung der Politik diagnostizieren (vgl. statt vieler Meyer 2001: 15-170). Insoweit, so ließe sich hier schlussfolgern, rechtfertigen die Invektiven Crouchs nicht allein den Ausweis eines (neuen) postdemokratischen Zeitalters. In diesem Sinne markiert u. a. Mouffe Präzisierungsbedarf, wonach sich die postpolitischen bzw. postdemokratischen Tendenzen insbesondere aus einer „konsensorientierten Politik" ergäben (vgl. vor allem Mouffe 2007: 7-14; Rancière 2002: 105-131). Dadurch, dass Politik grundlegende Differenzen egalisiere, indem sie auf „verhandelbare" Gegensätze transformiert würden, verlören Auseinandersetzungen ihre politische Inschrift. Insbesondere würden Möglichkeiten aufgehoben, bestimmte Standpunkte zu artikulieren, nämlich genau jene, die sich einer hegemonial ausgerichteten Diskurssphäre nicht fügten (vgl. dazu grundlegend Laclau/Mouffe 1991: 144ff.). Politik ließe sich demnach immer weniger als eine deliberative Praxis verstehen, sondern als die Installation, Stabilisierung und Abdichtung spezifischer diskursiver Logiken.[2] Die omnipräsente, dezentrierte und selbst entfaltende machtvolle hegemoniale Logik wird dabei als Effekt der Unvereinbarkeit widerstreitender Grundsätze einer Demokratie eingeordnet: Das einem demokratischen Gemeinwesen zugrundeliegende „demokratische Paradox" (Mouffe 2008: 19-32), das in der Anforderung der gleichzeitigen Artikulation einander ausschließender Einsätze besteht (in der einfachsten Form: des Allgemein- und Einzelwillens), lässt sich nicht durch rationale Verfahren oder die Gründung von Institutionen „lösen", weshalb es auf eine spezifische Weise invisibilisiert werde. Hegemoniale Diskurslogiken „verdecken" damit

---

techniken eben auch die Steuerung des Selbst erfassen (vgl. statt vieler einschlägig Bröckling 2007: 19-45).

2   Die Lesart einer politisch stabilisierten diskursiven Hegemonie lässt sich auf mehrere theoretische Vorarbeiten unterschiedlichster Provenienz zurückführen: So etwa bei Lyotards (1989: 9-16) Verkettungslogik in Diskursarten; der strukturalistischen Einsicht, dass sich Bedeutungen vor allem über relationale Verweisstrukturen herstellen und der poststrukturalistischen Ergänzung, dass die Verweisstrukturen selbst wiederum ausgerichtet sein müssen (vgl. zentral nach wie vor Derrida 1994: 422-442); Foucaults Arbeiten zum Zusammenwirken zwischen Macht und Diskurs (vgl. etwa Foucault 1978: 21-54) oder Gramscis Einlassungen zu einer Theorie der Hegemonie jenseits physischer Konstellationen (vgl. etwa Gramsci 2012: 859-904). Inzwischen liegen auch zahlreiche einschlägige Grundlagenarbeiten zur Vermessung der Politik als diskursivem Machtgefüge vor (vgl. z. B. Opratko 2012: 122-153; Wullweber 2010: 58-102; Nonhoff 2006: 23-238).

u.a. durch ihre Verpflichtung auf eine spezifische Vernunftnorm die der Einrichtung gesellschaftlicher Institutionen zugrundeliegenden Aporien und Paradoxien[3]. Die Fokussierung dieser Logik führte in den letzten Jahren zu einer Umschrift in der Vermessung des Politikbegriffes:

> „Vieles spricht dafür, dass sich innerhalb der politischen Theorie der Gegenwart eine Wende abzeichnet. Während der Schwerpunkt politischer Theoriebildung lange Zeit auf dem Versuch einer Begründung demokratischer Verfahren in universalen Vernunft- und Rechtsprinzipien und deren normativen Aspekten lag, richtet sich der Fokus heute verstärkt auf die Selbstinstituierung einer Gesellschaft, die auf keine externen Gründe zurückgeführt werden kann" (Heil et al. 2011: 7).

D.h. wenn sich das Gründungsmoment nicht umstandslos auf eine „Figur des Dritten" (Eßlinger et al. 2010: 9-34) zurückführen lässt, die Selbstinstituierung also in einer Selbstbezüglichkeit schematisiert werden muss, wird deutlich, dass erhebliche Begründungslasten entstehen, die ständig von supplementären und parasitären Logiken unterlaufen werden (vgl. dazu die Beiträge in Eßlinger et al. 2010; Bedorf et al. 2010). Insoweit kann die Stabilisierung von Institutionen als Verdeckungsoperation der (symmetrischen) Unbegründbarkeit gesellschaftlicher Ordnung gelesen werden. Blaupausen entsprechender theoretischer Erfassungs- und Beschreibungsversuche solcher umfassender Institutionengründungen finden sich etwa in Cassirers Philosophie der symbolischen Formen, in Foucaults Diskursuniversum oder Rancières sinnlicher Ordnung.[4] Gemein ist jenen Ansätzen, dass die begrifflichen Zuschnitte und Fassungen der Kultur und des Politischen dabei strukturell angenähert werden.

Damit verschiebt sich der Fokus für eine Politische Bildung, die sich selbst auch in der Verantwortung für die Fortsetzung des demokratischen Projektes sieht. Für das Ziel der Stärkung politischer Urteilskraft reichte noch nie die Weitergabe eingespielter Praxen im Sinne einer spezifischen Staatskunde, sondern es mussten schon immer die Fluchtlinien der Transformation einer Demokratie in der Didaktik der Politik lebendig bleiben. So hat etwa Dewey systematisch herausgestellt, dass die Zukunftsfähigkeit eines demokratischen Gemeinwesens wesentlich davon abhinge, inwieweit es in der Lage sei, eine politische Bildung auch

---

3   Es sei für die nachfolgenden Überlegungen vorausgeschickt, dass Barel für die Systemtheorie eine in vieler Hinsicht vergleichbare Konstitutionslogik herausgearbeitet hat, auf die Luhmann explizit zurückgegriffen hat (vgl. Barel 1979: 11-52).

4   Vergleiche im Hinblick auf Cassirer und Foucault den Beitrag von Schönherr-Mann in diesem Band sowie bezüglich Rancière den Beitrag von Eggers in diesem Band.

konzeptionell fortzuschreiben; eine politische Bildung, die Demokratie auch über ihren unveränderten Fortbestand hinaus denken kann (vgl. Dewey 1993: 113). Zur Wahrung eines solchen überschießenden Moments wurde der politischen Bildung häufig eine ideologiekritische Dimension eingeschrieben, die ihr Richtmaß aus der Idealtypik einer vernünftigen Gesellschaft bezog. Die Konzeption politischer Bildung wurde dann an den Unterscheidungen zwischen Faktizität und Geltung bzw. System und Lebenswelt ausgerichtet, was zu den bekannten (ebenfalls ideologiekritisch ausgerichteten) Auseinandersetzungen führte, die schlussendlich im sogenannten *Beutelsbacher Konsens*[5] ihre vorläufige Befriedung fanden. Die Verschiebung, die sich aktuell u. a. im Anschluss an die Diskussion um die Postdemokratie ergibt, besteht darin, dass nicht mehr die kategoriale Ausrichtung politischer Inhalte bei der Verortung politischer Bildung maßgeblich sein kann, sondern der Konstruktionsprozess und die Stabilisierung politischen Wissens bzw. die entsprechend politische Ausrichtung kultureller Sinnsysteme (womit kulturelle Sinnstiftung und politisches Wissen zweifellos stärker zusammengerückt werden; vgl. dazu Friedrichs 2013).

Dem Konzept der Bildung – als sinnhafte Transformation der Welt- und Selbstverhältnisse – ist systematisch in besonderer Weise eine kulturelle Inschrift zu eigen, sodass es angesichts des oben beschriebenen Interesses an der Fortschreibung politischer Bildung von Bedeutung ist, die übereinanderliegenden sinnstiftenden Sphären von Kultur und Politik zu differenzieren – zumal in der skizzierten Perspektivänderung Politik und Kultur einander deutlich angenähert werden. Insoweit soll in den folgenden Überlegungen ein Vorschlag erarbeitet werden, wie zwischen Politik und Kultur so unterschieden werden kann, dass sich für die Didaktik der Politik eine Grundlage für die Konzeption politischer Bildung ergibt. In diesem Sinne werden in einem ersten Schritt einige Markierungen zum Erkenntnisinteresse der Ausführungen vorgenommen. (1) Dabei wird greifbar, dass die Systemtheorie als Theorie gesellschaftlicher Sinnsysteme für eine zeitgemäße Fassung politischer Bildung eine fruchtbare Heuristik darstellen kann; insbesondere, weil sie eine konkrete Beschreibung des Horizontes für die Bildung von Selbst- und Selbstverhältnissen liefert. Gleichzeitig wird aber auch deutlich, dass eine allzu einfach angelegte konstruktivistische Leseart einer Systemtheorie, die man u.a. mit der Theorie autopoietischer Systeme verbindet, einige unauflösbare Aporien enthält – die z. T. auch an die Bildungs- und Lerntheorie weitergegeben werden

---

5   Am Ausgang einer ausgesprochen kontroversen Diskussion um die mögliche Instrumentalisierung politischer Bildung ergab sich ein Minimalkonsens hinsichtlich weniger notwendiger Prinzipien, deren Einhaltung Indoktrinationsversuchen Einhalt gebieten soll (vgl. dazu auch die Beiträge in Schiele/ Schneider 1996).

(insbesondere in der sogenannten konstruktivistischen Didaktik; vgl. z.B. Reich 2006: 71-136; Arnold 2012: 54-101). Von einer entsprechend verengten Version einer Theorie der Sinnsysteme setzte sich insbesondere Luhmann ab, was in der Rezeption der Systemtheorie allerdings nicht konsequent wahrgenommen wurde. Im zweiten Abschnitt der nachfolgenden Überlegungen werden deshalb wenige große Striche in das Werk Luhmanns eingezeichnet, in der Absicht, eine differenztheoretische Wende im Spätwerk Luhmanns als genuine und – unvorsichtig formuliert – „eigentliche" Fluchtlinie der Theorieentwicklung in den Blick zu rücken, die sich *in nuce* spätestens in der autopoietischen Wende nachweisen lässt (2). Auf dieser Fluchtlinie kann man eine Lesart der Systemtheorie entfalten, die es erlaubt, einen differenztheoretischen Sinnbegriff zu denken, der einerseits Anschluss an die neueren Entwicklungen in der politischen Theorie erlaubt, andererseits eine aussichtsreiche Grundlage für die Reformulierung einer differenztheoretischen Fassung von Politik (als Unterscheidung von Politik und Politischem) liefert, die dann ihrerseits Grundlage für eine Rekonzeptualisierung politischer Bildung sein kann. Als theorietechnischer Vorteil ergibt sich daraus, dass dabei weniger auf eine in der Didaktik der Politik verbreitete Version des Konstruktivismus zurückgegriffen werden muss, die sich auf Spielarten eines subjektiven Perspektivismus zurückführen lässt, sondern stärker auf die gesellschaftlich-machtvollen Konstruktionsprozesse von Sinn abgehoben werden kann (3). Darüber hinaus lässt sich mit Hilfe der Systemtheorie den in den poststrukturalistischen Ansätzen teilweise vorhandenen Diskriminierungsschwierigkeiten zwischen Politik und Kultur aus dem Weg gehen. Aus der Perspektive der späten Systemtheorie kann ein Vorschlag formuliert werden, Politik und Kultur begrifflich zu trennen und damit eine mögliche Grundlage für die Konzeption einer politischen Bildung zu präzisieren, deren Grundlinien am Ausgang der hier vorliegenden Überlegungen angedeutet werden sollen.

2 Vermessungsprobleme politischer Bildung

Weil der Bildungsbegriff seit je mit dem Begriff der Kultur amalgamiert ist (vgl. systematisch etwa Steenblock 1999: 257-320), ist es für die Didaktik der politischen Bildung von besonderem Interesse, eine tragfähige Unterscheidung zwischen der Sphäre des Politischen und jener der Kultur angeben zu können, um eine Konturierung des begrifflichen Übergangsfeldes Politik-Kultur-Bildung zu erhalten. Hier stellt sich insbesondere die Frage, was eigentlich das Politische der politischen Bildung im Unterschied zu allgemeinen und überwiegend im Medium der Kultur gedachten Bildungsprozessen ausmacht. Aus der erziehungswissenschaftlichen Bildungsphilosophie bekommt man die Auskunft, dass unter Bildung im Allgemeinen die Transformation von Welt- und Selbstverhältnissen verstanden werden kann (vgl. z. B. Marotzki 1990: 41-51; Koller 1999: 143-160). Im Kern geht es um die Veränderung der Situierung des Subjekts in seinem Verhältnis zur sinnhaften Welt. Wenn die Didaktik *politische* Bildung in den Blick nimmt, geht es darum, fachlich spezifische Bildungsprozesse zu ermöglichen. Für eine fachdidaktische Orientierung einer solchen politischen Bildung lassen sich gegenwärtig zwei Hauptperspektiven ausmachen: die Orientierung am Gegenstandsbereich politischer Bildung (1) oder am Politikbewusstsein des zu bildenden Educanden (2).

Ad 1: In einem „traditionellen Zugriff" wird vom Gegenstandsbereich eines Bildungsprozesses auf das Politische eines Bildungsprozesses geschlossen. Entsprechend lässt sich auf einer fachwissenschaftlichen Folie zwischen politischen und nicht-politischen Gegenständen unterscheiden. Politische Bildung kann dann in einer groben Schematisierung als die Beschäftigung mit politischen Gegenständen (und eben nicht kulturellen) beschrieben werden. Die (durchaus problematische) curriculare Vermessung relevanten politischen Wissens stellt dann die Sistierung des politischen Kerns und damit den Ausweis der Politizität politischer Bildung dar. Auf eine Kurzformel gebracht heißt dies: Das Lernen politischer Gegenstände firmiert unter politischer Bildung (vgl. z. B. Detjen et al. 2010: 47-190). Trotz ihrer immer noch zahlreichen Vertreter hat dieser Zugriff in den letzten Jahren erheblich an Überzeugungskraft eingebüßt. Politische Bildung im Rahmen einer Katalogisierung politischen Wissens zu denken, erweist sich nicht nur angesichts der Schwierigkeiten, politisches Wissen als einen „Gegenstandsbereich" auf einen verbindlichen Kanon von Kategorien zu konzentrieren, als zunehmend ungeeignet. Insbesondere aber wird die subjektive politische Sinn(-)*Bildung* auf eine lerntheoretisch basierte Bearbeitung von Wissensbeständen verschoben (vgl. z. B. Weißeno 2008: 10-22). Ein solches Verständnis politischer Bildung greift insbesondere vor dem Hintergrund ihrer zentralen Ziele zu kurz: Politische Bildung soll vor allem zur Stärkung der politischen Urteilsfähigkeit beitragen. In der lerntheoretischen Aufbereitung politischer Bildung als Wissensübernahme erscheint Urteilskraft aber entweder höchstens als überschießendes und mithin zufälliges Moment oder als verlängerte Apotheose installierter Diskurslogiken und nicht als konstruktives Ereignis der Subjektbildung (vgl. für eine systemtheoretisch informierte Verortung zuletzt Klinger 2011: 9-52, passim).

Ad 2: Die zunehmenden Schwierigkeiten, politisches von kulturellem Wissen zu unterscheiden, sowie die mangelnde Berücksichtigung der Subjektivierungen und der damit einhergehende relativ naive Lernbegriff haben in den letzten Jahren verstärkt einen Perspektivwechsel befördert. Anstatt sich allein auf materiale Bildungsinhalte als Orientierungsmarken zu kaprizieren und deren kategoriale

Didaktisierung zu betreiben, geriet das Politikbewusstsein des Subjektes selbst in den Blick (vgl. z. B. Lange 2007: 205-213; Heidemeyer/Lange 2010: 221-240). In Anlehnung an einen wissenssoziologischen Zugriff auf die Wirklichkeitskonstruktion geht man von der gesellschaftlichen Präfiguration subjektiver Wahrnehmung aus. Eindrücke, Wahrnehmungen, Perzepte von Welt ergeben sich je subjektiv durch ein Dispositiv, das sich aus transzendentalen Konzepten zusammensetzt. Unter solchen wahrnehmungsermöglichenden Mustern lassen sich jene, die die Wahrnehmung der Politik als spezifisches Muster für Sinnrekonstruktionen strukturieren, einer gesonderten Betrachtung unterziehen. Man kann hier von Basiskonzepten oder Sinnbildern sprechen (vgl. z. B. Friedrichs/Lange 2012: 62-66), die sich wiederum nach Wahrnehmungsbereichen differenzieren lassen: Vergesellschaftung, Wertbegründung, Bedürfnisbefriedigung, Herrschaftslegitimation, Gesellschaftswandel etc. Da sich solche Wahrnehmungsschemata empirisch bei Schülerinnen und Schülern nachweisen lassen, kann man davon ausgehen, dass diese Sinnbilder nicht das Ergebnis einer solipsistischen Innenschau sind, sondern eben Ausdruck eines spezifischen gesellschaftlichen Sinngewebes (in den Worten Badious: dass die Individuen in der kollektiven Sinnlichkeit „gewebt" sind; vgl. Badiou 2013: 13ff.). D. h. in Sinnbildern bzw. Basiskonzepten ist die Organisation und Topologie gesellschaftlicher Sinnsphären – oder mit Blick auf die folgenden Ausführungen: Sinnsysteme – sedimentiert.

In dem Versuch, diese Basiskonzepte fachlich zu qualifizieren, hat die aus meiner Sicht fatale Diktion von „Fehlkonzepten" eine gewisse Verbreitung gefunden (vgl. zur einschlägigen Diskussion Sander 2011; Detjen et al. 2012). Dahinter steht die sich selbst als konstruktivistisch etikettierende Vorstellung, dass Weltwahrnehmungen und insbesondere die Schemata der Weltwahrnehmungen genau dann verändert werden, wenn deutlich wird, dass das topologische Raster, das bislang die Wahrnehmung orientiert hat, an Grenzen stößt bzw. dysfunktional wird. Gemäß dem verbreiteten Diktum von Glasersfelds (1987: 417-431) erfolge eine Veränderung der Vorstellungen immer genau dann, wenn sinnliche Eindrücke nicht in bisherige Wahrnehmungsschemata passen. Diese Denkfigur leistet einem verkürzten Zugriff auf systematische Sinnkonstitutionsprozesse Vorschub, die dem Grunde nach auf liebgewonnenen Denkgewohnheiten basieren; es wird „Illusionen von Autonomie" (Meyer-Drawe 1990: 7-24) Raum gegeben: Lernende Subjekte entfalten und formen sich gemäß einer spezifischen universalen phylogenetischen Entwicklungslogik, die Rahmungen für die moralische und kognitive Reifung setzt. Lern- und Bildungsprozesse werden im Anschluss daran als ein Näherungsprozess an Bestände objektivierbaren Wissens modelliert – auch wenn sie sich in der radikalkonstruktivistischen Version einem direkten Zugriff entziehen. Lernende Subjekte stehen einer Welt „gegenüber" – sind ihr letztlich äußerlich. Eine geradezu paradoxale Anlage ergibt sich, wenn man unter diesen Voraussetzungen versucht, Bildungs- bzw. Lernverläufe zu konkretisieren, nach denen Fehlkonzepte im Falle von „Fehlwahrnehmungen" (die etwa durch kognitive Widersprüche vernehmbar werden) durch das lernende Subjekt korrigiert werden. Denn wenn die Wahrnehmungsschemata Wahrnehmung erst ermöglichen, können sie nicht gleichzeitig Grundlage ihrer Umschrift sein. D.h. ein rein konstruktivistischer Zugriff auf die Problematik der Erklärung des Kerns politischer Bildung greift an dieser Stelle zu kurz bzw. läuft auf die untilgbare Paradoxie des Selbstbezuges auf.

Letzteres ist der – um eine Luhmannsche Wendung zu nutzen – alteuropäischen Lesart der Sinnsysteme und der entsprechenden Verortung der Subjektivität geschuldet. Mit einigem Gewinn lässt sich an dieser Stelle ein Rückgriff auf die Distanznahme Luhmanns zum sogenannten „Radikalen Konstruktivismus" übernehmen, um einen Ansatz für eine Schreibweise des Kerns politischer Bildung – seiner Politizität – zu gewinnen. Mit diesem Schritt soll für die Konzeption politischer Bildung zweierlei vorbereitet werden: Luhmanns Systemtheorie soll helfen, den Prozess der *politischen* Sinn*bildung* zu konkretisieren, d.h. für einen Begriff der Politischen Bildung anschlussfähig zu machen, ohne dabei auf Konzepte konstruierender Subjektivität zurückzugreifen. Die Systemtheorie bietet hier einen Ansatz an, den Rölli in einem anderen Zusammenhang als „transzendentalen Empirismus" (Rölli 2003: 234-423) bezeichnet hat. Sich ereignende, sich selbst setzende und differenzierende Systeme können umfassender Ausgangspunkt für die gesellschaftlich-individuelle Sinnreproduktion sein. Darüber hinaus sollen die Sinnsphären des Kulturellen und Politischen mit Hilfe der Systemtheorie einem differenzierenden Blick unterworfen werden. Zu diesem Zweck wird die Systemtheorie zunächst als differenzialistisch angelegte Theorie rekonstruiert, auch um zu zeigen, dass sich Luhmann insbesondere im Spätwerk von der Lesart des Radikalen Konstruktivismus distanziert hat (vgl. zum Folgenden auch Friedrichs 2008: 72-92).

3 Entwicklungslinien einer differenzialistischen Systemtheorie

Einem verbreiteten Eindruck und sicher auch einigen programmatischen Aussagen Luhmanns folgend ließe sich die Systemtheorie des Bielefelder Soziologen in zwei Phasen unterteilen – in einen Strukturfunktionalismus vor der autopoietischen Wende und eine konstruktivistisch angereicherte Theorie selbstreferentieller Systeme nach eben jener autopoietischen Wende. Dagegen kann insbesondere mit Blick auf das Spätwerk Luhmanns eine dritte Phase der Systemtheorie ausgemacht werden, in der eine konsequente Zuspitzung einer relational-differenzialistisch und operativ angelegten Systemtheorie betrieben wird, was den Abstand zur in der Didaktik bedeutsam gewordenen Variante einer subjektiv-konstruktivistischen Systemtheorie deutlicher hervortreten lässt.

Die erste Phase entwickelt Luhmann im Anschluss an eine implizite Zusammenschau von Cassirers Funktions- und Substanzbegriff, von Teilen der Phänomenologie Husserls und der Systemtheorie Parsons' (vgl. Friedrichs 2008: 74f.). Von Cassirer entstammt die erkenntnistheoretische Funktionslogik, wonach es bei der Erfassung sozialer Gegenstände nicht mehr um eine genealogische Ableitung mit Blick auf den Gattungsbegriff geht, sondern um funktionale Schematisierungen in einer System/Umwelt-Unterscheidung jenseits eines Teil/Ganzes-Schema. Von Husserl übernimmt Luhmann die Methodologie, den Sinn der Welt nicht in absteigenden Was-Fragen zu bergen, „als Weg zu letztgewissen Evidenzen" zu begreifen, sondern ihn als eine formale Verweistechnik anzusehen (vgl. dazu Ellrich 1992: 24-43; Englisch 1991: 201ff.), als Relationierung eines bestimmten Verhältnisses (Verweisung) und Ausblendung der anderen Möglichkeiten (Negation). Luhmann liest aus Husserls Schriften die Idee einer Formalisierung und Operationalisierung des Sinnbegriffes heraus, womit der Sinnbegriff Gegenstand einer funktionalen Betrachtung wird. Den explizitesten und zugleich distanziertesten Anschluss sucht Luhmann zu Parsons. Mit dem Ziel einer makrosoziologischen Beschreibung der Gesellschaft entwickelte Parsons eine strukturfunktionalistische Perspektive. Das heißt, er versuchte jene Strukturen zu identifizieren, die das Zustandekommen von (gesellschaftlichem) Handeln erklären konnten. Allerdings seien die Strukturen ahistorisch angelegt und erlangten ihre Bedeutung erst in der Einsetzung und Stabilisierung von Differenzen:

> „Die These lautet vielmehr, dass die Strukturen und Prozesse eines Systems überhaupt nur in Beziehung auf dessen Umwelt möglich und verständlich sind; ja dass erst der Umweltbezug überhaupt festlegt, was in einem System als Element und was als Beziehung zwischen Elementen fungiert." (Luhmann 1991: 194)

Diese Beziehung zur Umwelt ist es, die immer stärker als Differenz in den Blick gerät.

In der zweiten Phase rückt die Frage danach, wie das System genau zu denken ist, in den Mittelpunkt. Statt auf einer festen Struktur oder einer (externen) sinnhaften Ganzheit aufzuruhen, entwickelt sich das System im exklusiven Selbstbezug – „Selbstreferenz" ist dessen bündiger Ausdruck. Die selbstreferentielle Form des funktionalen Argumentes, das statt einer spezifischen Struktur eine operative Verflechtung von System und Umwelt an den Anfang stellt, lautet: „Das heißt, um es auf eine Formel zu bringen, die die selbstreferentielle Struktur [...] deutlich macht: Differenziert werden die Differenzen zwischen System und Umwelt" (Luhmann 1991: 194).

Die in der ersten Phase betriebene Ablösung des Struktur- und Gattungsbegriffs durch den Funktionsbegriff wird erst dann fruchtbar, wenn „Sukzessionsfolgen" (Cassirer 1994: 27) zugelassen werden und die Funktionszuordnung nicht nur als tabellarischer Verweis auftaucht, sondern Bewegungsdynamik zum Ausdruck bringt. Es gilt, die Produktivität der Unterscheidung zwischen System und Umwelt, die produktive Seite jener Differenz, auszuweisen. Ausgehend von der konkreten Frage, wie die Einheit von Handlung konstituiert wird, wie die produktive Seite einer Differenz von System und Umwelt zu denken ist, stellt Luhmann erstmals in „Autopoiesis, Handlung und kommunikative Verständigung" (1982) das 1984 in „Soziale Systeme" als Paradigma ausgewiesene Konzept der Autopoiesis in den Mittelpunkt seiner Überlegungen. Maturana und Varela lieferten die entsprechende begriffliche Definition und Aufarbeitung des Konzepts der Autopoiesis (vgl. statt vieler Maturana 1985: 170-235), das die Hauptreferenz für die zweite Phase der Luhmannschen Theorie sozialer Systeme, die Theorie autopoietischer Systeme, darstellt.

Die Faszination, die von dieser Entwicklung – die viele neue Theoriestücke und Begriffe einbrachte – ausging, verstellte vielerorts den Blick auf die architektonische Konstellation: Es ging darum, die „Einheit" eines Systems denken zu können, ohne auf die Differenz der Einzelteile zu rekurrieren, und umgekehrt eine Systemdifferenzierung ohne Bezug auf eine teleologische Einheit denken zu können. Erst die theorietechnische Umsetzung dieses Modus löst den Anspruch der funktional-operativen Methode ein, nämlich nicht auf vorgegebene Einheiten, Strukturen oder andere Substanzen zurückgreifen zu müssen, um systematische Zusammenhänge zu denken. Luhmann benennt die architektonischen Konsequenzen seines Schrittes hin zu autopoetischen, selbstreferentiellen Systemen prägnant:

„Für die Ausarbeitung einer Theorie selbstreferentieller Systeme, die die System/Umwelt-Theorie in sich aufnimmt, ist eine neue Leitdifferenz, also ein neues Paradigma erforderlich. Hierfür bietet sich die Differenz von Identität und Differenz an." (Luhmann 1984: 26).

Und in der Fußnote präzisiert Luhmann: „Wer genau liest, wird bemerken, dass von Differenz von Identität und Differenz die Rede ist und nicht von Identität von Identität und Differenz." (Luhmann 1984: 26) D.h. jenseits der Ausflaggung der autopoietischen Wende, die in ihrer Logik der Selbsterschaffung konstruktivistisch inspirierte Lesarten beförderte, die den Selbstbezug im Spiegel solipsistischer

Subjektivität zuspitzten, lag hier schon in nuce vor, was sich in der dritten Phase zum zentralen Leitgesichtspunkt der theoretischen Ausschärfung entwickelt. Nach der Selbstetikettierung seines Ansatzes als funktional-strukturell in der ersten Phase, als autopoietisch in der zweiten Phase bringt Luhmann vier Jahre nach dem letzten „Paradigmenwechsel" eine weitere Bezeichnung ins Spiel. „Will man auf eine noch allgemeinere Formulierung zurückgreifen, so kann man den Ansatz als differenztheoretisch bezeichnen" (Luhmann 1988: 293). Der Differenzbegriff fungiert jetzt nicht mehr als architektonische Alternativformulierung, sondern rückt zunehmend in den Mittelpunkt der Theorieentwicklung. „Wenn man akzeptiert, dass die Systemtheorie nichts anderes ist als der Vorschlag einer bestimmten Unterscheidung, nämlich der von System und Umwelt, werden Zusammenhänge sichtbar" (Luhmann 1988: 296). Luhmann schließt jetzt vor allem an die *Laws of Form* von Spencer-Brown (Spencer-Brown 1969) an. Die dort entlehnte Zentralkonstruktion *re-entry* lädt die Differenz zu einer „perfekten Enthaltsamkeit" auf: eine sich selbst konstituierende Differenz.

> „Sie [die Logik Spencer- Browns; W. F.] beginnt mit der These, dass man eine Unterscheidung treffen muss, um eine Bezeichnung zu ermöglichen. Irgendeine Unterscheidung genügt. Aber darin liegt ein Paradox, denn die Unterscheidung, mit der man beginnt, muss sich, aber kann sich nicht selbst unterscheiden; sonst könnte man nicht beginnen [...]. Es erscheint dann als *re-entry* – als Wiedereinführung der Unterscheidung in das durch sie Unterschiedene. Die Unterscheidung kommt dann doppelt vor: Als Form, die Bezeichnungen überhaupt erst ermöglicht, und als Form in der Form. Es ist dieselbe und nicht dieselbe Unterscheidung!" (Luhmann 1988: 296)

Dem Grunde nach reformuliert Luhmann das Paradigma der Autopoiesis, der Selbsterschaffung, differenztheoretisch. Wie kann sich ein Sinn von der Umwelt absetzen, eine Unterscheidung markieren, ohne dabei auf Figuren des Dritten zurückzugreifen (es ist, darauf sei hier schon einmal hingewiesen, exakt die Einsatzstelle einer Demokratietheorie, die den Anspruch verfolgt, die politische Selbstkonstitution aus sich heraus zu denken)?

Das Problem besteht demnach darin, die Anfangsunterscheidung von der in das System hineinkopierten Unterscheidung wiederum: zu unterscheiden. Wenn sich eine Form zum Zwecke des Selbstausweisens selbst bezeichnen muss und dies bewerkstelligt, indem sie in die eigene Form wieder eintritt, handelt es sich dann bei der inneren und äußeren Differenz um die gleiche Unterscheidung oder nicht? Oder ist der Wiedereintritt in die Form gleichzeitig (!) die äußere Form?

Man kann hier sehen: Die Aporien jener Differenz entfalten sich erstens durch eine Einbettung in eine Komplementarität zur Identität und zweitens, wenn die

Differenz als starre zeitlose, nicht operationale Figur gedacht wird. Ohne diesen – von Platon bis Hegel immer wieder prolongierten und eingeschliffenen – Konnex zur Identität beginnt die Differenz sich zu differenzieren, zu eskalieren, eine Differenz zu werden, die unaufhörlich weiter Differenzen produziert und gleichzeitig alle gegebenen Unterscheidungen in ihren eigenen Sog hineinzieht. Für Luhmann liegen hier die offenen Enden seiner Theorie, denn es wird ersichtlich, dass der von ihm anvisierte Differenzbegriff die traditionellen Grenzen des Differenzbegriffes sprengt:

„Das Merkwürdige ist, dass die Unterscheidung eine Unterscheidung und eine Bezeichnung enthält, also Unterscheidung und Bezeichnung unterscheidet. Die Unterscheidung setzt, wenn sie als Einheit in Operation gesetzt werden soll, immer schon eine Unterscheidung in der Unterscheidung voraus." (Luhmann 2002a: 74)

Differenzen verweisen auf weitere Differenzen und nicht auf unterschiedene Identitäten und begründen damit ein Immanenzfeld.[6] Die Raffinesse besteht im Umstand, dass ein Unterschied im Selben getroffen wird, d.h. es geht darum, eine Differenz komplex zu denken – ohne Gegenstück, Gründung und organisierenden Verweis. Mit anderen Worten: Es geht um den Entwurf eines differentiellen Sinngewebes ohne Außen, ohne Metabegründung und ohne umfassende Identität.

4 Eine poststrukturalistisch-systemtheoretische Differenz von Kultur und Politik

Die besondere Bedeutung eines solchen differenztheoretischen Zuschnitts der Systemtheorie für die gegenwärtige Diskussion um neue Demokratietheorien lässt sich im Vergleich mit Theoriefiguren des Poststrukturalismus ausweisen: Einerseits kann die konkrete sozialphänomenologische Bedeutung der Systemtheorie über ihren „technischen Gehalt" hinaus verdeutlicht werden und andererseits kann die Systemtheorie helfen, die teilweise abstrakten Überlegungen des Poststruktu-

---

6   Hier gehen auch Erkenntnisse aus Luhmanns Lektüre von Heiders „Ding und Medium" (1926) ein. Jenseits der üblichen Konfiguration wird das Medium als eine körnige Masse vorstellbar, als Menge von gleichen Elementen, innerhalb derer Formen durch eine spezifische (festere) Kopplung dieser Elemente zustande kämen: „Medium in diesem Sinne ist jeder lose gekoppelte Zusammenhang von Elementen, der für Formung verfügbar ist, und Form ist die rigide Kopplung eben dieser Elemente, die sich durchsetzt, weil das Medium keinen Widerstand leistet" (Luhmann 1992: 53). Die Spur im Sand wäre eine feste Kopplung, eine Form im Medium Sand.

ralismus zu konkretisieren.[7] Dazu wird im folgenden Abschnitt zunächst skizziert, wie sich die komplexe Differenz im Spiegel der *Laws of Form* denken lässt, um daran anschließend zu verdeutlichen, dass sich eine komplexe differenzielle Mechanik mit Hilfe der sogenannten neuen Demokratietheorien zwar konkretisieren lässt, die ihrerseits aber auf eine (hier: systemtheoretische) Konkretion verwiesen bleiben.

Die sozialphilosophische Grundmechanik der differenzialistischen Phase der Systemtheorie lässt sich fast umstandslos an der Luhmannschen Rekonstruktion der *Laws of Form* verdeutlichen. Die *Laws of Form* stellen letztlich den Versuch dar, mittels eines Kalküls eine ausdrückliche Sinnform darzustellen, ohne auf Begründungen abzuheben. Dabei wird von einer Differenz ausgegangen, aber konsequent auf den Gegenbegriff der Identität verzichtet. Die Form ist als Einsetzung einer komplexen Differenz zu denken (eine Differenz, die alles Benötigte beinhaltet: „distinction is perfect continence"; siehe Spencer-Brown 1969: 1), die aus einer Unterscheidung und einer Bezeichnung besteht. Damit entfällt die klassische Aufgabe der Identität, die Differenz zu bezeichnen.

Es kommt dabei, wie Luhmann selbst bemerkte, nicht auf Feinheiten des Kalküls an, sondern auf seine Interpretation. Der Kalkül basiert im Wesentlichen auf zwei Gesetzen: dem „law of calling" und dem „law of crossing".[8] Nach dem Ersteren ist eine Wiederholung einer Differenz nichts anderes als die Differenz selbst – und eben nicht: zwei Differenzen. Letzteres besagt, dass eine Differenz, wenn sie etwas zum Ausdruck bringen soll, nicht negiert werden kann. D.h. eine Differenz muss zeitlich gedacht werden; nur in einer logisch-zeitlosen Version führte die

---

7   Es liegen inzwischen mehrere Vorschläge vor, die auf diese gegenseitigen Ergänzungsmöglichkeiten hinweisen, auf die ich an dieser Stelle nur kursorisch und exemplarisch verweisen kann: Innerhalb der systemtheoretischen Theorieentwicklung haben insbesondere Baecker (z.B. 1996) und Fuchs (z.B. 1995, 2001) Anschlüsse an differenztheoretische Architekturen etwa von Lacan oder Derrida ausgewiesen. Stäheli hat wesentliche Überschneidungsfelder zur Diskurstheorie aufgezeigt (2000), Oliver Jahraus und Benjamin Schmidt haben systematische Gemeinsamkeiten zwischen der Dekonstruktion und Systemtheorie herausgearbeitet (1997) und schließlich darf ich auf meine Überlegungen zur Korrespondenz zwischen Deleuze und Luhmann verweisen (vgl. Friedrichs 2008).

8   „Axiom 1 – The law off calling: The value of a call made again is the value of the call. That is to say, if a name is called und then is called again, the value indicated by the two calls taken together is the value indicated by one of them. [...] Axiom 2 – The law of crossing: The value of a crossing made again is not the value of the crossing. That is to say, if it is intended to cross a boundary and then it is intended to cross it again, the value indicated by the two intentions taken together is the value indicated by none of them" (Spencer-Brown 1969: 2-3).

Aufhebung der Differenz auf ein Nullelement. Eine konsequente differenztheoretische Fassung der Systemtheorie wird somit erstens nicht nur ohne den Gegenbegriff der Identität gedacht, sondern verzichtet ebenfalls auf Unterscheidungen zwischen unterschiedlichen Typen von Differenzen – wie dies etwa im Strukturalismus für einige Konstruktionen unterstellt werden muss. Es gibt eine Differenz, die weder durch eine andere differenziert noch durch eine Identität bezeichnet werden kann. Zweitens ist der Kalkül konsequent operativ angelegt (er tauscht das Sein gegen das Werden). Differenzen werden auf Differenzen bezogen; Differenzen wiederholen sich (d.h. sind nicht als seiend in der Zeit anzusehen) und – schärfer formuliert – erst durch die Wiederholung sind sie Differenzen.

Den sogenannten „neuen Demokratietheorien" unterliegt eine vergleichbare operative Anlage. In ihnen wird einer der zentralen Einsätze des Poststrukturalismus, nämlich, dass die Strukturen nicht in einer einfachen, „so-seienden" Präsenz bestehen, sondern dass die Strukturalität der Struktur immer von neuem aktualisiert werden muss, d.h. dass Strukturen nur als fragile ereignishafte Muster bestehen, politisch ausgelegt. Mit anderen Worten, wenn sich Sinngebungsprozesse nur innerhalb eines Systems von Differenzen verdichten – innerhalb eines Diskurses – und die Elemente weder solitär „an sich" noch als „purely differential identities" (Laclau 2007: 69) einen Bedeutungsgehalt ausdrücklich werden lassen, bedarf es notwendig einer differenziellen performativen Konstitution. Damit sind Verweisstrukturen nicht aufgehoben, aber sie ergeben sich eben nicht über eine fixierbare Begründung, sondern durch eine operative, performative Ausrichtung.

Man kann sich auch mit Rückgriff auf die Modalisierung des Sinns (vergleiche Abschnitt 2) klarmachen, dass ausdrückliche Sinngewebe gar nicht aus einer statischen Ausgangskonstellation heraus entstehen können: Es müssen nämlich gegenläufige Bedingungen erfüllt sein. Bedeutungsverweise müssen einerseits umfassend sein, sodass Strukturen eine Figur von Geschlossenheit ausweisen, um überhaupt Bedeutungen zu generieren. Gleichzeitig (!) entstehen Bedeutungen nur *in* den Akten des Verweises, durch das operative Moment (das notwendig offen ist) – sonst wären Bedeutungen (in eins mit der Struktur) auf den Status einer Substanz zurückgestuft. Ein Sinnsystem muss demnach zugleich die Eigenschaften der Offenheit *und* der Geschlossenheit aufweisen. Eine Ausgangsbedingung, auf die sowohl bei Luhmann (Luhmann 2002a: 41-65) als auch in den Beiträgen zu den neuen Demokratietheorien (vgl. z.B. Laclau/Mouffe 1991: 139-206) hingewiesen wird. In der Luhmannschen Systemtheorie werden solche paradoxalen Ausgangsbedingungen als zu „invisibilisieren" eingestuft, d.h. durch die Erfindung spezifischer Formen wurde die Unmöglichkeit der Begründbarkeit bestimmter institutioneller Sinnangebote verdeckt und damit erst ermöglicht. Etwas konkreter ist in diesem Zusammenhang die an den Poststrukturalismus anschließende

Erklärung für die Stabilisierung von Sinnstrukturen im Ausgang von paradoxen Entstehungsvoraussetzungen. So findet sich hier das Theoriestück einer Leerstelle als Nullelement – eine Leerstelle, die den endgültigen Abschluss eines Systems verhindert und damit für die notwendige Offenheit sorgt, gleichzeitig aber durch die Selbsteinführung als Nullelement eine Schließung simuliert, die das System vorübergehend stabilisiert. Genau hier – in der Sistierung dieser Leerstelle – ergeben sich Spielräume politischer Gestaltung.

Ernesto Laclau hat vorgeschlagen, die Leerstellen als leere Signifikanten aufzufassen (Laclau 2002: 65-78): komplexe kulturelle Bezeichnungen, deren Zeichencharakter insofern entleert wurde, als dass leere Signifikanten ohne definierten Verweis auf ein bestimmtes Bezeichnetes ausgestattet sind. Damit sind sie nicht auf eine spezifische Weise in Zusammenhänge eingebunden, sondern sie lassen mehrere Einbindungen zu, sodass sie eine Signifikantenkette abschließen können, weil an sie auf vielfache Weise angeschlossen werden kann; gleichzeitig halten sie die Verweise offen, weil sie selbst leer bleiben. Dadurch orientieren sie den Sinn, d.h. die (funktionalen) Übergangsfelder. Durch die leeren Signifikanten, wie etwa „soziale Marktwirtschaft", „Sicherheit" oder „Freiheit" werden vor allem spezifische Diskurse bzw. Diskurseinheiten orientiert. Will man die kulturelle Konstruktion von Politik als ein jedermann zugängliches Phänomen beschreiben, müssten die Grenzen spezieller Diskurse in Richtung allgemein zugänglicher Deutungsmuster überstiegen werden. Einen solchen Schritt hat innerhalb der „neuen Demokratietheorien" Jacques Rancière in seiner Beschreibung von Bedeutungsordnungen als polizeiliche Ordnung vorbereitet. Er hebt auf eine sehr umfassende sinnliche Ordnung ab, die bestimmt, „was der sinnlichen Erfahrung überhaupt gegeben ist. Die Unterteilung der Zeiten und Räume, des Sichtbaren und Unsichtbaren, der Rede und des Lärms geben zugleich den Ort und den Gegenstand der Politik als Form der Erfahrung vor" (Rancière 2008: 26). Im Unterschied zur Politik wird das Politische bei Rancière als radikale Kontingenz (Rancière 2011: 11-38) bzw. radikale Gleichheit (vgl. Rancière 2007: 59-90, 2012: 197ff.) jenseits der konkreten sinnlichen Ordnung verortet. Diese Unterscheidung ist der Unterscheidung zwischen „unmarked space" und „unmarked state" nicht unähnlich, mit der Spencer-Brown den Unterschied zwischen einem differenzierten bedeutungsvollen Raum (inklusive Null und Nichts) und einem Raum „davor", einem bedeutungsfreien Raum unterscheidet. D.h. Rancière nimmt, obwohl er politische Ordnungen zu beschreiben versucht, aus der Perspektive der Systemtheorie eine allgemeine Sinnkonstitution in den Blick. Oder anders herum formuliert: In der von Rancière vorgelegten Figur sinnlicher Ordnung – das letztlich als politisches Feld etikettiert wird – werden allgemeine codierte Sinnsysteme beschrieben, in der Kultur und Politik zusammengerückt werden. Politik wird zu einem allgemeinen Phänomen. Prozesse der Enkulturation, der Ordnung der Blicke, der Einsätze von Leidenschaften, der Organisation von Verstehens- und Erwartungsprozessen gehen in einem politischen Feld auf. Politik und Kultur verschmelzen: Fraglich ist nicht nur mit Blick auf den Begriff der politischen Bildung, ob der Begriff der Politik hier nicht zu sehr an Kontur verliert. Was in der Theorie des leeren Signifikanten von Laclau vielleicht in der Reichweite zu eng angelegt ist, will man eine durchgehende Beschreibung des politischen Systems erreichen, erscheint bei Rancière als zu umfassend gedacht.

Mit Hilfe der differenzialistischen Systemtheorie lässt sich an dieser Stelle konkretisieren: Ausdruck eines organisierten differenziellen Systems ist seine Verbindbarkeit mit spezifischen Codierungen. Das organisierte differenzielle Feld entbirgt sich in dualen und bestimmten Differenzen. Codierungen, die an keine konkrete Figur gebunden sind – wie etwa soziale Marktwirtschaft o. ä. – sondern als eine Form der transzendentalen Inschrift zu verstehen sind: Durch sie können Zusammenhänge in Sinnbildungsprozessen überhaupt erst sichtbar gemacht werden. Dabei sind die Codes nicht als Containerformel zu betrachten, die eine begrenzte Menge von Elementen umschreibt, sondern als Ausdrücklichkeit eines Sinnzusammenhanges. Die Codierung ist allgemeiner als eine Vielzahl leerer Signifikanten, aus denen sich die Politik zusammensetzt, und konkreter als eine sinnliche Ordnung, in der Kultur und Politik verschmilzt.

Luhmann hat vor dem Hintergrund der Entwicklung einer allgemeinen Theorie der Sinnsysteme die Suche nach spezifischen Ausdruckslogiken der Sinnbildung vorangetrieben, indem er nach binären Codierungen gesucht hat, die die Organisation eines Funktionssystemdiskurses in einem differenziellen Feld zum Ausdruck bringen. Hier lassen sich vielleicht überzeugende von weniger überzeugenden Ausarbeitungen unterscheiden: für die Wissenschaft, die Wirtschaft oder das Recht der Gesellschaft liegen durchaus plausible Beschreibungen vor. Für andere Funktionslogiken, zuvorderst etwa die der Kunst, der Erziehung oder eben der Politik, blieben auch für Luhmann bis zum Ende seiner Schaffenszeit Zweifel hinsichtlich seiner angebotenen Lösungen bestehen. Die systemtheoretische Heuristik ist dabei durchaus jener der Diskursanalyse vergleichbar: Luhmann führte eine Betrachtung der „Semantik" durch und suchte in ihr nach zentralen Organisationsprinzipien (Codierungen). Welche Regelmäßigkeiten traten auf? Für welche semantischen Formen gab es spezifische Anschlusswahrscheinlichkeiten, für welche nicht? Welche spezifischen Kontingenzen und Kopplungen werden zugelassen? Welche Umstellungen führten zu Variationen, Stabilisierungen und Fortsetzungen?

Vor dem Hintergrund der differenztheoretischen Fassung der Systemtheorie und vor allem des Machtbegriffs erstaunt etwas, dass Luhmann dabei bis zum Schluss vor allem an einer spezifischen Form der Machtcodierung für das System

Politik festgehalten hat. Es käme für die Ausdifferenzierung des Systems Politik auf die Codierung der Macht an. Dabei experimentierte Luhmann mit mehreren Codierungen für das System Politik. So vor allem mit der Unterscheidung Regierung/Opposition oder Innehaben/Nichtinnehaben von Ämtern. In diesen Vorschlägen zeigt sich vor allem eine lange verfolgte relativ enge Lesart des Machtbegriffs. Luhmann blieb dabei auch noch – so lässt es sich in der posthum erschienenen Politik der Gesellschaft nachweisen (Luhmann 2002b: 18-139) – als der Einfluss der Heiderschen Form/Medium-Unterscheidung deutlich wurde. Mit Heider ließe sich Macht aber – so las es auch Luhmann – allgemeiner als feste Kopplung spezifisch loser Elemente auffassen. Macht bezeichnet dann den allgemeinen Prozess einer topologischen, bzw. hegemonialen Verdichtung eines Diskurses, d.h. Anordnung der konkreten Differenzen. Alle Verdichtungen, Bezeichnungsordnungen usw. sind auch als machtvolle Ordnungen zu verstehen – das gilt ebenso für das System der Wissenschaft und wie jenem des Rechts. Damit kann man insbesondere konzedieren, dass Macht nur mäßig geeignet ist, ein Alleinstellungsmerkmal der Politik auszuweisen. Vielmehr wäre mit Heider Formbildung auch immer als ein machtförmiger Prozess zu verstehen, d.h. jede differenzielle Ordnung kann, weil sie auf keine weiteren Begründungen zurückgeführt werden kann, sondern nur sich selbst einsetzt und wiederholt, ausschließlich durch Macht stabilisiert werden.

Eine solchermaßen erfolgte Formbildung – d.h. eine Ausdifferenzierung des Systems Politik – lässt sich „nach dem Crossing" als Konkretisierung einer spezifischen Unterscheidungspraxis ausweisen. Das differenzielle Feld entfaltet sich im Moment der Konstitution einer demokratischen Gesellschaft auf der Matrix der Unterscheidung zwischen einer radikalen Gleichheit und der Unterscheidung von Konsens und Dissens. Radikale Gleichheit als der im Nachhinein ausgeschlossene Raum des Chaos und der Anarchie – Gegenstand des „Hasses der Demokratie" (Rancière 2011: 11-38) – dessen egalitäres Rauschen in eine gepflegte semantische Möglichkeitsform der Gleichheit überführt wird. Das hieße immer dann, wenn Anschlüsse bzw. Möglichkeiten mit Blick auf die Unterscheidung Konsens/Dissens ausdrücklich werden, kann man von Politik sprechen. Dabei geht es selbstverständlich nicht um einen handlungstheoretisch oder rational aufgeladenen Konsens- bzw. Dissensbegriff. Es geht eher um die Differenz von Konsens- und Dissensfähigkeit – als eine spezifische Modalisierungsform von Ereignisketten und Sinntopologien. Jede Kommunikation, jede Beobachtungsform, die auf die Unterscheidung zwischen Konsens und Dissens abhebt, wird als politische Kommunikation fortgeführt. Ein solchermaßen figurierter Politikbegriff lässt sich auch im Medium Sinn hinreichend von der Kultur unterscheiden und widersetzt sich gleichzeitig aber den Engführungen eines institutionell gedachten Politikkonzeptes. Unmittelbar anschließen lässt sich hier der Vorschlag, den Begriff der Politik von dem Politischen zu unterscheiden: Entsprechend ließen sich die konkreten Differenzen der sinnlichen Ordnung (die Politik), der diskursiven hegemonialen Ordnung von einer unbestimmten vorgängigen „*différence*" (Derrida 1988: 29) unterscheiden. Das Politische bezeichnet die radikale Kontingenz des „*unmarked state*" (Spencer-Brown 1969: 5), die radikale Gleichheit, die „maximale Unordnung" (Foerster 1994: 218). Wesentlich bleibt dabei aber, das „System Politik" in seiner konkreten Codierung als Ordnung des Sinnlichen im oben rekonstruierten Sinne zu verstehen und nicht als einen durch Codes zusammengehaltenen thematischen Fokus.

Politische Bildung als spezifische Transformation von Selbst- und Weltverhältnissen zu denken, bedeutete hier Selbstverhältnisse auf der Folie der Unterscheidung von unbestimmter Gleichheit und bestimmter Gleichheit, d.h. an der Unterscheidung zwischen Unentscheidbarkeit und Konsens/Dissens auszuprägen. Im Besonderen findet politische Urteilsbildung im Übergang vom Politischen zur Politik statt/im Übergang von der Kontingenz des Politischen zur Semantik der Politik – wenn ausdrücklich wird, wie bzw. auf welche Weise radikale Gleichheit in Formen politischer Konsens- oder Dissensfindung aufgeht und welche Alternativen dazu bestehen. Die Lernenden könnten die Konstruktion politischer Sachverhalte mit Hilfe der Semantik der Politik, ihrer spezifischen Codierung erkennen, hinsichtlich ihrer Modalisierungsfunktion analysieren, um daran eine Urteilsbildung auszuprägen; eine Urteilsbildung, die sich an Unterscheidung zwischen eben jener Kontingenz des Politischen und der Semantik der Politik verdichtet (vgl. dazu Friedrichs 2012: 64-67).

Literatur

Agnoli, Johannes, 2004: Die Transformation der Demokratie, Hamburg: Konkret Literatur Verlag.

Arnold, Rolf, 2012: Ich lerne, also bin ich: Eine systemisch-konstruktivistische Didaktik, Heidelberg: Carl-Auer.

Badiou, Alain, 2013: Platons „Staat", Berlin: diaphanes.

Baecker, Dirk, 1996: Was leistet die Negation?, in: Friedrich Balke/Joseph Vogl (Hrsg.), Gilles Deleuze – Fluchtlinien der Philosophie, München: Fink, 93-102.

Barel, Yves, 1979: Le paradoxe et le système. Essai sur le fantastique social, Grenoble: Presses Universitaires de Grenoble.

Bedorf, Thomas/Fischer, Joachim/Lindemann, Gesa (Hrsg.), 2010: Theorien des Dritten. Innovation in Soziologie und Sozialphilosophie, München: Fink.

Blühdorn, Ingolfur, 2013: Simulative Demokratie: Neue Politik nach der postdemokratischen Wende, Frankfurt a.M.: Suhrkamp.

Bröckling, Ulrich, 2007: Das unternehmerische Selbst. Soziologie einer Subjektivierungsform, Frankfurt a.M.: Suhrkamp.

Cassirer, Ernst, 1994: Substanzbegriff und Funktionsbegriff. Untersuchungen über die Grundfragen der Erkenntniskritik, Darmstadt: Wissenschaftliche Buchgesellschaft.

Crouch, Colin, 2008: Postdemokratie, Frankfurt a.M.: Suhrkamp.

Dalton, Russell, 2008: Citizenship Norms And The Expansion Of Political Participation, in: Political Studies, Vol. 56, No.1, 76-98.

Detjen, Joachim/Juchler, Ingo/Massing, Peter/Richter, Dagmar/Weisseno, Georg, 2010: Konzepte der Politik – ein Kompetenzmodell, Bonn: Bundeszentrale für Politische Bildung.

Detjen, Joachim/Massing, Peter/Richter, Dagmar/Weisseno, Georg, 2012: Unterricht – Wissen – Fehlkonzepte. Eine Replik auf Wolfgang Sanders Replik zu den Konzepten der Politik, in: politische bildung, Jg. 45, H. 2, 152-159.

Derrida, Jacques, 1988: Randgänge der Philosophie, Wien: Passagen.

Derrida, Jacques, 1994: Die Schrift und die Differenz, Frankfurt a.M.: Suhrkamp.

Dewey, John, 1993: Demokratie und Erziehung. Eine Einleitung in die philosophische Pädagogik, Weinheim: Beltz.

Ellrich, Lutz, 1992: Die Konstitution des Sozialen. Phänomenologische Motive in N. Luhmanns Systemtheorie, in: Zeitschrift für philosophische Forschung, Jg. 46, H. 1, 24-43.

Englisch, Felicitas, 1991: Strukturprobleme der Systemtheorie – Philosophische Reflexionen zu Niklas Luhmann, in: Stefan Müller-Dohm (Hrsg.), Jenseits der Utopie. Theoriekritik der Gegenwart, Frankfurt a.M.: Suhrkamp, 196-235.

Eßlinger, Eva/Schlechtriemen, Tobias/Schweitzer, Doris/Zons, Alexander (Hrsg.), 2010: Die Figur des Dritten. Ein Kulturwissenschaftliches Paradigma, Frankfurt a.M.: Suhrkamp.

Foerster, Heinz von, 1994: Wissen und Gewissen. Versuch einer Brücke, Frankfurt a.M.: Suhrkamp.

Foucault, Michel 1978: Dispositive der Macht. Über Sexualität, Wissen und Wahrheit, Berlin: Merve.

Friedrichs, Werner, 2008: Passagen der Pädagogik. Zur Fassung des Pädagogischen Moments im Anschluss an Niklas Luhmann und Gilles Deleuze, Bielefeld: Passagen.

Friedrichs, Werner, 2012: Zur Konstruktion von Urteilen: Politische Urteilsbildung jenseits sozialer Rahmenvernunft, in: Zeitschrift für Didaktik der Gesellschaftswissenschaften, Jg. 3, H. 2, 52-71.

Friedrichs, Werner, 2013: Das Versprechen der Politischen Bildung: die Entfaltung von Beteiligungsmöglichkeiten in der herausgeforderten Demokratie, in: Hubertus Buchstein (Hrsg.), Das Versprechen der Demokratie (25. Wissenschaftlicher Kongress der Deutschen Vereinigung für Politische Wissenschaft), Baden-Baden: Nomos, 293-312.

Friedrichs, Werner/Lange, Dirk, 2012: Bewusstlose Demokratie? Das Bürgerbewusstsein in der (post)demokratischen Konstellation der Gegenwart, in: Tobias Mörschel/Christian Krell (Hrsg.), Demokratie in Deutschland 2011. Zustand – Herausforderungen – Perspektiven, Wiesbaden: Springer VS, 53-70.

Fuchs, Peter, 1995: Die Umschrift. Zwei kommunikationstheoretische Studien: „japanische Kommunikation" und „Autismus", Frankfurt a.M.: Suhrkamp.

Fuchs, Peter, 2001: Die Metapher des Systems. Studien zu der allgemein leitenden Frage, wie sich der Tänzer vom Tanz unterscheiden lasse, Weilerswist: Velbrück.

Glasersfeld, Ernst von, 1987: Siegener Gespräche über den Radikalen Konstruktivismus, in: Siegfried J. Schmidt (Hrsg.), Der Diskurs des Radikalen Konstruktivismus, Frankfurt a.M.: Suhrkamp, 401-440.

Gramsci, Antonio: Gefängnishefte 4, Hamburg: Argument.

Heidemeyer, Dirk/Lange, Dirk, 2010: Wie sich Schülerinnen und Schüler Demokratie vorstellen. Zur didaktischen Rekonstruktion von Politikbewusstsein, in: Dirk Lange/Herhard Himmelmann (Hrsg.), Demokratiedidaktik. Impulse für die politische Bildung, Wiesbaden: VS, 221-240.

Heider, Fritz, 1926: Ding und Medium, in: Symposion. Philosophische Zeitschrift für Forschung und Aussprache, Jg. 1, H. 2, S.109-157.

Heil, Reinhard/Hetzel, Andreas/Hommrich, Dirk (Hrsg.), 2011: Unbedingte Demokratie. Fragen an die Klassiker neuzeitlichen politischen Denkens, Baden-Baden: Nomos.

Inglehart, Ronald, 2007: Postmaterialist Values And The Shift From Survival To Self-expression Values, in: Ronald Inglehart/Hans-Dieter Klingemann (Eds.), Oxford Handbook of Political Behavior, Oxford: Oxford University Press, 223-239.

Jahraus, Oliver/Schmidt, Benjamin Marius, 1997: Systemtheorie und Dekonstruktion. Die Supertheorien Niklas Luhmanns und Jacques Derridas im Vergleich, Siegen: Lumius.

Klinger, Florian, 2011: Urteilen, Berlin: diaphanes.

Koller, Christoph, 1999: Bildung und Widerstreit, München: Wilhelm Fink.

Laclau, Ernesto, 2002: Was haben leere Signifikanten mit Politik zu tun?, in: ders., Emanzipation und Differenz, Wien: Turia + Kant, 65-78.

Laclau, Ernesto, 2007: On Populist Reason, London: Verso.

Laclau, Ernesto/Mouffe, Chantal, 1991: Hegemonie und radikale Demokratie. Zur Dekonstruktion des Marxismus, Wien: Passagen.

Lange, Dirk (Hrsg.), 2007: Konzeptionen Politischer Bildung, Bd. 1, Hohengehren: Schneider.

Luhmann, Niklas, 1982: Autopoiesis, Handlung und kommunikative Verständigung, in: Zeitschrift für Soziologie, Jg. 11, H. 4, 366-379.

Luhmann, Niklas, 1984: Soziale Systeme: Grundriss einer allgemeinen Theorie, Frankfurt a.M. Suhrkamp.

Luhmann, Niklas, 1988: Neuere Entwicklungen in der Systemtheorie, in: Merkur, Jg. 42, 292-300.
Luhmann, Niklas, 1991: Systemtheorie, Evolutionstheorie und Kommunikationstheorie, in: ders., Soziologische Aufklärung 2, Opladen: Westdeutscher, 193-203.
Luhmann, Niklas, 1992: Die Wissenschaft der Gesellschaft, Frankfurt a.M.: Suhrkamp.
Luhmann, Niklas, 2002a: Einführung in die Systemtheorie, Heidelberg: Carl-Auer.
Luhmann, Niklas, 2002b: Die Politik der Gesellschaft, Frankfurt a.M.: Suhrkamp.
Lyotard, Jean-François, 1989: Der Widerstreit, München: Fink.
Marotzki, Winfried, 1990: Entwurf einer strukturalen Bildungstheorie. Biographietheoretische Auslegung von Bildungsprozessen in hochkomplexen Gesellschaften, Weinheim: Deutscher Studien Verlag.
Maturana, Humberto R., 1985: Erkennen: Die Organisation und Verkörperung von Wirklichkeit: ausgewählte Arbeiten zur biologischen Epistemologie, Braunschweig: Vieweg.
Meyer, Thomas, 2001: Mediokratie. Die Kolonisierung der Politik durch die Medien, Frankfurt a.M.: Suhrkamp.
Meyer-Drawe, Käte, 1990: Illusionen von Autonomie. Diesseits von Ohnmacht und Allmacht des Ich, München: Kirchheim Peter.
Michelsen, Danny/Walter, Franz, 2013: Unpolitische Demokratie, Berlin: Suhrkamp.
Mouffe, Chantal, 2007: Über das Politische. Wider die kosmopolitische Illusion, Frankfurt a.M.: Suhrkamp.
Mouffe, Chantal, 2008: Das demokratische Paradox, Wien: Turia + Kant.
Nonhoff, Martin, 2006: Politischer Diskurs und Hegemonie. Das Projekt „Soziale Marktwirtschaft", Bielefeld: transcript.
Opratko, Benjamin, 2012: Hegemonie, Münster: Westfälisches Dampfboot.
Rancière, Jacques, 2002: Das Unvernehmen. Politik und Philosophie, Frankfurt a.M.: Suhrkamp.
Rancière, Jacques, 2007: Der unwissende Lehrmeister. Fünf Lektionen über die intellektuelle Emanzipation, Wien: Passagen.
Rancière, Jacques, 2008: Die Aufteilung des Sinnlichen. Die Politik der Kunst und ihre Paradoxien, Berlin: bbooks.
Rancière, Jacques, 2011: Der Hass der Demokratie, Berlin: August.
Rancière, Jacques, 2012: La méthode de l'égalité. Entretien avec Laurent Jeanpierre et Dork Zabunyan, Montrouge: bayard.
Reich, Kersten, 2006: Konstruktivistische Didaktik, Weinheim: Beltz.
Rölli, Marc, 2003: Deleuze. Philosophie des transzendentalen Empirismus, Wien: Turia + Kant.
Sander, Wolfgang, 2011: Konzepte in der politischen Bildung – eine Replik zum Streit über Wissen, in: politische bildung, Jg. 44, H. 4, 154-159.
Schiele, Siegfried/Schneider, Herbert (Hrsg.) 1996: Reicht der Beutelsbacher Konsens, Schwalbach: Wochenschau.
Spencer-Brown, George, 1969: Laws Of Form, London: George Allen und Unwin Ltd.
Stäheli, Urs, 2000: Sinnzusammenbrüche. Eine dekonstruktive Lektüre von Niklas Luhmanns Systemtheorie, Weilerswist: Velbrück.
Steenblock, Volker, 1999: Theorie der kulturellen Bildung. Zur Philosophie und Didaktik der Geisteswissenschaften, München: Fink.

Weißeno, Georg, 2008: Politikkompetenz. Neue Aufgaben für Theorie und Praxis, in: Joachim Detjen/Peter Massing,/Dagmar Richter/Georg Weißeno, Politikkompetenz. Was Unterricht zu leisten hat, Bonn: Bundeszentrale für politische Bildung, S. 11-21.

Wullweber, Joschka, 2010: Hegemonie, Diskurs und Politische Ökonomie: Das Nanotechnologie-Projekt, Baden-Baden: Nomos.

Teil III
Theorieperspektiven auf die Kultur der Politik

Die Gleichheit der Anderen

Politische Subjektivierung und kulturelle Macht bei Jacques Rancière

Nina Elena Eggers

Zusammenfassung

Die politische Theorie von Jacques Rancière fokussiert die Frage der Demokratie aus der Perspektive der Anteillosen, welche als die Anderen, von einer sozialen Ordnung verworfen werden. Demokratie meint hier die Politisierung sozialer Verhältnisse durch einen konstitutiven Bruch mit bestehenden Ordnungsverhältnissen, welcher nur durch die Einschreibung neuer politischer Subjekte ins Gemeinsame gelingen kann. Politische Subjektivierung ist also mit Rancière, so die Grundthese des Beitrags, als ein Prozess der De-Identifizierung zu begreifen, welcher die Logik der Gleichheit gegenüber der polizeilichen Logik der Identifizierung in Anschlag bringt und beruht damit gerade nicht, wie in anderen poststrukturalistisch argumentierenden Theorien angenommen, auf der Konstruktion einer kollektiven Identität in Abgrenzung zu einem (fiktiven) Anderen. Politisches Handeln als kollektive Subjektivierung nimmt ihren Bezugspunkt vielmehr in einer immer bereits vorausgesetzten und gleichwohl uneinholbaren Gleichheit Aller und betrifft vor allem die performative Ebene, auf der die Verteilung von Rollen und Funktionen in der Gesellschaft auszuhandeln ist. Dabei werden vor allem kulturelle Formen als poetische Neubeschreibungen von Gemeinschaft zum Einsatz der Politik.

1 Einleitung

Sozialwissenschaftliche Studien tendieren in jüngster Zeit vermehrt dazu, kulturelle Praktiken jeglicher Art als politisch anzuerkennen. So werden längst nicht nur Literatur und Musik und bildende Kunst als kritische Interventionen in soziale Verhältnisse verstanden. Auch Phänomene des Alltags, wie etwa Bewegungskulturen oder Konsumpraktiken werden in ihrer politischen Dimension identifiziert und analysiert. Kultur wird damit nicht mehr als zweitrangiges, weil vermeintlich vorpolitisches, Phänomen abgetan, sondern wird zum zentralen Feld der Auseinandersetzung um soziale Positionierung, politische Teilhabe und Reproduktion gesellschaftlicher Ordnungen (vgl. Moebius 2009: 8). Insbesondere Theorien der Dekonstruktion[1] und postkoloniale Studien[2] schenken dem Kulturellen eine vermehrte Aufmerksamkeit. Sie versuchen zu zeigen, wie sich über kulturelle Praktiken politische Identitäten herausbilden und reaktualisieren. Ihr Fokus liegt dabei auf der Frage, wie in einem solchen Prozess, das Andere als kulturell Anderes hervorgebracht und exkludiert wird. Mit Derridas Konzept des „konstitutiven Außen"[3] gerät dabei die Frage nach dem Verhältnis vom Selben zum Anderen meist als Alteritätsbeziehung in den Blick. Eine jede Anordnung, ein jeder Diskurs und damit auch eine jede Identität muss sich von einem Anderen abgrenzen, auf das sie aber zugleich angewiesen ist, um selbst zu existieren (Moebius 2009: 151). Politische Identitäten, so die zentrale Annahme etwa auch der an Derrida anschließenden Hegemonietheorie von Ernesto Laclau und Chantal Mouffe, bilden sich durch einen Abgrenzungsprozess gegenüber einem fiktiven, im Sinne eines konstruierten Anderen heraus (Laclau/Mouffe 2006). Diese Logik ist dabei nicht

---

1   Dazu zählen vor allem die in Abgrenzung zum Strukturalismus entwickelte Theorie der sprachlichen Dekonstruktion von Jacques Derrida und die an sein Konzept anknüpfenden Theorien von Ernesto Laclau und Chantal Mouffe sowie Judith Butler.

2   Exemplarisch sind hier die Studien von Stuart Hall (1994, 2004) und Gayatri Chakravorty (Spivak 2008) zu nennen.

3   Derrida betont in seinen Schriften die Bedeutung von Differenz und übt damit vor allem eine Kritik am sprachwissenschaftlichen Strukturalismus von Ferdinand de Saussure (1967). Dieser nimmt an, dass sprachliche Zeichen innerhalb des kodierten Regelsystems von Zeichen (langue) ihre Bedeutung in einem Sprachakt (parole) erst über die dadurch entstehende Beziehung zu anderen Zeichen des Systems erhalten (vgl. Münker/Roesler 2000: 2ff.). Der Sinn von Zeichen ergibt sich für Saussure nicht über die Referenz auf einen außersprachlichen Grund, sondern allein durch ihre immanente Relation bzw. Differenz zu anderen Zeichen (Münker/Roesler 2000). Derrida radikalisiert nun das strukturalistische Interesse an Differenzsystemen durch die Aufdeckung und Sichtbarmachung eines ausgeschlossenen Anderen, des „konstitutiven Außen" (Moebius 2009: 151).

eine, die allein staatlichen Dispositiven oder herrschenden Ordnungen zukommt, sie wird vielmehr als grundsätzliche Logik des Sozialen konzipiert. In diesem Sinne muss auch die kritische Intervention in bestehende Ordnungsverhältnisse über die Herausbildung kollektiver (Gegen-)Identitäten erfolgen, welche ein fiktives Gegenüber imaginiert, um seine eigene politische Macht zu entwickeln. Ein politisches Subjekt kann in diesem Verständnis erst dadurch zur Existenz gelangen, dass es sich gegen den hegemonialen Diskurs positioniert und als (kulturell) Anderes hervorbringt. Politik ist hier in der grundsätzlichen Konflikthaftigkeit als ontologischer Dimension des Sozialen zu suchen und artikuliert sich immer erst in der Abgrenzung zu einem fiktiven Ausgeschlossenen, welches die Hervorbringung der eigenen politischen Identität ermöglicht. Diese Position ist insofern nicht unproblematisch, so will dieser Beitrag argumentieren, als darin auch eine normative Aufwertung von (wenn auch konstruierten) kollektiven Identitäten gelesen werden kann und damit neben der Möglichkeit zu ihrer Problematisierung, immer auch die Möglichkeit ihrer Verfestigung in unseren Deutungsrepertoires besteht. Es erscheint daher sinnvoll, nach Möglichkeiten zu suchen, den Prozess der politischen Subjektivierung jenseits der Identitätsbildung zu denken. Eine Perspektive hierfür bietet die politische Theorie des französischen Philosophen Jacques Rancière.

Auch Rancière nimmt in seinen theoretischen Arbeiten, das Andere politischer Ordnungen in den Blick. Vor allem in seinem Buch *Das Unvernehmen* (Rancière 2002) thematisiert er Mechanismen der politischen Subjektivierung aus Perspektive der Ausgeschlossenen. Ähnlich wie Laclau und Mouffe geht er dabei poststrukturalistisch argumentierend von einer prinzipiellen Kontingenz politischer Ordnungen aus. Sein Verständnis von Politik ist emanzipatorisch. In marxistischer Tradition argumentierend bedeutet Politik für ihn damit „das Heraustreten aus einem Zustand der Unmündigkeit" (Rancière 2009a: 53). Dieser Zustand ist einer, der durch die jeweilige Herrschaftsordnung entsteht, welche sich im Sinne einer „harmonisch gewebte[n] Gemeinschaft" (Rancière 2009a: 54) als quasi-natürlich begreift, damit aber immer gewisse Individuen von der Teilhabe am Gemeinsamen der Gemeinschaft ausschließt und gleichzeitig unsichtbar werden lässt. Politik setzt nun dort an, wo die bestehende Ordnung dadurch irritiert wird, dass die Ausgeschlossenen als jene ohne Anteil am Gemeinsamen sich entlang des Ausrufes ihrer Gleichheit in das Gemeinsame einschreiben. Obschon diese „Gleichheit der Anderen", wie an späterer Stelle gezeigt wird, immer nur verifiziert, niemals aber vollständig realisiert werden kann, bildet sie für Rancière den elementaren Bezugspunkt jedes politischen Handelns. Damit, so die These des Beitrages, ist politische Subjektivierung als ein der polizeilichen Logik der Identifizierung immer entgegengesetzter Prozess zu verstehen, welcher der Logik der Gleichheit folgt. Rancière nimmt also, anders als das hegemonietheoretische Konzept von Laclau und Mouffe, eine klare begriffliche Trennung zwischen Identität/Identifizierung und Subjekt/Subjektivierung vor. Während die Logik der Identifizierung in seinem Verständnis von der herrschenden Ordnung ausgeht, ist politische Subjektivierung mit Rancière gerade als eine Bewegung der „De- oder Ent-Identifizierung" (Rancière 2002: 48) und damit als Irritation oder als „Unterbrechung" der herrschenden Ordnung zu verstehen (Rancière 2002: 24).

Um diese Gedanken näher auszuführen, soll im Folgenden zunächst kurz auf die Konstitution des Anderen in poststrukturalistischen Kulturtheorien eingegangen werden (2). Sodann wird Rancières Konzept der politischen Subjektivierung entlang seiner Unterscheidung von Politik und Polizei (3), seiner Kritik der modernen Demokratie (4) und seinem Gleichheitsbegriff (5) dargelegt und für ein Verständnis von politischer Subjektivierung als Bewegung der De-Identifizierung argumentiert. Abschließend wird noch einmal verdeutlicht, warum die Macht zur politischen Veränderung mit Rancière vor allem in Praktiken des Kulturellen zu suchen ist (6).

2 Das Andere politischer Ordnungen: Zwischen Gleichheit und Differenz

Im Zuge des sogenannten *Cultural Turn* legen sozialwissenschaftliche Theorien ihren Fokus zunehmend auf Kultur als Triebkraft sozialer Positionierungen und der (Re)produktion gesellschaftlicher Ordnungen (Moebius 2009: 8). Kultur wird damit zunehmend als eine dem Sozialen quasi zugrundeliegende symbolische Ordnung bzw. Sinnstruktur verstanden (Reckwitz 2008a: 15ff.). Der Terminus „Kultur" verweist in diesem Kontext nicht mehr auf ein geschlossenes Wertesystem, das einer spezifischen Volksgruppe zugeschrieben werden kann, etwa im Sinne einer Nationalkultur. Vielmehr stellt sich das Feld der Kultur als ein machtdurchzogenes Feld dar, auf dem sinnstiftende politische Identitäten ausgehandelt werden. Als eine symbolisch-praktische Ordnung fundiert Kultur gewissermaßen das Soziale und bildet so das „Material", das durch die Permanenz reiterativer Praktiken (re)produziert und ggf. auch transformiert wird. Kultur macht es in diesem Verständnis möglich, dass Menschen ihren materiellen und sozialen Erfahrungen Ausdruck verleihen, also ihnen Sinn und Bedeutung geben und dass diese neuen Erfahrungen ihnen wiederum neue Möglichkeitsräume eröffnen (vgl. Moebius 2009: 189). Das poststrukturalistische Moment eines solchen Kulturbegriffes zeigt sich nun darin, dass eine endgültige Festlegung von Sinnzuschreibungen normativ abgelehnt und auch für empirisch unmöglich erachtet wird. Eine politische Gemeinschaft lässt sich nicht über ihren kulturellen „Wesenskern" definieren oder im Rückgriff auf kulturbedingte Eigenschaften ihrer Mitglieder und vermeintlich vorpolitische Werte begrenzen (vgl. Reckwitz 2008a: 617ff.). Denn die kulturelle Werte und Sinnsysteme selbst sind politisch. Sie werden als das Ergebnis von Aushandlungsprozessen verstanden, in denen Sinn und Bedeutung erst erzeugt und zugeschrieben wird.

Allerdings wird die Idee kollektiver Identitäten als Mittel der politischen Auseinandersetzung hier nicht aufgegeben, sondern im Gegenteil als notwendig, weil konstitutiv für das Soziale, anerkannt (Moebius 2009: 189). In einer kritischen Wendung setzten Vertreter der poststrukturalistischer Kulturtheorien, so beschreibt es Stephan Moebius, also einer „Identitätspolitik ersten Grades" ein Modell der „Identitätspolitik zweiten Grades" entgegen (Moebius 2009:189). Das Verhältnis zum (kulturell) Anderen wird hier dynamisch und ausschließlich in der diskursiven Logik des Sozialen begründet verstanden. Denn die Abgrenzung zum Anderen ist immer nur eine fiktive, die der eigenen Identitätsbildung dient. Dies machen insbesondere Laclau und Mouffe in ihrer Hegemonietheorie deutlich (Laclau/Mouffe 2006). Die Verschiebung von Sinn und Bedeutung wird bei Laclau und Mouffe in Praktiken und Diskursen[4] gesucht. Hier bilden sich über ein Wechselspiel zwischen Äquivalenz- und Differenzlogik kollektive politische Identitäten heraus, die zur Stabilisierung hegemonialer Gesellschaftsordnungen beitragen.

Ihrem Denken legen Laclau und Mouffe dabei eine anti-essentialistische Prämisse[5] zugrunde und gehen im Anschluss an Derrida davon aus, dass Diskurse

---

4 Laclau und Mouffe legen ihrer Hegemonietheorie ein diskursives Verständnis des Sozialen zugrunde, das mit einem von Laclau bereits in seinen früheren Arbeiten (Laclau 1981, 1990) skizzierten und bewusst weit gefassten Diskursbegriff arbeitet, der nicht etwa darauf zielt, eine bestimmte Ebene des Sozialen abzugreifen, sondern vielmehr den Begriff des Sozialen an sich zu substituieren sucht. Sie grenzen sich dabei ab von dem Diskursverständnis des „frühen" Foucault, wie dieser ihn in *Die Archäologie des Wissens* (Foucault 1981) entwickelt, indem sie die Unterscheidung zwischen sprachlichen und nicht-sprachlichen Praktiken aufheben (Laclau/Mouffe 2006: 143ff.) und so das gesamte soziale Geschehen als Sinngeschehen in den Blick nehmen.

5 Eine anti-essentialistische Prämisse vorauszusetzen, bedeutet streng genommen, die Unmöglichkeit jeglicher philosophischer, theoretischer und politischer Letztbegründungen zu behaupten. Gleichwohl suchen Laclau und Mouffe mit ihrer Dekonstruktion des Fundamentalismus nicht das völlige Verschwinden von Begründungs*versuchen* nachzuweisen. Sie wollen die metaphysische Idee, Gesellschaft ließe sich auf einem letzten Grund errichten, vielmehr widerlegen, indem sie zeigen, dass jedes vermeintlich letzte Fundament selbst von strittigem und umkämpftem Charakter ist und immer wieder über neue Begründungsversuche in Frage gestellt werden kann (vgl. Marchart 2010: 8).

und damit Bedeutungszuweisungen niemals endgültig festgelegt werden können (Laclau/Mouffe: 131ff.). Aufgrund der Kontingenz des Sozialen, so die These von Laclau und Mouffe, kann es erst über hegemoniale Artikulation, als machtvoller politischer Intervention gelingen, eine gewisse Bedeutungsfixierung im Diskurs und damit eine zeitweise soziale Objektivität herzustellen (Laclau/Mouffe 2006: 127ff., 141ff.). Diskurse bestehen nun in ihrem Verständnis nicht einfach als Differenzsysteme, sondern werden als solche erst vor dem Hintergrund der Kontingenz des Sozialen in ihrer machtvollen Artikuliertheit existent (vgl. Reckwitz 2006: 342). Wie aber kann eine solche temporäre Stabilisierung des Diskurses gelingen? Hier ist für Laclau und Mouffe, so fasst es Andreas Reckwitz zusammen, der soziale Antagonismus zentral, denn „ein hegemonialer Diskurs gewinnt seine Identität erst über die Abgrenzung von einem Außen, über den Weg der Verwerfung eines radikal Anderen (insbesondere der Verwerfung einer radikal anderen Form von Subjektivität), der damit zum paradoxen ‚konstitutiven Außen' avanciert" (Reckwitz 2008b: 76). Diese Differenz zum Außen ist dabei für Laclau und Mouffe mehr als eine einfache Differenz. Das liegt daran, dass Diskurse selbst im Inneren durch zwei einander entgegengesetzte Logiken bestimmt sind (Laclau/Mouffe 2006: 167ff.). So impliziert die Logik der Differenz, dass ein jeder Diskurs auf einer Vielzahl von ihm inhärenten Unterscheidungen basiert. Die Logik der Äquivalenz hingegen ermöglicht, dass an sich durch Differenz zueinander bestimme diskursive Elemente sich über eine gewisse Gemeinsamkeit vereinen, die allerdings, und hier liegt der entscheidende Punkt der Argumentation, erst in Abgrenzung zu einem nicht-gleichen Außen sichtbar wird. Die Logik der Äquivalenz unterläuft so gesehen die Logik der Differenz. Sie setzt verschiedene Elemente des Diskurses in Abgrenzung zu einem gemeinsamen Außen äquivalent und stellt so eine übergreifende Identifizierung her.

Subjektpositionen, so kann man es in anderen Worten sagen, werden also für Laclau und Mouffe durch einen gesellschaftlichen Diskurs festgelegt, der ein gemeinsames Außen imaginiert, sich zu diesem in Differenz setzt und so im Inneren eines Diskurses sinnstiftende Gleichheit erzeugt. Diese Gleichheit im Inneren, darauf sei verwiesen, ist keine substanzielle Gleichheit im Sinne einer kulturellen Homogenität o.ä., welche auf objektivierbare gleiche Eigenschaften rückführbar wäre, sondern lediglich ein Konstrukt, ein identitätsstiftendes Produkt der Abgrenzung gegenüber dem Anderen. Das Andere seinerseits ist wiederum kein materielles, sondern immer nur ein sinnhaft präsent gehaltenen Anderes, das die Subjektidentität stärkt, aber zugleich als unberechenbare Quelle neuer Bedeutungs- und Sinngebungseffekte, welche die eigene Identität permanent in Frage stellen, auch bedroht. Eine politische Identität ist so verstanden immer eine Gegenidentität: Sie bedarf nicht nur eines Gegenüber, sondern eines (fiktiven) Gegners, um sich selbst zu stabilisieren und politisch wirksam zu sein. Dies gilt aber nicht nur für die aktuell hegemoniale Formation, sondern ebenso auch für die Hervorbringung widerständiger Alternativen. Ein linkes politisches Projekt etwa kann sich in diesem Sinne nur in Opposition zu einer hegemonialen neoliberalen politischen Formation hervorbringen. Sie ist also zunächst eine Gegenidentität, kann sie doch nur als eine solche überhaupt Geltung erlangen. Auch wenn betont wird, dass diese Identitäten nur strategisch und nicht substanziell zu verstehen sind, bleibt so die politische Subjektivierung bei Laclau und Mouffe doch unmittelbar an die Logik der Identifizierung geknüpft, insofern eine (wenn auch nur konstruierte) Identität als notwendiges Vehikel des sozialen Kampfes „von Unten" angesehen wird.

Anders gestaltet sich dies in der politischen Theorie von Rancière. Hier sind die Prozesse der Identitätskonstruktion und der Subjektivierung klar voneinander zu unterscheiden bzw. einander geradezu entgegengesetzt. Um diese logische Trennung nachzuvollziehen muss im Folgenden zunächst auf Rancières Differenzierung von Polizei und Politik eingegangen werden, welche zunächst analog zu jener von Politik und dem Politischen bei Laclau und Mouffe erscheint, bei näherer Betrachtung jedoch mit dieser nicht einfach gleichzusetzen ist.

3 Die Aufteilung des Sinnlichen: Politik versus Polizei

Mit seinem Buch *Das Unvernehmen* verfolgt Rancière das Anliegen, die politische Philosophie „ins Feld der politischen Praxis" zurückzuführen (Rancière 2002: 13). Entsprechend zielen seine theoretischen Überlegungen nicht darauf, eine neue Theorie der Demokratie zu entwerfen, um lediglich ein weiteres Mal die Rahmenbedingungen einer politischen Ordnung neu festzulegen (Krasmann 2009: 77) und so letztlich nur eine weitere „positive Legitimationsthese" für die aktuellen Regierungsweisen zu schaffen (Rancière 1997: 94). Sein Anspruch ist es vielmehr, die Frage danach was Demokratie ist, grundsätzlich neu zu stellen und zwar in einer Form, die der Politik, als emanzipatorischem Ereignis Rechnung trägt. Unter dem Stichwort „Postdemokratie" kritisiert Rancière die Verabsolutierung staatlich-institutioneller Machtdispositive, welche in einer objektivierenden Logik versuchten, das Volk über Praktiken der Verrechtlichung, der verallgemeinerten Expertise und der ständigen Meinungsumfrage definitiv zu erfassen (Rancière 2002: 122). Auf diese Weise aber, so Rancières Kritik, verschwinde letztlich unter dem Denkmantel der Konsensdemokratie die Möglichkeit, etablierte Regeln und Grenzen der Teilhabe überhaupt noch in Frage zu stellen. Ausschlüsse würden auf diese Weise manifestiert, anstatt die Gemeinschaft offen zu halten für die Inklusion neuer politischer Subjekte.

Um diesen postpolitischen Tendenzen entgegenzuwirken sucht Rancière nun Politik als offenen Streit um die Einrichtung von Gesellschaft neu zu denken und möglich zu machen. Dieses Anliegen teilt er mit Laclau und Mouffe und anderen poststrukturalistisch bzw. dekonstruktivistisch argumentierenden Autoren wie Claude Lefort oder Jean Luc Nancy. Anders als sie greift er aber nicht auf die an Heideggers Ontologie angelehnte begriffliche Unterscheidung zwischen „*der* Politik" als dem politischen Tagesgeschäft und „*dem* Politischen" als Dimension ihrer Möglichkeitsbedingungen zurück (Laclau/Mouffe 2006 und insb. Mouffe 2007; Nancy 1988; Lefort 1990).[6] Rancières politische Differenz operiert stattdessen mit einer an Foucault geschulten Unterscheidung zwischen „Politik" und „Polizei". Beide Begriffe weiß er jenseits ihrer vertrauten Verwendungskontexte neu zuzuordnen. Polizei bezeichnet für Rancière nicht die staatliche Ordnungskraft, sondern muss vielmehr als eine Reihe von Praktiken und Verfahren verstanden werden, durch die Macht organisiert, Konsens hergestellt und Plätze und Rollen innerhalb der Gesellschaft zugewiesen werden (Marchart 2010: 179). Die Polizei ist in diesem Sinne eine defizitäre Politik, welche den öffentlichen Raum entlang bestehender Wahrnehmungskategorien organisiert. Wahre Politik als emanzipatorisches Ereignis dagegen – und das ist gleichzeitig Rancières Verständnis von Demokratie – unterbricht die polizeiliche Ordnung und fordert eine Neuordnung ein, indem sie die Logik der Gleichheit in Anschlag bringt.

Rancières Differenz von Politik und Polizei muss vor dem Hintergrund seiner Auseinandersetzungen um die Ästhetik der Politik gelesen werden, insofern es für ihn beim politischen Streit immer um das Erscheinen und Sichtbarmachen von neuen politischen Subjekten geht. Sein Verständnis von Ästhetik ist dabei jenes einer allgemeinen Wahrnehmungstheorie der Welt (Niederberger 2004: 133). Ästhetik beschreibt für ihn die Art und Weise, in der die Dinge und Verhältnisse in ihrer Erscheinung in der Welt wahrgenommen werden können, wobei die Wahrnehmungsbedingungen zugleich auch die Bedingungen der Welt selbst sind (Niederberger 2004: 133). Es gilt also Ästhetik im kantschen Sinne als ein „System der Formen *a priori*" aufzufassen, „insofern sie bestimmen, was der sinnlichen Erfahrung überhaupt gegeben ist" (Rancière 2008a: 26). Im Zentrum des politischen Streits steht nun die „Aufteilung des Sinnlichen" (le partage du sensible) (Rancière 2008a). Sie entscheidet darüber, was Sichtbar und Sagbar – also sinnlich wahrnehmbar ist. Es geht dabei immer um die sinnliche Wahrnehmbarkeit einer im doppelten Sinne geteilten Welt, denn die Aufteilung des Sinnlichen ist

---

6   Vgl. zu den jeweils unterschiedlichen Konzeptionen der „politischen Differenz" im poststrukturalistischen Denken die Ausführungen von Oliver Marchart in seinem gleichnamigen Buch (Marchart 2010).

für Rancière „jenes System sinnlicher Evidenzen, das zugleich die Existenz eines Gemeinsamen aufzeigt wie auch die Unterteilungen, durch die innerhalb dieses Gemeinsamen die jeweiligen Orte und Anteile bestimmt werden. Eine Aufteilung des Sinnlichen legt sowohl ein Gemeinsames, das geteilt wird, fest, als auch Teile, die exklusiv bleiben" (Rancière 2008a: 25). Die Aufteilung des Sinnlichen zeichnet also eine Art gesellschaftlicher Topologie, eine Anordnung von Normen und Werten, die bestimmten sozialen Gruppen bestimmte Positionen und Rollen zuweist. Sie bestimmt, anders gesagt, wer an gemeinschaftlichen Entscheidungen, Verhandlungen und Diskussionen teilhaben kann und wer anteillos bleibt (vgl. Muhle 2008: 10).

Der Polizei nun kommt mit Rancière die Funktion zu, über die Einhaltung ebendieser Ordnung zu wachen und damit die Regeln aufrecht zu erhalten, welche bestimmen, was zu einem spezifischen Zeitpunkt sichtbar und sagbar ist und was nicht, wer teilhaben kann am Gemeinsamen und wer nicht. In dieser Funktion erinnert sie an Foucaults Diskurspolizei. Tatsächlich versteht Rancière Polizei im Foucault'schen Sinne als Regierungstechnik, die ihren historischen Ursprung in der Polizeywissenschaft hat und ihrer Funktion in der wissenschaftlichen Zurichtung und Ordnung der Gesellschaft findet (Krasmann 2009: 93). Denn Rancières Polizei ist „zuerst eine Ordnung der Körper, die die Aufteilung unter den Weisen des Machens, den Weisen des Seins und den Weisen des Sagens bestimmt, die dafür zuständig ist, dass diese Körper durch ihren Namen diesem Platz und jener Aufgabe zugewiesen sind" (Rancière 2002: 41). Gleichzeitig geht es für Rancière dabei aber weniger um eine direkte „Disziplinierung" der Körper, als um die Gestaltung der Regeln ihres Erscheinens. Die Polizei organisiert den sinnlichen Wahrnehmungsraum anhand der Differenz von Sichtbarkeit und Unsichtbarkeit und verkörpert so immer auch eine spezifische polizeiliche Herrschaftsordnung, welche zwischen jenen scheidet, die einen Anteil am Gemeinsamen haben und jenen, die Anteillos bleiben. Wie Susanne Krasmann schreibt, richtet Rancière sein Augenmerk so weniger als Foucault auf die Produktivität der Macht und damit auf die Formen des Wissens, die zugleich Interventionsfelder der Macht hervorbringen, sondern vielmehr auf das Ausgeschlossene, das durch die Ordnung des herrschenden Diskurses hervorgebracht wird (Krasmann 2009: 78). Denn eine jegliche polizeiliche Ordnung – und darin liegt ihre paradoxe Eigenschaft – formt zum einen einen gesellschaftlichen Wahrnehmungsraum als gemeinsam geteilten Raum, erlaubt es zum anderen aber auch, gewisse Subjekte und Subjektpositionen zu ignorieren (Krasmann 2009: 78).

Politik nun setzt in dem Moment ein, in dem die durch die Polizei vorausgesetzte und zugleich eingesetzte Aufteilung des Sinnlichen irritiert wird. Diese Irritation erfolgt genau dann, so Rancières These, wenn der paradoxe Anteil der Anteillosen sich selbst als Teil des Gemeinsamen, und damit als den Anderen gleich, in Erscheinung bringt. In diesem Sinne ist Politik der Polizei entgegengesetzt. Sie unterbricht die polizeiliche Logik, indem sie etwas Unsichtbares sichtbar macht. Damit hat Politik keinen spezifischen Gegenstand und keine eigenen Fragen (Rancière 2002: 43). Sie ist nicht der Streit um das bessere Argument und nicht der inhaltliche Austausch zwischen sich gegenseitig anerkennenden Gesprächspartnern. Politik setzt für Rancière vielmehr dort ein, wo zur Disposition steht, wer überhaupt als legitimer Vertreter an in einer politischen Diskussion wahrgenommen wird, wessen Argumente also gehört und verstanden werden können. Politik ist in diesem Sinne „zuerst der Konflikt über das Dasein einer gemeinsamen Bühne, über das Dasein und die Eigenschaften derer, die auf ihr gegenwärtig sind" (Rancière 2002: 38). Was es über die Politik zu verhandeln gilt sind nicht politische Inhalte, sondern zu allererst die Positionen, von denen aus diese Inhalte kommuniziert werden können und die Eigenschaften ihrer Sprecher. Die Frage die Rancière stellt ist: Wie können jene die Anteil am Gemeinsamen haben, weil sie gesehen und gehört werden mit jenen ins Gespräch kommen, die anteillos sind und nicht gesehen werden, weil ihre Form des Sprechens nur als „Lärm", nicht aber als sinnvolle Rede erscheint?

4 Das Unvernehmen und die kritische Intervention des *demos*

Das paradoxe Verhältnis zwischen Anteilhabenden und Anteillosen versucht Rancière nun über seine Figur des Unvernehmens (la mésentente) in den Blick zu nehmen. Mit dem Unvernehmen beschreibt er einen bestimmten Typus einer Sprechsituation, „bei der einer der Gesprächspartner gleichzeitig vernimmt und auch nicht vernimmt, was der andere sagt" (Rancière 2002: 9). Diese Konstellation grenzt sich zugleich von anderen Situationen wie dem Verkennen oder dem Missverständnis ab. Das Unvernehmen, so argumentiert Rancière, basiert nicht auf „der Unwissenheit" oder „der Ungenauigkeit der Wörter" (Rancière 2002: 10). Es markiert also auch keine Situation, die dadurch behoben werden könnte, zu lernen, was Sprechen heißt, also jedem Wort einen definierten Sinn beizulegen. In den Fällen des Unvernehmens geht es vielmehr um die Rationalität der Sprechsituation selbst. Das Unvernehmen bezeichnet in diesem Sinne einen Dissens, in dem das Verhältnis der Sprecher zueinander zum Gegenstand des Streits erhoben wird. In diesem Sinne unterscheidet es sich von Lyotard Konzept *des Widerstreits*, das die Unmöglichkeit aufzeigt, für Versöhnung widerstreitende Ansprüche eine universelle Regel zu finden (Lyotard 1989) und auch von Lalcau und Mouffes Theorie der antagonistischen Diskurslogik, welche den politischen Streit als Ringen um Hegemonie beschreibt (Laclau/Mouffe 2006). Die Situation des Unvernehmens geht über die inhaltliche und die semantische Dimension hinaus, indem sie nicht nur eine Ebene aufmacht, in der Probleme verhandelt und Bedeutungszuweisungen diskutiert werden, sondern darüber hinaus die performative Ebene anspricht, welche die Positionen der Sprecher thematisiert (vgl. Kertscher 2006: 66). In Kritik an Jürgen Habermas' intersubjektiv angelegter Diskursethik verdeutlicht Rancière dabei, dass sich Gerechtigkeit in gesellschaftlichen Verhältnissen nicht dadurch herstellt, dass man „die Rationalität des Dialogs mit dem Verhältnis der Sprecher [identifiziert], die einander im grammatikalischen Modus der ersten und der zweiten Person ansprechen, um ihre Interessen und ihre Wertesysteme gegenüberzustellen und deren Gültigkeit auf die Probe zu stellen" (Rancière 2002: 55). Um Unrecht aufzuzeigen, bedarf es nach Rancière einer dritten Person in Funktion des objektivierenden Kommentars. Erst durch die dritte Person, so sein Argument, werde es möglich, die exkludierende polizeiliche Ordnung als eine solche überhaupt sichtbar zu machen und den Abstand zwischen Anteilhabenden und Anteillosen aufzuzeigen. Dies verdeutlicht Rancière anhand seiner Studie der Arbeitermanifeste der Pariser Julirevolution von 1830. Das Subjekt der Arbeiter kann sich als ein politisches Subjekt nur hervorbringen, indem es (a) so tut, als gäbe es eine gemeinsame Welt der Argumentation zwischen Arbeitern und Meistern: „Hier unsere Argumente, Ihr könnt, oder vielmehr ‚sie' können sie (an)erkennen", und indem es (b) die beschränkte Wahrnehmungswelt der Meister kommentiert, welche nicht in der Lage sind, die Arbeiter als politisches Subjekt anzuerkennen: „Wir haben Recht, unsere Rechte zu argumentieren und so die Existenz einer gemeinsamen Welt der Argumentation anzunehmen. Und wir haben Recht, das zu tun, gerade weil diejenigen, die sie anerkennen müssten, es nicht tun, weil sie wie Leute handeln, die die Existenz dieser gemeinsamen Welt nicht kennen" (Rancière 2002: 64). Die „Spiele der dritten Person" hält Rancière für die Logik der politischen Diskussion deshalb entscheidend, weil das „sie" (der 3. Person Plural) eine dreifache Funktion bekommt: „Zuerst bezeichnet es den anderen als denjenigen, mit dem nicht nur der Interessenkonflikt, sondern die Situation selbst der Sprecher als sprechende Wesen zur Debatte steht. Zweitens richtet es sich an eine dritte Person, der sie virtuell diese Frage stellt. Drittens richtet es die erste Person ein, das ‚ich' oder ‚wir' des Sprechers als Vertreter einer Gemeinschaft." (Rancière 2002: 60). Erst die dritte Person, welche die Funktion des objektivierenden Kommentars übernimmt, eröffnet also die Möglichkeit, die Ordnung des gegebenen Diskurses zu unterbrechen. Die Struktur der *politischen* öffentlichen Meinung ist daher, so formuliert er wiederum entgegen Habermas, „nicht das Netz aufgeklärter Geister, die gemeinsame Probleme diskutieren", sondern eine „gelehrige Meinung [...] die in der Weise selbst urteilt, in der man miteinander spricht und in der die gesellschaftliche Ordnung vom Sprechen und seiner Deutung abhängt" (Rancière 2002: 60). Der politische Streit beginnt damit gleichzeitig in dem Moment, in dem die von der Ordnung bereits vorausgesetzte Gleichheit der Sprecher sichtbar gemacht wird.

Das Problem, welches Rancière hier anspricht, ist jenes, das jeder Herrschaftsstruktur anhaftet, die mit Max Weber gesprochen darauf beruht, „für spezifische (oder: für alle) Befehle bei einer angebbaren Gruppe von Menschen Gehorsam zu finden" (Weber 1956: 157) und so ein hierarchisches Verhältnis etabliert. Rancière macht darauf aufmerksam, dass Ordnung – auch in Form dessen, was wir gemeinhin unter Demokratie verstehen – immer ein Moment der Herrschaft beinhaltet, die Möglichkeit Herrschaft auszuüben, aber gleichermaßen an die vorausgesetzte Gleichheit aller gebunden ist. Denn, so argumentiert er, „es gibt Ordnung, weil die einen befehlen und die anderen gehorchen. Aber um einem Befehl zu gehorchen, bedarf es mindestens zweier Dinge: man muss den Befehl verstehen, und man muss verstehen dass man ihm gehorchen muss. Und um das zu tun, muss man bereits dem gleich sein, der einen befehligt" (Rancière 2002: 28). Das Problem der Demokratie stellt sich für Rancière folglich als eines, dass dem grundsätzlichen Paradox aufliegt, dass jene die Macht haben, „genau deshalb herrschen, weil sie nicht besser geeignet sind, zu herrschen, als beherrscht zu werden" (Rancière 2006: 76). Es ist nun Aufgabe der Politik, und damit nach Rancière auch der Demokratie, ebenjenes Paradox ständig bewusst zu halten und damit Herrschaftsansprüche in ihrer Kontingenz aufzudecken. Die moderne Demokratie bringt ihre Besonderheit für Rancière also durch „die quasi-transzendentale Errungenschaft zum Ausdruck, dass der Konstitutionsprozess unter Rekurs auf den Gleichheitsbegriff jeweils neu begonnen werden kann" (Niederberger 2004: 139).

Gleichzeitig hat die moderne Demokratie nun aber das Problem, dass sie unter dem Deckmantel der Gleichbehandlung aller, letztlich Ungleichheit unsichtbar werden lässt und so dem politischen Streit entzieht. Das lässt sich folgendermaßen erklären: Demokratie bedeutet in ihrer ursprünglichen Form die Herrschaft des *demos*. Unter Vorgabe der Prinzipien der Volkssouveränität und der Gleichheit vor dem Gesetz versuchen aber die herrschenden Akteure in der „Postdemokratie" (Rancière 1997) die gesellschaftlichen Verhältnisse objektiv zu erfassen und abzubilden, um sodann eine gerechte Repräsentation des Volkes zu ermöglichen.[7]

---

7   Mit den „herrschenden Akteuren" der Postdemokratie verweist Rancière hier tatsächlich primär auf den Staat im engeren Sinne, eingeschlossen sind aber durchaus auch unabhängige Meinungsforschungsinstitute, wirtschaftliche Akteure und Experten der Wissenschaft.

Dabei, so Rancières Kritik, setzen sie das Volk mit seiner aktuellen Erscheinungsform identisch und könnten oder wollten so nicht sehen, dass jenes sichtbare und zählbare Volk lediglich ein Produkt der polizeilichen Verrechnung ist und damit selbst nur aus einer spezifischen Aufteilung des Sinnlichen hervorgegangen ist. Mit einer solchen Festschreibung des vermeintlich zählbaren Volkes aber, und das ist das Problem auf das Rancière mit seiner Postdemokratie-These verweist, bleiben diejenigen politischen Subjekte, die hinter dieser Wahrnehmungsordnung zurückfallen, auch der demokratischen Teilhabe entzogen. Es gilt für Rancière also gerade jene Teilung des gemeinsamen Wahrnehmungsraumes als Teilung sichtbar zu machen und so die falsche Zählung des Volkes zu hinterfragen.

Unter Volk, und das ist ein weiterer Kritikpunkt, will Rancière zudem gerade nicht die Summe von Gemeinschaftsmitgliedern verstanden wissen (Rancière 2009a: 23). Das Volk ist nicht objektivierbar, es kann niemals mit sich selbst identisch sein, denn es bezeichnet, so argumentiert er, genau den Teil, der bis dato ohne Anteile blieb. Das Volk ist so gesehen die „supplementäre Existenz, welche die Zählung der Ungezählten oder den Anteil der Anteillosen festschreibt, das heißt in letzter Instanz, die Gleichheit der sprechenden Lebewesen, ohne die Ungleichheit selbst undenkbar wäre" (Rancière 2009a: 24). Rancière rezipiert für diesen Argumentationsschritt Aristoteles Unterscheidung der Gemeinschaft in drei Gruppen: jene der Wenigen, die über Reichtum verfügen (die oligoi), jene der Besten, die über Tugend verfügen (aristoi) und schließlich das Volk (der demos), dem nichts als die Freiheit zukommt. Da aber die Freiheit nicht allein dem Volk, sondern auch den Wenigen und den Besten zukommt, lässt sie sich nicht als seine Eigenheit positiv bestimmen. Das Volk ist daher jene Gruppe ohne spezifische Eigenschaft, jener „Teil ohne Anteil". Gleichzeitig aber, so argumentiert Rancière mit Aristoteles „identifiziert dieser Teil, der keiner ist, sein uneigenes Eigentum mit dem ausschließlichen Prinzip der Gemeinschaft und setzt seinen Namen – den Namen der unterschiedslosen Masse der Männer ohne Eigenschaften – mit dem Namen der Gemeinschaft selbst gleich." (Rancière 2002: 21). Das Volk wird damit zu jener Gruppe, die als Eigenes den politischen Streit in die Gemeinschaft einbringt (Hebekus/Völker 2012: 135). Ohne einen wirklichen Anteil an der Gemeinschaft zu haben, behauptet es aber permanent, diese in Gänze zu sein und stellt damit die Einrichtung des Gemeinsamen als strittig heraus (Hebekus/Völker 2012: 135). Das Unvernehmen, um es noch einmal pointiert zu sagen, bezeichnet so einen Dissens, in dem die Eigenschaften der Anteilhabenden und der Anteillosen zur Disposition stehen. Es lässt das Unrecht als Abstand zwischen jenen sichtbar werden, die einen Namen und eine gesellschaftliche Position haben, von der aus es ihnen erlaubt ist an der Ausgestaltung des öffentlichen Lebens teilzuhaben und jenen, die keinen Namen und von diesem Gespräch ausgeschlossen sind. Die vermeintlich natürliche Ungleichheit zwischen den Sprechern entpuppt sich dabei aber paradoxer Weise als eine, die sich einzig und allein ihrer prinzipiellen Gleichheit als sprechende Wesen verdankt (Kertscher 2006: 69). Das Problem, welches der Demokratie als Herrschaftssystem anhaftet ist also, dass sie Gleichheit gleichzeitig vorausgesetzt, aber auch unterdrückt. Dieser grundsätzlichen Widersprüchlichkeit von Demokratie als Herrschaftssystem wird man nach Rancière nicht entkommen können. Daher ist es aber umso wichtiger, und darauf zielt seine Neuformulierung von Politik und Demokratie, beständig auf die Kontingenz von Herrschaftsordnungen zu verweisen und diese durch die Einbringung neuer politischer Subjekte zu irritieren.

5 Politische Subjektivierung und uneinholbare Gleichheit

Wie nun aber formt sich das politische Subjekt? Wie wird aus einer Menge von unterdrückten Individuen ein politisch agierender Akteur? Für Rancière, und hier liegt der springende Punkt in seiner Argumentation, ist in der Subjektwerdung vor allem die Referenz auf Gleichheit sowohl als vorausgesetzte Bedingung, wie auch als *telos* von Bedeutung. Der logische Bruch, den der *demos* im politischen Akt in die gemeinschaftliche Ordnung einzuführen vermag, entsteht genau in dem Moment wo die Logik der Polizei mit der Logik der Gleichheit als Logik der Politik konfrontiert wird (vgl. auch Marchart 2010: 179). Um den Mechanismus der politischen Subjektivierung und damit das Verhältnis zum Anderen der politischen Ordnung hier genau in den Blick zu rücken, muss zunächst also Rancières Begriff der Gleichheit noch einmal präzisiert werden.

Politik beginnt für Rancière mit der konkreten Inszenierung des Streits um die Gleichheit, welche aber als solche noch keine politischen Effekte erzielt (Hebekus/ Völker 2012: 138). Dies lässt sich mit Blick auf ein von Rancière selbst angeführtes Beispiel verdeutlichen: Die Revolte der Sklaven der Skythen, von der Herodot in einer Fabel erzählt (Rancière 2002: 24ff.). Die Sklaven erkennen hier im Moment der Abwesenheit ihrer Herren, dass sie ihnen im Grunde genommen gleich geboren sind, weil sie ebenso sehen und sprechen können, wie die ihnen übergeordneten. Deshalb, so folgern sie, gäbe es auch keinen Grund für ihre Unterwerfung und damit keinen Grund, Sklaven zu sein. Um dies zu beweisen, beschlossen sie, sich als Ebenbürtige der Krieger zu zeigen und bewaffneten sich ebenfalls mit Lanzen. Dies erkennend, beschlossen die Krieger aber, im nächsten Angriff nicht Lanzen, sondern Peitschen zu nutzen, weil sie glaubten, die Sklaven könnten sich so nicht mehr als gleich empfinden. Diese Strategie war insofern erfolgreich, als dass die Sklaven kampflos aufgaben. Was Rancière mit dieser Lehrfabel zeigen möchte ist, dass ein

Streit zwischen zwei Parteien allein kein politischer Kampf ist, weil es den Sklaven nicht gelingt die Ordnung der Herren zu durchbrechen. Die Herren greifen im nächsten Moment zu einem anderen Instrument, um ihren Wesensunterschied zu markieren. Es findet aber insofern keine Begegnung der Logik der Polizei mit der Logik der Gleichheit statt, als sich hier lediglich zwei streitenden „Klassen" gegenüberstehen, also die „Armen" gegen die „Reichen" kämpfen (Rancière 2002: 28).

Die Gleichheit der Politik geht aber für Rancière über den Konflikt um die Anerkennung einer unterrepräsentierten Gruppe oder die Frage der Gleichstellung einer Gruppe zu einer anderen hinaus, denn sie ist eine streitende Behauptung eines anderen Gemeinsamen (Hebekus/Völker 2012: 139). Sie macht das Teilungsprinzip der Gemeinschaft, die falsche Verrechnung des Volkes, sichtbar und zeigt damit, dass hinter einer scheinbaren Gleichbehandlung aller in der Demokratie, immer ein der Ausschluss der Anteillosen verborgen bleibt. Die polizeiliche Ordnung welche die jeweilige Verteilung von Positionen und Funktionen in der Gesellschaft aufrecht erhält, kann selbst noch keine Ordnung sein, die Gerechtigkeit realisiert: „Die Gerechtigkeit als Prinzip der Gemeinschaft existiert noch nicht dort, wo man sich damit beschäftigt, nur zu verhindern, dass die Individuen, die miteinander leben, sich nicht gegenseitig Unrecht zufügen, und damit, die Waage der Gewinne und Verluste wieder ins Gleichgewicht zu bringen." (Rancière 2002: 17). Für Rancière beginnt also die Frage der politischen Ordnung, so interpretieren es Hebekus und Völker, im Grunde erst mit einer gemeinschaftlichen Gerechtigkeit: „Die gerechte gemeinschaftliche Ordnung sucht nicht länger zwischen Schädlichem und Nützlichem auszugleichen, sondern sie muss sich bemühen, die Gemeinschaftsanteile wohlproportioniert zu verteilen" (Hebekus/Völker 2012: 134). Das Verhältnis zwischen Anteilhabenden und Anteillosen bleibt dabei aber paradox: Denn jegliche Einschreibung der Anteillosen in das Gemeinsame produziert eine neue Aufteilung des Sinnlichen und damit einen neuen ungezählten Teil. Die Gleichheit, und darin liegt die eigentliche Pointe von Rancières Argumentation, wird ist also zum einen eine im vorpolitischen Sinne gegebene und verflüchtigt sich zum anderen aber in genau dem Moment ihrer Verifizierung, da jede neue Aufteilung des Gemeinsamen neues Unrecht als einen Abstand zwischen Anteilhabenden und Anteillosen schafft. Gleichheit bleibt in diesem Sinne die uneinholbare Voraussetzung von Politik, sie fungiert als Logik des Politischen, bleibt aber selbst unpolitisch, insofern sie niemals Gegenstand des politischen Streits ist, sondern einer jeden Ordnung logisch vorausgeht. Rancière spricht in diesem Sinne von einem „Axiom der Gleichheit, d.h. von der gleichen Befähigung eines jeden, ein Akteur auf der Bühne der Gemeinschaft zu sein" (Rancière 2006: 2). Gleichheit ist somit der Bezugspunkt eines jeden Aktes der politischen Subjektivierung und leitet als solcher politische Praxis an.

Das politische Subjekt besteht seinerseits niemals vor dem Konflikt. Es konstituiert sich erst in dem Moment, in dem es in den Streit eintritt. In diesem Sinne gibt es, ähnlich wie in der Theorie von Laclau und Mouffe, keine dem politischen Konflikt vorgelagerte Identität, sondern das politische Subjekt ist anders herum ein Effekt seiner Artikulation. Rancières politisches Subjekt ist zugleich ein kollektives und ein nicht-identitäres, das eine Vielfalt von Stimmen zulässt, welche in der polizeilichen Ordnung der Gemeinschaft nicht gegeben war (Krasmann 2009: 85). Allerdings, und hier unterscheidet sich Rancières Konzept von den Annahmen der Hegemonietheorie, verläuft die kollektive Subjektivierung nicht über einen Prozess der Abgrenzung. Sie ist niemals – auch nicht im strategischen Sinne – eine Bewegung der Identifizierung, sondern ihr genaues Gegenteil: eine Bewegung der De-Identifizierung welche polizeiliche Identitätszuschreibungen irritiert und in Frage stellt ohne dabei eine neue kollektive Identität zu schaffen. Eine solche Irritation entsteht etwa, wenn danach gefragt wird, ob die Arbeit oder die Mutterschaft öffentliche Angelegenheiten sind und ihnen in diesem Sinne eine öffentliche Funktion zukommt oder nicht und welche politische Fähigkeit dies einschließt. In diesem Sinne ist „ein politisches Subjekt [...] keine Gruppe, die sich ihrer selbst ‚bewusst wird', sich eine Stimme gibt, ihr Gewicht in der Gesellschaft einsetzt" (Rancière 2002: 52). Es ist vielmehr „ein Operator, der Regionen, Identitäten, Funktionen und Fähigkeiten zusammen- und auseinander bringt" (Rancière 2002: 52).

Das politische Moment liegt dabei aber für Rancière nicht darin zu sagen, dass ein bestimmter, dem öffentlichen Leben bislang entzogener Bereich nun auch politisch sei, etwa im Sinne von „der Herd und der Haushalt sind politisch". Denn nichts ist per se „politischer" als etwas anderes. Die Demonstration der Frauen oder der Arbeiter wird genau in dem Moment politisch, in dem sie die bisherige Verteilung der Anteile des Gemeinsamen und damit die Definition des Gemeinsamen der Gemeinschaft selbst in Frage stellt (Rancière 2002: 53). Denn im Prozess der Subjektivierung werden Identitäten dahingehend transformiert, dass Subjekte den ihnen scheinbar natürlich zugewiesenen Platz in der Gemeinschaft verlassen, um eine neue Position im sozialen Raum einzunehmen.

Das heißt auch: „Nichts ist also an sich politisch. Aber alles kann es werden, wenn es die Begegnung der zwei Logiken [jene der Polizei und jene der Gleichheit, Anm. der Verf.] stattfinden lässt" (Rancière 2002: 44). Mit Politik beschreibt Rancière in diesem Sinne auch nicht die grundsätzliche Konflikthaftigkeit der Gesellschaft, also ihre Widersprüchlichkeit auf ontologischer Ebene, sondern eine ereignishafte Intervention.[8] Insofern setzt sich sein Politikverständnis von der im

---

8 Man könnte auch sagen, dass es bei Rancière gewissermaßen nicht zwei, sondern drei Dimensionen der Politik gibt: die Polizei (als defizitäre Politik), das Politische (als an-

poststrukturalistischen Denken dominierenden Differenz zwischen „Politik" und dem „Politischen" nicht nur durch die begriffliche Hinwendung zur Differenzierung zwischen dem Foucault'schen Begriff der Polizei als Gegenpart der Politik ab, sondern auch dadurch, dass er mit seinem Politik-Begriff den Fokus auf das politische Handeln legt. Politik muss in diesem Sinne mit Rancière auch vielmehr als Politisierung verstanden werden. Den Begriff der Politik reserviert für eine ereignishafte Handlung und zwar für eine solche, in der das von der Ordnung Verworfene sich zum Subjekt wandelt, indem es in die herrschende Ordnung eintritt uns so einen Streit im Namen der Gleichheit provoziert. Die Artikulation eines politischen Subjekts bringt dabei keine neue kollektive Identität hervor, die sich in Abgrenzung zur herrschenden Ordnung konstituiert. Vielmehr zielt die Irritation, welche über den Akt der Politisierung erzeugt wird, auf die Teilhabe am Gemeinsamen der Gemeinschaft, ohne dabei Gleichheit jemals zu realisieren.[9] Rancières Theorie nimmt damit zum einen eine dezidiert normative Perspektive auf den Prozess der politischen Subjektivierung ein – er dient dem emanzipatorischen Ziel der Befreiung möglichst vieler Subjekte aus dem Zustand der Unmündigkeit – zum anderen aber betont er die Kontingenz des Sozialen und die grundlose Dimension von Demokratie, indem er Politik als beständige Neugründung sozialer und politischer Sinnordnungen begreift. Denn Politik meint für Rancière auch das Bewussthalten der Tatsache, dass jede Aufteilung des Gemeinsamen eine Aufteilung ist, die nicht in der Summe ihrer Teile aufgehen kann. Sie ist immer eine Verrechnung, die ein ungezähltes Volk zurücklässt. Gleichheit als axiomatische Voraussetzung und *telos* der Demokratie bleibt in diesem Sinne zukünftig, obwohl sie sich im Moment des Dissens verifiziert.

---

tagonistische Dimension des Sozialen) und die Politik (welche aufgrund der durch das Politische gegebenen Bedingungen als emanzipatorisches Ereignis in die polizeiliche Ordnung eingreift).

9   Damit unterscheidet Rancière sich wiederum deutlich von einer Tradition sozialer Bewegungen, die auf den fortdauernden Kampf um Inklusion bedacht ist und wie sie etwa auch in Charles Taylors Modell der kommunitaristischen Demokratie zu finden ist (Krasmann 2009: 88). Gleichheit bleibt für Rancière immer zukünftig und kann durch eine demokratische Herrschaftsordnung niemals verwirklicht werden.

6 Jenseits von Identitäten: die kulturelle Macht der Anderen

Gleichheit hat bei Rancière nun aber noch eine weitere Bedeutung. Sie meint auch die Gleichheit der Fähigkeiten und beschreibt als solche ein spezifisches Vermögen (Krasmann 2009: 86). Dies macht Rancière in seiner pädagogischen Abhandlung über den französischen Lehrmeister Joseph Jacotot deutlich, welcher er den programmatischen Titel „Der unwissende Lehrmeister" (Rancière 2009b) gibt. Hier bezieht sich Rancière auf ein Experiment, das der exilierte Revolutionär und Lektor für französische Literatur Jacotot an der Universität Löwen zu Beginn des 19. Jahrhunderts durchgeführt hatte. Selbst der niederländischen Sprache unmächtig begann dieser seinen flämischen Studenten Französisch beizubringen. Mangels der gemeinsamen Sprache konnte er ihnen aber kein vorhandenes Wissen übermitteln und animierte bzw. zwang seine Schüler anstatt dessen, sich der französischen Sprache *selbst* zu ermächtigen, indem er sie eine zweisprachige Ausgabe von Fénelons Telemach studieren ließ. Zu seinem Erstaunen waren die Schüler in der Lage, ganz ohne einen erklärenden, wissenden Lehrmeister die französische Sprache zu erlernen. Als Ergebnis seines Experiments postulierte Jacotot die Losung der intellektuellen Emanzipation: Alle Menschen haben die gleiche Intelligenz. Entscheidend für die intellektuelle Emanzipation ist nun, so Rancière, nicht das notwendigerweise asymmetrische Verhältnis zwischen dem Wissen des Herrschenden (dem Lehrmeister) und dem Unwissen des Unterlegenen (dem Schüler), sondern vielmehr das „Verhältnis von Wille zu Wille" (Rancière 2009b: 23). Mit dieser Zurückweisung der gängigen reformpädagogischen Positionen wendet Rancière sich zugleich gegen solche Positionen der politischen Philosophie die meinen, sich über jene erheben zu können, die ihren Gegenstand oder Adressaten bilden (Niederberger 2004: 132). Im Gegenteil, plädiert er dafür, die Arbeiter (die Anteillosen, die Unsichtbaren)[10] in ihrem Selbstverständnis und ihrer kulturellen Leistung anzuerkennen und für sich selbst sprechen zu lassen, ohne dass diese Darstellung noch einmal interpretatorisch aufgehoben würde (Niederberger 2004: 132). Die Arbeitermanifeste des 19. Jahrhunderts etwa lesen sich für Rancière als Wortergreifung der Arbeiter, durch welche sich diese zugleich von ihrer durch die Polizei zugeschriebenen Identität der Arbeiter lösen, also de-identifizieren

---

10 „Die Arbeiter" sind in diesem Fall nicht als identitäres Subjekt zu denken, zu dem sie von den herrschenden Kräften gemacht werden, sondern als Menge derjenigen, die insofern anteillos sind, als ihnen die Möglichkeit zur Partizipation am Gemeinsamen aufgrund ihrer „Unsichtbarkeit" verwehrt ist. In seinen eigenen Studien bezieht er sich hier vor allem auf die Arbeiter, aber seine Annahmen ließen sich problemlos auf andere ausgeschlossene Subjekte übertragen.

und eine Neuaufteilung von Fähigkeiten und Tätigkeiten zwischen Proletariat und Bourgoisie möglich machen. Sie sind in diesem Sinne auch nicht einfach Ausdruck von Leid und Wut, sondern Formen der Kunst, welche als poetische Neubeschreibungen zum Einsatz der Politik werden und so gesellschaftliche Verhältnisse verändern. Es ist dabei für Rancière vor allem die Potentialität der Sprache im Sinne einer „ästhetischen Macht der Verschiebung, Unterbrechung und Umschreibung" (Muhle 2011: 314), welche eine politische Veränderung durch das Aufzeigen der Brüchigkeit einmal etablierter Sinnstrukturen möglich macht. Die politische Subjektivierung ist dann „das Erzeugnis dieser vielfältigen Bruchlinien, durch die die Individuen und die Vernetzung von Individuen den Abstand zwischen ihrer Stellung als mit einer Stimme begabter Tiere und der gewaltsamen Begegnung der Gleichheit des *Logos* subjektivieren" (Rancière 2002: 48, Hervorhebung i.O.). Oder andersherum gesagt: Mit Rancière verdankt sich die politische Aufhebung der polizeilichen Ordnung einem Subjektivierungsprozess, in dem die zugewiesenen Identitäten und damit auch der Abstand zwischen ihnen aufgelöst wird. Das Politische zeigt sich damit nicht, so lässt sich Rancières Argument noch einmal zusammenfassen, etwa in dem Moment, wo gesellschaftliche Kämpfe zwischen Gruppen ausgehandelt werden – etwa zwischen arm und reich, weiß und schwarz oder Frau und Mann – sondern beginnt erst dann, wenn die Frage nach dem Gemeinsamen radikal neu gestellt und bestehende Verteilungsordnungen, die ebenjene Identitäten zugewiesen hatten, im Streit herausgefordert werden. Der für Politik konstitutive Bruch entsteht also gerade dann, wenn es den Ausgeschlossenen gelingt, sich in einem Akt des Dissens, als Gleiche sichtbar zu machen, sich in das Gemeinsame einzuschreiben und so eine Neuordnung des gesellschaftlichen Erfahrungsfeldes zu bewirken, ohne dieses selbst einer Ordnung zu unterwerfen (vgl. Krasmann 2009: 77). Politische Subjektivierung unterläuft so gesehen Identitätskonstruktionen und bringt eine Handlungsmacht hervor, welche gesellschaftliche Positionen aufweicht und neu zuweist.

Man könnte nun Rancière vorwerfen, Politik als Privileg der Anteillosen auf den Moment des Widerstands reduzieren und so die Möglichkeit der demokratische Aneignung der politischen Ordnung aufzugeben.[11] In diesem Sinne hätte man aber Rancières Anliegen wohl falsch verstanden. Denn seine Kritik der Demokratie zielt nicht auf die pauschale Zurückweisung der Institutionen der liberalen Demokratie. Ihm geht es vielmehr darum, immer wieder darauf hinzuweisen, dass es keinen letzten Grund für staatliche Herrschaft gibt, dass ihre Selbstlegitimation zu hinterfragen und das „Machtspiel" offen zu halten ist (Rancière 2006: 4). Die Existenz einer Gemeinschaft und insbesondere eines repräsentativen Systems selbst

---

11 Vgl. hierzu die Kritik von Michael Hirsch (Hirsch 2010: 349).

impliziert immer Machtverhältnisse, welche notwendigerweise Ausschlüsse produzieren. Anstatt diese Tatsache hinter einem scheinbaren „Konsens" zu negieren, gilt es vielmehr die gesellschaftliche Ordnung stets für die Neueinschreibung von Subjektivitäten ins Gemeinschaftliche offen zu halten. Mit der Figur des Unvernehmens richtet sich dabei das Augenmerk auf Formen der Exklusion, die jenseits von Interessenkonflikten auf der Ebene von gesellschaftlichen Rollenzuweisungen liegen. Politische Subjektivierung besteht – anders als hinter der von Rancière verwandten und vor allem in der Rezeption hervorgehobenen Begrifflichkeit des Dissens zu vermuten – somit eigentlich nicht in einer Konfrontation zwischen Anteilhabenden und Anteillosen, sondern in ihrer Annäherung aneinander. Es geht Rancière um einen Erweiterungsprozess der Öffentlichkeit als *politischer* Öffentlichkeit, eine Öffentlichkeit, die Machtverhältnisse und Ausschlüsse sichtbar macht. Gefordert sind damit mehr gemeinsame Sprach- und Handlungsräume, die es ermöglichen, Anteillose nicht aufgrund ihrer Andersheit auszuschließen, sondern aufgrund ihrer Gleichheit teilhaben zu lassen.

Literatur

Foucault, Michel, 1981: Archäologie des Wissens, Frankfurt a.M.: Suhrkamp.
Hall, Stuart, 1994: Rassismus und kulturelle Identität. Ausgewählte Schriften 2, Hamburg: Argument Verlag.
Hall, Stuart, 2004: Ideologie, Identität, Repräsentation. Ausgewählte Schriften 4, Hamburg: Argument Verlag.
Hebekus, Uwe/Völker, Jan, 2012: Neue Philosophien des Politischen zur Einführung, Hamburg: Junius.
Hirsch, Michael, 2010: Der symbolische Primat des Politischen und seine Kritik, in: Thomas Bedorf/Kurt Röttgers (Hrsg.), Das Politische und die Politik, Frankfurt a.M.: Suhrkamp, 335-363.
Kerscher, Jens, 2006: Sprache und Anerkennung. Zur Rationalität des Politischen im Anschluss an Jürgen Habermas' Diskurstheorie des demokratischen Rechtsstaats und Jacques Rancières *Unvernehmen*, in: Reinhard Heil/Andreas Hetzel (Hrsg.), Die unendliche Aufgabe. Kritik und Perspektiven der Demokratietheorie, Bielefeld: Transcript, 57-76.
Krasmann, Susanne, 2009: Jacques Rancière: Polizei und Politik im Unvernehmen, in: Ulrich Bröckling, Ulrich /Robert Feustel (Hrsg.): Das Politische denken. Zeitgenössische Positionen, Bielefeld: Transcript, 77-98.
Laclau, Ernesto, 1981: Politik und Ideologie im Marxismus: Kapitalismus, Faschismus, Populismus, Berlin: Argument.
Laclau, Ernesto, 1990: New Reflections on the Revolution of our Time, London: Verso.
Laclau, Ernesto/Mouffe, Chantal, 2006: Hegemonie und radikale Demokratie. Zur Dekonstruktion des Marxismus, Wien: Passagen.
Lefort, Claude, 1990: Die Frage der Demokratie, in: Ulrich Rödel (Hrsg.), Autonome Gesellschaft und libertäre Demokratie, Frankfurt a.M.: Suhrkamp, 281-299.
Lyotard, Jean-François, 1989: Der Widerstreit, München: Fink.
Marchart, Oliver, 2010: Die Politische Differenz. Zum Denken des Politischen bei Nancy, Lefort, Badiou, Laclau und Agamben, Berlin: Suhrkamp.
Moebius, Stephan, 2009: Kultur. Themen der Soziologie, Bielefeld: Transcript.
Mouffe, Chantal, 2007: Über das Politische. Wider der kosmopolitischen Illusion, Frankfurt a.M.: Suhrkamp.
Münker, Stefan/Roesler, Alexander, 2000: Poststrukturalismus, Weimar: J.B. Metzler.
Muhle, Maria, 2008: Einleitung, in: Rancière, Jacques: Die Aufteilung des Sinnlichen. Die Politik der Kunst und ihre Paradoxien, Berlin: b_books, 7-19.
Muhle, Maria, 2011: Jacques Rancière. Für eine Politik des Erscheinens, in: Stephan Moebius/Dirk Quadflieg, Dirk (Hrsg.), Kultur. Theorien der Gegenwart, Wiesbaden: VS, 311-320.
Nancy, Jean-Luc, 1988: Die undarstellbare Gemeinschaft, Stuttgart: Patricia Schwarz.
Niederberger, Andreas, 2004: Aufteilung(en) unter Gleichen. Zur Theorie der demokratischen Konstitution der Welt bei Jacques Rancière, in: Oliver Flügel/Reinhard Heil/Andreas Hetzel (Hrsg.), Die Rückkehr des Politischen. Demokratietheorien heute, Darmstadt: Wissenschaftliche Buchgesellschaft, 129-145.
Rancière, Jacques, 1997: Demokratie und Postdemokratie, in: Badiou, Alain/Rancière, Jacques/Riha, Rado: Politik der Wahrheit, Wien: Turia + Kant, 94-124.

Rancière, Jacques, 2002: Das Unvernehmen. Politik und Philosophie, Frankfurt a. M.: Suhrkamp.

Rancière, Jacques, 2006: Politik gibt es nur als Ausnahme. Interview mit Robin Celikates und Bertram Keller, in: Polar 1, 73-78.

Rancière, Jacques, 2008a: Die Aufteilung des Sinnlichen. Die Politik der Kunst und ihre Paradoxien, Berlin: b_books.

Rancière, Jacques, 2008b: Zehn Thesen zur Politik, Zürich: Diaphnes.

Rancière, Jacques, 2009a: Der emanzipierte Zuschauer, Wien: Passagen.

Rancière, Jacques, 2009b: Der unwissende Lehrmeister. Fünf Lektionen über die intellektuelle Emanzipation, Wien: Passagen.

Reckwitz, Andreas, 2008a: Die Transformation der Kulturwissenschaften. Zur Entwicklung eines Theorieprogramms, Weilerswist: Velbrück.

Reckwitz, Andreas, 2008b: Subjekt. Themen der Soziologie, Bielefeld: Transcript.

Saussure, Ferdinand de, 1967: Grundfragen der allgemeinen Sprachwissenschaft, Berlin: De Gruyter.

Spivak, Gayatri Chakravorty 2008: Can the Subaltern Speak? Postkolonialität und subalterne Artikulaltion, Wien: Turia + Kant.

Weber, Max, 1956 [1922]: Wirtschaft und Gesellschaft, Köln: Kipenheuer & Witsch.

Politische Theorien und die Macht der Kultur[1]

Holger Zapf

Zusammenfassung

In welchem Zusammenhang stehen politische Theorien und die Kultur ihrer Produzenten? Der Beitrag diskutiert auf der Grundlage eines konstruktivistischen Kulturbegriffs die beiden Extremhypothesen a) einer völligen Determiniertheit politischen Denkens durch die Referenzkultur und b) der völligen Unabhängigkeit von politischen Ideen und Kultur, die beide – wenig überraschend – verworfen werden. Im Zuge dieser Diskussion lassen sich jedoch Randbedingungen erarbeiten, die auf die Bedeutung von Kultur Auswirkungen haben können, wobei hier zwischen latenter und perzipierter Kultur unterschieden wird. Dabei wird die Vermutung aufgestellt, dass stark kulturrelativistische Argumentationen in politischen Theorien ein Indiz für einen abnehmenden Einfluss von Kultur sind, wohingegen kulturindifferente Theorien einem starken latenten Einfluss von Kultur ausgesetzt sind. Diese Überlegungen werden abschließend auf die Validierung von Interpretationen, Ideologietheorie und empirische Forschung bezogen.

---

[1] Für Rückmeldungen zu dem diesem Beitrag vorausgehenden Vortrag danke ich Wolfgang Bergem, Wilhelm Hofmann, Renate Martinsen, Sophia Schubert und Christian Schwaabe.

1 Die Bedeutung von Kultur für politische Theorien

Es ist bemerkenswert: Bei der Auseinandersetzung mit politischen Theorien des westlichen Kanons spielen kulturelle Kontexte in der Regel ein marginale Rolle. Gewiss empfinden wir es als hilfreich, angesichts der politischen Theorie von John Rawls zu wissen, dass ihr Urheber US-Amerikaner ist – das erleichtert mitunter die Interpretation und die Einordnung seiner Überlegungen. Wir würden aber kaum auf die Idee kommen, dass es einen spezifischen kulturellen (in diesem Falle also: US-amerikanischen) Kontext gegeben hat, der ihn genötigt hätte, genau so zu denken, wie es sich in seinen Texten darstellt. Dafür kennen wir vermutlich zu viele US-Amerikaner – z.B. Richard Rorty, Michael Sandel oder Robert Nozick – die ganz andere Überlegungen als Rawls angestellt haben. Mit größerer Distanz zu politiktheoretischen Autoren jedoch wächst die Bedeutung, die man der jeweiligen Kultur für die Entstehung ihres Denkens zuzuschreiben bereit ist. Entsprechend umfassender ist darum die Rolle des kulturellen Kontextes, den wir z.B. zur Erklärung der politischen Theorien von Sayyid Qutb, Jamal ad-Din al-Afghani oder Mohammed Abduh heranziehen – auch wenn diese Theoretiker ebenfalls höchst unterschiedliche Theorien vertreten haben. Drei Gründe dürften hierfür eine Rolle spielen: Zum einen gibt es bei der Auseinandersetzung mit ihren politischen Theorien eine manifeste Fremdheitserfahrung, und das Wissen um die kollektive Dimension dieser Fremdheit (im Beispiel etwa die Fremdheit „der Muslime") führt zur umstandslosen Zurechnung auf „Kultur" (Nassehi 2011: 148f.). Zum anderen hilft die Kenntnis des kulturellen Kontextes (im Unterschied z.B. zu Rawls) in erheblichem Maße bei der Validierung der Interpretation und Rekonstruktion (Zapf 2013: 51-79) ihrer Theorien – vieles wird überhaupt erst vor diesem Hintergrund verständlich. Und schließlich handelt es sich um Theorien, die mit einem starken Authentizitätsanspruch auftreten, von sich also behaupten, auf besondere Weise mit ihrem kulturellen Kontext in Verbindung zu stehen, was bei der Lektüre den Eindruck verstärkt, dass es sich um kulturspezifische Produkte handelt (Zapf 2012b: 21-23).

Die Tatsache, dass unsere Beschreibungen von „westlichen" und „nichtwestlichen" politischen Theorien in einem sehr unterschiedlichen Ausmaß von Kultur als Bezugsgröße Gebrauch machen, spricht dafür, dass die entsprechenden Beschreibungen ethnozentrisch sind.[2] Das wird eindrücklich gerade auch dadurch

---

2 Das wäre dann ein ähnlicher Prozess wie in der Sozialpsychologie – askriptive Merkmale wie die Hautfarbe führen hier zu jeweils unterschiedlichen Deutungen und Erklärungen von Verhalten, die sich an generalisierten Erwartungen gegenüber den Merkmalsträgern orientieren (Duncan 1976). Entsprechend ist auch die kulturelle

deutlich, dass eine Perspektivenumkehr den gleichen Effekt zeigt: Aus arabischer Sicht z. B. werden die genannten US-amerikanischen Autoren und ihre Theorien häufig lediglich als Effekte einer liberalen Kultur wahrgenommen, wohingegen die Differenzen zwischen den „eigenen" Autoren in den Vordergrund rücken.

Damit könnte nun alles gesagt sein – denn die zunächst überraschende Differenz in der Wahrnehmung von kulturell „eigenen" und „fremden" politischen Theorien lässt sich so einfach und überzeugend erklären. Doch ist damit nur die subjektive Attribution auf Kultur angesprochen – nicht jedoch die Frage, inwieweit Kultur gewissermaßen als objektive Einflussgröße auf politische Theorien wirksam sein könnte. Mit dieser Frage wird sich der vorliegende Aufsatz beschäftigen – auch wenn sie dem gängigen Selbstverständnis politischer Theoretiker auf den ersten Blick stark zuwiderläuft, produzieren hier doch autonome Individuen mit Zugang zum postkonventionellem Moralniveau (und daher jenseits kulturell-konventioneller Zwänge) ständig originelle Ideen. Gleichwohl sollte diese Fragestellung in den übergroßen Fußstapfen kopernikanischer Dezentrierungsbemühungen niemanden mehr erschrecken – zumindest nicht, nachdem das besagte Selbstverständnis auch schon Michel Foucault und insbesondere Pierre Bourdieu überlebt hat (Foucault 2006; Bourdieu 2002). Die Motivation, diese Fragestellung zu verfolgen, liegt jedoch ohnehin weniger in der Überwindung dieses Selbstverständnisses als vielmehr in einer Reflexion über gesellschaftliche Randbedingungen der Produktion von politischen Theorien. Kultur als eine dieser Randbedingungen kann dabei, wie gezeigt werden soll, über latente wie über perzeptive Mechanismen objektiv auf die Produktion (um nicht zu sagen: Konstruktion) politischer Theorien einwirken. Ein Verständnis dieser Randbedingungen leistet dreierlei: Der Bezug zwischen politischen Theorien und sozialer Wirklichkeit wird geklärt, so dass die empirische Relevanz der Analyse politischen Denkens sichtbar wird, die ideologische Dimension politischer Theorien wird erst vor diesem Hintergrund greifbar, und schließlich eröffnen sich kontextuelle Möglichkeiten bei der Validierung von Interpretationen und Rekonstruktionen politischer Theorien.

Inwiefern also hat Kultur Einfluss auf politische Theorien? Zwei extreme Hypothesen zu dieser Fragestellung sind schnell definiert: Entweder determiniert Kultur das politische Denken, oder aber das politische Denken ist komplett unabhängig von seinen kulturellen Kontexten. Beide Hypothesen können für sich auf den ersten Blick keine große Plausibilität in Anspruch nehmen, was zu der Erwartung führt, dass beide Extremhypothesen widerlegt werden können. Dieses Ergebnis

---

Gruppenzugehörigkeit von politischen Theoretikern ein Schema, das – wenigstens auf den ersten Blick – Erwartungen und damit auch Deutungen und Erklärungen organisiert.

wiederum sollte zu der Auffassung führen, dass die Wahrheit irgendwo in der Mitte zwischen diesen Extremen liegt. Der Ort dieses „irgendwo" wird sich genauer jedoch nur dann bestimmen lassen, wenn sich Kontextbedingungen angeben lassen, unter denen der Einfluss von Kultur auf das politische Denken zu- oder abnimmt. Das wiederum wird erst möglich, wenn die zentralen Begriffe für dieses Unternehmen hinreichend klar definiert wurden (Abschnitt 2). Hier wird auch die begriffliche Differenzierung zwischen latenten und perzeptiven Wirkungen erfolgen. Im Anschluss können die beiden genannten Extremhypothesen überprüft werden (3). Hierauf kann dann die Suche nach den besagten Kontextbedingungen aufbauen, wobei zusätzlich eine neue Typologie von verschiedenen Argumentationsmustern politischer Theorien eingeführt werden muss (4). Daraus ergibt sich insgesamt ein Blick auf den möglichen „Einfluss" von Kultur und seine Kontextbedingungen, die sich an die drei motivierenden Aspekte der Fragestellung – Bedeutung für empirische Forschung, ideologischer Gehalt politischer Theorien sowie Validierung von Rekonstruktionen – rückbinden lassen (5).

2 Definition der zentralen Begriffe

2.1 Politische Theorien und politisches Denken

Das, was im Sinne beider Hypothesen als zu überprüfende „abhängige Variable" anzusprechen wäre, sind auf irgendeine Weise situierte politische Theorien bzw. situiertes politisches Denken. Da beide Termini höchst divergente Konzepte dieser Variable repräsentieren, ist hier Klärung angebracht: Mit dem Terminus ‚politische Theorie' wird bereits auf den „Höhenkamm" (Reese-Schäfer 2007: 5) origineller und elaborierter Theorien fokussiert, während der Terminus ‚politisches Denken' auf jede Art von halbwegs zusammenhängenden Vorstellungen abzielt, die von Menschen (in der Regel als Bürger oder zumindest als Untertanen) vertreten werden (Ottmann 1996: 1-7). Für die vorliegende Fragestellung ist dieser Unterschied offensichtlich von erheblicher Bedeutung: Die elaborierten Theorien berühmter Intellektueller, die es aufgrund ihrer Originalität in den Kanon der Politischen Theorie geschafft haben, zeichnen sich ja gerade dadurch aus, dass sie gegenüber ihrem Kontext substanziell Neues hervorgebracht haben. Das politische Denken von „jedermann" als Durchschnittsbürger ist dagegen geradezu unmittelbarer Auswuchs dieses Kontextes. Denkt man etwa an den von Heinrich Mann beschrieben „Untertan" im wilhelminischen Kaiserreich (Mann 2012), dann lässt sich leicht vorstellen, dass das politische Denken Diederich Heßlings im Großen und Ganzen typisch für diesen Kontext gewesen ist – zumindest in seinem sozialen Milieu. Es ist gerade die Alltäglichkeit politischen Denkens, die innerhalb bestimmter Populationen eher geringe Varianz und hohe Repräsentativität von Durchschnittstypen vermuten lässt, worauf dann ja auch die empirische Einstellungsforschung wesentlich aufbaut (vgl. Schubert 2012: 32).

Müssen also im Hinblick auf die vorliegende Fragestellung von vornherein zwei verschiedene Arten politischer Vorstellungen – das alltägliche Denken und die elaborierte Theorie – unterschieden werden? Ein solches Vorgehen brächte eine Reihe von Problemen mit sich. Zum einen scheint eine dichotome Unterscheidung kaum sinnvoll. So wie wissenschaftstheoretisch die Auffassung vertreten werden kann, dass wissenschaftliche Theorien lediglich besonders elaborierte Alltagstheorien sind, lässt sich auch für politische Theorien und politisches Denken annehmen, dass beide lediglich die Randbereiche eines Kontinuums markieren, dass also verschiedene Grade von Abstraktion und Elaboriertheit denkbar sind. Eine Grenze könnte hier nur willkürlich gezogen werden. Darüber hinaus würde die Art und Weise, in der die Begriffe „Theorie" und „Denken" oben voneinander abgegrenzt wurden, bereits in die Beantwortung der Fragestellung einfließen: Wenn sich elaborierte Theorien schon durch eine relative Kontext- und damit Kulturunabhängigkeit auszeichnen, wäre das alltägliche Denken gerade durch seine Kontextgebundenheit charakterisiert. Ein solches definitorisches Präjudiz sollte, auch wenn es intuitiv plausibel erscheinen mag, vermieden werden. Aus diesem Grund soll an dieser Stelle auf eine andere Definition zurückgegriffen werden, die den Gegenstand (die abhängige Variable) definiert als „mehr oder weniger elaborierte Vorstellungen darüber, wie das Zusammenleben von Menschen durch kollektiv verbindliche Entscheidungen (also: Politik!) geregelt sein sollte, wie es faktisch durch sie geregelt ist und wie sich beides angemessen beschreiben lässt." (Zapf 2013: 15, 19) Mit dieser Definition bleibt die Möglichkeit bestehen, gegebenenfalls verschiedene Grade von Elaboration mit der Abhängigkeit von Kultur in Verbindung zu bringen, nötigt zugleich aber nicht dazu. Um bis auf Weiteres nicht den unhandlichen Begriff der „politischen Vorstellungen" im Gepäck führen zu müssen, wird im Folgenden in Bezug auf die eingeführte Definition gleichwohl von „politischen Theorien" die Rede sein.

2.2 Die Konzeption von „Kultur" als Einflussgröße

Ungleich schwerer als die Definition politischer Theorien fällt die Definition von Kultur als „unabhängige Variable" – zumindest, wenn die hohe Anzahl konkurrierender Definitionsversuche in Rechnung gestellt wird. Eine zentrale Herausforderung besteht darin, weder eine zu starre noch eine zu weiche Definition zu wählen.

Im Anschluss an Xiaorong Li lassen sich auch hier zwei extreme Vorstellungen identifizieren: „The classic school believes that culture is largely a bounded entity, homogeneous, holistic, and time-insensitive. The contemporary school believes that culture is open and influenced from outside – its borders, if any, are porous and fluid; it changes over time; and it is internally heterogeneous." (Li 2007: 153) Während die erste Definitionsweise einen essenzialistischen Kulturbegriff generiert, führt die zweite zu einer regelrechten Auflösung des Gegenstandes – mit ihr wird Kultur nahezu ungreifbar. Aus diesem Grund schlägt Li einen Mittelweg vor: „[...] culture is an inherited body of informal knowledge embodied in traditions, transmitted through social learning in a community, and incorporated in practices" (Li 2007: 153). Auch wenn diese Definition verschiedene Angriffspunkte für kritische Nachfragen ermöglicht[3], soll sie hier zunächst einmal akzeptiert werden, wobei der Fokus auf der Idee liegt, dass Kultur als informelles Wissen aufgefasst wird, dem eine gewisse sozial vermittelte Verbindlichkeit (nicht aber: Zwang!) innewohnt.[4] Doch selbst wenn die Definition so weit akzeptiert wird, ist sie für die vorliegende Fragestellung doch immer noch unzureichend. Zu klären ist nämlich noch, welcher Art das informelle Wissen ist, das für die vorliegende Fragestellung relevant ist. Mit Wittgenstein könnte man auch danach fragen, in welchem Sprachspiel es artikuliert werden kann: Geht es um richtig und falsch, gut und schlecht oder schön und hässlich? Neben der offensichtlichen normativen Dimension von Kultur ist in jedem Fall auch die kognitive Dimension besonders zu betonen – insbesondere, insofern Kultur als informelles Wissen zu einer sinnhaften Erfahrung von Welt überhaupt erst befähigt (Geertz 1987: 40f; Chabal/Daloz 2006: 22). Doch auch der Umfang des informellen Wissens ist zu bedenken. Hans-Georg Soeffners Bestimmung zufolge ist Kultur der „symbolisch ausgedeutete Sinnhorizont, in den alle unsere Wahrnehmungen, Deutungen und Handlungen eingebettet sind" (Soeffner 1988: 12, kursiv i.O.). Wenn das zutrifft, entgeht tatsächlich nichts einer vorgängigen kulturellen Orientierung. Und nicht nur das, diese umfassende Einbettung entzieht sich obendrein der alltäglichen Wahrnehmung, weil sie den selbstverständlichen Hintergrund allen Handelns, Deutens und Wahrnehmens abgibt. Das wiederum bedeutet jedoch nicht, dass diese Hintergrundbedingungen prinzipiell nicht reflexionsfähig wären – das Gegenteil ist der Fall. Gerade die

---

3   Unter anderem wären zu nennen: Ist Kultur ausschließlich in Praktiken inkorporiert? Was bedeutet hier „inherited" genau und was ist der Transmissionsmechanismus dieser „Vererbung"? Bestehen Traditionen dann wirklich nur aus informellem Wissen?

4   Vgl. zu weiteren Überlegungen zu dem Kontinuum von Kulturvorstellungen, das die von Li verworfenen Extrempositionen aufspannen Schubert/Zapf (2013).

Erfahrung von kultureller Differenz erlaubt die Feststellung, dass die besagten Selbstverständlichkeiten tatsächlich kontingent sind.

Damit erreichen wir nun in den Vorüberlegungen einen entscheidenden Punkt. Die herangezogenen Definitionen implizieren eine gewisse Latenz der Wirkung von Kultur: Informelles Wissen (Li) ist eben nicht formalisiert, wird nicht explizit als solches gelehrt und ist nicht ohne Weiteres der Reflexion zugänglich. Die kulturelle Einbettung (Soeffner) unseres Denkens und Handelns (und damit die sinnhafte Erfahrung von Welt) zeichnet sich ebenfalls durch Latenz aus. Wenn nun jedoch die Möglichkeit besteht, sich infolge von Kontingenzerfahrungen über das informelle Wissen, über den Sinnhorizont unserer Welterfahrung klar zu werden, dann fangen diese hintergründig wirksamen Elemente an, disponibel zu werden. Das bedeutet, dass es neben der latenten Ebene auch noch eine weitere Ebene gibt, auf der Kultur nicht einfach wirkt, sondern bewusst auf Kultur zurückgegriffen wird. Dies ist dann freilich eine Kultur, die zunächst als gedankliches Konstrukt im Kopf des Individuums besteht (und sich darum mit der latenten Kultur keineswegs komplett decken muss). Nichtsdestotrotz kann auch auf dieser Ebene Kultur wirken. Da es sich um ein gedankliches Konstrukt handelt, das einerseits Ankerpunkte in der Realität hat, andererseits aber auch mit individuellen Bedürfnissen (etwa nach sozialer Identität und Selbstwertschätzung) korrespondiert, lässt sich diese Ebene im Gegensatz zur Latenzebene als (intentional strukturierte) Perzeptionsebene der Wirksamkeit von Kultur bezeichnen.

3   Diskussion der beiden Extremhypothesen

Die beiden Extremhypothesen zur Wirkung von Kultur lassen sich offensichtlich beide umstandslos auf die Latenzebene beziehen. Beginnen wir mit der Extremhypothese, der zufolge überhaupt keine latente Wirkung von Kultur auf politische Theorien gegeben ist. Dass diese Extremhypothese unhaltbar ist, kann dadurch gezeigt werden, dass in politische Theorien immer schon (informelle) Vorannahmen einfließen, die darüber orientieren, was überhaupt als Gegenstand des Politischen gelten kann. Es gibt also eine kulturelle Binnenperspektive, aus der heraus zu bestimmen ist, was in den Bereich des Politischen fällt.[5]

---

5   Daran freilich zeigt sich auch, dass die oben herangezogene Definition politischer Vorstellungen eine Verzerrung zugunsten moderner Gesellschaften enthält, weil sie Politik auf kollektiv verbindliches Entscheiden bezieht – aber irgendwo muss man ja anfangen. Aus der kulturellen Binnensicht jedenfalls ist längst nicht jedes kollektiv verbindliche Entscheiden auch (oder in erster Linie) politisch: Der Aufruf Papst Urbans II. an die Ritter des Abendlandes, das Heilige Land zu befreien, lässt sich

So zeigt zum Beispiel Sudipta Kaviraj, dass das indische Politikverständnis über lange Zeit hinweg ein elitäres Herrschaftsverständnis einschloss, dessen Handlungsspielräume zugleich durch die engen Spielräume kosmischer Ordnung (dharma) vorgegeben war (Kaviraj 2013: 29-33). Außerhalb dieses Bereichs fand aus kultureller Binnenperspektive also keine Politik (rajaniti) statt (Kaviraj 2013@28). Eine solche Orientierung fabriziert offensichtlich andere „Leitplanken" für das Politische als die uns vertraute Rede von den kollektiv verbindlichen Entscheidungen, die sich weder an soziale Zugehörigkeit noch an die Konformität gegenüber einer kosmischen Ordnung zu halten haben. Es ist also – entgegen der Extremhypothese – offensichtlich zutreffend, dass es informelles Wissen gibt, das schon auf kognitiver (und nicht erst auf normativer) Ebene politische Theorien beeinflusst. Weiterhin lässt sich schließen, dass auch die uns vertraute Definition von Politik eine Art von informellem Wissen darstellt – selbst wenn die übliche politikwissenschaftliche Definition in der Regel nur in akademischen Kreisen Widerhall findet, spiegelt sich doch die Tatsache ihres sehr breiten Umfangs auch im alltäglichen Sprachgebrauch.[6]

Auf der anderen Seite stellt sich – angesichts der zweiten Extremhypothese – die Frage, wie umfassend dieser Einfluss ist. Wir befinden uns dabei immer noch auf der Ebene latenter Wirkungen von Kultur. Determiniert Kultur die politischen Vorstellungen? Der Einfachheit halber mag hier der gleiche Gewährsmann angerufen werden, zeigt Kaviraj doch, dass dieser traditionelle Politikbegriff nicht in Stein gemeißelt ist, sondern sich im Rahmen der indischen Kolonialgeschichte wandelt. Soziale Bewegungen und neue, repräsentative Institutionen belegen einen Wandel dieses Begriffs ebenso, wie sie diesen Wandel vorantreiben, weshalb der Politikbegriff selbst schließlich entgegen seiner vorherigen, traditionellen Form demokratisiert wird, wodurch es erst möglich wird, Politik als Angelegenheit aller zu beschreiben (Kaviraj 2013: 34). Die indische Kultur war also offensichtlich entweder nicht stark oder einflussreich genug, um diesen Wandel aufzuhalten, oder aber sie hat sich selbst bereits so stark dynamisiert, dass dieser Wandel möglich war. Da Kultur oben als informelles Wissen konzipiert wurde, das in Praktiken sichtbar wird, scheint nur die zweite Deutung – die der Dynamisierung dieses

---

retrospektiv leicht als politische Entscheidung auffassen. Dies dürfte jedoch der religiösen Dimension dieser Entscheidung und ihrer entsprechenden Perzeption durch die Adressaten Unrecht tun – „Deus vult" ist schließlich der Schlachtruf der Kreuzritter geworden, nicht „Urbanus vult".

6 Auch akademische Begriffsdefinitionen sind in der Regel ja nicht willkürlich, sondern an einem alltäglichen Sprachgebrauch mindestens orientiert (Prim/Tilmann 2000: 42).

Wissens – offenzustehen. Zumindest ist nur diese Deutung empirisch plausibel zu machen, da sich informelles Wissen ja gerade in Praktiken manifestiert.[7]

Damit wäre nun jedoch noch nicht ausgeschlossen, dass Kultur politische Vorstellungen determiniert – auch wenn das Beispiel Indiens, das Kaviraj uns an die Hand gibt, die Möglichkeit des rapiden Wandels von informellem Wissen (also: Kultur) eindrücklich unterstreicht. Um angesichts dieser Kulturdefinition also die Determiniertheit widerlegen zu können, muss noch einen Schritt weiter gegangen werden. Auch hier hilft Kaviraj uns weiter, da er die Frage aufwirft, inwiefern angesichts dieser Entwicklung nun nicht vielleicht doch der traditionale Politikbegriff weiterhin erhalten geblieben ist:

> „This possibility – that the word, despite its shift of connotation still carries some debris of its pre-modern meanings and practical associations – is a most intriguing aspect of this history. It is a common complaint that Indian politicians work inconsistently: a large number of them behave in a way that seems to suggest that they believe that modern electoral politics is the only legitimate way of recruitment, to entry into high political office; but once they acquire power, politicians should not be burdened with the restrictive rules of modern democratic institutions." (Kaviraj 2013: 37)

Das informelle Wissen, das in beiden Verhaltensweisen zum Ausdruck kommt, scheint also widersprüchlich zu sein. Das wiederum ist jedoch kein Widerspruch zu unserer obigen Definition von Kultur, die keine Widerspruchsfreiheit annimmt. Vielmehr kann informelles Wissen durchaus widersprüchliche Informationen enthalten – und sobald dies der Fall ist, wird es unmöglich sein, von einer Determination politischer Theorien durch Kultur auszugehen, womit auch die zweite Extremhypothese widerlegt wäre.

Damit wird es möglich, den latenten Einfluss von Kultur auf politische Theorien weiter zu spezifizieren: Zum einen zeigt sich, dass Kultur relativ dynamisch sein kann, so dass sich Orientierungshorizonte im Lauf der Zeit durchaus verschieben können. Der Grund hierfür kann dann durchaus in politischen Entwicklungen zu suchen sein. Zum anderen wird deutlich, dass der als solcher sicht- und konzipierbare Einfluss von Kultur abnehmen muss, sobald sie widersprüchliche Informationen enthält (wenn diese Widersprüchlichkeit auch durch eine gewis-

---

7   Man könnte daraus ein Argument gegen die bisher vorgetragenen Überlegungen machen, insofern in diesem Sinne auf die Unklarheit hingewiesen kann, inwiefern Wissen als Kultur von Wissen als politischer Theorie überhaupt getrennt werden kann (für ein vergleichbares Problem bei der Abgrenzung von Kultur und Diskurs (vgl. Vasilache 2009: 95-100). Offensichtlich jedoch umfasst Kultur deutlich mehr, aber auch anderes, weil tradiertes und informelles Wissen, als politische Theorie.

se Kohärenzforderung begrenzt ist, vgl. Geertz 1987: 26). Dass Kulturen widersprüchliche Informationen enthalten, wird vermutlich wahrscheinlicher, wenn sie zuvor Dynamsierungsprozessen ausgesetzt waren. Es gibt also Kontextbedingungen, die den latenten Einfluss von Kultur – ähnlich wie eine Moderatorvariable – verändern.

Nun zur Perzeptionsebene. Nachdem in den vorherigen Absätzen der latente und damit unbewusste Einfluss von Kultur auf politische Theorien (zur Erinnerung: im allgemeinen Sinne von politischen Vorstellungen) verhandelt wurde, stellt sich nun die Frage, was mit den beiden Extremhypothesen auf der Perzeptionsebene anzufangen ist. Perzeption soll dabei bedeuten, dass Kultur reflexiv als etwas aufgefasst wird, zu dem man sich auf irgendeine Art und Weise verhalten muss. Der Begriff impliziert also Bewusstsein von Kultur, ohne dass sich der entsprechende Bewusstseinsinhalt mit dem empirisch vorliegenden informellen Wissen decken muss. Für die möglichen Widersprüche zum Beispiel kann dieses Bewusstsein durchaus blind sein und sie komplett auf eine Seite hin auflösen. Das wiederum bedeutet jedoch für die Extremhypothesen, dass sie sich in der vorliegenden Form nicht bruchlos anwenden lassen, weil sie nach dem Einfluss der ‚objektiven', nicht aber der perzipierten Kultur fragen. Entsprechend müssen sie umformuliert werden. Entweder gilt dann: Politische Theorien werden bewusst auf eine wahrgenommene Referenzkultur hin ausgerichtet. Oder: Politische Theorien sind gegenüber wahrgenommenen Referenzkulturen vollständig indifferent.

Es wäre nun wenig produktiv, wenn diese beiden umformulierten Extremhypothesen allgemein widerlegt werden sollten. Der Grund dafür ist, dass sich in beiden Extremen Strategien von politischen Theorien widerspiegeln, die entweder auf das Argument kultureller Authentizität setzen und damit Kultur bewusst zu ihrer Referenz erklären, oder aber genau davon absehen und versuchen, kulturelle Spezifika zu ignorieren. Wenn beide Strategien möglich sind, dann ist eine naheliegende Annahme, dass die Wahl zwischen ihnen entweder individuellen Vorlieben obliegt oder dass gesellschaftliche Rahmenbedingungen die Wahl der einen oder der anderen Strategien wahrscheinlicher machen – oder natürlich auch eine Mischung aus beidem. Aus diesem Grund ist es geboten, bezüglich des Einflusses der perzipierten Kultur unmittelbar zur Diskussion der Kontextbedingungen überzugehen.

4 Kontextbedingungen für den Einfluss von latenter und perzipierter Kultur

Für den Einfluss von latenter Kultur wurden oben bereits Kontextbedingungen angegeben, die nun reformuliert werden können. Erstens: Je konsistenter eine Kultur ist, umso größer kann ihr Einfluss auf politische Theorien werden. Zweitens: Je weniger ausgeprägt sozialer Wandel ist, umso stabiler bleibt eine Kultur, so dass von ihr im Laufe der Zeit ein gleichbleibender Einfluss ausgehen kann. Eine dynamische Kultur dagegen mag immer noch Einfluss haben – nur ist ihr Einfluss dann nicht mehr als der „gleiche" erkennbar. Angesichts der obigen Überlegungen ist es unplausibel, dass es empirisch Kontextbedingungen geben kann, die den Einfluss von Kultur auf politische Theorien im Sinne des einen oder anderen Extrems festschreiben – die konsistenteste Kultur nötigt nicht zu einheitlichen politischen Theorien, und auch die dynamischste und widersprüchlichste Kultur legt ihren Angehörigen kein „anything goes" nahe.

Bezüglich des Einflusses der perzipierten Kultur wurde bereits festgehalten, dass es hier zwei politiktheoretische Strategien gibt – den Rekurs auf eine Referenzkultur und die Vermeidung eines solchen Rekurses. In der Regel dürfte die gegenüber der Referenzkultur indifferente Strategie wohl dort aufzufinden sein, wo universalistisch argumentiert wird. Eine politische Theorie, die sich an alle Menschen als Adressaten richtet, stellt die Kultur dieser Menschen offensichtlich nicht in Rechnung. Hier lässt sich etwa die aufklärerische Forderung verorten, die Gleichheit aller Menschen anzuerkennen – und zwar aus Gründen, die wiederum allen Menschen aufgrund ihrer Vernunft einsichtig sind (Hobbes 1998). Dagegen gibt es politische Theorien, in denen explizit partikularistisch und damit kulturbezogenen argumentiert wird. Eindrücklich sichtbar wird das an Aussagen wie den folgenden beiden Zitaten:

> „Wir sehen unsere Aufgabe darin, der eigenen Kultur – also der Menschenrechtskultur – zu mehr Selbstbewußtsein und Einfluß zu verhelfen, anstatt ihre Überlegenheit durch etwas Kulturübergreifendes zu beweisen" (Rorty 2003: 246f.)

> „The principle of the unique oneness of God is the cornerstone in our faith, and this is what we must preserve. But we must at the same time believe that everything after God is multifarious and must be based on plurality." (Jabri 2009: 131)

Hier gibt es also eine kulturelle in-group („wir"), an die sich diese Aussagen richten. Die out-group kommt dagegen gar nicht als Adressatin dieser Aussagen in

Frage.[8] Die Argumentationsweisen in kulturell indifferenten, universalistischen und kulturell interessierten, partikularistischen politischen Theorien sind deutlich unterscheidbar (was nicht heißen soll, dass sich nicht beide Argumentationsformen in ein- und derselben Theorie finden lassen). Allerdings argumentiert nicht jede kulturell indifferente politische Theorie universalistisch. Es ist ebenso gut möglich, dass implizit partikularistisch argumentiert wird – so etwa, wenn bei dem Appell an die Vernunft aller Menschen und dem daraus folgenden Gleichheitspostulat eigentlich nur weiße Männer gemeint sind. Gerade das Wissen um diese Beschränkung ergibt sich mitunter erst aus Informationen über den kulturellen Kontext, der das, was scheinbar ein universalistisches Argument ist, als partikulares Argument entlarvt. Das wäre dann der Fall, wenn nachgewiesen werden kann, dass jeder Angehörige der betreffenden Kultur weiß, dass mit den vernünftigen Menschen tatsächlich eben nur weiße Männer gemeint sind. Weiterhin ist ebenso in Rechnung zu stellen, dass auch universalistische Argumentationen kulturspezifische Wertmaßstäbe verallgemeinern, also eigentlich auf impliziten Partikularismen beruhen. Diese Kritik ist häufig vorgetragen worden, insbesondere, wenn sich aus der Universalisierung dieser Partikularismen Macht- und Herrschaftsansprüche ableiten lassen (Spivak 2008; Fanon 2008). Auch hier ist also Kontextinformation nötig, um zwischen implizit partikularistisch und universalistisch entscheiden zu können. Während die Unterscheidung zwischen diesen beiden, gegenüber der perzipierten Kultur wenigstens dem Anschein nach indifferenten Argumentationsweisen prekär bleibt, weil sie auf Kontextinformationen basiert, lassen sich beide Argumentationsweisen recht deutlich von explizit partikularistischen Argumentationsweisen unterscheiden (vgl. Abbildung 1).

---

8   Explizit partikularistische Argumentationen setzen jedoch nicht voraus, dass der Argumentierende selbst Teil der in-group ist. Romantisierende Erzählungen vom edlen Wilden wären ein Beispiel dafür.

Abbildung 1 Argumentationsformen politischer Theorien (© Holger Zapf 2014).

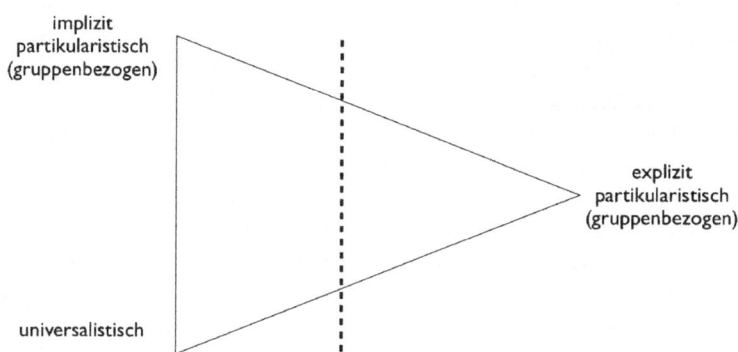

Im Sinne dieser Unterscheidung lässt sich nun die Frage wiederholen, unter welchen Bedingungen es verstärkt zu explizit partikularistischen Argumentationsweisen kommt – ohne sie dabei normativ bewerten zu wollen (Zapf 2012a: 22f.). Betrachtet man exemplarisch politische Theorien in der MENA[9]-Region oder in Ostasien, kann man sich des Eindrucks kaum erwehren, dass hier in einer überraschend großen Zahl von Fällen explizit partikularistisch argumentiert wird. Da ist die Rede von konfuzianischen oder asiatischen Werten (Chua 1992; O'Dwyer 2003), von islamischen Menschenrechten (Bielefeldt 2000) und vielem anderen mehr. Das spricht dafür, dass es gesellschaftliche Gründe dafür gibt, dass diese Argumentationsstrategie in einem so eklatanten Ausmaß auftritt. Offensichtlich existiert hier etwas, das Kultur als Argument salient und damit plausibel macht.

Dabei lassen sich zwei verschiedene Ebenen unterscheiden, über die die Salienz von Kultur vermittelt werden kann. Zum einen sind da die Theorierezipienten, also das Publikum. Produzenten von politischen Theorien verfügen (durchaus analog zu Friedrich August von Hayeks Überlegungen zum Verhältnis von Markt und individuell entscheidenden Produzenten – (Hayek 1945: 521f.)) über ein relativ feines Sensorium dafür, was sie ihrem Publikum zumuten und womit sie Resonanz erzeugen können. Es dürfte also eine Rolle spielen, wie sie den latenten Einfluss von Kultur auf die Wahrnehmungsstrukturen des Publikums einschätzen, zugleich aber stellt sich ihnen die Frage (ähnlich wie in einem Spiegelkabinett), wie salient die perzipierte Kultur für das Publikum im Rahmen von politiktheoretischen Fragen ist. Zum anderen kann die perzipierte Kultur auch den Theorieproduzenten selbst als höchst bedeutsam erscheinen – ganz unabhängig davon, ob vom Pub-

---

9 Middle East and North Africa.

likum diese Resonanz ebenfalls erwartet wird (hieraus dürfte sich ein gewisser Gestus mancher kommunitaristischer Autoren erklären, die wie einsame Rufer in der Wüste auftreten – vgl. zu diesem Phänomen (Walzer 1993)). In beiden Fällen wird die wahrgenommene Bedeutung von Kultur in der Regel positiv mit dem Gebrauch von explizit kulturspezifischen Argumentation korrelieren (vgl. Abbildung 2) – auch wenn es davon Ausnahmen geben wird: Natürlich besteht die Möglichkeit, gerade angesichts eine hohen Salienz von Kultur „anti-kulturalistisch" und universalistisch zu argumentieren. Vermutlich jedoch gibt es hier eine Verzerrung, weil eine hohe Salienz dafür spricht, dass Kultur im öffentlichen Diskurs bereits als (positives) Identitifkationsmerkmal etabliert ist, weshalb Abweichungen von dem kulturalistischen Schema (wir sind X, deshalb befürworten wir Y!) Reputations- und andere soziale Kosten verursachen.[10] Aufgrund welcher gesellschaftlicher Phänomene wird nun aber die perzipierte Kultur einem Theorieproduzenten oder -rezipienten bedeutsam erscheinen?

Abbildung 2 Zusammenhang zwischen der perzipierten Bedeutung von Kultur und explizit partikularistischen Argumentationsweisen (© Holger Zapf 2014).

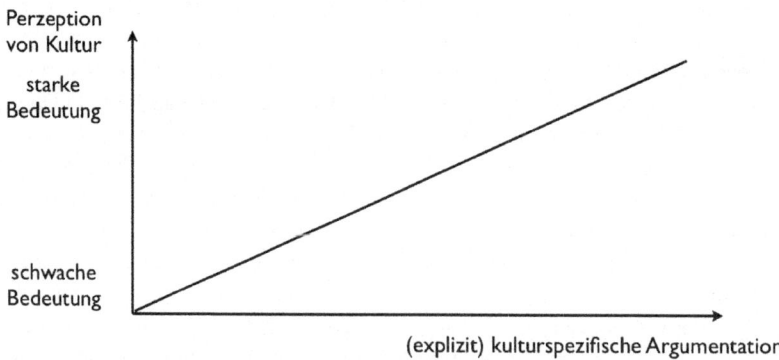

Eine Vorbedingung dafür dürfte eine manifeste Kontingenzerfahrung sein: Fremde Kulturen oder kulturelle Alternativen müssen bekannt sein, denn erst damit ist auch bekannt, dass es auch anders geht. Verstärkt wird die Wirkung dieser Kon-

---

10 Es wäre zu überlegen, ob dies die Anschlussmöglichkeit eröffnet, die vorliegenden Überlegungen auf das von Hartmut Esser entwickelte rational-choice Modell von kulturellem Framing zu beziehen (Esser 2001: 359ff.). Die Dynamisierung und Widersprüchlichkeit von Kultur würde sich entsprechend so übersetzen lassen, dass mehr Frames zur Auswahl stehen.

tingenzerfahrung, wenn das kulturell Fremde gegenüber dem Eigenen überlegen erscheint und vielleicht sogar die eigene Identität – und damit ein positives Selbstbild – bedroht. Eine Voraussetzung hierfür ist wiederum jedoch, dass das positive Selbstbild stark von der eigenen Kultur abhängt, dass dem kulturell Eigenen also auch ein entsprechender Wert beigemessen wird. Das ist keinesfalls selbstverständlich, da Identitäten vieldimensional sind und keineswegs ausschließlich oder auch nur vorrangig von Kultur bespielt werden (Sen 2010: 38-42). Die hohe Bedeutung der kulturellen Identität wird also etwas sein, das sozial konstruiert ist, was sich zum Beispiel in Selbstverständigungsdiskursen widerspiegeln mag.

Mit solchen Selbstverständigungsdiskursen und den Versuchen, kultureller Identität eine hohe Bedeutung zu verleihen, wird in der Regel auf kulturelle Dynamisierungen reagiert: Was anders zu werden droht, sollte doch lieber gleich bleiben – und wenn sozialer Wandel eintritt, ist eine stabile kulturelle Identität hoch willkommen (Bayart 2005: 8f.). Sobald Kultur – also informelles Wissen – sich dynamisiert und damit die Wahrscheinlichkeit für widersprüchliche Informationen steigt, gibt es Gegenbewegungen, die zu Stellungnahmen im Sinne von explizit partikularistischen Argumentationen zwingen.[11] Diese Tatsache führt unmittelbar zu einem überraschenden Ergebnis, das auf den ersten Blick paradox anmuten mag: Je weniger konsistent der latente Einfluss von Kultur ist, umso größer wird tendenziell die perzipierte Bedeutung von Kultur. Das gleiche gilt umgekehrt: Je größer der latente Einfluss von Kultur auf das politische Denken ist, weil der informelle Wissensbestand nur geringe Dynamisierung und wenige Widersprüche aufweist, umso geringer ist die perzipierte Bedeutung von Kultur.

Dieser Zusammenhang sollte gewiss nicht überbewertet werden und kann sicher nur Tendenzen angeben. Dennoch ist das bedenkenswert – gerade auch, weil Selbstverständigungsdiskurse häufig praktische Folgen haben, die zu einer Homogenisierung und Restabilisierung führen können. Ein Beispiel dafür wäre die Herausforderung der arabischen kulturellen Identität im Zuge der frühislamischen Expansion, in deren Ablauf mit der Eroberung Persiens eine Kultur inkorporiert wurde, die eine Bedrohung des eigenen, positiven Selbstbildes darstellte. Zudem wurden der eigene politische Herrschaftsanspruch wie auch seine religiöse Absicherung vielfach herausgefordert. All dies machte einen Selbstverständigungsdiskurs und eine entsprechende Kulturpolitik notwendig, die auf eine sehr erfolgreiche Restabilisierung und Homogenisierung hinauslief – zu erfolgreich, wenn man

---

11 Es ist dabei wichtig festzuhalten, dass die Dynamisierung und die widersprüchlichen Informationen dennoch in erster Linie innerkulturelle und, wenn man Gesellschaften nationalstaatlich oder kulturraumbezogen denkt, innergesellschaftliche, nicht aber interkulturelle oder internationale Phänomene sind.

die auf der Grundlage dieses historischen Prozesses aufbauende Diagnose einer Stagnation der arabischen Kultur teilen will, wie sie Muhammad Abid al-Gabiri vorgelegt hat (Jabri 2011). Ein hinsichtlich kultureller Homogenisierung und Restabilisierung vergleichbares Projekt ist – bei allen Unterschieden – die Betonung kultureller Identitäten durch den Kommunitarismus (Taylor 1993). Beide Vorstöße machen deutlich, dass auch das, was dann im Ergebnis als informelles Wissen bzw. als authentisch beglaubigte Kultur wirksam ist, selbst nicht das Produkt zufälliger, intentionsloser Interaktionen ist, sondern durchaus auf bewusste Handlungen zurückgeht. In diesem Sinne ist selbst die latente Kultur niemals „independent or above political and social conflicts", vielmehr war und ist sie „continuously the primary field in which these struggles transpired." (Jabri 2011: ix)

Weiterhin weist der oben angeführte Zusammenhang darauf hin, dass die Salienz von Kultur in politischen Theorien überhaupt kein Indiz für einen hohen latenten Einfluss von Kultur auf politische Theorien ist – im Gegenteil verweist die Salienz von Kultur auf eine Krise dieses Einflusses. Das zur Kenntnis zu nehmen, bedeutet, eine völlig andere Perspektive auf explizit partikularistische politische Theorien einnehmen zu können, als es so manche kulturkämpferische Perspektive nahelegt. Zugleich führt die geringe Salienz von perzipierter Kultur, wie man sie an so mancher universalistischen politischen Theorie ablesen kann, vor die Frage, wie stark hier eigentlich der latente Einfluss von Kultur ist – bedeutet doch geringe Salienz, dass Kultur einen allzu selbstverständlichen Hintergrund für politische Theorien abgibt. Genau in diesem Sinne kann man universalistisch argumentierenden Theorien ihren ‚Universalismus' vorwerfen – nicht etwa, weil sie universalistisch sind, sondern weil er im Sinne des obigen Zusammenhangs den Schluss zulässt, dass sie die Kontingenz ihrer eigenen Randbedingungen systematisch unterschätzen. Das jedoch – und das ist ein wichtiger Vorbehalt – muss nicht auf jede Art von universalistischer Theorie zutreffen. Wie oben angedeutet kann auch eine starke Perzeption der Bedeutung von Kultur, wenn sie negativ aufgeladen ist, zur Produktion von universalistischen Theorien anregen. Mit dem Anerkennen des Faktums, dass Kultur bedeutsam ist, ist dabei dann aber zugleich eine normative Abwertung dieses Faktums verbunden. Genau auf diese Wertigkeit von Kultur bezieht sich dann der von Jürgen Habermas treffend charakterisierte „Kulturkampf" zwischen „Multikulturalismus" und „Aufklärungsfundamentalismus" (Habermas 2012: 319f.).

5 Konsequenzen

Eingangs wurde behauptet, dass diese Überlegungen sich für einige grundlegende politiktheoretische Fragestellungen fruchtbar machen lassen sollten. Da wäre zunächst die Möglichkeit, durch kulturelles Kontextwissen Interpretationen und Rekonstruktionen von politischen Theorien zu validieren. Die einfache Version dieser Validierung ist offensichtlich nicht zu haben, weil politische Theorien sich nicht auf ihre kulturellen Hintergründe reduzieren lassen. Dennoch liefert das Kontextwissen Informationen, mit denen es möglich wird, Begriffe und Überzeugungen angemessener zu verstehen (Davidson 1990: 278). Dabei ist die Unterscheidung zwischen latenter und perzipierter Kultur von großer Bedeutung: Die latente Kultur beschreibt all das, was als selbstverständlich hingenommen wird und daher die Vorbedingung allen politischen Theoretisierens darstellt. Wie eine politische Theorie zu verstehen ist, kann sich nur vor dem Hintergrund dieser Selbstverständlichkeiten ergeben – auch wenn das als Problemhorizont für eine Validierung oft erst in kulturübergreifenden Kontexten sichtbar (und mitunter überbetont, vgl. Weiß 2011) wird. Die von politischen Theorien in Form von explizit partikularistischen Argumentationen aktualisierte Kultur muss dagegen als perzipierte Kultur aufgefasst werden, die zur Validierung einer Interpretation gerade wenig zum Verständnis des kulturellen Hintergrundes beiträgt und daher keinesfalls at face value genommen werden sollte.[12] Was die perzipierte Kultur dagegen sehr wohl leisten kann, ist, politische Theorien im sozio-politischen Kontext konkreter Auseinandersetzungen im Sinne Quentin Skinners (Skinner 2010) besser zu verstehen. Der argumentative Rekurs auf Kultur stellt seinerseits ja eine besondere Form von Sprechhandeln dar, das auf die in-group bezogen nicht selten eine appellative Funktion hat. Auch die argumentative Indifferenz gegenüber Kultur ist freilich aufschlussreich, um den Kontext von politischen Theorien als Sprechhandeln zu analysieren. Und schließlich ist die Salienz von Kultur auch als der Hintergrund unserer eigenen Interpretationen zu reflektieren – nur wenn man selbst für die Bedeutung von Kultur sensibel ist, wird man universalistischen Theorien ein kulturelles Hegemoniestreben unterstellen. Damit ist nicht gesagt, dass diese Unterstellung pauschal gerechtfertigt wäre – aber es zeigt doch, dass sich auch die von uns perzipierte Kultur – ebenso wie die latente Kultur als unser Wissensvorrat, aus dem unsere Interpretationen schöpfen – auf unsere eigenen Interpretationsleistungen auswirkt. Es scheint daher durchaus lohnend zu sein, sowohl die Wirksamkeit von perzipierter wie auch von latenter Kultur auf einen selbst bei der Validierung eigener Interpretationen zu berücksichtigen.

---

12 Für Alternativen vgl. Zapf 2014.

Die Analyse des ideologischen Gehalts politischer Theorien lässt sich vor dem Hintergrund dieser Überlegungen ebenfalls angehen. Offensichtlich dienen politische Theorien generell der „Selbstinterpretation von Individuen und Gruppen" (Hofmann 2012: 38) – dafür spielt es keine Rolle, ob sie sich explizit auf eine perzipierte Kultur beziehen oder ihr gegenüber indifferent sind (im zweiten Fall besteht ja stets die Möglichkeit, dass die Argumentationen nicht echt universalistisch, sondern implizit partikularistisch sind – auch hier lässt sich dann eine Referenzgruppe für diese Selbstinterpretation angeben). Beides spiegelt jedoch ganz unterschiedliche Strategien der Selbstinterpretation wider – und damit unterschiedliche Spielarten ideologischer Formen. Welche dieser Strategien gewählt wird, ist in dieser Perspektive der Wirksamkeit (nicht aber: dem Inhalt!) von latenten Kulturen geschuldet. Das kann an eine andere Sparte der Ideologieforschung anknüpfen, die Ideologien durch ihre Tendenz zur *decontestation*, also zur autoritativen Festlegung von Begriffen charakterisiert (Freeden 1998: 75f.). Die obigen Überlegungen lassen dabei folgende Anschlussüberlegung zu: Wenn eine latente Kultur stabil und widerspruchsarm ist, besteht kein großer Bedarf an autoritativen Begriffsfestlegungen. Die politischen Theorien selbst sind jedoch vermutlich schon ideologisch, weil sie auf durch die latente Kultur vorgefertigte und festgestellte Begrifflichkeiten zurückgreifen. Je dynamischer und widersprüchlicher eine latente Kultur dagegen ist, umso stärker werden vor diesem Hintergrund politische Theorien ideologisiert werden, da der gesellschaftliche Bedarf einer *decontestation* – im Sinne von Orientierung – steigt.[13] Das zeigt, dass sich die oben vorgetragenen Überlegungen zum gegenläufigen Verhältnis der Bedeutung von latenter und perzipierter Kultur ideologietheoretisch übersetzen lassen, so dass der behauptete Zusammenhang auch für eine empirische Überprüfung zugänglich wird.

Eine solche Überprüfung setzt dann freilich voraus, dass auf empirische Informationen zurückgegriffen werden kann, die Rückschlüsse auf die Stabilität und Konsistenz von latenten Kulturen sowie auf ihre sozialen und politischen Randbedingungen schließen lassen. Damit wird nicht weniger vorausgesetzt als die Möglichkeit, politische Theorien ihrerseits mit anderen politikwissenschaftlichen, soziologischen und ethnologischen Analysen in Verbindung zu bringen und abzugleichen.[14] Die grundlegende Annahme, der zufolge kulturelle Widersprüche durch gesellschaftliche Entwicklungen verstärkt werden, und die darauf aufbau-

---

13 Es wäre gewinnbringend, diese Überlegung systematisch mit Karl Mannheims Wissenssoziologie und Modernediagnose in Verbindung zu bringen – gerade, weil auch hier Ideologien auf Herausforderungen sozialer Wirklichkeit reagieren (Hofmann 1996: 92-97).
14 Vgl. für eine mögliche konzeptionelle Grundlage hierzu (Schubert/Zapf 2013).

ende Hypothese, dass die Zunahme von Widersprüchen zu einer größeren Rolle von perzipierter Kultur für die Produktion von Theorien führt (und vice versa), verweisen auf die Möglichkeit, beides empirisch zu untersuchen.

Literatur

Bayart, Jean-François, 2005: The illusion of cultural identity, Chicago [u.a.]: University of Chicago Press.

Bielefeldt, Heiner, 2000: „Western" versus „Islamic" Human Rights Conceptions? A Critique of Cultural Essentialism in the Discussion on Human Rights, in: Political Theory, 28 (1), 90-121.

Bourdieu, Pierre, 2002: Homo academicus, Frankfurt a.M.: Suhrkamp.

Chabal, Patrick/Daloz, Jean-Pascal, 2006: Culture troubles. Politics and the interpretation of meaning, London: Hurst.

Chua, Beng-Huat, 1992: ‚Konfuzianisierung' in der Modernisierung Singapurs, in: Joachim Matthes (Hrsg.): Zwischen den Kulturen? Die Sozialwissenschaften vor dem Problem des Kulturvergleichs (Soziale Welt, Sonderband 8), Göttingen: Schwartz, 249-269.

Davidson, Donald, 1990: Wahrheit und Interpretation, Frankfurt a.M.: Suhrkamp.

Duncan, Birt, 1976: Differential Social Perception and Attribution of Intergroup Violence: Testing the Lower Limits of Stereotyping of Blacks, in: Journal of Personality and Social Psychology, 34 (4), 590-598.

Esser, Hartmut, 2001: Sinn und Kultur, Frankfurt a.M. [u.a.]: Campus.

Fanon, Frantz, 2008: Die Verdammten dieser Erde, Frankfurt a.M.: Suhrkamp.

Foucault, Michel, 2006: Die Ordnung der Dinge. Eine Archäologie der Humanwissenschaften, Frankfurt a.M.: Suhrkamp.

Freeden, Michael 1998: Ideologies and political theory. A conceptual approach, Oxford: Clarendon Press.

Geertz, Clifford, 1987: Dichte Beschreibung. Beiträge zum Verstehen kultureller Systeme, Frankfurt a.M.: Suhrkamp.

Habermas, Jürgen, 2012: Nachmetaphysisches Denken II. Aufsätze und Repliken, Berlin: Suhrkamp.

Hayek, Friedrich August von, 1945: The Use of Knowledge in Society, in: The American Economic Review, 35 (4), 519-530.

Mann, Heinrich, 2012: Der Untertan, Frankfurt a.M.: S. Fischer.

Hobbes, Thomas, 1998: Leviathan, Oxford [u.a.]: Oxford Univ. Press.

Hofmann, Wilhelm, 1996: Karl Mannheim zur Einführung, Hamburg: Junius.

Hofmann, Wilhelm, 2012: Überlegungen zur Bedeutung der ideologischen Dimension des Politischen für die politische Theorie, in: Bernhard Schreyer/Ralf Walkenhaus (Hrsg.): Ideen – Macht – Utopie. Festschrift für Ulrich Weiß zum 65. Geburtstag, Würzburg: Ergon, 29-43.

Jabri, Mohammed Abed al-, 2009: Democracy, human rights and law in Islamic thought, London [u.a.]: Tauris.

Jabri, Mohammed Abed al-, 2011: The formation of Arab reason. Text, tradition and the construction of modernity in the Arab world, London [u.a.]: Tauris.

Kaviraj, Sudipta, 2013: On the historicity of ‚the political'. Rajanati and politics in modern Indian thought, in: Michael Freeden/Andrew Vincent (Hrsg.): Comparative Political Thought. Theorizing Practices, London [u.a.]: Taylor & Francis, 24-39.

Li, Xiaorong, 2007: A Cultural Critique of Cultural Relativism, in: American Journal of Economics and Sociology, 66 (1), 151-171.

Nassehi, Armin, 2011: Soziologie. Zehn einführende Vorlesungen., Wiesbaden: VS.

O'Dwyer, Shaun, 2003: Democracy and Confucian Values, in: Philosophy East and West, 53 (1), 39-63.
Ottmann, Henning, 1996: In eigener Sache: Politisches Denken. Oder: Warum der Begriff „Politisches Denken" konkurrierenden Begriffen vorzuziehen ist, in: Politisches Denken Jahrbuch, 1995/96, 1-7.
Prim, Rolf/Tilmann, Heribert, 2000: Grundlagen einer kritisch-rationalen Sozialwissenschaft. Studienbuch zur Wissenschaftstheorie Karl R. Poppers, Wiebelsheim: Quelle & Meyer.
Reese-Schäfer, Walter, 2007: Klassiker der politischen Ideengeschichte. Von Platon bis Marx, München [u.a.]: Oldenbourg.
Rorty, Richard, 2003: Menschenrechte, Vernunft und Empfindsamkeit, in: Ders.: Wahrheit und Fortschritt, Frankfurt a.M.: Suhrkamp, 241-268.
Schubert, Sophia, 2012: Die globale Konfiguration politischer Kulturen. Eine theoretische und empirische Analyse. Wiesbaden: VS.
Schubert, Sophia/Zapf, Holger, 2013: Komplementäre Perspektiven? Was politische Kulturforschung und transkulturelle Politische Theorie voneinander lernen können, in: Zeitschrift für Politische Theorie, 4 (2), 147-169.
Sen, Amartya Kumar, 2010: Die Identitätsfalle. Warum es keinen Krieg der Kulturen gibt, München: Dt. Taschenbuch-Verl.
Skinner, Quentin, 2010: Bedeutung und Verstehen in der Ideengeschichte, in: Martin Mulsow/Andreas Mahler (Hrsg.): Die Cambridge School der politischen Ideengeschichte, Frankfurt a.M.: Suhrkamp, 21-87.
Soeffner, Hans Georg, 1988: Kulturmythos und kulturelle Realität(en), in: Ders. (Hrsg.): Kultur und Alltag (Soziale Welt, Sonderband 6), Göttingen: Schwartz, 3-20.
Spivak, Gayatri Chakravorty, 2008: Can the subaltern speak? Postkolonialität und subalterne Artikulation, Wien: Turia + Kant.
Taylor, Charles, 1993: Die Politik der Anerkennung, in: Amy Gutmann (Hrsg.): Multikulturalismus und die Politik der Anerkennung, Frankfurt a.M.: Fischer, 13-78.
Vasilache, Andreas, 2009: Das interkulturelle Verstehen im Anschluss an Foucault. Eine heuristische Annäherung, in: Boike Rehbein/Gernot Saalmann (Hrsg.): Verstehen, Konstanz: UVK, 93-115.
Walzer, Michael, 1993: Die kommunitaristische Kritik am Liberalismus, in: Axel Honneth (Hrsg.): Kommunitarismus. Eine Debatte über die moralischen Grundlagen moderner Gesellschaften, Frankfurt a.M./New York: Campus, 157-180.
Weiß, Alexander, 2011: Kontexte? Welche Kontexte? Ein hypothetischer Kontextbegriff für die inter- und transkulturelle Ideengeschichte, in: Lino Klevesath/Holger Zapf (Hrsg.): Demokratie – Kultur – Moderne, München: Oldenbourg, 103-119.
Zapf, Holger, 2012a: Kulturüberschreitende Perspektiven in der Politischen Theorie, in: Ders. (Hrsg.): Nichtwestliches politisches Denken. Zwischen kultureller Differenz und Hybridisierung, Wiesbaden: VS, 13-29.
Zapf, Holger, 2012b: Staatlichkeit und kulturelle Authentizität im islamischen politischen Denken, in: Ders./Lino Klevesath (Hrsg.): Staatsverständnisse in der islamischen Welt, Baden-Baden: Nomos, 17-34.
Zapf, Holger, 2013: Methoden der Politischen Theorie. Eine Einführung. Opladen [u.a.]: Budrich.

Zapf, Holger (2014/i. E.): Contemporary Arab Political Theories – Semantics and Argumentations, in: Ahmet Cavuldak/ Oliver Hidalgo (Hrsg.): Demokratie und Islam. Theoretische und empirische Studien, Wiesbaden: Springer VS.

Der kulturelle Grund politischer Ordnungen und die juristisch-politische Konstruktion von Kultur

Jan Christoph Suntrup

Zusammenfassung

Funktionalistische Konzeptionen von politischer Kultur, die nach Einstellungen der Bürger gegenüber politischen Objekten fragen, sind zwar nicht obsolet geworden. Die kulturalistische Wende der politischen Kulturforschung hat jedoch ein Verständnis für die tieferen Sinnschichten politischer Gemeinschaften geschaffen, die auf der Einstellungsebene nicht erfasst werden können, sondern nach einer Analyse von Ideen, Vorstellungen und Handlungen verlangen. Der komparative kulturwissenschaftliche Blick kann diese Praktiken dann als „kulturelle Konstruktionen" ausweisen, die nicht selten ein beträchtliches Konfliktpotential offenbaren. „Kultur" kann aber auch als Argument in Identitätsdiskursen analysiert werden. Hier zeigt sich, wie die Dynamik kultureller Praktiken und Selbstbilder durch politische Ideologien unterwandert wird, indem sie auf strategische Weise fixiert wird. Die interne Heterogenität von Kulturen stellt zudem eine besondere Herausforderung für liberale Rechtsordnungen dar, wenn sie bei dem Versuch, kulturelle Sonderrechte zuzulassen, strukturell dazu tendieren, bestimmte kulturelle Praktiken zu reifizieren und intrakulturellen Dissens zu übergehen.

1 Zur Idee der kulturellen Konstruktion des Politischen

Die Einsicht, dass die soziale und damit auch die politische Welt eine Konstruktion ist, verdanken wir nicht erst den Theorien Peter Bergers und Thomas Luckmanns (1967) und später John Searles (2010), sondern sie steht am Beginn des modernen politischen Denkens. Thomas Hobbes lässt keinen Zweifel daran, dass es sich beim politischen Herrschaftsapparat des Leviathans um eine solche soziale, eine künstliche Konstruktion handelt: „For by Art is created that great *Leviathan* called a *Common-wealth*, or *State*, [...] which is but an Artificiall Man" (Hobbes 2008: 9). Damit ist die Grundannahme in der Welt, dass die politische Ordnung weder eine natürliche noch eine gottgegebene ist, sondern der menschlichen Gestaltung zugänglich. Wie „sozial" diese Konstruktion bei Hobbes ausfällt, lässt sich dabei freilich diskutieren. Das vertragstheoretische Denken, das Hobbes entwickelt, arbeitet bekanntermaßen mit einem Gedankenexperiment, mit der rationalen Kreation eines Staates, der als passendes Modell für die zeitgenössische politische Lage begründet werden soll. Sozial ist daran nur, dass Hobbes, nicht zuletzt mit der Publikation in englischer Sprache, um Gefolgschaft eines größeren Publikums wirbt. Aber auch theorieintern erweist sich die Konstruktionstätigkeit der Menschen, die im Hinblick auf die Staatsbildung nur eine gemeinsame sein kann, als merkwürdig aus der sozialen Welt gefallen, wenn ihr Schöpfungswerk des Leviathan als eine gottähnliche *creatio ex nihilo* erscheint: „The *Pacts* and *Covenants*, by which the parts of this Body Politique were at first made, set together, and united, resemble that *Fiat*, or the *Let us make man*, pronounced by God in the Creation" (Hobbes 2008: 9f.).[1]

Das Bild einer solch ahistorischen Kreation kann nicht den realen Aufbau politischer Ordnungen widerspiegeln.[2] Die Normen, Institutionen, Organisationen und Narrationen, die das Konstrukt politischer Herrschaftsverbände ausmachen, entstehen vielmehr aus gewachsenen, wenn auch immer hinterfragten und revidierten

---

[1] Dieses Bild der menschlichen Schöpfungskraft verweist auf Hobbes' noch an den Geist der Renaissance anknüpfende Anthropologie: „Wenn Hobbes den Menschen noch heraushebt aus der Natur, ihn nicht nur in die Welt der natürlichen Körper zieht und dadurch degradiert, so ist es der Mensch als Schöpfer, als *artifex*, als *homo faber*. Der Mensch kann, was sonst nur Gott vermag, künstlich ‚Leben' erzeugen. Es ist bei Hobbes nicht die Freiheit, die den Menschen von anderen Naturwesen unterscheidet. Es ist vielmehr seine Schöpferkraft, sein Künstlertum, seine Macht, künstliche Körper hervorzubringen" (Ottmann 2006: 275).

[2] Die kontraktualistische Erzählung dient ja bekanntlich auch nicht der Nacherzählung des faktisch Geschehenen, da sie vielmehr mit der symbolischen Konstruktion eines Ursprungs operiert, der realgeschichtlich gar nicht verfügbar ist.

sozialen Praktiken und Sinnzusammenhängen. Insofern sind politische Ordnungen kulturell grundiert. Der Begriff der Kultur verweist zum einen, wie zu zeigen sein wird, auf die konstitutive Sinndimension des Politischen, auf der anderen Seite auf ihre – wenn auch nicht beliebige – Kontingenz und Differenz zu anderen kulturellen Konstruktionen.

Ein funktionalistisches Konzept politischer Kultur, wie es lange in der Folge Gabriel Almonds und Sidney Verbas in der Politikwissenschaft vorherrschte und noch heute Beachtung findet, wird diesen vielschichtigen kulturellen Prozessen nicht gerecht, weswegen ein kulturwissenschaftliches Verständnis vonnöten ist, das in Grundzügen zu den Einsichten eines Gründervaters der deutschen Politologie, nämlich jenen Hermann Hellers, zurückkehrt. Nur eine solch revidierte Konzeption von Kultur vermag den Blick für tiefergehende politische Probleme zu eröffnen, die die heutige Politik bestimmen (2). „Kultur" ist aber weder nur die Basis des Politischen, noch nur, mit Luhmann, eine wissenschaftliche Beobachterperspektive, sondern auch ein Argument in Identitätsdiskursen. Hier zeigt sich, wie die Dynamik kultureller Praktiken und Selbstbilder durch politische Ideologien unterwandert wird, indem sie auf strategische Weise fixiert wird. Die interne Heterogenität von Kulturen stellt zudem eine besondere Herausforderung für liberale Rechtsordnungen dar, wenn sie bei dem Versuch, kulturelle Sonderrechte zuzulassen, strukturell dazu tendieren, bestimmte kulturelle Praktiken zu reifizieren, indem die dominante Deutung dieser Kultur festgehalten wird (3).

Der Beitrag möchte auf diesem Weg nicht nur den Mehrwert einer reflektierten Erforschung politischer Kultur herausstellen, sondern die unterschiedlichen Interessen verdeutlichen, die sich hinter der Semantik der Kultur verbergen.

2 Der kulturelle Grund politischer Ordnungen

2.1 Auf der Suche nach demokratischen Orientierungsmustern

In der politischen Wissenschaft sind lange Zeit funktionalistische Konzeptionen von politischer Kultur, die nach Einstellungen der Bürger gegenüber politischen Objekten fragen, vorherrschend gewesen. So hatten Gabriel Almond und Sidney Verba in ihrer wegweisenden Studie zur politischen Kultur in fünf Ländern (Almond/Verba 1963) die Systemstabilität politischer, insbesondere demokratischer Ordnungen in den Mittelpunkt gerückt. Der Zusammenbruch der Weimarer Republik hatte gezeigt, dass rechtsstaatliche Institutionen und demokratische Spielregeln allein noch keine stabile demokratische Ordnung garantieren, sondern auf kulturellen Voraussetzungen basieren – und diesen kulturellen Grund sahen Almond und Verba in spezifischen Orientierungsmustern („patterns of orientation") der Bürger gegenüber politischen Objekten, also etwa den zentralen politischen Institutionen, den politischen Eliten oder der politischen Gemeinschaft. Aber auch die Partizipationsbereitschaft der Bürger sollte unter diesen Mustern erfasst werden, um schließlich auf typologischem Weg Varianten politischer Kultur zu unterscheiden, die dem Bestand demokratischer Systeme zugutekamen oder ihm abträglich waren. Während Almonds und Verbas Entwurf konzeptuell stark von den systemtheoretischen Modellen eines Talcott Parsons und David Eastons geprägt war, wurden methodisch die Mittel der repräsentativen Umfrageforschung herangezogen, um die Einstellungen der Bürger zu registrieren (vgl. Kaase 2008: 387).

Auch wenn die gegenwärtige Kulturforschung in vielfältigen Strömungen daherkommt (vgl. Reckwitz 2000), findet sich das grundlegende Paradigma dieser frühen Erforschung politischer Kultur nach wie vor, wenngleich nicht ohne Revisionen, in aktuellen Untersuchungen wieder (vgl. nur Westle 2009; Schuppert 2008: 8ff.). Dass die leitende Idee, politische Ordnungen auf die Bedingungen ihrer Überlebensfähigkeit zu befragen, nichts von ihrer Aktualität verloren hat, zeigt schon ein Blick auf die gesellschaftlichen Transformationsprozesse nach 1989 in Osteuropa und gegenwärtig in der arabischen Welt. Auch der einstellungsfokussierte Ansatz vermag für die Ermittlung politischer Orientierungen und daraus abzuleitender Rückschlüsse auf die Stabilität und empirische Legitimität eines Herrschaftssystems durchaus von gewissem Nutzen zu sein. Dies kann aber nicht darüber hinwegtäuschen, dass „politische Kultur" weder in diesen subjektiven Orientierungsmustern aufgeht noch dass es offensichtlich anderer Mittel bedarf, um ein tieferes Verständnis kultureller Sinnschichten zu gewinnen.

2.2 Politische Ordnung als kulturelle Praxis: Hermann Heller und Karl Rohe

Die kulturalistische Wende, die die Geistes- und Sozialwissenschaften in den letzten Jahrzehnten maßgeblich beeinflusst hat, hat sich auch in einer veränderten Erforschung politischer Kultur niedergeschlagen (vgl. Schwelling 2004; Pickel/ Pickel 2006). Eine wesentliche Korrektur des funktionalistischen Rumpfkonzepts von Kultur stellt dabei die Einsicht dar, dass der konstitutive Sinn- und Normhaushalt politischer Gemeinschaften nicht primär auf der Einstellungsebene erfasst werden kann, sondern nach einer qualitativen Analyse von Ideen, Vorstellungen und Handlungen verlangt. Kultur, darauf hat besonders Karl Rohe (1987, 1994: 162ff., 1996) in der deutschen Diskussion hingewiesen, muss zum einen als ein überindividuelles Phänomen verstanden werden[3] und darf zum anderen nicht auf die Internalisierung von Werten und Überzeugungen reduziert werden. Stattdessen muss eine auf das Ausweisen sozialen Sinns gerichtete Kulturanalyse die Bedeutung von Begriffen, Zeichen, Symbolen, politischen Handlungen und Deutungsprozessen untersuchen. Vorstellungen, laut Rohe grundlegende normativ-kognitive Orientierungspunkte und -maßstäbe, sind dabei nicht allein als feste Ideen oder Mentalitäten zu verstehen, sondern auch darauf hin zu befragen, wie sie geformt werden und in welchen sozialen Praktiken sie sich artikulieren. Politische Kultur ist somit „Struktur und Prozeß, Objektivation und Handeln" (Rohe 1994: 168).

Diese perspektivische Nachjustierung stellt damit im Übrigen – zumindest in der deutschen Politikwissenschaft – in mancher Hinsicht keine grundlegende Innovation dar, sondern ein wenn auch nicht immer bewusstes Anknüpfen an ein kulturwissenschaftliches Gründungswerk der Politologie: Hermann Hellers 1934 und damit posthum erschienene „Staatslehre", die, erwachsen aus den methodischen und politischen Differenzen der Weimarer Staatsrechtsdebatte, für eine kulturwissenschaftliche Betrachtung von Staat, Politik und Recht eintrat. Während Heller in diesem Werk, durchaus im Einklang mit der späteren funktionalistischen Analyse politischer Kultur, nach der Stabilität politischer Systeme unter Bedingungen des politischen Pluralismus fragt, vermeidet er einen reduktionistischen Kulturbegriff, der lediglich subjektive Einstellungen umfasst. Ganz im Gegenteil geht es ihm um kulturelle „Objektivationen", die sich in jener Dynamik von Struktur und Prozess entfalten, auf die auch Rohe später hinweisen wird.

Hellers Entwurf einer neu zu begründenden „Politokologie" zielt darauf ab, „das Politische in seiner relativen Eigengesetzlichkeit" (Heller 1963: 21) anzuerkennen und vor ökonomistischen oder juristischen Einverleibungsbestrebungen zu bewahren. Dass Hellers Aufgabenbeschreibung der politischen Wissenschaft, wie Wolfgang Kersting (2000: 430) spitz bemerkt, dabei der „Entfaltung des Politischen keinen Raum lasse", ist sicherlich übertrieben, betont aber den etatistischen Blickwinkels in Hellers Theorie. Heller möchte schließlich eine Staatslehre und keine Staatsbürgerlehre entwickeln, und so ist sein Politikbegriff auf die Organisationsfunktion vor allem staatlicher Macht zugeschnitten:

---

3 „Kultur hat ‚man' stets nur mit anderen zusammen. Wer diese anderen sind, ob sie sich primär transnational, national, konfessionell, regional, ethnisch, sozial, sektoral oder funktional bestimmen lassen, ist freilich eine offene Frage, da politisch-kulturelle Eigenarten und Identitäten historisch dynamischer Veränderung unterliegen" (Rohe 1987: 40).

"Nur durch Beziehung des Politischen auf die Polis und ihre entwickeltste Form, den Staat, kann ein klarer Grundbegriff gefasst werden. Politisch im eminenten und beispielgebenden Sinn ist deshalb die selbständige Organisation und Aktivierung des gebietsgesellschaftlichen Zusammenwirkens" (Heller 1963: 204).

Zwar setzte Heller nicht „Staat" mit „Politik" gleich und missachtete auch keineswegs die Rolle von Verbänden, Parteien und anderen intermediären Organisationen – diese aber strebten „ihrer Sinnfunktion nach" (Heller 1963: 205) nach staatlicher Macht, also der obersten Organisationskompetenz. Der Primat der Ordnung, die diese Politiktheorie ausdrückt, geht wiederum auf Hellers zutiefst von den historischen Verhältnissen geprägtes Verständnis von Gesellschaft zurück, die er, abzulesen am politisch-ideologischen Spektrum und den sozial-ökonomischen Klassen, als „in sich unaufhebbar pluralistisches Verhältnis" (Henkel 2010: 216) begreift. Wenn Heller diesem pluralistischen „Zusammenwirken" eine Einheit verschreiben möchte, dann schwebt ihm keine Uniformität oder Verschmelzung der gesellschaftlichen Teile und Individuen vor, sondern eine verbindliche Koordinierung ihres Wirkens (und d. h. Handelns) durch die Orientierung an einer „regelgeforderten Ordnung" (Heller 1963: 231), die im Rechtsstaat das Recht ist.[4]

Heller argumentiert in der Staatslehre dezidiert „wirklichkeitswissenschaftlich" (Heller 1963: 37ff.), aus dem Blickwinkel einer empirischen Sozialwissenschaft, was sich nicht zuletzt gegen die rein normlogische Rechtstheorie Hans Kelsens richtete, die schließlich in dessen „Reine Rechtslehre" (Kelsen 1934) mündete. Er weist seinen Entwurf aber auch als kulturwissenschaftlich[5] aus, was an dieser Stelle von besonderem Interesse ist. Kultur ist Heller, in Anknüpfung an Karl Marx, aber auch an Wilhelm Dilthey, „die Einbildung menschlicher Zwe-

---

4 Recht ist ein essentieller Bestandteil der Legitimität von Herrschaft, ist aber auch eine unerlässliche Regierungstechnik: „Das Recht ist sowohl die sittlich-geistig, wie technisch notwendige Erscheinungsform einer jeden dauernden Macht. Die machtbildende Funktion des Rechtes wird einerseits durch seine Normativität, andrerseits durch seine Positivität bedingt. Ohne die Rechtsform anzunehmen kann eine vorübergehende Herrschaftssituation niemals in eine relativ konstante Herrschaftslage sich verwandeln. Erst mittels der Dieselbigkeit positiver Rechtsnormen wird die Jeweiligkeit der ständig wechselnden Machtverhältnisse in Form gebracht und zu einer dauernden Machteinheit strukturiert. Schon dieser herrschaftstechnischen Ursachen wegen kann ein normloser Wille niemals gesellschaftliche Macht ausüben" (Heller 1963: 192).

5 Die zu dieser Zeit einflussreiche Kulturphilosophie des Neukantianismus wirkte dabei zumindest terminologisch auch bei Theoretikern nach, die sich, wie Heller, von der spekulativen Wertphilosophie der Neukantianer distanzierten; vergleiche zu diesem Kulturdiskurs im Bezug auf das Recht Hofmann (2009) sowie Suntrup (2013).

cke in die Natur" (Heller 1963: 34). Die sinnhafte menschliche Praxis schlägt sich so in kulturellen Objektivationen nieder, in Kulturformen, deren Existenz aber immer eine dialektisch vermittelte ist. Begriffe man sie stattdessen als selbständige, verdinglichte Entitäten, fiele man, wie Heller zeitdiagnostisch bemerkt, in die „objektive Geistmetaphysik, die sich allmählich zu einer Art heimlicher Akademikerreligion entwickelt" (Heller 1963: 39). Die mannigfaltigen Kulturformen haben keinen ontologischen Status, der unabhängig von sozialen Praktiken zu denken wäre: „Die Idealgegenstände, wie Sprache, Sitte, Recht usw. sind [...] ausschließlich Idealgegenstände, denen ein Dasein nur und allein durch das verstehende Erlebt- und Gedachtwerden zukommt" (Heller 1963: 38). Es gibt somit weder ein transhistorisches Naturrecht noch politische Institutionen, Rechtsideen oder andere normative Vorstellungen, die dem geschichtlichen Wandel entzogen sind. Diese Einsicht ebnet dem Verständnis der prinzipiellen kulturellen Formenvielfalt von normativen Ordnungen und anderen Objektivationen den Weg, zeigt aber auch, dass bestimmte kulturelle Errungenschaften wie der Rechtsstaat auf sozialer Anerkennung, also menschlichem Willen und Handeln beruhen, was angesichts des Kollabierens der Weimarer Republik, das der Sozialdemokrat Heller in seinen letzten Lebensmonaten erleben musste, eine deutliche politische Botschaft war (vgl. Müller 2010: 80).

Unabhängig davon, wie man Hellers Politikverständnis beurteilt, welches er in seiner Staatslehre entwickelt, kann sein Kulturbegriff gegen einen wichtigen Missstand der einstellungszentrierten Kulturforschung ins Feld geführt werden. Denn wenn Letztere, folgt man Gabriel Almond, ihr „Interesse an den subjektiven Aspekten der Politik" (Almond 1987: 27) bekundet und diese subjektiven Orientierungsmuster als politische Kultur dann einem Bereich der politischen Objekte gegenüberstellt, muss damit schon auf terminologischem Weg das Verständnis der komplexen kulturellen Vermittlungsprozesse zwischen Subjekt und Objekt verwehrt bleiben. Die subjektive Kultur steht nicht einfach der harten Objektwelt der politischen Institutionen, Organisation und Strukturen gegenüber, und die kulturelle Generierung von Sinn ist nicht auf die „politischen Inhalte in den Köpfen von Bürgern und Eliten" (Almond 1987: 28) zu reduzieren, möchte man nicht in einen Psychologismus oder Mentalismus verfallen. Wertungen, Vorstellungen und Deutungen sind selbst schon nur als performative zu verstehen, schlagen sich aber darüber hinaus in Formen des Handelns nieder, die in der Welt der sozialen Objekte und Artefakte ihre Spuren hinterlassen (vgl. Schwelling 2004: 13) – darauf verweist der Begriff der kulturellen Konstruktion von Politik, oder generell der sozialen Welt.

Auf dieser Basis ergeben sich wichtige Korrekturen der klassischen Erforschung politischer Kultur: Letztere ist viel stärker als bislang als soziale Praxis in den Blick zu nehmen, in die normative, narrative, organisatorische und symbolisch-rituelle Elemente einfließen.[6]

Aufgabe einer empirischen Kulturforschung ist es dann, den Sinn dieser Praktiken, ihre „Kulturbedeutung" (Weber 1988: 175), zu ermitteln, was, wie Karl Rohe richtig gesehen hat, „ohne Einbeziehung phänomenologischer und hermeneutischer Methoden gar nicht erbracht werden kann" (Rohe 1987: 47).

2.3 Unlocking the Codes – zum Erkenntnisinteresse einer kulturwissenschaftlichen Politikanalyse

Mit dieser konzeptuellen Erweiterung können ganz andere Forschungsfelder und Problemhorizonte erschlossen werden, als es im Rahmen der traditionellen politischen Kulturforschung möglich war, ohne dass dadurch notwendigerweise ein Konkurrenzverhältnis entsteht, da es ja ein legitimes Nebeneinander von methodologischen Ansätzen und Forschungsdesigns geben kann, deren Erfolgsaussichten und Überzeugungskraft von der jeweiligen Fragestellung und dem Erkenntnisinteresse abhängen (vgl. Salzborn 2009).

Allerdings geben sich viele neuere kulturwissenschaftliche Projekte mit dieser Koexistenz nicht zufrieden, da sie sich nicht bloß als Ergänzung der stabilitäts- und legitimitätsorientierten Perspektive verstehen, sondern einen kritischen Paradigmenwechsel für sich in Anspruch nehmen. Akzeptiert man diesen, ergibt sich ein vollständig revidiertes Bild von Politik, da nunmehr keine soziale Praxis, keine politische Institution und kein Ritual als natürlich und selbstverständlich akzeptiert werden kann, sondern alles kulturell grundiert ist:

> „Das kulturwissenschaftliche Forschungsprogramm [sic!] zielt darauf ab, die impliziten, in der Regel nicht bewussten symbolischen Ordnungen, kulturellen Codes und Sinnhorizonte zu explizieren, die in unterschiedlichsten menschlichen Praktiken verschiedener Zeiten und Räume zum Ausdruck kommen und diese ermöglichen" (Reckwitz 2008a: 17).

Der kulturwissenschaftliche Blick kann diese Praktiken also ihrer „natürlichen Unschuld" (Rohe 1994: 162) berauben, indem er sie als „kulturelle Konstruktionen" ausweist, die Ausdruck von historischen und lokal spezifisch ausgeprägten

---

6 Zu einer mehrdimensionalen Erforschung von Rechtskultur als Teil der politischen Kulturforschung vgl. Suntrup (2013), in Anknüpfung an das Forschungsprogramm des Käte Hamburger Kollegs „Recht als Kultur" (Gephart 2012).

normativen und epistemischen Vorstellungen sind. Die Aufdeckung als kulturelle Praxis entsteht durch die komparative Perspektive, die eine neue Beobachterebene konstituiert: „Nach wie vor kann man mit einem Messer schneiden, kann man zu Gott beten, zur See fahren, Verträge schließen oder Gegenstände verzieren. Aber außerdem läßt sich all das ein zweites Mal beobachten und beschreiben, wenn man es als kulturelles Phänomen erfaßt und Vergleichen aussetzt" (Luhmann 1999a: 42). Durch diesen erweiterten Blick für andere Formen und Möglichkeiten sozialen Handelns ist die Kultur „mit dem Geburtsfehler der Kontingenz" (Luhmann 1999a: 48) behaftet. Eine Last stellt dies freilich nur für denjenigen dar, der nach dem Universellen, Authentischen und Wahren sucht, denn ansonsten ermöglicht gerade dieses kritische Kontingenzbewusstsein das Verständnis dafür, dass wir in jeder Gesellschaft auf spezifische symbolische Ordnungen und kulturelle Praktiken treffen.

Der Ausweisung von kulturrelativen Codes sind dabei keine natürlichen Grenzen gesetzt, es gibt keinen Gegenstand, keine soziale Praxis, die sich unter komparativen Gesichtspunkten nicht als Ausweis einer Kultur darstellen ließe (vgl. Luhmann 1999b: 145f.). Wird damit der Begriff der Kultur jedoch nicht überdehnt und gewinnt so die klassische politische Kulturforschung allein aufgrund ihrer Übersichtlichkeit nicht an Attraktivität? Dieser Einwand mag sich zwar aus forschungspragmatischen Gründen aufdrängen, er verfehlt aber die Pointe, dass es der neueren Kulturwissenschaft nicht um eine neue „Einteilung der Gegenstandswelt" (Luhmann 1999a: 32) geht, mit dem Ziel, die Liste der Kulturobjekte endlos zu verlängern, sondern um einen neuen Blick, mit dem die Objekte und Regionen der Sozialwissenschaften in einem anderen Licht erscheinen. So ist Oliver Marchart zuzustimmen:

„Nur als Gegenstandbereich wäre ‚Kultur' – und zwar im Verhältnis zu anderen Gegenstandsbereichen – überdehnbar. Viel mehr als ein Gegenstandsbereich ist ‚Kultur' […] das Kürzel für eine Reihe von Fragestellungen, eine bestimmte *Perspektive* auf soziale Phänomene […]" (Marchart 2008: 21).[7]

---

7 Ähnlich wendet sich auch Reckwitz gegen eine gegenständliche Auffassung von Kultur, da es vielmehr um ein umfassendes Forschungsprogramm, um eine „Totalperspektive Kultur" gehe: „*Jeder* Gegenstand der Geistes- und Sozialwissenschaften kann und soll nun als kulturelles Phänomen rekonstruiert werden: ökonomisch-technische Praktiken ebenso wie Politik und Staat, die Sozialstruktur ebenso wie Familie oder Geschlechter, die modernen ebenso wie die vormodernen Gesellschaften, die Natur so wie der Affekthaushalt" (Reckwitz 2008a: 16).

Kultur darf nicht substantialisiert oder verdinglicht werden, sondern muss als „‚Aspektstruktur' aller Sozialität" (Rehberg 2008: 33) begriffen werden. Eine reflektierte Kulturwissenschaft schafft, so kann man aus Luhmanns Kulturbegriff folgern, ohne sich systemtheoretische Verbindlichkeiten aufzuhalsen, Einsichten in die Kontingenz von politischen Praktiken, die der klassischen Kulturforschung als unproblematisch und natürlich erscheinen. Hierbei sei vor einigen Missverständnissen gewarnt: Dieses Kontingenzbewusstsein, der Ausweis einer Praxis als Kultur, ist kein Zweck an sich, sondern erlaubt es, mit der richtigen Methodik, zu den tieferen Sinnschichten politischer Ordnungen vorzudringen. „Kulturelle Bedingtheit" oder „Kontingenz" heißt auch gerade nicht absolute Beliebigkeit, denn sonst ließe sich die Kontingenzperspektive von „Kultur" nicht an ein sinn- und bedeutungsorientiertes Kulturverständnis knüpfen, wie man es etwa bei Weber, Heller und Rohe antrifft. Und wenn Kultur keine Bedeutung hätte, also nicht eine intersubjektive Orientierung und Verbindlichkeit aufweisen würde, ohne sie deswegen gleich naiv als Charakteristikum von Großkollektiven wie der Nation zu bezeichnen, dann hätten wir es nicht mit Kultur zu tun.[8]

Eine reine Differenztheorie des Kulturellen hat deswegen nicht nur wenig Aussagekraft, sondern stößt auch an ihre hermeneutischen Grenzen, wie Matthias Kettner (2008: 20) zu Recht betont, der nicht davor zurückschreckt, wenn auch auf einem sehr abstrakten Niveau, eine Liste von fünf sinngenerierenden kulturellen „Universalien" aufzustellen (vgl. Kettner 2008: 21ff.). An erster Stelle ist alles Kulturelle mit Prozessen der Normalisierung verbunden, wobei etwas „in Ordnung gebracht oder gehalten" (Kettner 2008: 21) wird. Zweitens weisen kulturelle Praktiken notwendigerweise, wie ja auch Rohe betont, etwas Überindividuelles, einen Gemeinschaftsbezug auf, der in Prozessen des sozialen Lernens, der Sozialisierung, aber auch generell im Wir-Bewusstsein einer Gruppe zum Tragen kommt. Die Geschichtlichkeit des Kulturellen, drittens, weist sich nicht nur in seiner Genealogie aus, sondern auch im Verhältnis einer Gruppe zu seiner Herkunft und Tradition bzw. seiner Zukunftsausrichtung. All diese Punkte verweisen schon auf die vierte Universalie, die Integrationsfunktion. Und fünftens ist Kultur geprägt von Verständigungs- und Rechtfertigungsprozessen, die Kettner als „schwache Normativität" (Kettner 2008: 24) bezeichnet. Man mag zu einer anderen Einteilung kommen, aber dass Kultur mehr als Kontingenz, mehr als „An-

---

8 So weist Rohe zu Recht auf einen wichtigen Aspekt von Kultur hin, wenn er sie als „Regelsystem" bezeichnet, „von dem abhängt, was und wie ‚man' innerhalb eines sozialen Verbandes politisch handeln, politisch reden und politisch denken kann, ohne mit informellen gesellschaftlichen Sanktionen rechnen zu müssen. [...] Wie alle Kultur beginnt mithin auch politische Kultur mit der Einschränkung von logisch gegebenen Möglichkeiten" (Rohe 1994: 163).

derssein-Können" ist, wird mit diesem Blick auf die sinnbildende Gestaltungskraft des Kulturellen deutlich.

Im Bezug auf das Selbstverständnis einer bestimmten sozialen Gruppe oder Gemeinschaft erweist sich die Bedeutung von Kultur als zwar stets dynamisch und umkämpft, aber nicht als beliebig konstruierbar, sondern selbst sozialkonstitutiv und konstruktivistisch, da bestimmte

> „Verhaltenskomplexe vor dem Hintergrund von symbolischen Ordnungen, von spezifischen Formen der Weltinterpretation entstehen, reproduziert werden und sich verändern. Diese Sinn- und Unterscheidungssysteme, die keinen bloßen gesellschaftlichen Überbau, sondern in ihrer spezifischen Form einer symbolischen Organisation der Wirklichkeit den notwendigen handlungskonstitutiven Hintergrund aller sozialen Praktiken darstellen, machen die Ebene der Kultur aus" (Reckwitz 2008a: 25).

Während die Fragestellung der politischen Kulturforschung à la Almond und Verba, also nach den kulturellen Stabilitätsbedingungen demokratischer Gesellschaften zu suchen, heute nichts von ihrer Relevanz verloren hat, wird der konstitutive Einfluss von Kultur auf politische Ordnungen, Institutionen und Praktiken erst in Gänze in einer genuin kulturwissenschaftlichen Perspektive sichtbar, was wiederum zu ambitionierteren Zielen führt:

> „Primäres Ziel aller politischen Kulturforschung besteht [...] darin, ‚to unlock the cultural code' (Wildavsky), d.h. die Programmsprachen unterschiedlicher politischer Kulturen zu entziffern, um politisches Verhalten von politischen Akteuren, das dem eigenen borniertem Verständnis von Rationalität widerspricht, nicht vorschnell als irrational abzuqualifizieren" (Rohe 1987: 47).

Auf komparativem Weg kann die Kulturforschung damit aufschlussreiche „Übersetzungsarbeit" (Rohe 1994: 163) leisten und auch, mit dem richtigen Spürsinn, das Konfliktpotential kultureller Differenzen empirisch ausloten, und zwar mit einem weitaus feineren Analyseraster, als es holzschnittartige Clash-of-Civilizations-Modelle verwenden.

Hier geht es dann um die Kollision von normativen und kognitiven Ordnungen, die eben nicht einfach als verschiedene Einstellungen oder auch Werthorizonte im Bezug auf Objekte zu registrieren sind, sondern in unterschiedlichen Dimensionen zur Geltung kommen: in kodifizierten oder ungeschriebenen Normen, die die Grenzen der Handlungsfreiheit und des Sagbaren abstecken; in begründenden, Identität und Orientierung verschaffenden Narrationen, die als „Geltungsgeschichten" (Melville/Vorländer 2002) untersucht werden können; in Institutionen und sozialen Rollenbildern; in symbolischen und rituellen Praktiken; und in der epistemischen Dimension, die mit Foucault (2001; 2004) und anderen ein Verständnis verschiedener kultureller Wissensordnungen eröffnet (vgl. zu diesen Dimensionen Suntrup 2013; Gephart 2012).

Studien aus dem Bereich der Soziologie, Ethnologie und auch Rechtstheorie erforschen schon seit längerem die Dimensionen des normativen und rechtlichen Pluralismus (vgl. Twining 2010; Kötter/Schuppert 2009), die auch ein lohnendes Forschungsfeld für die politische Kulturforschung darstellen, ob es nun um die Kollision von Rechtstraditionen und politischen Mentalitäten bei supranationalen Integrationsversuchen geht (vgl. Grimm 2012), den „Export" politischer Institutionen, die nicht immer mit der „Programmsprache" des Empfängerlandes harmonieren (vgl. Merry 1998), oder andere aktuelle Problemsituationen.

Bei diesen Fällen wäre dann genau zu prüfen, inwiefern kulturelle Unterschiede tatsächlich als Konfliktursache ausgemacht werden können. Denn „Kultur" ist nicht nur, wie im Folgenden verdeutlicht werden soll, eine (wissenschaftliche) Beobachtungsperspektive, sondern auch ein Argument in Identitätsdiskursen.[9]

3 Über die juristisch-politische Konstruktion von Kultur

3.1 „Kultur" in politischen Identitätsdiskursen

Folgt man Luhmann, „überzieht die Semantik der Kultur alles, was kommuniziert werden kann, mit Kontingenz" (Luhmann 1999a: 51), was allerdings nur für den reflektierenden Beobachter zweiter Ordnung gilt. Denn nach wie vor gibt es Ansprüche auf Identität, Authentizität, Originalität und dergleichen, die nur derjenige Beobachter als „Marotte bestimmter Personen oder Gruppen, Ethnien und Sekten" (Luhmann 1999a: 51) behandeln kann, der soziale Praktiken eben nicht zu einer Art „zweiter Natur" werden lässt, sondern die ständige kulturelle Relativierung (im Sinne von Vergleichbarkeit) mitdenkt. Darüber hinaus gibt es natürlich ein ganzes Arsenal konkurrierender Kultur-Semantiken, wobei gerade die politisch-ideologische Verwendung, wie Luhmann selbst erkennt, zu einer Re-Naivisierung von Kultur tendiert (Luhmann 1999a: 52) – vergangene und aktuelle „Leitkultur"-Debatten sind nur ein Ausdruck davon. Die Thematisierung von Kultur als Identitätsausweis dient in solchen Fällen nämlich meist einerseits der Behauptung von Eindeutigkeit, Authentizität und Kontingenzverschleierung, andererseits als

---

9 Zur Entwicklung des wissenschaftlichen und gesellschaftlichen Identitätsdiskurses vergleiche Reckwitz (2008b).

Kampfbegriff gegen das von dieser Norm Abweichende. Angesichts einer zunehmenden Berücksichtigung kultureller Rechte kann die Kultur-Semantik gar als Kommunikationsverweigerung, als Verzicht auf Rechtfertigung ins Feld geführt werden. Wo Kultur als Argument oder gar als Letztbegründung angeführt wird, ist die Gefahr des politischen Missbrauchs also immer gegeben.

Es wird versucht, die Dynamik und Widersprüchlichkeit einer Kultur, der Lebensweise eines Personenverbandes, durch deren strategische narrative Fixierung zu verhüllen, wobei oftmals dem Bezug auf die Tradition eine legitimatorische und identitätssichernde Funktion zukommt.

So können auf Basis der Vergangenheit normative Geltungsansprüche abgeleitet werden, während die Semantik der Tradition eben auch der Herausbildung einer auf Dauer gestellten gemeinsamen Identität dienen kann (vgl. Assmann 1999: 89f.). Traditionsbildung ist somit untrennbar an die Konstruktion eines kulturellen Gedächtnisses geknüpft, an Erinnerungsräume, die spezifische, für ein bestimmtes Kollektiv als verbindlich postulierte Werte, Vorstellungen und Erwartungen beherbergen. Sowohl soziale Praktiken als auch Texte, eben Erzählungen fließen in Traditionen mit ein. Traditionsbildung bedeutet im Übrigen weniger, dass die Gegenwart im Lichte der Vergangenheit interpretiert wird, als umgekehrt: „[T]radition [...] is about organizing of the past in relation to the present", hat Anthony Giddens (1994: 63) in Anlehnung an Maurice Halbwachs diesen Sachverhalt einmal zusammengefasst. Eine solche Politik der Tradition kann nicht anders als konstruktivistisch vorgehen. Das bedeutet nicht, dass alle Traditionen als Erfindungen aufzufassen sind, sondern dass die Vergangenheit immer selektiv im Hinblick auf gegenwärtige Aufgaben und Probleme organisiert wird. Und selbst dort, wo man von einer „invention of tradition" sprechen kann, sind diese Phänomene trotzdem real, insofern sie sozial wirksam sind: Der von Eric Hobsbawm und Terence Ranger vor über 30 Jahren herausgegebene Sammelband „The Invention of Tradition" suggerierte auch nicht die grundsätzliche Artifizialität von Traditionen, sondern untersuchte auf ideologiekritische Weise bestimmte neu etablierte soziale Praktiken, die über ihre rituelle und symbolische Funktion spezifische Werte und Normen verankern sollten. Die Symbolpolitik der Nationalstaaten, die die Errichtung einer Nationalkultur anstrebte, erwies sich in diesen Untersuchungen als beispielhaft für gezielte Versuche des „social engineering" (Hobsbawm 2012a: 13), dienten doch Flaggen, Zeremonien, Gedenktage und ähnliches den Zwecken der Herrschaftslegitimation als auch der sozialen Kohäsion (vgl. Hobsbawm 2012a: 9).[10]

---

10 Wenn auch eine solche Erfindung von Tradition nicht auf die staatliche Politik beschränkt blieb, wie Hobsbawm etwa am für die Arbeiterbewegung zentralen Ritual

Die Konstruktion eines wahren und reinen Ursprungs der Kultur, auf den es sich zu besinnen gelte, findet man besonders bei politischen Fundamentalismen. Ein anschauliches und aktuell hoch brisantes Beispiel für eine solche „Politik der Tradition" stellt der Islamismus dar, also solche Gruppierungen, die mit der Instrumentalisierung des Islam politische Ziele verfolgen (vgl. Denoeux 2002: 61). Während der oftmals für sie verwendete Begriff des Fundamentalismus suggeriert,[11] dass es sich um rückwärts gerichtete Ideologien, um die Suche nach den Grundlagen des Islam handele, ist der Islamismus, im Bewusstsein all seiner verschiedenen Schattierungen, vielmehr ein revolutionäres Projekt: „Islamists are engaged in a process of intellectual, political and social engineering which, through the familiar language of Islam, aims to legitimize a thorough restructuring of society and polity along lines that have no precedent in history. Under the pretense of re-establishing an old order, what is intended is the making of a new one" (Denoeux 2002: 63). Wie Denoeux schildert, dienen traditionale islamische Begriffe, Symbole und auch historische Ereignisse den Islamisten als Legitimation, sie deuten sie aber auf eine revolutionäre Weise um, so dass sich legitimatorische mit identitätsbildenden Elementen verbinden. Teil dieser Narration ist zum einen der bewusste Bruch mit der jüngeren Vergangenheit, da die Geschichte der islamischen Gesellschaften als

---

der Demonstration am 1. Mai demonstrierte (vgl. Hobsbawm 2012b: 283f.), stellten die Nationalstaaten die bedeutendsten Symbolgeneratoren im 19. Jahrhundert dar. Hobsbawm und andere betonten vor allem die symbolisch-rituellen Aspekte von Traditionsbildung, wohingegen die narrative Dimension, die der „Geltungsgeschichten", bei ihnen eher unterbelichtet blieb. Benedict Andersons bekanntes Konzept der „imagined communities" vermochte hier expliziter zu vermitteln, dass die Traditionsbildung von Gemeinschaften auf eine Geschichtspolitik angewiesen ist, die die Identität einer Gruppe über eine verbindliche Narration herzustellen versucht. Während bei Anderson primär die Genese der Idee der Nation und die kulturellen Wurzeln des Nationalismus im Vordergrund standen, ging er gleichwohl davon aus, dass „alle Gemeinschaften, die größer sind als die dörflichen mit ihren Face-to-face-Kontakten, vorgestellte Gemeinschaften" (Anderson 1996: 16) seien. Und selbst solche kleinen Gemeinschaften, so muss man hier aus kulturwissenschaftlicher Sicht einwenden, sind zumindest auch „imagined communities", da auch ihre Identität narrativ konstruiert ist, auf einer Herkunfts- und Zukunftsgeschichte basiert: „Als steter Sinnsucher transformiert der Mensch die Unübersichtlichkeit seiner Erlebnisse und die mit ihnen verbundenen Kontingenzerfahrungen in den Prozessen einer narrativen Wahrnehmung und Ordnung zu Verständlichkeit, Plausibilität und Zielgerichtetheit. Was zuvor unverbunden und zufällig war oder so zu sein schien, wird in der narrativen Bearbeitung zu einer Geschichte aus einem Guss – das gilt für die erzählte Lebensgeschichte eines einzelnen wie für die Geschichtserzählung eines Kollektivs" (Bergem 2009: 205).

11 Vergleiche zur Unterscheidung von islamischem Fundamentalismus und Islamismus Denoeux (2002).

ein stetiger Verfallsprozess gedeutet wird, zum anderen wird eine mythische Urgemeinde beschworen, zu der es zurückzukehren gelte.[12] In dieser mythologischen Deutung von Vergangenheit und Zukunft geht die Traditionsbildung dann über den üblichen selektiven Konstruktionsprozess hinaus: Sie gerät zur ideologisch motivierten Erfindung und stellt damit einen Extremfall politischer Manipulation dar.

Die bekannten Fälle blutiger Identitätspolitik, wie sie etwa die Jugoslawienkriege oder auch die ethnischen Konflikte in Afrika ausgemacht haben, haben sich auf verschiedene Weise auf mythische Traditionsnarrationen und Strategien der kulturellen Essentialisierung gestützt, die in einem Zug Einheit nach innen sowie Abgrenzung nach außen, von dem Fremden und Anderen, schaffen wollen.

Wie die oben genannten Fälle zeigt auch die Debatte um die Anerkennung kultureller Praktiken oder kultureller Identitäten von Minderheiten, dass das, was als authentische und traditionelle Kultur postuliert wird, in vielen Aspekten dem Einfluss eines politischen Konstruktivismus ausgesetzt ist. In solchen Identitätsdiskursen wird ein Konflikt von Narrationen, von Geltungsgeschichten offensichtlich. Denn anders, als manche Kommunitaristen suggeriert haben, ist die Kultur einer Gemeinschaft, auch einer Minderheitengemeinschaft, nicht etwas Organisches und Homogenes,[13] das unter Artenschutz gestellt oder gegebenenfalls abgelehnt werden sollte. Vielmehr ist das, was eine kulturelle Praxis ausmacht, was als vermeintlich authentischer Ausdruck von Kultur gelten soll, in der Regel in der entsprechenden Gemeinschaft nicht unumstritten, sondern immer ein provisorisches Ergebnis, in dem bestimmte Machtverhältnisse und Deutungsansprüche zum Ausdruck kommen.

Das Recht steht bei diesen sozialen Kämpfen im Zentrum, ist es doch der Modus, in dem die Anerkennung von Kultur zur faktisch verbindlichen Geltung kommt. Deswegen ist der konstruktivistische Umgang mit Kultur vonseiten des Rechts abschließend zu erläutern.

---

12 Nach Jamal Malik versprechen die Islamisten „eine gerechtere Gesellschaft im Hier und Jetzt mittels seelischer Läuterung, einer Transformation von Korruption zur Reinheit, vom Unglauben zum Glauben, von Gottlosigkeit zum Islam. Diese Wiedergeburt [...] impliziert einen Bruch mit der traditionalistischen Vergangenheit – bzw. mit den mannigfaltigen Gruppierungen, welche die islamische Öffentlichkeit konstituieren –, und sie fordert einen trans-nationalen Blick auf die früh-muhammadanische Vergangenheit, auf das Goldene Zeitalter" (Malik 1999: 223).

13 Dieser Reifizierung von Kulturen und kulturellen Differenzen steht auf der anderen Seite ein ebenso fragwürdiger Theoriestrang gegenüber, der „genau umgekehrt die permanente Veränderbarkeit und Auswechselbarkeit von – personalen wie kollektiven – Identitäten [voraussetzt]. Teilweise neigen die poststrukturalistischen und postmodernistischen Modelle kollektiver und personaler Identitäten dazu, die ständige Dynamik, Auflösung und Rekombination von Mustern des Selbstverstehens zu dramatisieren" (Reckwitz 2008b: 66f.).

3.2 Die Fixierung von „Kultur" durch das Recht

Die beschriebene (nicht beliebige) Dynamik von Kultur stellt für das Recht eine Herausforderung dar, wenn es Kultur als seinen Gegenstand anzunehmen gezwungen ist – oder genauer, wenn das Recht diese als einen solchen konstituieren muss. Durch rechtliche Setzung wird das Kulturelle fixiert. Die Kritik an dieser generellen Statik der Gesetze findet sich keinesfalls erst in Derridas Dekonstruktion des Rechts (vgl. Derrida 1991), deren Aufzeigen der Diskrepanz von Recht und Gerechtigkeit eher unoriginell wirkt, wenn man einen Blick auf die politische Ideengeschichte wirft. Denn bereits Platon hat in seinem *Politikos* die Starrheit der Gesetze mit einem selbstgefälligen und ungelehrigen Menschen verglichen (vgl. Platon 2008: 294aff.) und ihnen die Fähigkeit abgesprochen, dem Einzelfall gerecht zu werden. Diese Fixierungsfunktion des Rechts lässt sich hingegen, rechtssoziologisch oder auch normativ betrachtet, als sein Vorzug oder gar seine Essenz ausmachen, gehört doch die Stabilisierung normativer Erwartungen zu den wichtigsten Elementen des rechtlichen Aufgabenkatalogs (vgl. Luhmann 1972: 40ff.). Abgesehen davon wäre es naiv, das Recht auf seine Starrheit und „Ungelehrigkeit" festzulegen. Zum einen lassen sich Gesetze ändern, und zum anderen lässt sich die Rechtsprechung kaum sinnvollerweise als bloße Subsumption des Besonderen unter das Allgemeine, als Anwendung des Buchstabens des Gesetzes verstehen.[14]

Gleichwohl legt das Recht nicht nur normative Erwartungen fest, sondern kreiert auch Identitäten. Zum einen werden soziale Rollen geschaffen, die sich aus der Funktionslogik der Rechtskommunikation ergeben:

> „Recht als sozialer Prozeß muß Kommunikation auf Akteure zurechnen [...]. Aber diese Akteure sind nur Rollenbündel, Charaktermasken, interne Produkte der Rechtskommunikation. Die dicht bevölkerte Welt der Rechtspersonen, der Kläger und der Beklagten, der Richter und der Gesetzgeber, der Vertragsparteien und Gesellschaftsmitglieder, der Verbände und des Staates ist eine innere ‚Erfindung' des Rechtsprozesses" (Teubner 1990: 129).

---

14 Auf diesen poietischen Zug des Rechts weist Kiesow hin: „Im Recht und in dessen Zentrum, der Rechtsprechung, werden ständig, immer wieder neu, sowohl der Sachverhalt als auch die Norm hergestellt. [...] Im Recht also wird entschieden und gerade nicht die Realität erkannt, sondern nur als Recht erkannt. [...] Also keine Applikation einer festen Regel und damit das Extrahieren eines klandestin feststehenden Sinns, sondern dessen Konstruktion, dessen Poiesis" (Kiesow 2008: 327).

Aber es gibt auch über diesen Normalfall hinausgehende Situationen, wo das Recht kulturelle Identitäten schafft. Der erwähnte Sammelband „The Invention of Tradition" enthielt einen einflussreichen Artikel von Terence Ranger (2012) über die Konstruktion von Traditionen im kolonialen Afrika, der eine große Debatte über afrikanische Identitäten anstieß, die bis heute anhält. Ranger zeigte, was heute relativ unumstritten ist, dass die europäischen Kolonialherren zur Etablierung von Herrschaft und Ordnung die lokale Kultur der Afrikaner mit Kategorien festzuhalten versuchten, die dem europäischen nationalstaatlichen Denken entsprachen, dem vorkolonialen Afrika aber wenig angemessen waren. So wurde etwa versucht, traditionelle „Stämme" ausfindig zu machen, die als homogene Sprach-, Kultur- und Abstammungsgemeinschaften mit festem Territorium und politisch-juridischen Strukturen imaginiert wurden (vgl. Hauck 2006: 146). Diese Zuweisung eines festen politischen und rechtlichen Status folgte administrativen, unter anderem steuerpolitischen Gründen. Beispielhaft für diese konstruktivistische Politik war die Kodifizierung von angeblich traditionellen Rechtsvorstellungen und -praktiken der Afrikaner in einem fixen System des „Gewohnheitsrechts", das tatsächlich eine Rekonstruktion und Uminterpretation lokaler normativer Ordnungen nach europäischen Rechtsvorstellungen war: „The most far-reaching inventions of tradition in colonial Africa took place when the Europeans believed themselves to be respecting age-old African custom. What were called customary law, customary land-rights, customary political structure and so on, were in fact *all* invented by colonial codification" (Ranger 2012: 250). Das Ergebnis dieser Kodifizierung war dann kein Abbild traditionaler Praktiken, der lokalen Kultur, sondern eine Festschreibung von bestimmten normativen Vorstellungen, in denen sich auch Machtansprüche artikulierten – Profiteure waren auf afrikanischer Seite nicht zuletzt die Machtinhaber, die als traditionale Herrscher anerkannt wurden.

Sicherlich stieß diese rechtliche Konstruktion von Kultur an ihre Grenzen, wenn man den realen sozialen Einfluss beachtet. Franz von Benda-Beckmann etwa argumentierte bereits kurz nach Erscheinen von Rangers Artikel, dass man sicher von einer Konstruktion des afrikanischen Gewohnheitsrechts sprechen könne, dessen Verbindlichkeit aber außerhalb der Kontexte, in denen es produziert werde, also in Gerichtsverhandlungen oder bestimmten ethnologischen Studien, nicht gegeben sei (vgl. Benda-Beckmann 1984). Dennoch weist das koloniale Beispiel darauf hin, dass das Streben nach der rechtlichen Anerkennung und damit Festlegung von Kultur in sensible Machtkontexte eingebettet ist.

Dies hat Konsequenzen für eine heutige Politik der rechtlichen Anerkennung. Aus Sicht vor allem liberaler Rechtsordnungen ist es dabei grundsätzlich von Vorteil, Konflikte nicht als kulturelle anzusehen:

„[E]ine wesentliche Aufgabe der Rechtsordnung [besteht] darin, Konflikte zu differenzieren, zu individualisieren und dadurch zu entpolitisieren. [...] Das Anliegen eines Individuums, wie es typischerweise in einem Gerichtsverfahren artikuliert und damit zum Thema des Rechtssystems wird, sollte vom Rechtssystem nicht zu einem allgemeinen – kulturellen – Problem hinaufdefiniert werden" (Möllers 2008: 230f.).

Das bedeutet nicht, dass in der Einzelfallentscheidung kulturelle Erwägungen gar keine Rolle spielen können, wie es ja etwa die (allerdings oft hoch problematische) strafrechtliche Berücksichtigung der kulturellen Sozialisation eines Gesetzesbrechers dokumentiert. Wo das Argument der sogenannten *cultural defense* vor Gericht berücksichtigt wird, droht in vielen Fällen eine Verharmlosung von Straftaten, nicht zuletzt von Gewalt gegen Frauen und Kindern (Sharafi 2008: 145; Phillips 2003; Benhabib 2002: 86ff.).

Darüber hinaus kann es natürlich eine politische Option sein, einen Konflikt nicht als rein rechtlichen, sondern als kulturellen darzustellen oder anzuerkennen – so geschehen im Gesetz zur Praxis der Beschneidung, das der Deutsche Bundestag 2012 verabschiedete, nachdem das Kölner Landgericht eine aus religiösen Gründen vorgenommene Beschneidung von Jungen für rechtswidrig erklärt hatte.[15] Das grundsätzliche Problem solcher politischen Entscheidungen ist dann jenes, welche Anpassung der Gesetzeslage, die bis hin zu kulturellen Sonderrechten gehen kann, als kompatibel mit den Grundrechten angesehen werden kann. Die Position eines vollständig für alle Differenzen blinden Liberalismus ist dabei zwar eine theoretische, aber keine praktikable Option, da juristisch auf vielen Ebenen neben dem Recht auf Gleichheit auch das Recht auf kulturelle Zugehörigkeit verankert ist, und zwar nicht, wie Jürgen Habermas zu Recht festgestellt hat, aus Gründen eines „administrativen Artenschutzes" (Habermas 1999: 259), sondern um der Anerkennung der Mitglieder einer bestimmten, oft minoritären Gemeinschaft zu dienen, deren Identität mit einer besonderen Tradition, einer Kultur verschmolzen ist. Normativ gesehen, so kann man Habermas folgen, kann die kulturelle Reproduktion von Lebenswelten und sozialen Praktiken aus rechtlicher Sicht nur ermöglicht, nicht garantiert werden, weil ja die Freiheit der Uminterpretierung einer Lebensweise oder der Distanzierung von ihr gegeben sein muss.

Faktisch betrachtet gibt es aber berechtigte Zweifel, ob das Recht diesem Anspruch gerecht werden kann. Aus juristischer Sicht klingt das Problem, das das Recht mit der Berücksichtigung von Kultur hat, wenig spektakulär. So findet sich in der Arbeit von Gabriele Britz über die Berücksichtigung kultureller Rechte in der deutschen Verfassung der nüchterne Satz: „Obwohl einzig ein offener Kul-

---

15 Vergleiche LG Köln, Urteil vom 7. Mai 2012, Az. 151 Ns 169/11.

turbegriff den wirklich kulturbildenden und kulturverändernden Vorgängen gerecht werden kann, muß der grundrechtliche Schutz für kulturelle Handlungen aus Praktikabilitätserwägungen auf solche Handlungen beschränkt werden, die in der Bezugsgruppe typisch sind" (Britz 2000: 308).

Aber gerade durch diese pragmatisch gedachte und im Einzelfall vielleicht auch legitime rechtliche Fixierung bestimmter als typisch angesehener Elemente einer Kultur droht das Recht, bestimmte kulturelle Praktiken zu reifizieren, indem die dominante Deutung dieser Kultur festgehalten wird. Wie Madhavi Sunder argumentiert hat, ist in der Rechtspraxis ein veraltetes Kulturverständnis verankert, das den Blick auf die interne Heterogenität von Kulturen verstellt. Die rechtliche Anerkennung bestimmter Traditionen oder kultureller Praktiken schütze diese somit vor Änderungsversuchen: „In an age when cultural identities can be more perfectly regulated by law, the real question for law is not how to make possible the ‚free exercise of culture', but rather, whether the self-proclaimed guardians of culture are excluding other members of the culture from making and contesting cultural meanings" (Sunder 2001: 504). Laut Sunder wird also durch die Operation des Rechts jener kultureller Dissens unterdrückt, der die vorherrschenden Praktiken und Vorstellungen einer bestimmten Gemeinschaft in Frage stellt. So würde dann nicht eine bestimmte Lebenswelt geschützt, die von essentieller Bedeutung für die Anerkennung der Mitglieder der entsprechenden Gemeinschaft wäre, sondern es würden hegemoniale Deutungen festgeschrieben und Machtverhältnisse reproduziert, die im Gegenteil der Unterdrückung und Missachtung bestimmter Mitglieder der Gruppe dienten – letztlich eine rechtlich positivierte politische Konstruktion von Kultur.

Im günstigsten, oft theoretisch bleibenden Fall könnten Letztere sich noch von dieser ins Recht gesetzten Kultur distanzieren, um den allgemeinen Grundrechtschutz, falls vorhanden, in Anspruch zu nehmen. Die Möglichkeit einer alternativen Definition, einer Praxis der Neuverhandlung und Resignifikation der eigenen Kultur bliebe ihnen aber so versagt (vgl. Benhabib 2002: 89f.).

4 Conclusio: Für eine machtsensible Kulturanalyse

Was lässt sich so resümierend aus den vorgestellten Kulturkonzeptionen ableiten? Zum einen, dass eine kulturwissenschaftlich informierte, auf soziale Praktiken fokussierte politische Kulturforschung ein besseres Verständnis für den sozialen Sinn und potentiellen Konflikt normativer Ordnungen entwickeln kann als die klassischen Ansätze. Und zum anderen, dass dort, wo „Kultur" keine wissenschaftliche Beobachterperspektive darstellt, sondern die Semantik der Kultur politische Debatten bestimmt, die Frage gestellt werden muss, welcher Sprecher in welchem Interesse Kultur zu definieren in Anspruch nimmt. Dies betrifft dann, mit Karl Rohe, gesprochen, die Ebene der „Deutungskultur" (Rohe 1994: 168), die nicht zuletzt die Frage nach der – im Falle des Rechts sogar institutionalisierten – Deutungsmacht aufwirft.

Literatur

Almond, Gabriel A., 1987: Politische Kultur-Forschung – Rückblick und Ausblick, in: Jakob Schissler/Dirk Berg-Schlosser (Hrsg.), Politische Kultur in Deutschland. Bilanz und Perspektiven der Forschung, Opladen: Westdeutscher Verlag, 27-38.

Almond, Gabriel A./Verba, Sidney, 1963: The Civic Culture. Political Attitudes And Democracy In Five Nations, Princeton, NJ: Princeton University Press.

Anderson, Benedict, 1996: Die Erfindung der Nation, Frankfurt a.M.: Campus.

Assmann, Aleida, 1999: Zeit und Tradition. Kulturelle Strategien der Dauer, Köln/Wien: Böhlau.

Benda-Beckmann, Franz von, 1984: Law Out Of Context. A Comment On The Creation Of Traditional Law Discussion, in: Journal of African Law, Vol. 28, No. 1/2, 28-33.

Benhabib, Seyla, 2002: The Claims Of Culture. Equality And Diversity In The Global Era, Princeton, NJ/Oxford: Princeton University Press.

Bergem, Wolfgang, 2009: Politische Kultur und Geschichte, in: Samuel Salzborn (Hrsg.), Politische Kultur. Forschungsstand und Perspektiven, Frankfurt a.M. et al.: Lang, 201-227.

Berger, Peter L./Luckmann, Thomas, 1967: The Social Construction Of Reality. A Treatise In The Sociology Of Knowledge, Garden City, NY: Anchor Books.

Britz, Gabriele, 2000: Kulturelle Rechte und Verfassung. Über den rechtlichen Umgang mit kultureller Differenz, Tübingen: Mohr Siebeck.

Denoeux, Guilain, 2002: The Forgotten Swamp. Navigating Political Islam, in: Middle East Policy, Vol. 9, No. 2, 56-81.

Derrida, Jacques, 1991: Gesetzeskraft. Der „mystische Grund der Autorität", Frankfurt a.M.: Suhrkamp.

Foucault, Michel, 2001: In Verteidigung der Gesellschaft, Frankfurt a.M.: Suhrkamp.

Foucault, Michel, 2004: Die Wahrheit und die juristischen Formen, Frankfurt a.M.: Suhrkamp.

Gephart, Werner, 2012: Für eine geisteswissenschaftliche Erforschung von Recht im Globalisierungsprozess: das Projekt, in: ders. (Hrsg.), Rechtsanalyse als Kulturforschung, Frankfurt a.M.: Klostermann, 19-53.

Giddens, Anthony, 1994: Living In A Post-traditional Society, in: Ulrich Beck/Anthony Giddens/Scott Lash (Eds.), Reflexive Modernization. Politics, Tradition and Aesthetics In The Modern Social Order, Stanford/CA: Stanford University Press, 56-109.

Grimm, Dieter, 2012: Die Zukunft der Verfassung II. Auswirkungen von Europäisierung und Globalisierung, Berlin: Suhrkamp.

Habermas, Jürgen, 1999: Kampf um Anerkennung im demokratischen Rechtsstaat, in: ders., Die Einbeziehung des Anderen, Frankfurt a.M.: Suhrkamp, 237-276.

Hauck, Gerhard, 2006: Kultur. Zur Karriere eines sozialwissenschaftlichen Begriffs, Münster: Westfälisches Dampfboot.

Heller, Hermann, 1963: Staatslehre, hrsg. von Gerhart Niemeyer, 3. Aufl., Leiden: Sijthoff.

Henkel, Michael, 2010: Hermann Hellers Begründung der Politikwissenschaft, in: Marcus Llanque (Hrsg.), Souveräne Demokratie und soziale Homogenität. Das politische Denken Hermann Hellers, Baden-Baden: Nomos, 208-238.

Hobbes, Thomas, 2008: Leviathan, Revised Student Edition, edited by Richard Tuck, 11. Aufl., Cambridge et al.: Cambridge University Press.

Hobsbawm, Eric, 2012a: Inventing Traditions, in: Eric Hobsbawm/Terence Ranger (Eds.), The Invention of Tradition, 20. Aufl., Cambridge et al.: Cambridge University Press, 1-14.

Hobsbawm, Eric, 2012b: Mass-producing Traditions, in: Eric Hobsbawm/Terence Ranger (Eds.), The Invention Of Tradition, 20. Aufl., Cambridge et al.: Cambridge University Press, 263-307.

Hofmann, Hasso, 2009: Recht und Kultur. Drei Reden, Berlin: Duncker & Humblot.

Kaase, Max, 2008: Perspektiven der Forschung zur politischen Kultur, in: Dieter Gosewinkel/Gunnar Folke Schuppert (Hrsg.), Politische Kultur im Wandel von Staatlichkeit, Berlin: Sigma, 387-397.

Kelsen, Hans, 1934: Reine Rechtslehre. Einleitung in die rechtswissenschaftliche Problematik, Leipzig/Wien: Deuticke.

Kersting, Wolfgang, 2000: Politik und Recht. Abhandlungen zur politischen Philosophie der Gegenwart und zur neuzeitlichen Rechtsphilosophie, Weilerswist: Velbrück.

Kettner, Matthias, 2008: Kulturreflexion und die Grammatik kultureller Konflikte, in: Dirk Baecker/Matthias Kettner/Dirk Rustemeyer (Hrsg.), Über Kultur. Theorie und Praxis der Kulturreflexion, Bielefeld: Transcript, 17-27.

Kiesow, Rainer Maria, 2008: Recht. Über strukturelle Irrtümer, in: Stephan Moebius/Andreas Reckwitz (Hrsg.), Poststrukturalistische Sozialwissenschaften, Frankfurt a.M.: Suhrkamp, 312-329.

Kötter, Matthias/Schuppert, Gunnar Folke (Hrsg), 2009: Normative Pluralität ordnen. Rechtsbegriffe, Normenkollisionen und Rule of Law in Kontexten dies- und jenseits des Staates, Baden-Baden: Nomos.

Luhmann, Niklas, 1972: Rechtssoziologie, Bd. 1, Reinbek: Rowohlt.

Luhmann, Niklas, 1999a: Kultur als historischer Begriff, in: ders., Gesellschaftsstruktur und Semantik. Studien zur Wissenssoziologie der modernen Gesellschaft, Bd. 4, Frankfurt a.M.: Suhrkamp, 31-54.

Luhmann, Niklas, 1999b: Jenseits von Barbarei, in: ders., Gesellschaftsstruktur und Semantik. Studien zur Wissenssoziologie der modernen Gesellschaft, Bd. 4, Frankfurt a.M.: Suhrkamp, 138-150.

Malik, Jamal, 1999: Muslimische Identitäten zwischen Tradition und Moderne, in: Werner Gephart/Hans Waldenfels (Hrsg.), Religion und Identität. Im Horizont des Pluralismus, Frankfurt a.M.: Suhrkamp, 206-229.

Marchart, Oliver, 2008: Cultural Studies, Konstanz: UVK.

Melville, Gert/Vorländer, Hans (Hrsg.), 2002: Geltungsgeschichten. Über die Stabilisierung und Legitimierung institutioneller Ordnungen, Köln et al.: Böhlau.

Merry, Sally Engle, 1998: Law, Culture, and Cultural Appropriation, in: Yale Journal of Law & The Humanities, Vol. 10, No. 2, 575-603.

Möllers, Christoph, 2008: Pluralität der Kulturen als Herausforderung an das Verfassungsrecht?, in: Horst Dreier/Eric Hilgendorf (Hrsg.), Kulturelle Identität als Grund und Grenze des Rechts, Stuttgart: Steiner, 223-244.

Müller, Christoph, 2010: Hermann Hellers Konzept der politischen Kultur, in: Marcus Llanque (Hrsg.), Souveräne Demokratie und soziale Homogenität. Das politische Denken Hermann Hellers, Baden-Baden: Nomos, 65-92.

Ottmann, Henning, 2006: Geschichte des politischen Denkens, Bd. 3/1: Die Neuzeit. Von Machiavelli bis zu den großen Revolutionen, Stuttgart: Metzler.

Pickel, Susanne/Pickel, Gert, 2006: Politische Kultur- und Demokratieforschung. Grundbegriffe, Theorien, Methoden. Eine Einführung, Wiesbaden: VS.

Phillips, Anne, 2003: When Culture Means Gender: Issues of Cultural Defence in the English Courts, in: The Modern Law Review, Vol. 66, No. 4, 510-531.

Platon, 2008: Politikos. Übersetzung und Kommentar von Friedo Ricken, Göttingen: Vandenhoeck & Ruprecht.

Ranger, Terence, 2012: The Invention Of Tradition In Colonial Africa, in: Eric Hobsbawm/ Terence Ranger (Eds.), The Invention Of Tradition, 20. Aufl., Cambridge et al.: Cambridge University Press, 211-262.

Reckwitz, Andreas, 2000: Die Transformation der Kulturtheorien. Zur Entwicklung eines Theorieprogramms, Weilerswist: Velbrück.

Reckwitz, Andreas, 2008a: Die Kontingenzperspektive der „Kultur". Kulturbegriffe, Kulturtheorien und das kulturwissenschaftliche Forschungsprogramm, in: ders., Unscharfe Grenzen. Perspektiven der Kultursoziologie, Bielefeld: Transcript, 15-45.

Reckwitz, Andreas, 2008b: Der Identitätsdiskurs. Zum Bedeutungswandel einer sozialwissenschaftlichen Semantik, in: ders., Unscharfe Grenzen. Perspektiven der Kultursoziologie, Bielefeld: Transcript, 47-67.

Rehberg, Karl-Siegbert, 2008: Der unverzichtbare Kulturbegriff, in: Dirk Baecker/Matthias Kettner/Dirk Rustemeyer (Hrsg.), Über Kultur. Theorie und Praxis der Kulturreflexion, Bielefeld: Transcript, 29-43.

Rohe, Karl, 1987: Politische Kultur und der kulturelle Aspekt von politischer Wirklichkeit. Konzeptionelle und typologische Überlegungen zu Gegenstand und Fragestellung Politischer-Kultur-Forschung, in: Jakob Schissler/Dirk Berg-Schlosser (Hrsg.), Politische Kultur in Deutschland. Bilanz und Perspektiven der Forschung, Opladen: Westdeutscher Verlag, 39-48.

Rohe, Karl, 1994: Politik. Begriffe und Wirklichkeiten. Eine Einführung in das politische Denken, 2. Aufl., Stuttgart: Kohlhammer.

Rohe, Karl, 1996: Politische Kultur: Zum Verständnis eines theoretischen Konzepts, in: Klaus von Beyme/Oscar Niedermayer (Hrsg.), Politische Kultur in Ost- und Westdeutschland, Opladen: Leske + Budrich, 1-21.

Salzborn, Samuel, 2009: Der Vergleich politischer Kulturen. Theorien, Konzepte und Methoden, in: ders. (Hrsg), Politische Kultur. Forschungsstand und Forschungsperspektiven, Frankfurt a.M. et al.: Lang, 45-60.

Schuppert, Gunnar Folke, 2008: Politische Kultur, Baden-Baden: Nomos.

Schwelling, Birgit, 2004: Der kulturelle Blick auf politische Phänomene. Theorien, Methoden, Problemstellungen, in: dies. (Hrsg.), Politikwissenschaft als Kulturwissenschaft. Theorien, Methoden, Problemstellungen, Wiesbaden: VS, 11-29.

Searle, John R., 2010: Making the Social World. The Structure of Human Civilization, Oxford et al.: Oxford University Press.

Sharafi, Mitra, 2008: Justice In Many Rooms Since Gallanter: De-romanticizing Legal Pluralism Through The Cultural Defense, in: Law and Contemporary Problems, No. 71, 139-146.

Sunder, Madhavi, 2001: Cultural Dissent, in: Stanford Law Review, Vol. 54, No. 3, 495-567.

Suntrup, Jan Christoph, 2013: Recht als Kultur. Ein blinder Fleck der politischen Kulturforschung, in: Zeitschrift für politische Theorie, Jg. 4, H. 2, 170-189.

Teubner, Gunther, 1990: Die Episteme des Rechts. Zu erkenntnistheoretischen Grundlagen des reflexiven Rechts, in: Dieter Grimm/Evelyn Hagenah (Hrsg.), Wachsende Staatsaufgaben – sinkende Steuerungsfähigkeit des Rechts, Baden-Baden: Nomos, 115-154.

Twining, William, 2010: Normative and Legal Pluralism: A Global Perspective, in: Duke Journal of Comparative and International Law, Vol. 20, 473-517.

Weber, Max, 1988: Gesammelte Aufsätze zur Wissenschaftslehre, 7. Aufl., Tübingen: Mohr.

Westle, Bettina, 2009: Politische Kultur. Eine Einführung, Baden-Baden: Nomos.

Autorenverzeichnis

Eggers, Nina Elena, Dipl.-Pol., ist Wissenschaftliche Mitarbeiterin am Lehrstuhl für Politische Theorie des Instituts für Politikwissenschaft an der Universität Duisburg-Essen. Forschungsschwerpunkte u. a.: gegenwärtige politische Theorien, poststrukturalistische Perspektiven auf „Subjekt" und „Identität", politische Kulturforschung und Europapolitik.

Friedrichs, Werner, Dr., ist Wissenschaftlicher Mitarbeiter der Agora Politische Bildung am Institut für Politische Wissenschaft an der Leibniz Universität Hannover. Publikationen u. a.: Vom SchülerSein und zum SchülerWerden: Überlegungen zu einer „operativen" Fassung des Schülerbegriffes am Beispiel der Wirksamkeit politischer Bildung, in: Anja Besand (Hrsg.), Schülerforschung – Lehrerforschung. Theorie – Empirie, Schwalbach/Ts: Wochenschau-Verlag, 2013, 109-117; Das Versprechen der Politischen Bildung: die Entfaltung von Beteiligungsmöglichkeiten in der herausgeforderten Demokratie, in: Hubertus Buchstein (Hrsg.), Das Versprechen der Demokratie (25. Wissenschaftlicher Kongress der Deutschen Vereinigung für Politische Wissenschaft), Baden-Baden: Nomos, 2013, 293-312; Zur Konstruktion von Urteilen: Politische Urteilsbildung jenseits sozialer Rahmenvernunft, in: Zeitschrift für Didaktik der Gesellschaftswissenschaften, Jg. 3, H. 2, 2012, 52-71.

Gengnagel, Vincent, Dipl.-Soz., ist Wissenschaftlicher Mitarbeiter des DFG-Projekts Europäische Vergesellschaftungsprozesse im Teilprojekt Europäisierung des Hochschulraums an der Universität Bamberg. Publikationen u. a.: The Making and

Persisting of Modern German Humanities. Balancing Acts between Autonomy and Social Relevance, in: Rens Bod/Jaap Maat/Thijs Weststeijn (Hrsg.), The Making of the Humanities. Volume III: The Modern Humanities, Amsterdam: Amsterdam University Press, 2015, 641-654, (gem. mit Julian Hamann); Transnationale Europäisierung? Aktuelle feldanalytische Beiträge zu einer politischen Soziologie Europas, in: Berliner Journal für Soziologie, Jg. 24, H. 2, 2014, 289-303, i.E.

Hirschfeld, Alexander, Dipl.-Soz., ist Wissenschaftlicher Mitarbeiter im Fach Soziologie an der Christian-Albrechts-Universität zu Kiel. Publikationen u.a.: Vorschlag zur Analyse der Burnout-Debatte. Reichweite und Grenzen neo-liberaler Regierung, in: Vielfalt und Zusammenhalt. Tagungsband des 36. Kongresses der Deutschen Gesellschaft für Soziologie in Bochum und Dortmund, hrsg. v. Martina Löw, CD-ROM, 2014; Bürgerliche Rechte als Zentrum moderner Gesellschaften, in: Mythos Mitte: Wirkmächtigkeit, Potenzial und Grenzen der Unterscheidung ‚Zentrum/Peripherie', Wiesbaden: VS Verlag, 2011, 135-167 (gem. mit Uta Lehmann); Die vergessene Peripherie: Sozialer Wandel und gesellschaftliche Marginalisierungen, in: Mythos Mitte: Wirkmächtigkeit, Potenzial und Grenzen der Unterscheidung ‚Zentrum/Peripherie', Wiesbaden: VS Verlag, 2011, 213-263 (gem. mit Lukas Becht und Mario Schulze).

Hofmann, Wilhelm, Dr. phil., ist Professor für Politikwissenschaft an der TU München. Publikationen u.a.: Narrative Formen der Politik, Wiesbaden: Springer VS, 2014 (gem. hrsg. mit Judith Renner und Katja Teich); Ideologien: Politische Konstruktionen in praktischer Absicht? Überlegungen zum konstruktivistischen Erbe der Ideologieforschung bei Karl Mannheim und Niklas Luhmann, in: Renate Martinsen (Hrsg.), Spurensuche: Konstruktivistische Theorien der Politik, Wiesbaden: Springer VS, 2014, 117-135; Stadt als Erfahrungsraum der Politik, Berlin: LIT Verlag, 2011.

Keller, Reiner, Dr., ist Inhaber des Lehrstuhls für Soziologie an der Universität Augsburg. Publikationen u.a.: Zukünfte der qualitativen Sozialforschung [31 Absätze], in: Forum Qualitative Sozialforschung/Forum: Qualitative Social Research, Jg. 15, H. 1, Art. 16, 2014; Das Interpretative Paradigma, Wiesbaden: Springer VS, 2012; Doing Discourse Research, London: Sage, 2012.

Knobloch, Jörn, Dr., ist Akademischer Mitarbeiter am Lehrstuhl für Politische Theorie an der Universität Potsdam. Publikationen u.a.: Konstruktivistische und konstruktive Politische Theorie, in: Renate Martinsen (Hrsg.), Spurensuche: Konstruktivistische Theorien der Politik, Wiesbaden: Springer VS, 2014, 157-177 (gem.

mit Heinz Kleger); Zwischen Fremd- und Selbstreferenz. Typologie und Wandel von Autokratien in der Weltgesellschaft, in: Stefan Kailitz/Patrick Köllner (Hrsg.), Autokratien im Vergleich, PVS Sonderheft, Baden-Baden: Nomos, 2013, 35-59; Die Kultur politischer Ideen. Methodische Implikationen einer politischen Praxeologie, in: Andreas Busen/Alexander Weiß (Hrsg.), Ansätze und Methoden zur Erforschung politischen Denkens, Baden-Baden: Nomos, 2013, 215-235.

Martinsen, Renate, Dr. phil., ist Professorin für Politische Theorie am Institut für Politikwissenschaft der Universität Duisburg-Essen. Publikationen u.a.: Demokratie, Protest und Wandel. Zur Dynamisierung des Demokratiebegriffs in Konflikten um große Infrastrukturprojekte am Beispiel von *Stuttgart 21*, in: dies. (Hrsg.), Ordnungsbildung und Entgrenzung: Demokratie im Wandel, Wiesbaden: Springer VS, 2015, 45-85 (Bd. 2 der Reihe „Politologische Aufklärung – konstruktivistische Perspektiven"); Auf den Spuren des Konstruktivismus – Varianten konstruktivistischen Forschens und Implikationen für die Politikwissenschaft, in: dies. (Hrsg.), Spurensuche: Konstruktivistische Theorien der Politik, Wiesbaden: Springer VS, 2014, 3-41 (Bd. 1 der Reihe „Politologische Aufklärung – konstruktivistische Perspektiven"); Negative Theoriesymbiose? Die Machtmodelle von Niklas Luhmann und Michel Foucault im Vergleich, in: André Brodocz/Stefanie Hammer (Hrsg.), Variationen der Macht, Baden-Baden: Nomos, 2013, 57-74.

Schölzel, Hagen, Dr., arbeitet als wissenschaftlicher Mitarbeiter an der Staatswissenschaftlichen Fakultät der Universität Erfurt. Publikationen u.a.: Surrealistic Communication as Symbolic Terrorism: The Example of Marcel Mariën's Theory of Political Campaigning, in: Public Relations Inquiry (PRI), Jg. 3, H. 2, 2014, 193-207; Guerillakommunikation. Genealogie einer politischen Konfliktform, Bielefeld: transcript, 2013.

Schönherr-Mann, Hans-Martin, Dr. phil., ist Professor für Politische Philosophie am Geschwister-Scholl-Institut für Politische Wissenschaft der Ludwig-Maximilians-Universität München. Publikationen u.a.: Protest, Solidarität und Utopie – Perspektiven partizipatorischer Demokratie, München: edition fatal, 2013; Was ist politische Philosophie?, Frankfurt a.M.: Campus Studium, 2012; Die Macht der Verantwortung, Freiburg/München: Verlag Karl Alber (Hinblick), 2010.

Schünemann, Wolf J., Dr., ist Akademischer Mitarbeiter am Institut für Politische Wissenschaft an der Ruprecht-Karls-Universität Heidelberg. Publikationen u.a.: Subversive Souveräne. Eine vergleichende Diskursanalyse der Referenden über den EU-Verfassungs- bzw. Reformvertrag in Frankreich, den Niederlanden und Irland, Wiesbaden: Springer VS, 2014; Europäische Union. Eine Einführung (2. Aufl.), Baden-Baden: Nomos, 2013 (gem. mit Siegmar Schmidt); Der EU-Verfassungsprozess und die ungleichzeitige Widerständigkeit gesellschaftlicher Wissensordnungen – exemplarische Darstellung eines Ansatzes zur diskursanalytischen Referendumsforschung, in: Zeitschrift für Diskursforschung, Jg. 1, H. 1, 2013, 67-87.

Suntrup, Jan Christoph, Dr. phil., ist Wissenschaftlicher Mitarbeiter am Käte Hamburger Kolleg „Recht als Kultur", Internationales Kolleg für Geisteswissenschaftliche Forschung in Bonn. Publikationen u.a.: Tribunale. Literarische Darstellung und juridische Aufarbeitung von Kriegsverbrechen im globalen Kontext, Frankfurt a.M.: Klostermann, 2014 (gem. hrsg. mit Werner Gephart, Jürgen Brokoff und Andrea Schütte); Recht als Kultur. Ein blinder Fleck der politischen Kulturforschung, in: Zeitschrift für Politische Theorie, Jg. 4, H. 2, 2013, 170-189; Zur Rolle der „Medienintellektuellen". Eine kritische Phänomenologie, in: Leviathan, Berliner Zeitschrift für Sozialwissenschaft, Jg. 41, H. 1, 2013, 164-187.

Zapf, Holger, Dr., ist Akademischer Rat am Institut für Politikwissenschaft der Universität Göttingen. Publikationen u.a.: Contemporary Arab Political Theories – Semantics and Argumentations, in: Ahmet Cavuldak/Oliver Hidalgo/Philipp Hildmann/ders. (Hrsg.), Demokratie und Islam. Theoretische und empirische Studien, Wiesbaden: Springer Fachmedien, 2014, 99-117; Methoden der Politischen Theorie, Opladen u.a.: Budrich, 2013; Komplementäre Perspektiven? Was politische Kulturforschung und transkulturelle Politische Theorie voneinander lernen können, in: Zeitschrift für Politische Theorie, Jg. 4, H. 2, 2013, 147-169 (gem. mit Sophia Schubert).

Zöhrer, Michaela, Dipl.-Soz., ist Wissenschaftliche Mitarbeiterin am Lehrstuhl für Politikwissenschaft, Friedens- und Konfliktforschung der Universität Augsburg. Publikationen u.a.: Telling the Stories of Others: Comic Journalism and Human Rights Reporting, in: Berit Bliesemann de Guevara/Roland Kostić (Hrsg.), The Art of Composing the Picture: Knowledge Production in Conflict and Intervention, in Vorbereitung (gem. mit Julika Bake); „Internationale Politik" beobachten: Perspektiven einer empirischen Semantikanalyse politischer Kommunikation in der Weltgesellschaft, in: Stephan Stetter (Hrsg.), Ordnung und Wandel in der Weltpolitik. Konturen einer Soziologie der Internationalen Beziehungen, Leviathan Sonderband 28, Berliner Zeitschrift für Sozialwissenschaft, Baden-Baden: Nomos, 2013, 226-246 (gem. mit Christoph Weller).

The manufacturer's authorised representative in the EU is Springer Nature Customer Service Centre GmbH, Europaplatz 3, 69115 Heidelberg, Germany. If you have any concerns regarding our products, please contact ProductSafety@springernature.com

Printed and bound by CPI Group (UK) Ltd, Croydon, CR0 4YY

25/03/2026

02078186-0003